“国家级一流本科专业建设点”支撑教材
财政部规划教材
全国高等院校财经类专业规划教材

农村财务管理

罗华伟 张立光 程 亚 主编

中国财经出版传媒集团
中国财政经济出版社
· 北京 ·

图书在版编目（CIP）数据

农村财务管理 / 罗华伟，张立光，程亚主编.
北京 ： 中国财政经济出版社，2025. 5. -- （“国家级一流本科专业建设点”支撑教材）（财政部规划教材）（全国高等院校财经类专业规划教材）. -- ISBN 978-7-5223-3933-7

Ⅰ. F322

中国国家版本馆CIP数据核字第2025SA8280号

责任编辑：苏小珺　　责任校对：胡永立

封面设计：兰卡绘世　　责任印制：党　辉

农村财务管理

NONGCUN CAIWU GUANLI

中国财政经济出版社 出版

URL：http：//www. cfeph. cn

E - mail：cfeph@ cfeph. cn

社址：北京市海淀区阜成路甲 28 号　邮政编码：100142

营销中心电话：010 - 88191522

天猫网店：中国财政经济出版社旗舰店

网址：https：//zgczjjcbs. tmall. com

涿州汇美亿浓印刷有限公司印刷　各地新华书店经销

成品尺寸：185mm × 260mm　16 开　27 印张　529 000 字

2025 年 5 月第 1 版　2025 年 5 月河北第 1 次印刷

定价：80. 00 元

ISBN 978 - 7 - 5223 - 3933 - 7

（图书出现印装问题，本社负责调换，电话：010 - 88190548）

本社质量投诉电话：010 - 88190744

打击盗版举报热线：010 - 88191661　QQ：2242791300

本书编委会

主　编：罗华伟　张立光　程　亚

副主编：王文姣　孙根紧　夏晓兰　谢　璇　张　良

编　委（按姓氏字母排序）：

杜　彬　郭　娟　黄全花　黄诗华　贾鸣问

李　谦　廖云翔　刘向强　刘智超　彭艳玲

唐曼萍　王玉峰　王运陈　王中超　吴　静

杨若熠　张根杰

前　言

“农，天下之本，务莫大焉。”“三农”问题一直是关系国计民生的根本性问题。作为乡村振兴战略的核心支撑，农村财务管理既是激活农村“沉睡资源”的关键抓手，又是实现农民增收、农业增效、农村繁荣的重要保障。当前，我国农村正经历从传统分散经营向规模化、集约化发展的深刻变革，农村财务管理面临主体多元、资源复杂、政策动态调整等多重挑战。一旦管理失范，轻则导致集体资产流失、农民权益受损，重则引发基层矛盾、阻碍乡村振兴进程。因此，构建契合中国农村实际的财务管理教材，已成为新时代农业农村现代化的迫切需求。

长期以来，我国农村财务管理教材面临两大困境：其一，多沿用工商企业财务管理框架，忽视农村特有的产权制度、组织形态和资源属性；其二，偏重理论阐述，缺乏对农村财务实践痛点的针对性指导。本书立足国家乡村振兴与共同富裕战略背景，依托四川农业大学新文科建设实践，聚焦农村财务管理的“中国问题”与“三农特色”，系统整合政策规范、学术研究和典型案例，致力于为农村财务人才培养提供兼具理论深度与实践价值的创新教材。

一、本书编写特点

（一）扎根乡土实践，凸显三农特色

传统财务管理教材以营利性法人为主体，而农村财务管理主体涵盖集体经济组织、专业合作社、家庭农场等多元形态，其法人地位、权责边界与治理逻辑迥异。本书以《中华人民共和国民法典》《中华人民共和国农村集体经济组织法》等法律为纲，深入剖析农村财务主体的特殊性：从村委会“政经合一”的职能交叉，到合作社“松散联合”的产权结构；从“三资”管理的社区封闭性，到财政支农资金的公共属性。同时，紧扣农村资源价值实现、集体资产股份化改革、乡村产业振兴等热点议题，通过“小贴士”专栏引入“昆农贷”等典型案例，让理论阐释与乡土实践紧密联动。

（二）分层能力培养，服务多元需求

农村财务管理内容丰富，几乎没有学生能够全面掌握，本着因材施教的原则，兼顾知识、能力与素质培养，本教材将农村财务管理内容划分为三大板块：基础知识篇聚焦农村财务管理概述、农村财会制度与农村财务报告编制，夯实农村会计的业务基础；核心技能篇涵盖投融资决策、三资管理及审计，强化村干部财务管理能力和风险防控能力；前沿拓展篇探索智能监管、供应链金融、数据资产入表等创新课题，为乡村振兴领军人才提供前瞻视野。各教材使用单位可依据培养定位灵活组合内容，实现“一材多用”。

（三）多元教学设计，激发专业认同

教材的根本目的在于服务课程教学，要让师生觉得好用，即教师好教、学生好学，这就要求教材充分体现以学生为中心，提供丰富的教学性元素，让学生在学习的同时产生浓厚的专业兴趣。为破解农村财务管理课程“枯燥难懂、学用脱节”的痼疾，本书构建“案例导入—理论精讲—实务训练”的全链条教学体系。每章开篇均以一个典型案例导入，如山东费县“四位一体”管理体系、江苏金坛“村账镇管”数字化实践，引导学生从真实场景切入相关理论学习；在讲解相关理论知识，特别是公式计算时，为了增强学生的操作能力，列举了数字案例；课后思考或练习用于巩固学生实务知识、拓展思维能力。此外，课后设有本章小结，在学完相关知识后，对整章内容进行一个简要回顾，让学生学会厚书变薄书；拓展阅读旨在拓展学生的知识面，增强发散思维能力；相关链接或延伸阅读为有深造意愿的学生升华知识。通过多元的教学元素，让学生在学习中培养专业兴趣，为终身专业学习奠定基础。

（四）紧扣时代前沿，融通课程思政

农村财务管理课程作为一门融合传统财务管理知识与农村新应用场景的创新课程，面临专业难度大、与前沿联系少等双重挑战。本教材以新时代背景为出发点，通过“价值观引领、价值观塑造”的课程思政理念，打破传统教材的局限，动态追踪农村财务领域最新变革，构建“立德树人、立场树人、立功树人”的新课程体系。在课程设计中，本教材聚焦智能财务与三资监管、生态资源价值核算等前沿问题，深入探讨农村财务领域的创新实践。通过“价值观引领”的课程思政理念，本教材不仅培养学生的专业素养，而且更重要的是培养其社会责任意识和实践创新能力，如在相关章节内容中嵌入乡村振兴、共同富裕等话题，让学生充分理解我国制度的优越性与合理性，增强学生的爱国情怀。

二、本书内容安排

基于上述编写特点，本书的内容体系安排如下。

（一）基础知识篇（第一至三章）

讲述农村财务管理的特殊性以及农村财务的相关制度，这是从事农村财务工作必须具备的基础知识。共分为三章内容：第一章概论，系统阐释农村财务管理的主体特殊性、客体复杂性与目标多元性，帮助学生理解其与企业财务管理的本质区别；第二章农村基层组织与财会制度，重点解析农村集体经济组织和农民专业合作社这两类重要的农村基础经济组织的会计制度和财务制度；第三章农村财务报告与分析，着重介绍农村财务报告的构成、变化及效益评价。

（二）核心技能篇（第四至九章）

主要培养学生农村财务管理的实践技能。这不仅包括农村财务投融资活动及其形成的资金、资产的日常管理，而且还包括农村特殊的资产——资源性资产的管理，以及农村财务审计。共分为六章内容：第四章农村融资管理，讲述农村融资的基本概念、特点及常见渠道，将融资形成资金的日常管理放在第七章介绍；第五章农村项目投资管理，介绍农村项目投资的评估方法及估算，将投资形成的资产的日常管理放在第六章介绍；第八章农村资源管理，重点讲解农村特殊的资产——自然资源性资产的价值核算与实现，突出农村财务管理的特殊性；第九章农村财务审计，主要讲述农村财务领域的投资、融资和资金等的审计程序和方法，并着重介绍了自然资源离任审计实践。

（三）前沿拓展篇（第十章）

主要培养学生前沿财务问题思考的能力。这些前沿财务问题既有因技术进步而出现的最新财务问题，如智能监管平台构建、财务舞弊数字化防治、农业数据资产化，又有我国特殊国情产生的热点财务问题，如乡村产业价值共创、农业供应链金融。了解这些前沿问题，对培养学生跟踪国际前沿、熟知中国热点、理论联系实际等综合能力具有重要的意义。

三、建议学时安排

本教材内容丰富、体系完整，为了给学生奠定坚实的财务管理基础，建议学时 48 学时。各教材使用单位可以根据本校财务管理课程学时数和学生培养要求，对学时进行相应的调整。具体学时分配建议如下：

部分	构成要素	章	内容	学时
上篇	基础知识篇	第一章	概论	2
		第二章	农村基层组织与财会制度	6
		第三章	农村财务报告与分析	4
中篇	核心技能篇	第四章	农村融资管理	6
		第五章	农村项目投资管理	6
		第六章	农村资产管理	6
		第七章	农村资金管理	4
		第八章	农村资源管理	6
		第九章	农村财务审计	4
下篇	前沿拓展篇	第十章	农村财务管理发展前沿	4
合计				48

四、本书编写分工

本书由罗华伟、张立光、程亚担任主编，由罗华伟、张立光、程亚、王运陈共同设计编写大纲，并经编委会集体讨论确定。

各章节的编写分工为：第 1 章和第 8 章由四川农业大学管理学院罗华伟老师负责；第 2 章由四川农业大学管理学院张立光老师整体负责，张立光老师和四川农业大学管理学院吴静老师共同编写；第 3 章由四川农业大学商旅学院孙根紧老师整体负责，孙根紧老师和四川农业大学管理学院程亚老师共同编写；第 4 章由四川农业大学管理学院谢璇老师整体负责，谢璇老师与四川农业大学管理学院王运陈老师共同编写；第 5 章由四川农业大学管理学院张良老师负责；第 6 章由四川农业大学管理学院刘智超老师和四川农业大学管理学院张立光老师共同负责；第 7 章由四川农业大学管理学院夏晓兰老师负责；第 9 章由四川农业大学管理学院王文姣老师负责；第 10 章由四川农业大学管理学院程亚老师整体负责，第 1 节和第 2 节由四川农业大学管理学院贾鸣问老师负责，第 3 节由四川农业大学管理学院程亚老师负责，第 4 节由四川农业大学管理学院张立光老师和四川农业大学管理学院王运陈老师负责，第 5 节由四川农业大学管理学院谢璇老师负责。北京林业大学的王中超、重庆大学的廖云翔、四川农业大学的王玉峰、唐曼萍、杜彬和张根杰、西南林业大学的李谦、西南大学的刘向强、西昌学院的郭娟、西藏大学的黄全花、西北农林科技大学的彭艳玲、沈阳农业大学的黄诗华、中国财政科学研究院的杨若熠亦参与本书各章节的编写工作（以上按作者单位名称拼音字母排列）。初稿完成后，由主编修改、补充、定稿。

本教材编写受到国家自然科学基金青年项目（项目号：72402155）、四川省社会科学基金重点项目（项目号：SCJJ23ND41）、四川省会计科研项目（项目号：2022 - SCKJKT - 006）、四川省自然科学基金青年项目（项目号：2023NSFSC1009）以及四川省哲学社会科学青年项目（SCJJ23ND402）共同资助。

由于客观条件和作者水平所限，书中难免存在一些疏漏之处，恳请读者批评、指正。愿本书能为培养“懂农业、爱农村、善财务”的新农人略尽绵力，为乡村振兴与共同富裕注入专业力量。

编　者

2025 年 3 月

目录
Contents

第三部分　前沿拓展篇

第一部分　基础知识篇

第一章　概　论

课程思政

1. 坚定学生“农村大有可为，农村必有作为”信念，引导学生知农爱农、树立正确的职业价值观和社会使命感，为农村社会经济发展服务。

2. 让学生深刻领悟“三农”工作的重要意义：重农固本是安民之基、治国之要；没有乡村的振兴，就没有中华民族的伟大复兴；没有农业农村现代化，就没有整个国家的现代化；没有农业强国，就没有整个现代化强国；没有农民农村的共同富裕，就没有整个国家、全体人民的共同富裕。

3.《农村财务管理》探讨如何唤醒、盘活农村丰富的“沉睡资源”，让农业成为有奔头的产业，让农民成为有吸引力的职业，让农村成为安居乐业的家园。

学习目标

1. 明晰财务管理的基本轮廓。为未学习财务管理课程者构建财务管理“是什么、干什么”的总体印象，为已学习财务管理课程者加深知识记忆，为后续学习奠定理论基础。

2. 了解农村财务管理的特殊性。经典的财务管理课程往往以工商企业为讲述对象，而农村不同于工商企业，在财务管理主体、客体、方法、目标等方面具有特殊性，掌握这些特殊性是做好农村财务管理的前提。

3. 熟悉农村财务管理的主要内容。学习包括农村财会制度与财务报告、农村投融资管理、农村三资管理、农村财务审计以及农村财务管理发展前沿等内容，厘清农村财务管理的理论逻辑与知识框架。

内容简介

1. 财务管理概述。讲述财务管理的1个目标、2大理念、3大原则、3大环境、3大能力、4大职能、6大要素，构建财务管理的概念性框架。

2. 农村财务管理的特殊性。讲述农村财务管理主体、客体、方法、目标等方面的特殊性，明白农村财务管理的独特性。

3. 农村财务管理的主要内容。主要包括财会制度与财务报告、融资与投资、三资管理、审计、发展前沿等板块。

导入案例

乡村振兴要突出乡村特有功能

乡村的功能和城市的功能不一样，乡村振兴最该振兴的是乡村的功能。城市的功能更多的是体现在要素的集聚和融合基础上，推进各种各样的创新，以此引领一个国家乃至一个地区社会的增长，成为一个地区一个国家的增长极；而乡村的功能在很大程度上体现在守护和传承一个国家乃至一个民族生存和发展的根脉，并且在这个基础上不断夯实一个国家和一个民族发展的根基。

乡村独有的功能就在于这种功能是城市所没有的，又是在国家现代化进程中不可或缺的，主要体现在以下三个方面。第一，确保粮食和重要农产品供给的功能。这是乡村特有的功能，城市越发展，集聚的人口越多，乡村所承担的保障粮食和重要农产品供给的职能就会越来越重要。第二，提供生态屏障和生态产品的功能。我国600多个城市、1 500多个县城、2万多个建制镇，城镇所占用的建成区面积大概是12万平方千米，占国土的2%—3%，国土的97%以上是乡村，保护生态环境、维护生态安全这个重点任务显然不在城市，承担起这个职能的主体是乡村。第三，传承中华优秀传统文化的功能。城市是人口和要素集聚的地方，也是各种文化碰撞和融合的地方，城市文化具有融合型、多元化和多样化的特点；乡村的文化更多地体现在这个民族、这个地域的历史的传统，是一种比较纯粹的文化，所以国家、民族的优秀传统文化能不能够传承下去，乡村肩负着重大的责任。

从粮食和重要农产品的供给这个功能看，口粮没有问题，但是饲料粮有问题，大豆、玉米、高粱都要进口，很多重要的附属品，比如说植物油、糖、猪肉、牛肉、奶等需要大量进口才能满足国内需求。现在的农业生产力水平以及现在的农业资源实际上不能完全满足我们自己的消费，这是个基本事实。中国作为一个人口大国来说，不能把宝都押在境外，就像习近平总书记讲的，中国人要把饭碗端在自己手里，而且要装自己的粮食。从这个角度看，我们在发挥好乡村承担起保障粮食和重要农产品供给这个功能方面还有很多努力需要付出，才能真正满足我们这个国家现代化发展的需要。

乡村怎么发挥好生态屏障、提供生态产品的功能。特别是习近平总书记提出绿水青山也是金山银山的这个“两山理论”以来，确实对于全民提高环境保护、维护生态的意识起到了决定性的作用。但长期以来我们对于环境、资源施加压力太大，对资源环境造成了很严重的破坏，想要恢复当然不是一朝一夕的事情，可持续发展还在积极地探索道路。我国耕地实际上的状况是南方土壤酸化、北方土壤盐碱化、东北黑土地退化，这三化现象像3把刀子架在我们农业发展的道路上；全国农业耕地的平均等级是4.76，刚刚跨过5级还到不了4级。我们的祖先在这块土地上耕耘了5000多年，交给我们的还是良好的土壤，那我们留给子孙什么样的土壤，我觉得这是我们值得深思的问题。

要去看一个特定的民族的文化，无论到哪个国家，都必须找到乡村，因为城市已经产生了一种融合的或者说杂交的文化。那么到乡村去看，文化如何体现？大概可以分三个层面去理解。第一层面是理念，就是做人的道理，就是作为一个人待人接物处事的准则。比如说天人合一的理念，师法自然的理念，比如，勤俭持家、敬老爱幼、邻里和睦等，这些重要的理念构成了中华民族在农耕文明中相互之间处理人、处理事的一些理论。但我们现在经常到乡村旅游去看到的所谓在文化层面的传承，经常是一种表象的描述或者说表象的临摹。每一个仪式、每一个程式表达了什么含义，没有发掘出来。因此，我们应当发掘乡村文化中的很重要的理念层面的文化，去其糟粕，取其精华，不断地弘扬。第二层面是知识。知识的传承是通过文化这个脉络流传下来。中国有大量的古农书，老百姓民间有大量的古农谚，这些都是关于生产技术的传承，不仅老百姓如此，甚至是皇家也是如此。正是因为有这样一些知识的传承，才能使我国古代的农耕文明达到这样一种辉煌的程度。第三层面的文化是制度。制度有成文的，也有不成文的，法律也是有成文法，有习惯法，还有很多乡规民约。这些制度实际上对我们的生活以及这个基本的社会交往、经济交往有很多规则性的东西是非常重要的。如果认真去发掘的话，你能发现里面确实是一个巨大的宝藏。

习近平总书记在农村工作会议上的讲话明确讲道，民族要复兴，乡村必振兴。所以从民族复兴、乡村振兴本身的要求来说，我想必然内含着要求乡村的功能得到更充分更好的发挥这样一个内涵。那么对于乡村自己的价值来说，它存在的价值是要把乡村的功能得到更好的发挥。所以不能简单地把乡村振兴理解为一般地加快乡村发展，而是要突出乡村功能的振兴。而振兴的这些功能应当是乡村所特有的，城市所不具备的，而国家现代化所不可或缺的这些功能。

——节选自北京大学2020年乡村振兴论坛上陈锡文的发言

作者简介：陈锡文曾任中央财经领导小组办公室副主任、中央农村工作领导小组成员兼办公室主任，中央党的建设工作领导小组成员，中央农村工作领导小组副组长，全国政协常委、全国政协经济委员会副主任，第十三届全国人民代表大会常务委员会委员、农业与农村委员会主任委员。

第一节　财务管理概述

财务管理的基本轮廓可以简单表述为 1 个目标、2 大理念、3 大原则、3 大环境、3 大能力、4 大职能、6 大要素，熟悉这些内容就可以基本构建起财务管理的概念性框架，达到“外行面前是内行，内行面前是外行”的程度，对于非研究财务管理的专业人士已经足够，对农村财务管理人员也能实现普及财务管理基本知识的目标。

一、财务管理的一个目标

财务管理要实现什么样的目标，是学习财务管理需要明白的首要问题。为了更好理解财务管理的目标，需要首先了解财务管理的内涵，以及财务管理学科与相关学科的关系。

（一）财务管理内涵

财务管理是组织（最典型的是企业）使其拥有的资源（最典型的是资金）产生最大效用的一种管理活动。

财务管理的对象是“财”。财的表现形式的演化决定着财务管理内容的变化：未出现一般价值符号（货币）以前，财表现为实物形态——物资；货币充当一般价值符号后，财表现为价值形态——资金，现代财务管理的对象就是资金；广义的财扩展到了一切能够带来财富增值的条件——资源，如自然资源、环境资源、信息资源、人力资源、关系资源等。

财务管理的内容是“财务”，即理财的事务，表现为财务活动与财务关系。财务活动即资金在组织里的运动轨迹，这些运动轨迹是相互联系、相互依存的，共同构成了完整的财务活动，包括资金筹集活动、资金运用活动、利润形成活动、资产管理活动、资金分配活动。财务关系是指在组织财务活动过程中与各方面发生的经济利益关系，分为内部财务关系和外部财务关系，内部财务关系包括组织内部各单位之间的财务关系、组织与职工之间的财务关系，外部财务关系包括投资性财务关系（与股东、合作伙伴、投资组织的关系）、交易性财务关系（与债权人、供应商和消费者的关系）和特殊性财务关系（与政府、行业、社区和社会团体的关系）。

财务管理具有个性。财务管理是一种人的主观管理活动，受人的主观意识支配，不同的组织目标、不同的管理者理念必定导致管理财务活动和处理财务关系的模式和方法的差异。例如，非企业组织的财务管理目标主要是保值，即保障资产的安全完整，而企业则以盈利为财务管理的目标；组织控制者的理念也影响着财务管理模式的选择，如激进型控制者会使组织负债比率较高、投资政策激进。

（二）一个目标

财务管理的根本目标就是保证组织资金的均衡有效流动，最终实现组织所拥有的资源的保值增值。均衡有效是手段，保值增值是目的，均衡有效将在三大原则中讲述。

“保值”是指保证资金被用于规定的用途上，不被挪用、侵占与流失。作为非营利性组织，资金保值是财务管理的主要目标：确保财经方面的法律法规和单位内部规章制度的贯彻执行；堵塞漏洞，消除隐患，防止并及时发现、纠正错误及舞弊行为，保护资产的安全完整；在保证组织目标完成的前提下，尽可能节约资金。

“增值”是指一定数额的资金投入经营活动后所获得的利润，即资金产出大于资金投入的差额。如果组织是营利性组织，则需要在保值的基础上进一步追求资金的增值性，这便是现代企业财务管理的根本目的。

财务管理虽然只是企业管理的一个子系统，但却是企业管理的核心。企业是营利性组织，其任何行为最终都表现为赚钱与赔钱、用钱与省钱的结果；作为资金最优配置重要手段的财务管理，其主要解决的是风险与收益、收益性与成长性、偿债能力与盈利能力、生产经营与资本经营等企业经营管理中的突出矛盾和关键问题，一旦企业财务管理稍有不慎，势必会造成企业资金周转不灵或陷入财务危机，甚至导致企业破产。因此，“财务管理是企业管理的核心”已经成为共识。

（三）财务管理与相关学科的关系

以资金为研究对象的学科主要有财务管理、会计、审计、金融、理财等学科，厘清几个学科间的关系有利于更好把握财务管理的实质。

1. 财务管理与会计

会计是“记录”资金运动轨迹的学科。1966 年，美国会计学会（AAA）在其发布的《会计基本理论说明书》中指出：“实质地说，会计是一个信息系统。”我国长期没有单列财务管理，将会计职能扩大化，不仅有“反映”职能（“稽核”是反映职能的保障），还赋予“监督”功能。会计负责资金运动（经济事项）的“确认、计量、记录、报告”，实务中简称“算账、记账、核账、报账”，目的是提供高质量的财务信息。会计以“会计准则”或“会计制度”为依据，所有的业务均需遵循既定的“规则”，其“自由裁量空间”较小。

财务管理是“确保”资金有效运转的学科。财务管理负责对资金进行“预算、组织、评价、控制”，目的是追求资金的保值增值。财务管理几乎没有框架约束，属于一种管理活动，管理更多属于“艺术”范畴，很难找到适合所有企业的管理方法，更多是在“套路”指导下的“实战运用”。

会计为财务管理提供基础数据，财务管理利用会计数据研究资金的利用状况。

2. 财务管理与审计

审计是“监督”资金活动及其记录的学科。审计的主要目标是审查和评价财务资料及其所反映的资金运动的真实性、合法性和效益性。审计由独立的人员对资金记录资料作出证据搜集及分析，以评估企业财务状况，然后就资料及一般公认准则之间的相关程度作出结论及报告。

审计与财务管理都具有发现企业的经营问题并提出改进建议的功能，审计具有事后性、独立性和处罚性的特征，财务管理具有事前性、内部性和控制性的特征。

3. 财务管理与金融

金融顾名思义为“资金融通”，即资金在不同单位（“溢余单位”和“不敷单位”）之间的非交易性流动，关注资金的安全性、流动性和收益性，主要内容为资金融通的渠道、工具和政策，金融工具、金融机构与金融市场、金融监管机构与监管政策法律构成了金融学关注的主体内容。英语中财务、金融均是同一个词（Finance），体现了财务金融不分家，都研究资金保值（安全性）和增值问题。当不敷单位或溢余单位是企业时，就演变为公司财务（Corporate Finance，也称公司金融），构成财务管理研究的重要内容——投资、融资与分配，但财务管理并不重点研究金融工具、金融机构、金融政策等。金融仅关注作为价值符号的金融资产，财务管理还要关注实物资产。

4. 财务管理与理财

“理财”一般是指将现有资金进行“金融性产品”投资以谋求保值增值，一般不进行实业投资，具有赚快钱、热钱的特点；财务管理主要是对实业投资资源进行谋划，以使实业投资获得最大限度的回报。在我国一般将理财归入金融学的研究范畴。财务管理和理财的共同任务都是如何使现有资源最大限度地保值增值，所使用的工具、方法等具有一致性，两者的广义理解具有融合性。

二、财务管理的两大理念

财务管理主张“现金为王”，其最根本、最重要的两个理念是时间价值和风险价值。

（一）时间价值

时间价值是指货币（资金）的价值是随着时间的推移而发生变化的，具体而言，货币经过一定时间的投资和再投资后会不断增加。资金的时间价值一般可以通过折现率来表示，折现率是在没有风险和没有通货膨胀条件下的社会平均资金利润率。根据时间价值的理念，今天的一百元价值大于将来的一百元，因为今天的资金可以用于投资赚取回报，而将来的一百元则存在风险和不确定性。财务管理的任务之一是最大限度地利用时间价值，确保组织在资金运营、投资和融资决策中能够实现最佳效益。时间价值理念需要通过以下几个定义来理解。

1. 现值和净现值

现值即现在的价值，是将未来的现金流量按照一定的折现率折算到当前的价值。净现值是指现金流入现值减去现金流出现值的余额，现金流入现值是指投资项目预期未来现金流入量折算到现在的价值，现金流出现值是指投资项目流出现金折算到现在的价值。不同时间的货币价值不能直接进行加减运算，这是因为未来的现金流量存在不确定性，而且时间越长，风险越大。因此，通过将未来的现金流量折现到当前，可以进行不同项目或投资机会的比较和决策。

2. 资金时间偏好

资金时间偏好是指个人或组织对于不同时间拥有资金的偏好程度。一般来说，现金流量的时间价值意味着未来的现金流量不如即刻的现金流量有吸引力。这种偏好会影响个人和组织在财务决策中的行为，例如倾向于即时消费而非储蓄，或者更倾向于短期投资而非长期投资。再如对于不附带利息条件的货币收支，人们更偏好即刻拥有现金收入而推迟支出，即“早收晚付”。

3. 负债成本

负债成本是指借入资金的成本，包括利息和其他金融费用。负债成本涉及时间价值的问题，负债的成本越高，意味着未来要支付的利息费用越多，从而降低了现金流量的净现值。

4. 投资回报率

投资回报率是衡量投资项目预期回报与投入资金之间的关系。财务管理的目标是选择那些具有较高投资回报率的项目，以最大化投资效益。投资回报率的计算需要考虑时间价值，因为相同的投资额在不同的时间段内可以带来不同的回报。一般用内部收益率来衡量，内部收益率是指投资项目预期未来现金流量的净现值等于零时的收益率。

在考虑时间价值的情况下，投资决策应该基于净现值或内部收益率等指标进行评估，要确保投资项目的净现值大于零或内部收益率大于基准收益率。总之，财务管理中的时间价值是一个重要的理念，它考虑了通货膨胀、利率等因素对现金流量价值的影响，对于评估投资、筹资等决策具有重要作用。

（二）风险价值

风险是指结果的不确定性和潜在损失的可能性。投资者由于冒风险进行投资而获得的超过资金时间价值的额外收益就是风险价值，也称为风险报酬。风险报酬有风险报酬额和风险报酬率两种表示形式，投资者进行风险投资而要求或期望的投资报酬率 = 无风险报酬率 + 风险报酬率。风险价值理念具体包含以下内容。

1. 综合风险视角

风险价值的核心理念是将风险与回报视为不可分割的整体。通过引入风险价值，财务管理者可以更全面地了解投资组合或资产的风险水平，并将其纳入决策过程中。

2. 风险和置信水平的平衡

风险价值在一定置信水平下提供了一个明确的风险度量。置信水平则表示给定时间期间内，风险价值的预测结果将在多大程度上得到满足。通过选择适当的置信水平，财务管理者可以在风险与回报之间寻求平衡。较高的置信水平意味着更高的保守性和风险规避，而较低的置信水平则意味着更高的风险承担和可能的回报。

3. 风险传递与风险分配

风险价值的核心理念还涉及风险的传递和分配。投资组合或资产的风险价值可以用于衡量不同投资者之间的风险分配，或者在不同的投资组合中识别和比较风险水平。此外，风险价值还可以用于评估风险的传递效应，即一个投资组合或资产的风险如何影响整体投资组合或资产组合的风险。

总之，风险价值在财务管理中具有重要意义，是价值评估的关键因素，将风险与回报联系在一起，帮助财务管理者更好地理解和管理投资组合或资产的风险水平。通过合理地使用风险价值，可以支持风险决策，优化资产配置，并提高财务管理的风险管理能力。

三、财务管理的三大原则

财务管理有众多的原则，但均可归纳入以下三个基本原则。

（一）资金均衡有效流动原则

资金均衡有效流动原则的核心是合理配置和管理资金，使组织的流动性得到有效维持和管理，实现财务的稳定和持续发展。

1. 资金均衡流动原则

“均衡”是指资金来源与资金运用匹配，不出现资金短缺或闲置。资金短缺时及时筹集资金，否则企业将陷入财务危机，甚至导致企业破产；资金过多时及时安排资金有效利用，否则盈利能力降低，甚至出现资金挪用、贪污。

“均衡”主要包括以下几个方面：（1）资金“来源”与“运用”的均衡，这是最基本的均衡。（2）“量”和“时间”均衡。可能出现全年总量上是均衡的、但时间分布上是不均衡的，就会出现季节性资金短缺而诱发财务危机，或季节性资金过多而造成闲置。（3）“预算”与“决算”均衡。预算是计划，决算是实际，当两者出现资金量上的差异时，就要检讨预算是否科学或执行是否有力。（4）“成本”与“风险”均衡。成本是资金的显性代价，风险是资金的隐性代价，不能只看显性的成本代价，还需要看隐性的风险代价，需要两者综合考虑。（5）“利润”与“现金”均衡。利润是权责发生制的产物，现金是收付实现制的结果，要避免盈利性破产情况发生，收入如果出现较大的应收款项，就可能出现资金周转困难，因为有收入就有流转税，有利润就有所得税，这些税收都是需要立即付现的。

均衡还包括组织内部不同部门、项目或活动之间的均衡，将闲置资金转移投入需要资金的部门或项目中，避免资金集中或闲置造成的效率低下。资金均衡流动的实现可以通过资金分配、资金调配、资金监控等措施得以实现。

2. 资金有效流动原则

“有效”是指资金产出要大于资金耗费，即产出有效，使资金能够产生更多的收益和回报，不能提高资金使用效率的企业行为是没有意义的。企业的行为要实现净增效益为正，必须充分利用企业的资源，发挥比较优势，多出有价值创意的点子。有效既包括如何评价“绩效”，也包括如何评估“风险”。

资金有效流动原则对组织内部资金循环流动、资金周转率、现金流管理、投资决策和利润增长等都有要求。（1）组织应通过优化资金循环流动过程，使资金能够快速地从投资转化为销售收入，再通过回收流入新的投资项目，这种循环流动确保了资金在不断产出和回笼中的有效利用。（2）资金周转率是衡量资金有效流动程度的重要指标，它表示组织在一定时间内资金循环的速度和效率，较高的资金周转率意味着资金更有效地被利用，从而增加了资金的产出。（3）现金流管理是确保资金的流入和流出能够协调一致，如准确预测和管理现金流量，及时收回应收账款，控制存货水平，并优化资金的支付和融资安排。（4）投资决策时选择具有良好回报和盈利潜力的项目，通过评估投资项目的风险和预期收益，组织可以选择能够产生有效资金流动的项目，确保资金的产出大于耗费。（5）资金有效流动的最终目标是实现盈利的持续增长，这需要组织在资金运作和投资决策中注重风险管理、市场需求和竞争优势等因素。

（二）风险收益权衡原则

风险收益权衡原则强调在决策过程中，需要权衡预期回报与承担风险之间的关系。风险与收益的关系大致符合“风险收益匹配”：高风险要求高收益，低风险只得低收益。财务管理的任务之一是评估和管理风险，以最大限度地降低不确定性带来的负面影响，并在风险与回报之间取得平衡。风险无处不在，财务活动时刻处于风险之中，如何衡量风险的大小非常重要。应通过以下几方面来理解风险收益权衡原则。

1. 风险评估与分析

对可能的风险进行系统评估和分析的过程包括识别潜在风险、评估其发生概率和影响程度、确定相应的应对措施，常见的风险包括市场风险（如股市波动）、信用风险（如债券违约）和流动性风险（如无法迅速变现资产）等。

2. 风险与回报之间的权衡关系

通常情况下，高风险投资可能带来更高的回报，但也伴随着更大的不确定性和潜在损失；而追求安全稳定和低风险通常意味着获得较低的收益。财务经理需要根据组织的风险承受能力、投资目标和市场环境来权衡风险与回报，以选择适当的投资策略。

3. 风险管理工具

风险管理是指通过使用各种工具和方法来管理风险的过程。这些工具包括多样化投资组合、保险、衍生品合约等。多样化投资组合可以通过将资金分散投资于不同的资产类别和市场，以降低特定投资所带来的风险；保险可以为组织提供风险保障，以应对可能发生的不利事件；衍生品合约可以用于对冲风险，降低价格波动或外汇风险带来的损失。

4. 风险与决策制定

风险管理需要与决策制定紧密结合，以确保风险在决策中得到适当的考虑。财务经理需要在决策中权衡风险和回报，并采取适当的措施来最小化风险的影响。

总之，通过权衡预期回报和风险，管理者可以合理分配资金，选择那些具有适当风险和回报潜力的投资机会。通过评估和管理风险，管理者可以降低投资所面临的风险，更好地理解和应对不确定性，降低风险带来的负面影响，选择那些能够提供最大回报的投资机会，以实现组织的财务目标和最大化股东财富。

（三）权责利匹配原则

权责利匹配原则强调将权力、责任和利益相匹配，确保决策者承担与其权力相对应的责任，并享有相应的权益。权力是指对资源和决策的控制和管理能力，在财务管理中，权力通常由高层管理人员、董事会和股东拥有，他们对于组织的战略、预算和决策具有决定权；责任是指决策者对其行为和决策结果承担的责任，财务管理需要确保决策者对其决策的财务后果负责，包括盈亏、风险和合规性方面的责任；利益是指决策者从决策中获得的回报或利益，财务管理需要确保决策者在承担责任的同时，能够享受相应的权益和回报，以激励其为组织的利益作出有效贡献。

权责利匹配原则通常通过以下几方面实现：（1）透明度与问责制。建立透明的决策程序，明确权力与责任的分配，以便能够对决策者的行为和结果进行评估和问责，有助于提高决策的质量和组织的治理效果。（2）激励与回报机制。可以确保决策者在承担责任的同时，能够获得适当的回报和激励，以推动其为组织的利益作出有效的决策。（3）风险管理与控制。权责利匹配原则也强调决策者在权力行使过程中应承担相应的风险，并进行风险管理与控制，确保决策者对风险负有适当的责任，并采取措施来管理和控制风险，以保护组织的利益。

通过权责利匹配原则，可以提高决策质量，激励决策者更加谨慎和负责任地作出决策，从而提高决策的质量和组织绩效。还可通过建立透明的决策过程和问责制度，增强组织的治理效果。

四、财务管理的三大环境

财务管理环境是指与企业财务管理有关的所有因素的总和，外部环境给企业财务管理带来机遇或挑战，内部环境决定企业财务管理的优势或劣势。

（一）宏观环境

企业最重要的宏观环境包括政治、经济、社会、技术四大方面，但对企业财务管理影响更为直接的宏观环境是经济环境、法律环境和金融市场环境，政治、社会和技术是更深层次的宏观环境。

1. 经济环境

经济环境是指企业进行财务活动时所面临的宏观经济状况，主要包括经济结构、经济发展水平、经济体制、宏观经济政策等。经济结构反映经济质量，影响经济的发展速度，决定着在国际或国家分工中的地位和作用，地区的经济结构及其调整影响企业资金使用的重点和方向。经济发展水平是衡量经济发展状态、潜力的标志，地区的经济发展水平影响企业的发展水平和资金需求量。经济体制规定参与经济活动的各个方面、各个单位、各个个人的地位和他们之间的利益关系，我国企业的财务管理不能照搬西方国家私有制市场经济体制下的一些做法。宏观经济政策体现政府对经济的行政干预，影响通货膨胀水平和市场竞争程度，从而直接对企业财务管理产生影响。

2. 法律环境

法律环境包括一个国家或地区的法律规范、司法体系和法律意识，是政治环境的具体表现，它影响着政局的稳定性、国际关系的和谐性、方针政策走向、公民权利保障力度等，从而影响企业的生产经营活动。

3. 金融市场环境

金融市场环境是指企业财务管理所面临的来自金融市场方面的影响因素。金融市场是指资金供应者和资金需求者双方通过信用工具进行交易而融通资金的市场，金融市场的完善程度、金融工具的丰富程度直接影响企业的投融资决策。

（二）中观环境

中观环境是指企业涉入行业状态、所处地域条件及相关业务关系等外在要素的集合，主要包括行业环境、区域环境、业务环境。

1. 行业环境

行业环境是对企业影响最直接、作用最大的外部环境。每个行业都有其独特的经济特征，企业财务管理必须首先选择适合的行业进行投资，一旦企业“投错行”，就可能意味着灾难或死亡。

2. 区域环境

区域环境是指占有特定地域空间的环境单元，主要指企业所处区域的地理环境、气候、人口数量、文化素质、收入水平、劳动力状况、礼仪风俗、交通运输、行政分布、市政规划、地方政策等自然资源条件和人文形态。企业要生存与发展就必须熟悉地理环境、融入地域文化，才能有效利用自然资源，趋利避害，有针对性地选择经营策略和制订经营计划，从而对企业财务管理造成影响。

3. 业务环境

业务环境是指同企业经营活动相关联或产生影响的各种关系及状态，涉及顾客、供应商、联盟伙伴、竞争对手及其他关系环境。业务环境决定着企业财务关系的复杂程度和财务活动的工作量。

（三）微观环境

企业内部环境是影响财务管理的微观环境，也是影响企业财务管理的内因，还是决定企业财务管理的根本。企业内部环境主要体现在企业组织形式、企业愿景、企业治理模式、企业领导者意识、企业员工素质等几个方面。

1. 企业组织形式

企业组织形式是指企业财产及其社会化大生产的组织状态，它表明一个企业的财产构成、内部分工协作与外部社会经济联系的方式。典型的企业组织形式有独资企业、合伙企业和公司企业三类。企业组织形式不同，所承担的法律责任不同、纳税不同。

2. 企业愿景

企业愿景是对企业未来发展的一种期望和描述。愿景告诉人们企业将做成什么样子，只有清晰地描述企业的愿景，员工、社会、投资者和合作伙伴才能对企业有更为清晰的认识。没有愿景的企业是短视的企业，往往为获得短期利润不择手段，最终导致企业生命周期极其短暂。

3. 企业治理模式

企业治理模式是协调股东和其他利益相关者相互之间关系的一种制度，涉及指挥、控制、激励等方面的活动内容。不同的治理模式导致不同的权利安排，从而影响企业财务管理。

4. 企业领导者意识

企业领导者泛指对企业有实际控制权的人，可能是控股股东，也可能是掌握实权的内部控制人。他们对企业具有重大的影响力或绝对的控制权，他们的意识会严重影响企业的财务管理活动和财务管理行为。

5. 企业员工素质

财经纪律的遵守和财务制度的有效贯彻执行需要有员工素质作保证，当一个组织内部绝大多数员工对财经纪律和财务制度不了解、不理解，甚至有抵触情绪时，疏忽大意甚至故意违反财经纪律和财务制度的现象就会屡禁不止。

五、财务管理的三大能力

财务人员应该具备财务分析、财务预算与决算和财务危机管理三大能力。

（一）财务分析能力

财务分析能力是指对企业财务活动的过程和结果进行研究评价。目的在于判断企业的财务状况，诊察企业经营活动的利弊得失，以便进一步分析企业未来的发展趋势，为财务决策、计划和控制提供依据。

（二）财务预算与决算能力

财务预算使决策目标具体化、系统化和定量化，财务决算是对本年度数据的确认、归纳与总结。编制财务预算与决算报告是财务主管人员的基本能力。

（三）财务危机管理能力

财务危机管理能力包括危机征兆识别、财务预警、财务危机反应和处理等方面的能力。财务主管人员应该具备相关的知识，培养相关的能力。

六、财务管理的四大职能

管理学赋予了管理的众多职能，但这些职能之间存在严重的交叉与重复。与会计学“确认、计量、记录、报告”八字职能相对应，财务管理也可以归纳为“预算、组织、评价、控制”八字职能。

（一）财务预算职能

财务预算职能涉及制订和执行财务计划，以规划和控制组织的财务活动。财务预算职能的主要目标是确保组织的资金得到有效利用，达成预定的财务目标。

财务预算职能包括以下几方面内容：(1) 预算编制。预算编制是指预测和估计组织未来的收入和支出，并制订相应的预算计划。预算编制通常涉及预算目标的设定、预算期间的确定以及预算项目的设计，预算项目一般分为经营预算、资本预算、资金预算和财务预算等。(2) 资金筹集与配置。确定资金需求，选择合适的融资方式，以及将资金分配到各项经营活动和投资项目中。(3) 预算执行与控制。通过监督和控制使各部门合作，确保预算的合理使用和执行，及时采取措施纠正偏差，并提供相应的预算报告和分析。(4) 预算评估与调整。对预算的实际执行情况进行比较分析，识别潜在的问题和改进机会，并根据需要对预算进行调整和修订。

财务预算职能帮助组织合理分配资源，确保资金在不同活动和项目之间的适当配置，以实现最佳效益。

（二）财务组织职能

财务管理的组织职能是为了实现财务目标、提供准确可靠的财务信息、支持组织的决策和运营，通过建立相应的财务管理机构和制度，确保财务活动能够顺利进行的组织和管理活动。

财务管理的组织职能包括以下程序：(1) 设计和建立组织机构。建立财务部门、财务负责人、内部审计机构等，以负责组织的日常财务管理工作；确定财务职能和职责，划分部门和团队的职能和层级关系，确保财务部门的有效运作。(2) 制定财务管理制度。制定财务预算、财务报告、资金管理等制度，以确保组织财务活动的规范和有序。(3) 内部控制与合规管理。建立审批流程、授权制度等内部控制体系，确保财务活动的合规性、安全性与稳定性。(4) 组织财务信息报告。编制财务报表、财务分析和管理报告，向内部管理层、股东和其他利益相关者提供准确的财务信息，支持其决策和监督。

通过财务组织职能，财务管理可以提供准确的财务信息，建立有效的内部控制，支持管理者的决策和组织有效的生产运营。

(三) 财务评价职能

财务评价职能是对组织的财务状况和绩效进行评估和分析，以了解组织的财务状况和经营成果，并为决策提供参考。

财务评价包括以下几个方面：(1) 财务分析。一般是通过比率分析、趋势分析和财务比较等，了解组织的财务状况和经营成果，发现潜在的问题和机会。(2) 绩效评估。对财务目标的达成情况进行评估，如利润增长率、资产回报率、市场份额、成本效益等方面的绩效指标，了解组织的经营效率和竞争力。(3) 风险评估和管理。了解组织面临的财务风险和经营风险，为决策提供参考，并制定相应的风险管理策略，如评估市场风险、信用风险、竞争风险、政策风险等。(4) 决策支持。通过对财务数据的分析和解读，为决策者提供有关投资、融资和经营活动的建议和决策支持。

通过对财务活动和财务状况进行评估和分析，可以全面了解财务状况、评估经营绩效，为组织决策提供参考，并促进组织的可持续发展。

(四) 财务控制职能

财务管理的控制职能是通过设置控制系统，制定财务政策、计划和预算，全面管理、监督和评估组织的财务活动的过程，以确保组织的财务状况和业绩符合预期，并且符合内部和外部的规范和要求。通常，财务管理的控制职能涵盖了财务规划和预算、财务控制和内部控制、财务绩效监督和评估，以及决策支持和风险管理等方面。

财务控制职能通过规范化的控制手段，对组织的财务活动进行全面控制和监督，有助于实现组织生产经营目标，保证组织各项资产的安全、有效运行，为利益相关者提供真实可靠的财务信息。

七、财务管理的六大要素

财务管理的六大要素包括资产、负债、所有者权益静态三要素，以及收入、费用、利润动态三要素。

（一）资产管理

资产是投资决策的结果，是企业获取利润的载体，财务部门不负责投资决策，但负有管理资产的职责。

1. 目标与任务

根本目标：确保资产的安全完整、质量优良、利用高效。主要任务：制定资产管理制度、考核资产质量和评价利用效率。

2. 内容与分工

内容：固定资产管理、流动资产管理、长期投资管理、无形资产及其他资产管理和资产评估、资产处置管理等。分工：财务部门负责资产的价值管理，使用单位负责实物资产管理和技术监督，内部审计部门负责资产管理安全性的监督检查。

（二）负债管理

负债是债务性融资决策的结果，对企业形成一种约束，甚至会出现债务风险。

负债管理重点关注：（1）到期集中度与偿还能力分析。债务到期过度集中会严重影响债务偿还能力，企业一旦不能按期还本付息，就可能陷入财务危机，甚至面临破产清算。（2）负债成本与经营绩效对比分析。如果负债成本高于企业经营利润，在杠杆作用下企业将进入恶性循环。

（三）所有者权益管理

所有者权益是权益性融资决策的结果，所有者拥有重大决策权、选择管理者权和收益分配权，所有者权益的结构安排不仅影响企业的治理结构，而且影响着企业的分配政策。

所有者权益管理重点关注：（1）权益结构及其变动情况。实收资本或股本代表股东个人权力大小，是最稳定的资金来源；资本公积代表发行溢价程度，预示公司对投资的吸引力；盈余公积是公司经营成果的沉淀；未分配利润未指定专门用途，过多预示企业保守、不注重股东利益。（2）股东结构及其变动分析。实收资本或股本按股东名称设明细科目，能够观察股东结构及其变化，对寻求企业财务政策演变具有重要作用。

（四）收入管理

收入是企业收益的增项，是企业存在与发展的直观体现。

收入管理主要包括四项内容：（1）收入预测。销售部门负责，财务部门据此进行收入实现分析与现金流预测，为资金均衡性做准备。（2）收入结构分析。判断企业依赖的主要业务，预示着企业需要重点进行资金支持的领域；时间结构关联是否会出现季节性余缺；地区和产品结构有利于企业区域与品质优化。（3）收入质量分析。从收入实现程度、收入稳定性和收入可靠性三个方面进行分析。（4）税收预测。税收征收的基础是权责发生制，且具有刚性现金流出特征，注意高盈利破产风险。

（五）费用管理

费用管理目标：（1）成本管理目标：保证质量的前提下实现成本控制、成本降低。（2）费用管理目标：费用预测与偏差，费用目标实现。

费用管理内容：（1）成本管理：标准成本，差异分析，作业成本管理。（2）费用管理：费用存量与变动分析。

（六）利润管理

利润构成项目管理：营业税金及附加管理、资产减值损失管理、公允价值变动收益管理、投资收益管理、营业外收支净额管理、所得税管理。

利润结构分析：收支结构分析、利润结构对盈利水平的影响、利润结构对盈利稳定性的影响、利润结构对盈利持续性的影响、利润结构对盈利趋高性的影响、利润结构状态分析、利润来源结构分析。

此外，还包括会计利润与应税所得、盈余质量和盈余管理、利润影响因素分析等内容。

第二节 农村财务管理的特殊性

农村财务管理的特殊性主要体现在财务管理主体、客体、方法和目标等几个方面。

一、农村财务管理主体的特殊性

农村财务管理主体是指在农村财务管理活动中承担和实施管理职能的组织或人员。

（一）农村财务管理组织的特殊性

现代财务管理的主体是法人，特别是营利性法人，但我国农村组织多数不具有典型法人的特征。法人是具有民事权利能力和民事行为能力，依法独立享有民事权利和承担民事义务的组织。法人的本质是法人能够与自然人同样具有民事权利能力，成为享有权利、承担义务的民事主体。法人具有以下四个基本法律特征：（1）法人是依法成立的一种社会组织。只有那些具备法定条件，并得到法律认可或依法获得批准的社会组织，才能取得法人资格。（2）法人拥有独立的财产或者经费。这是法人作为独立主体存在的基础和前提条件，也是法人独立享有民事权利和承担民事义务的物质基础。（3）法人独立承担民事责任。独立承担由自己活动所产生的财产责任。（4）法人能够以自己的名义参加民事活动。法人的人格独立于其成员或创立人。

《中华人民共和国民法典》以法人成立目的的不同为标准，将法人分为营利法人、非营利法人和特别法人。营利法人是指以取得利润并分配给股东等出资人为目的成立的法人，包括有限责任公司、股份有限公司和其他企业法人等；非营利法人是指以公益目的或者其他非营利目的成立，不向出资人、设立人或者会员分配所取得利润的法人，包括事业单位、社会团体、基金会、社会服务机构等；特别法人包括机关法人、农村集体经济组织法人、城镇农村的合作经济组织法人、基层群众性自治组织法人。

我国农村组织主要由农民自发组织成立，或者在政府推动和支持下成立。其参与主体主要是由农民构成，目标在于更好实现农民的政治、经济、生活利益或完成某种社会保障功能。因此，我国农村组织作为财务管理主体具有特殊性。

1. 农村类政权性组织的特殊性

农村类政权性组织主要是指村委会、村民代表会、村民议事会、村民治安调解委员会、计生协会等具有行政管理和基层自治双重职能的组织。首先，它们不是营利性法人，不以取得利润为目的，企业财务管理理论、方法难以适用。其次，它们不是机关法人和事业单位，既不是根据组织法设立，也没有稳定而独立的财政预算，甚至不少机构没有独立的财务机构和人员。再次，它们不需要到相关部门注册登记，而是政府要求成立的、农民必须参加并由农民选举产生的组织，不具有财务管理主体应该具备的主动性和创造性，往往处于被动的、从属的地位，对财务管理客体不具有能动作用。最后，它们成为特别法人是有条件的，《中华人民共和国民法典》规定，农村集体经济组织必须依法设立才能取得法人资格，未设立村集体经济组织的，村民委员会可以依法代行使村集体经济组织的职能。而村民委员会具有基层群众性自治组织法人资格，虽然可以从事为履行职能所需要的民事活动，但其职责不是经济管理方面的。即使依法成立的农村集体经济组织，也是以土地为基础、以土地价值为其主要财产，但集体所有制土地很难成为经济组织的典型资产。

2. 农村合作经济组织的特殊性

农村合作经济组织主要是指中国乡村各种专业合作社、社区合作社、专业协会或专业技术协会、各类经济联合体、合作社之间组建的联合社等组织，是中国农民在家庭承包经营的基础上，依照加入自愿、退出自由、民主管理、盈余返还的原则，按章程进行共同生产经营活动的经济组织。它们成立后一般需要到工商部门注册登记，才具有法人资格。首先，这类组织具有松散性和不稳定性，成员退出很自由，每个成员的经济活动是独立的，只是借用合作组织这个平台，最后的盈利不是“分配”而是“返还”，充分说明每个成员经济活动的独立性。其次，这类组织的财产难以支撑其独立承担民事责任，组织往往没有自己独立的财产，仅有少量的由会员缴纳的“会费”性质的资金，作为该组织活动的“经费”，组织所起的作用也具有“中介”性质。最后，这类组织的财务活动和财务关系非常简单，由于这类组织几乎没有自己的独立经济业务，主要为成员提供服务，所以财务活动和财务关系十分单纯，甚至没有独立的财务结构和人员。

3. 维权性民间组织的特殊性

维权性民间组织主要是指以维护农民的各种合法权益为宗旨的各种自发成立的组织，如各种减负协会、打工者组织，尽管它们大多没有得到政府承认，但在社会影响很大。这类组织虽然也有财务收支，但不是本教材讨论的农村财务管理主体。

4. 社会性服务组织的特殊性

社会性服务组织的特殊性主要是指不以营利为目的，能够提高农民福利的公益性和互益性组织，如老年协会、扶贫协会、红白喜事理事协会、合作医疗组织等，它们一般要到民政部门登记注册，才具有法人资格。传统的宗教组织和家族组织，也可以归为此类。这类组织的财务活动和财务关系非常简单，本教材不加以讨论。此外，对农村生产提供服务的组织也可以归为社会性服务组织，但这些组织往往是营利性组织，符合一般的财务管理教材讲述内容，本教材也不讨论。

（二）农村财务管理机构和人员的特殊性

1. 农村财务管理机构非典型性

作为典型的财务管理机构应该包括会计、财务及审计三个部分，但农村财务管理机构普遍不健全，大多数农村组织仅设置会计与出纳岗位，部分组织甚至连财务人员都没有，而是委托代理记账机构进行账务处理。

2. 农村财务管理人员非专业性

农村财务管理人员是指负责财务管理决策和组织实施的人员，包括高层管理人员、中层管理人员和基层管理人员等。农村严重缺乏经过专业训练的财务管理人员，配备的财务人员多数不是财会类专业毕业生，单位的领导多数对财经法规和财务处理规则不懂；部分单位的财务人员是兼职的，即除了财务工作外还兼做其他工作，甚至其他工作是主要的，财务工作是兼职的。

农村财务管理机构与人员的特殊性决定着财务管理业务的不规范性，甚至存在随意性，账目混乱、责任不清等情况时有发生，严重影响农村资源的效益发挥。

二、农村财务管理客体的特殊性

财务管理客体是指被管理的对象，可以分为人、财、物。

（一）人员的特殊性

此处的人员是指农村财务管理者需要协调和监督的对象，主体是农民，也被称为农村劳动力资源。农民相较于城镇职工具有以下特殊性。

1. 无工资制

在农村地区，农民的劳动收入通常不采用传统的固定工资制度，而是以农产品生产、销售和劳动力市场为基础。农民主要依靠农田耕作和农产品的生产与销售获取收入。他们通过自己或家庭的劳动投入，种植农作物、养殖家禽、渔业等，然后将农产品销售给市场或集市，这种生产和销售模式不像城市工资制度那样固定，农民的收入受到天气、市场需求和季节等因素的影响，因此收入通常是不稳定的。另外，农村劳动者常常以农活和打工的方式参与劳动，他们在自己的农田里工作，也到附近的农田或农业企业工作，或者是到城市进行短期或季节性的打工，在这种情况下，收入往往是按照劳动时间、劳动强度或完成的工作量来计算的，而不是像城市工薪阶层那样按月固定支付工资。再者，农村劳动者的付酬方式非常多样化，除了直接获得农产品销售所得外，还以现金、物品或劳务交换等形式获取报酬，有时候与雇主或合作伙伴达成口头协议或传统的劳动契约，而不是签订正式的劳动合同。由于收入不稳定和不确定，农民往往面临经济风险和困境，这种无工资制使他们难以规划未来和应对意外情况。此外，由于缺乏固定的工资制度，农民也无法享受一些城市职工常见的福利待遇，如带薪休假、年终奖金等。

2. 无“五险一金”

农村地区的就业形式与城市有较大差异，农民往往以自主经营、务农或临时性打工为主，就业形式不太规范和稳定。与城市职工相比，农村劳动者缺乏与雇主签订正式的劳动合同，这使他们无法像城市职工一样享受到“五险一金”的福利。一方面，“五险一金”制度要求参保人员需要具备一定的就业条件和稳定的收入来源。然而，在农村地区，农民往往缺乏稳定的就业机会和固定的收入来源，他们的工作性质多样化，收入波动较大，这使他们很难满足参保的条件。另一方面，农村地区的人口分散、经济基础薄弱、行政管理相对滞后，社会保障制度的建设和实施面临挑战，导致农村劳动者无法像城市职工一样享受到全面的“五险一金”福利。不过，近年来政府也意识到这一问题，开始采取一些措施改善农村人力资源的社会保障状况。例如，推行农村社会养老保险试点项目、开展农村合作医疗等，逐步拓宽农民的社会保障渠道。总的来说，无“五险一金”作为农村人力资源的一种特殊现象，解决这一问题需要政府加强农村社会保障制度建设，提高农村劳动者的社会保障水平，以确保农民在养老、医疗、失业等方面得到基本的保障。

3. 劳动力结构单一

农村地区的劳动力结构主要以农业劳动力为主，包括农民、农业工人和农村家庭成员等。相比城市地区，农村人力资源的产业结构更为单一，以农业为主导，其他行业的就业机会相对较少。尽管随着国家对教育的逐渐重视，农村人力资源结构逐渐向良性方向发展，但是进程不理想，劳动力结构仍然不合理，主要表现为技能型人力资源严重缺乏，而绝大部分都是普通人力资源，创新型人才更是稀少，这表明我国农村人力资源中极度缺乏技能型和创新型人才。

4. 教育水平和技能素质不高

农村地区的教育资源较为匮乏，教育水平整体较低，农村劳动力的技能素质有限，缺乏高技能人才和专业知识，这对农村劳动力的就业机会和职业发展造成一定的限制。由于农民受教育文化程度低，农业职业教育普及率低致使农村劳动力的科技素质不高，多数农民对农业技术的接受能力较弱，能够阅读农业科技书刊的人数不多。现代人力资源开发意识受传统计划经济的惯性和影响，即使是在市场经济的环境下，仍然有受到小农经济的影响和农村人口文化程度低等因素，农民得不到上层有效的组织和领导，难以实现致富梦想。相关数据显示，初中和小学文化是农村劳动力的主要文化程度，只有少数接受过高等教育，这些因素极不利于农村劳动力接受新事物，对我国的农村经济和社会全面发展有着极大的阻碍，而大部分管理者也缺乏农业和农产品方面的相关教育，没有扎实的科学知识指导，导致不适应现代化市场快速发展需求和经济全球化的现代化农业经营需要。

5. 劳动力流动性高

农村地区的就业机会相对城市较为有限，尤其是非农就业机会匮乏。为了寻求更好的就业机会和收入，许多农村劳动力选择外出务工或迁往城市，希望通过在城市找到更稳定、更高收入的工作来改善自己的生活状况。城市与农村之间存在较大的收入差距，这也是促使农村劳动力外出务工的重要因素之一，他们认为在城市工作可以获得更高的工资和更好的福利待遇，从而提高自己和家庭的生活水平。劳动力的大规模流出对农村地区的社会经济产生很大的影响。例如，人口外流导致农村地区劳动力的供给不稳定，导致一些产业的劳动力短缺问题；农村地区失去了一部分劳动力，会影响当地的农业生产和农村经济的发展；农村劳动力的外出也导致农村老人和儿童的留守问题，给家庭和社区带来一定的社会问题。目前我国农村流动人口的主要特征是：青壮年劳动适龄人口是流动人口的主体，高素质的农民流动性更大，农村“精英”人才在流动中丧失。

综上所述，农村人力资源的特殊性严重影响农村财务管理的执行与效果，当财务管理规范的对象对财经纪律和财务制度不了解、不理解，甚至有抵触情绪时，疏忽大意甚至故意违反财经纪律和财务制度的现象就会屡禁不止。

（二）财产的特殊性

农村财产表现为三资：资源、资产和资金。

1. 农村资源的特殊性

资源是指自然资源，包括土地、生物、水、空气、矿产等，当自然资源具有价值和稀缺性时就演变为资源性资产。其中，生物资产是指有生命的动物和植物，由于生物资产是农业生产必需的资产，也称为农业资产。资源性资产具有以下特殊性。

（1）产权的特殊性。

产权清晰被认为是资产的基本属性，无产权就缺少了资产有效配置的责任主体。产权制度的核心是确定所有权，用益物权（占有、使用和收益）是所有权的自然派生。但我国农村自然资源产权是一种残缺的产权，产权主体不明确、权能不完整。

产权主体不明确。我国《中华人民共和国宪法》（2018 年版）第九条规定“矿藏、水流、森林、山岭、草原、荒地、滩涂等自然资源，都属于国家所有，即全民所有；由法律规定属于集体所有的森林和山岭、草原、荒地、滩涂除外。”说明我国自然资源的国家所有是常态，集体所有是例外。在我国除了国家外只有“集体”拥有自然资源所有权，其他任何组织与个人都不能拥有自然资源的所有权。而“集体”是一个内涵和边界都很模糊的概念，既不是政权集合体，也不是经济集合体。“农村集体”概念在任何法律法规中都没有明确规定其边界与范围，只有根据约定俗成的“村集体”。家庭联产承包制后，集体事实上失去了自然资源的控制权，但法律上仍拥有所有权；而农户实际取得了自然资源的控制权，但法律上不拥有所有权。于是，就形成了控制者不是所有者、所有者不是控制者的局面，农村自然资源所有权实质上是一种虚置所有权。

权能不完整。我国集体所有的自然资源所有权不能交易、不能抵押，只能集体所有权被征收为国家所有权。因此，除了国家外，其他组织与个人的自然资源的产权是受限的。虽然“三权分置”改革将自然资源产权分为了所有权、承包权与经营权，并进行了农村产权制度改革，但鉴于产权权能的不完整性，农村自然资源的经济权能至今无法得到有效实现。

（2）价值难以计量。

自然资源本身并不是一种资产，是自然资源价值管理的需要，是资产化的结果。“化”是一个过程、一种手段。正如我国将一些非营利性组织进行企业化管理一样，并不是说这些组织就是企业，而是通过像企业一样管理，让其资源得到更好的利用。自然资源的资产化是把自然资源“当作一种资产”来运营管理，目的是通过对自然资源合理定价和有偿使用来实现其有效配置。由于我国将自然资源作为一种资产进行管理是在 2018 年成立自然资源部后才大规模展开的，且自然资源种类繁多，很多自然资源的形成并没有凝聚人类的劳动，历史上我国的资源性资产的定价极低，反映市场供求和资源稀缺性的价格并没有形成。

典型资产的计价以是取得成本为依据的，但我国农村自然资源产权的取得是一种政治安排，并不是交易的结果，因此没有取得成本。甚至由于自然资源种类多、立地条件差异巨大，自然资源的物理量都难以统计，更不用说价值量的核算。此外，依附于自然资源的生态价值与环境价值更是难以计量。

（3）获利具有不确定性。

资产之所以具有价值是因为它能够给持有者带来预期的经济利益，具有直接或者间接导致现金和现金等价物流入所有者的潜力。但由于我国农村自然资源产权残缺与价值难以计量，使自然资源资产缺乏流动性。而流动性是资产盈利性的基本条件与保障，缺乏流动性的农村资产的获利能力就失去了保障。农村资产能否获利很大程度上取决于政府的政策，政策让其获利它就能获利，政策不让其获利则不能获利，而政策是阶段性的时事产物，具有不确定性与易变性。我国现行政策对自然资源资产的征用与限制仅是补偿性的，即对被征用者或受限者补偿其机会成本或损失，并不能给产权拥有者带来利润。同时，由于资源性资产主要靠自然生长而自然增值，有自我生长、发育、繁殖和衰退的自然规律，因此，资源性资产所承受的自然风险特别巨大。

此外，资源性资产除经济价值外，还具有生态价值与社会价值，具有很强的外部性；

资源的分布具有地域性，不同地区的资源种类和数量各异，部分资源的生产和供应受到季节影响；土地等资源性资产呈现出历史性、多元性和复杂性，承担着保障集体和成员基本权益的功能作用，不能对外承担责任，严重影响其融资功能。这些特点都导致了资源性资产的获利具有不确定性。

2. 农村资产的特殊性

广义的农村资产是指存在于农村范围内的所有资产，狭义的农村资产是指农村集体资产，即由农村集体所有的资源性资产、非资源性资产。2016 年 12 月 26 日，中共中央、国务院发布的《关于稳步推进农村集体产权制度改革的意见》将农村集体资产分为经营性资产和非经营性资产，但从文件规定看，无论是经营性资产还是非经营性资产均没有包括资源性资产。本教材所称农村资产是指狭义概念。

农村经营性资产是指直接服务于农村经济活动、能够带来经济收益的资产，包括用于经营的房屋、建筑物、机器设备、工具器具、农业基础设施、集体投资兴办的企业及其所持有的其他经济组织的资产份额、无形资产等；农村非经营性资产是指为农村提供公共服务和社会福利、不直接参与或服务于生产经营活动的资产，包括用于公共服务的教育、科技、文化、卫生、体育等方面的资产。农村经营性资产是为了增值而持有，采取股份合作制营运，以实现持续增加农民财产性收入和发展壮大集体经济的双重目标；农村非经营性资产不直接产生经济收益，但对于提升农村社会福利和公共服务水平具有重要意义。与工商企业资产相比，农村集体资产具有以下特殊性。

（1）所有者具有封闭性。

农村集体资产的所有者只能是农村集体组织的成员，外来者没有资格成为农村集体资产的所有者。甚至农村集体经济组织成员没有入社自由，即成员必须入社、不是成员不能入社，虽然农民专业合作社等集体组织允许成员自愿加入，但非成员不得加入。农村集体经济组织的重大财务活动和财务事项必须经成员大会或成员代表大会决定，实行财务公开和民主管理。

（2）股东权利有限性。

农村集体资产的形成有其特殊的历史原因和制度安排，承担着多元化的社会功能，具有专属性，不能根据成员或集体的意志任意处置。成员退出时不能请求分割集体资产，只能将自己的股权转移给其他成员或由农村集体组织收回，不能对成员外的其他组织或个人转让；除非基于行政区划调整涉及合并、分立、撤销等解散事由，农村集体经济组织不能解散，也不能因资不抵债而按照《企业破产法》相关规定清算解散。

（3）资产经营利用具有社区性。

《中华人民共和国民法典》赋予农村集体经济组织经营、管理集体资产的权能，其通过经营、管理集体资产获取收益，以更好地服务本集体及其成员。经营性资产股份合作制改革为农村集体经济组织开展自主经营提供了制度依据，但经营范围受到严格限制。在实践中，农村集体经济组织经营活动主要以社区内集体资源出租、物业设施出租、资产入股等形式体现。

（4）权益分享以户为单位。

按照《中华人民共和国农村土地承包法》《中华人民共和国土地管理法》等相关法律，农村集体经济组织成员以户为单位享有集体的土地承包经营权、宅基地使用权、经营性资产收益分配权，土地承包经营权证、宅基地使用权证、集体经营性资产收益分配证（股份或份额证）也均以户为单位颁发，这使其明显不同于《公司法》《专业合作社法》所规范的公司和专业合作社以个人为单位分享股东（社员）财产权益。此外，实践中许多农村集体经济组织采取户代表大会制度，而公司法人的股东大会和农民专业合作社的成员大会均不存在成员户或股权户的概念。

3. 农村资金的特殊性

广义的农村资金是指国家、个人或社会其他部门投入农村领域的各种货币资金、实物资本和无形资产，以及在农村生产经营过程中形成的各种流动资产、固定资产和其他资产的总和。狭义的农村资金是指社会各投资主体投入农村的各种货币资金。本教材的农村资金是指狭义的农村资金，即在农村以货币形态存在的资产；从财务管理视角，农村资金是指农村组织所拥有的资金，特别是农村集体组织所拥有的资金，这些资金具有以下的一些特殊性。

（1）资金来源多样。

农村资金来源具有多样性特点，不仅有财政拨款，还有建设融资以及社会投资。财政拨款方面可分为专项建设资金、中央拨款和地方拨款。建设融资方面可分为商业性融资和政策性融资。社会投资方面可分为社会资本投资、社会捐赠投资等。同时，由于各地区的农村建设情况不同，金融环境不同，拨款数量不同，资金来源具有不平衡性。

农村资金来源渠道的扩大，有助于完善资金供应机制，保障新农村建设资金的需求，但也为农村财务管理工作带来了不小的挑战。大量资金投入乡村，不仅来源多样，存量也日益增加，农村资金的财务管理工作亟待规范。财政部和农业农村部联合印发的《农村集体经济组织财务制度》第十三条规定“农村集体经济组织从各级政府获得资金或其他资产的，按照有关规定执行并接受监管。通过接受捐赠获得资金或其他资产的，应当及时入账，加强管理。”第十四条规定“农村集体经济组织采用‘一事一议’方式筹资的，应当符合有关法律法规和政策要求，遵循量力而行、成员受益、民主决策、上限控制等原则，做到专款专用，确保资金用途的合法性、合理性和有效性。”由此可见，为管理好各级各类农村资金，需加强监督，做到专款专用，为农村集体经济的发展壮大提供保障。

(2) 资金管理交叉。

农村资金通常根据实际用途进行分配和使用，不同用途的资金对应不同管理职能部门，资金的分配和使用受相应职能部门监管，所以资金管理存在分散性特点。而且，由于职能交叉，还存在同一笔农村建设资金，不同部门监管的情况，使监管存在交叉性，易出现管理混乱问题。由于农村资金管理存在交叉性、分散性特点，不仅管理、监督成本较高，且资金的管理效率低、效果差，很多时候资金不能完全投入到最需要资金的建设环节中。

近年来，农村集体经济不断发展，农村改革持续深入。农村集体经济规模不断扩大，经营方式更加多元化，农村资金管理交叉的现象日渐凸显。为缓解上述问题，明确财务管理主体责任是关键。《农村集体经济组织财务制度》第七条规定“农村集体经济组织财务管理工作应当在农村基层党组织领导下，由成员（代表）大会、理事会、监事会和会计人员等按规定履行职责。农村集体经济组织应当依法依规配备专（兼）职会计人员，也可以根据实际需要实行委托代理记账。”应充分理顺各部门职责，避免各部门之间相互争利，简化办事程序，使农村资金管理清晰、用途清楚、职责明确。同时也要把握“统一管理与分散管理相结合”的原则，农村集体经济组织对直接经营的生产项目和管理服务事项的财务活动实行统一管理，而对独立核算的企事业单位和承包农户等实行分散管理。这有助于提高农村财务工作效率，提高农村集体经济组织的经济效益。

(3) 资金投放持续。

农业农村建设是系统工程，不仅要扶持农业生产，更要完善农村的基础设施。而这种建设具有周期性、持续性特点。因此，要想真正改善农村的生产、生活条件，促进农业农村建设，就要持续、长期投放资金。与之相匹配，应建立农村资金管理的长效机制，加强各类资金项目的全过程监督。在项目实施的前、中、后阶段，做实做细日常监督。同时也应坚持公开的原则，定期将资金的使用和收益向全体成员公开，接受群众监督。

（三）产出物的特殊性

确保粮食和重要农产品的供给是农村的主要功能，也是农村获取收入的主要来源。农产品相对于工商企业产品具有特殊性。

1. 质量要求严格性

农产品最基本的属性是满足人们的生存需要，所以质量属性是其重要的核心特性。食品安全的保障对保护购买者健康至关重要，质量严格的农产品应符合食品安全标准和法规，不含有害物质，如农药残留、重金属超标、有害微生物等；应具有良好的外观，如色泽鲜艳、形态完整，口感和口味符合消费者的期望，如果实的甜度、蔬菜的嫩度，这些直接影响消费者的选择倾向和满意度；良好的土壤质量、适宜的气候条件、适当的灌溉和施肥等因素能够促进农产品的健康生长，同时也对农产品的质量和口感产生积极影响。农产品质量的严格要求对于保护消费者权益、提高农产品竞争力以及推动可持续农业发展都至关重要，要加强质量控制和管理，以确保农产品的质量达标。

2. 生产过程连续性

农产品的生产过程具有连续性，意味着它们通常需要经历一系列的连续步骤和阶段才能最终生产出成品，生产通常始于种植或养殖阶段，涉及选择合适的农作物或动物品种、准备土地、种植种子或幼苗、施肥、灌溉、管理病虫害等。在生产过程中需要持续监测农作物或动物的生长状况，并进行适当的管理：包括记录生长数据、观察病虫害情况、调整灌溉和施肥计划等，以确保农产品的健康和产量。在农作物成熟或动物养殖周期结束后生产过程还包括采摘成熟的农作物、屠宰动物，以获得最终的农产品。这些步骤需要按照一定的时间表和工作流程进行，并要求农民对农作物或动物进行持续的关注和管理，根据具体的农作物或动物的需求进行适当的调整，这种连续性的生产过程确保了农产品的生长，最终产生优质的农产品供应市场需求。

3. 生长环境依赖性

农产品的生长环境依赖性也是其特殊性之一。首先，不同的农作物对气候条件有不同的要求。例如，水稻喜欢温暖的气候，而冬小麦则适应寒冷的气候，温度、日照时间、降水量等气候因素对农产品的生长和产量有着直接影响。另外，土壤和水对于农产品的生长也至关重要。不同的农作物对土壤的 pH 值、质地、肥力、排水性等有不同的要求，需要根据农作物的需求选择合适的土壤类型，并进行土壤改良和施肥，提供良好的生长环境。水是农产品生长的必需资源，不同的农作物对水的需求量和灌溉方式有所差异，一些农作物可能需要大量的水资源进行灌溉，而另一些农作物可能对水分需求较低，需要根据农作物的需求合理利用水资源进行灌溉管理。最后，光照是植物光合作用的关键因素，对农产品的生长和产量有着重要影响。不同的农作物对光照的要求有所不同，农民需要考虑农作物的光照需求，选择合适的种植位置和种植季节。同时，极端天气事件（如干旱、洪水、冰雹等）也可能对农产品的生长环境产生负面影响，需要采取预防措施和应对策略，以减轻这些环境压力。综上所述，农产品的生长和产量受到气候、土壤、水资源等环境因素的影响，应对环境变化和灾害风险是农产品生产过程中要考虑的重要问题，农民需要选择适宜的地理位置和创造合适的生长环境，以确保农产品能够充分发展并满足市场需求。

4. 产地特性和地理标志

农产品在特定地区培育出的品种具有独特的品质和特点，是由于特定地区的土壤和气候条件与品种的生长需求相匹配，从而使农产品具有独特的口味、风味或质量。有些地区在农作物的种植、收获、加工等环节中采用传统的生产工艺和技术，这在当地的饮食文化、传统节日、习俗等方面具有特殊的意义和用途，从而赋予其独特的地方特色和文化价值。为了保护和宣传特定地区的农产品特殊性，一些农产品通过地理标志认证来获得法律保护和品牌价值，认证可以确保农产品在市场上具有独特性和认可度，从而增加其竞争力和附加值。综上所述，农产品的产地特性和地理标志使它们在市场上具有独特的品牌价值和竞争优势，消费者对于地理特定的农产品往往更加信任和追求，因为这些产品具有独特的品质、风味和文化背景，地理标志认证的出现进一步促进了农产品的品质保护和市场推广。

除此之外，农产品相比其他商品，生长周期通常较长，需要经历播种、生长、成熟等阶段，这个过程需要数周甚至数月的时间。养殖业也需要较长的时间来培育动物，如养鸡、养牛等。因此，农产品的生产还具有生产周期长的特性，其供应也具有一定的滞后性，种植者需要提前规划和准备。许多农产品的产量和价格会受到季节性波动的影响，季节性波动因素包括气候变化、季节性需求等。例如，水果和蔬菜通常在特定的季节供应充足，而在其他季节供应可能较为稀缺，这种季节性波动导致农产品的供需失衡和价格波动。农产品通常是新鲜食品，其保质期相对较短，需要采取适当的措施来延长其保鲜期，如冷藏、冷冻、脱水等，保持农产品的新鲜度对于确保产品质量和安全至关重要。

综上所述，这些特殊性使农产品的生产、供应链管理和市场营销具有挑战性，政府和农业部门要采取相应的措施来促进农产品的可持续发展和市场竞争力，保护农产品的独特性，推动农业可持续发展，以满足人们对安全、健康和多样化农产品的需求。由此产生了农村财务管理的特殊性。

三、农村财务管理方法的特殊性

财务管理方法是指财务人员用来进行资金运动管理的各种技术方法的集合，主要包括财务预测、财务决策、财务预算、财务控制、财务分析等方法，这些方法相互配合、相互联系，构成了一个完整的财务管理方法体系。由于农村财务管理的主体、客体的特殊性，使农村财务管理方法也呈现出特殊性。

1. 财务预测方法的特殊性

财务预测是根据历史资料和当前条件，对企业未来时期的财务收支活动进行全面分析，并作出各种预计和推断。主要内容包括筹资预测、投资收益预测、成本预测、收入预测和利润预测等。农村财务管理一般缺乏财务预测，基本根据以往情况和上级的要求估计，除非有大的政策变动，否则变化非常小。

2. 财务决策方法的特殊性

财务决策是在实现财务总目标的基础上，从若干备选方案中通过系统分析选取最优方案。常用的方法包括优选对比法、数学微分法和线性规划法。但农村财务管理基本没有决策环节，因为基本没有可供选择的多个方案。

3. 财务预算方法的特殊性

财务预算是为了合理安排企业的现金收支，保持良好的现金流量，确保企业有足够的现金流来满足日常经营和应对突发事件的需要。农村财务管理虽然也要求编制预算，但通常只是上年度预算的翻版，基本不会做较大的改变，或者按照上级要求与提供的样本，进行依样画葫芦地编制预算。

4. 财务控制方法的特殊性

财务控制是通过制定各种标准和控制措施，确保企业财务活动按照预定目标进行，及时发现和纠正偏差。农村财务控制往往采取财务公开和民主监督方式来实现，一般不采用企业常用的财务控制方法。

5. 财务分析方法的特殊性

财务分析是通过对企业的财务状况和经营成果进行分析，评估企业的经济效益和风险，为决策提供依据。由于农村财务基本没有财务决策，财务分析也多以审计或财务检查等形式代替。

四、农村财务管理目标的特殊性

与企业以利润最大化为目标不同，农村财务管理的主要目的是促进农村经济的稳定发展，具有强烈的服务性质。其目标是让农村经济获得稳定发展，促进经济的公平、公正和规范化发展，缩小城乡发展差距，减少矛盾冲突。

农村财务管理目标的特殊性决定了财务管理的具体发生与内容的特殊性，主要体现在以下几个方面：在信息管理方面，农村财务管理更注重接受群众监督，财务信息更加透明公开。在管理对象方面，管理对象主要为集体资产，旨在实现集体资产的最大化增值。在管理方式方面，农村财务管理体现民主性原则，强调民主管理、公开透明。在影响因素方面，企业财务管理受市场经济发展和国家政策影响较大，而农村财务管理基本不受法律制约，国家还会出台一系列优惠政策促进农村经济发展。农村财务管理强调财务信息的公开和透明，保障农民群众的知情权、决策权和监督权。通过健全民主理财制度，实行财务收支公开，维护农民群众的合法权益，增强农民群众的幸福感和安全感。农村财务活动应遵循民主管理、公开透明、成员受益、支持公益等原则，并依法依规接受外部监督，包括乡镇人民政府、农业农村部门和财政部门的监督指导。

第三节 农村财务管理的主要内容

现有关于农村财务管理方面的书籍主要沿着两个方向编著：一是《财务管理》的翻版，借用财务管理的体系，主要讲述一般财务管理的知识与体系，只是其间嵌入部分农村财务管理的内容；二是围绕当前热点政策进行阐述，如财政支农资金的管理、集体经济组织财务制度、农民专业合作组织财务制度等。这些书要么没有突出农村财务管理的特色，要么没有形成较为系统的农村财务管理体系。本教材力图突出农村财务管理特色，并形成较为完善的农村财务管理体系。

本教材的主要内容包括五大板块：农村财会制度与财务报告、农村投融资、农村三资管理、农村财务审计和农村财务管理发展前沿。

一、农村财会制度与财务报告

关注农村财务信息，讲述如何形成有效的农村财务信息以及如何利用农村财务信息。

（一）新型农业经营主体财会制度解析

新型农业经营主体是指在完善家庭联产承包责任制度的基础上，由有文化、懂技术、会经营的职业农民和具有大规模经营、较高集约化程度和市场竞争力的农业经营组织构成。主要包括专业大户、家庭农场、农民专业合作社、农业龙头企业以及其他经营性农业社会化服务组织。

新型农业经营主体的治理架构关系着这些组织的长远发展，类似于财务管理学中的公司治理。每类新型农业经营主体都有其独特的治理结构，探索适合这些组织的治理结构是农村财务管理的重要内容。

目前，比较成型的新型农业经营主体的财务制度包括农村集体经济组织财务制度与农民专业合作组织会计制度，但这些制度出台时间较晚，还需要在不断的实践中加以完善。

相关内容见教材第二章“农村基层组织与财会制度”。

（二）农村财务报告及其分析

以农村财会制度为基础形成农村财务报告，农村财务分析是指以农村组织或项目的财务信息为主要依据，采用一系列分析技术和方法，对农村组织或项目的财务状况和经营成果等进行剖析和评价，以反映农村组织或项目的资产运营、债务管理、收益获取等方面的能力，为信息使用者的决策提供依据。

农村财务分析主要包括财务状况分析和经营成果分析，财务状况分析反映了主体的财务能力，经营成果分析反映资源使用的效果。不仅要进行现状分析，还要进行发展趋势分析，以便把握未来的发展方向，及时纠正目前可能存在的问题。

相关内容见教材第三章“农村财务报告与分析”。

二、农村投融资

融资、投资与分配是财务管理的三大经典内容，分配的基础是要有盈利，农村财务主体不是典型的营利性组织，盈利性不是很强，因此，财务分配在农村财务管理中的比重较低，本教材不单独讲述农村财务分配。

（一）农村融资管理

任何融资都需要考虑融资成本与融资风险，这是融资管理必须首先考量的内容。农村融资的渠道与方式虽然具有企业融资的一些共性，但由于第二节所讲的农村财务管理的特殊性，农村融资更多体现了其特殊性，甚至出现了企业融资所没有的特殊融资渠道与方式。农产品具有产品生命周期长、上游产品、受自然力影响大等特点，致使农业项目具有经营风险大、产品盈利低、投资回收期长等特点，农业农村还承担构建生态屏障、传承中华优秀传统文化等功能。所以，各国政府都对农业农村农民实行优惠的融资政策。上述特殊性是农村融资必须考虑的主要因素，方能做到农村融资可持续进行。

相关内容见教材第四章“农村融资管理”。

专栏1－1　典型案例介绍

昆农贷

昆山市自2020年9月设立“昆农贷”资金池以来，通过“政府、担保机构、银行”三方合作，撬动银行对新型农业经营主体放贷，支持新型农业经营主体做大做强，聚焦“三农”事业发展。2023 年 5 月，“昆农贷”资金池下设农户小额贷、产业培育基础贷、提质增效升级贷、龙头发展稳固贷、百村共富支持贷 5 个子产品，最高授信额度为 1 000 万元。目前已累计授信 57 笔，发放贷款 1.05 亿元，为“三农”主体节约融资成本 317.63 万元，疫情期间专项贴息 14.37 万元，在专项支持新型农业经营主体、聚焦“三农”发展方面发挥着积极作用。

（二）农村项目投资管理

农村投资常常采用政府引导或牵头、多方参与的模式，从投资方难以形成对农村投资的有效管理，而以项目为载体则能形成有效的管理。因此，本教材的农村投资管理直接明示为农村项目投资管理。

农村项目投资具有不同于企业投资的特点，熟悉这些特点是对农村项目投资进行有效管理的前提。农村项目投资管理既要遵循一般的项目投资管理理论与方法，更要注重农村项目投资的特殊性，由此形成了比较独特的农村项目投资管理模式。农村项目投资在各国都有优惠的政策支持，我国特殊的产权制度与政治制度决定了农村项目投资的政策优惠力度大且种类繁多。

相关内容见教材第五章“农村项目投资管理”。

专栏 1－2　典型案例介绍

泗阳县持续推进农业农村重大项目建设

2023 年以来，泗阳县持续推进农业农村重大项目建设，实施重大项目“三年攻坚行动”，并制订《泗阳县农业农村重大项目建设三年行动计划（2023—2025 年）》，切实以农业项目建设之效助推乡村振兴再上新台阶。截至目前，全县围绕“223”产业矩阵新引进农业重大项目 38 个，计划总投资 38.9 亿元。

一是积极开展农业招商，2023 年共签约 28 个农业项目，计划总投资超 45 亿元，来安花卉交易市场、锦登食品、怡泉饮料等一批体量大、效益高、带动强的补链强链项目已成功落地。

二是着力建强载体平台，完善国家、省、市三级园区建设体系建设，聚力打造农业产业集群高地，积极赋能乡村振兴。

三是推动产业快速集聚，该县水饺产业悄然崛起。目前，全县已经集聚了 40 多家水饺企业。在近日举行的“食在泗阳首发东方”2023 年泗阳预制食品产业招商推介会上，泗阳成功签约预制食品及配套产业项目 12 个，总投资 38 亿元。年产值超 30 亿元，带动劳动力就业 1.8 万人，已成为华东地区知名水饺生产基地。

三、农村三资管理

资产、资源、资金称为农村的“三资”，三资管理是我国当前农村产权制度改革的核心。

（一）农村资产管理

农村资产包括货币资产与非货币资产。货币资产是指由农村集体管理与支配的资金。非货币资产是指村组集体投资兴建的房屋、建筑物、机器、设备等固定资产，水利、交通、文化、教育等基础公益设施以及农业资产、材料物资、债权等其他资产。由于农村资源与资金非常重要，本教材将其单列讲解，农村资产按国家改革政策的要求分为经营性资产和非经营性资产，当前农村产权制度改革关注农村经营性资产的效益。

农村经营性资产主要是用于经营的房屋、建筑物、机器设备、工具器具、农业基础设施、集体投资兴办的企业及其所持有的其他经济组织的资产份额、无形资产等。对于经营性资产，管理的重点是如何发挥这些资产的增值功能，为集体经济带来更多的收益。非经营性资产主要是用于公共服务的教育、科技、文化、卫生、体育等方面的资产。对于非经营性资产，管理的重点是保障资产应有功能的发挥，提高利用率，保证资产的安全完整。

相关内容见教材第六章“农村资产管理”。

（二）农村资金管理

农村资金是贪腐的高发地，如何保证农村资金的安全是当前资金监管的重点，因此，出现了村账乡管的管理模式。

中国农村为新中国的建设付出了极大的代价，中国经济的繁荣迎来了工业反哺农业、城市支援农村的时代，国家对农村投入了大量的资金。这些资金是否发挥了应有的效果，是财务领域一直关注的重点。借鉴企业绩效的评价体系，对财政支农资金进行绩效评价，是本教材关注的内容。

财政支农资金绩效评价概述重点写财政支农资金的种类与特点，并由此引出绩效评价。财政支农资金的特殊性决定了其绩效评价指标的特殊性。不同的绩效评价方法会影响绩效评价的结果，针对财政支农资金的特殊性需要选择适合的评价方法。

相关内容见教材第七章“农村资金管理”。

（三）农村资源管理

农村自然资源是农村唯一具有比较优势的资源，乡村振兴不能仅靠输血，更重要的是如何发挥乡村优势资源，形成乡村的造血功能。我国历史上比较重要自然资源的实物管理，对自然资源价值管理的转折点发生在 2018 年成立自然资源部。对自然资源进行价值管理包括两个主要方面的内容：价值核算与价值实现。

自然资源具有双重价值，即资源价值和生态价值。资源价值是指自然资源实体形成产品满足人类需要的价值，需要对自然资源进行采伐采掘，意味着自然资源的消耗；生态价值在我国常称为生态产品价值，是自然资源存续期间对改善环境而给人类带来的惠益，需要自然资源的存续。两类价值有矛盾之处，获得资源价值需要消耗自然资源，获得生态价值需要保留自然资源。如何平衡这两类价值是对自然资源价值管理的挑战。

自然资源价值核算是自然资源价值管理的基础与难点，世界各国都一直在研究自然资源价值的核算，形成了众多的价值核算体系，但至今仍未形成统一的权威核算制度。我国的自然资源核算制度正在不断地探索过程中。

自然资源价值实现是价值管理的目标，如何实现自然资源的双重价值是人类目前面临的一大难题。我国提出了“两山理念”，正在各地进行探索、试点，并形成了局部的推广。

相关内容见教材第八章“农村资源管理”。

四、农村财务审计

农村腐败作风问题，一直是影响农村社会稳定和经济发展的顽疾。一些村干部利用手中的权力，侵吞国家扶贫资金、挪用集体财产、违规发包土地，甚至与黑恶势力勾结，欺压百姓，严重损害了农民的利益和农村的形象。这些问题的存在，不仅阻碍了农村经济的发展，更破坏了党和政府在农民心中的形象，削弱了党的执政基础。

农村财务审计不仅是对腐败分子的有力震慑，更是对农村基层政治生态的一次全面优化，进而推动农村基层治理体系和治理能力现代化。农村财务审计依据有关方针、政策、法令，规章制度，揭露并查处经济活动中的违法乱纪行为，维护农村集体经济利益；通过审查财务收支和财务制度的执行情况，保证农村生产经营活动正常进行；通过审计、检查，分析研究农村全部经济活动，经营管理状况以及影响提高经济效益的因素，提出改进建议，以加强经济管理，提高经济效益；对农村被审计单位的财务报表或其他资料进行审计，并就其真实性与正确性给予评价，以得到有关方面的认可和信任。农村财务审计的作用可概括为三个方面，即：（1）保证党和国家的各项方针政策与财务会计法规的贯彻执行；（2）维护农村集体经济利益，保障农村经营活动正常开展；（3）促进被审单位加强管理，正确处理各方利益关系，提高经济效益。

经济发展与环境破坏犹如一把“双刃剑”，在我国经济较落后时期，牺牲了资源保经济发展，造成了严重的生态环境问题。我国政治体制决定了主要干部的决策行为影响社会经济发展的事实，对主要官员的绩效考核内容的变化是国家政策变化的反映。随着自然资源离任审计制度的提出，意味着我国将自然资源生态价值提到了前所未有的高度，但自然资源离任审计的发展与完善任重而道远。

相关内容见教材第九章“农村财务审计”。

五、农村财务管理发展前沿

我国农村财务正处于不断创新与发展过程中，一些工商企业的财务管理前沿问题在不久的将来可能会成为农村财务管理的重要内容。例如，财务信息化与农村“三资”智能监管、农村财务舞弊与防治、盈利模式与乡村产业价值创造、供应链金融与农村融资获取、数据入表与农业企业数据资产财务处理等，本教材也进行了一些探讨，体现了知识传播的前瞻性。

相关内容见教材第十章“农村财务管理发展前沿”。

本章小结

本章讲述了财务管理概述、农村财务管理的特殊性和农村财务管理的主要内容等内容，包含以下要点：

1. 财务管理概述。通过 1 个目标、2 大理念、3 大原则、3 大环境、3 大能力、4 大职能、6 大要素的讲述，构建起财务管理的基本轮廓，为后续学习奠定财务管理的基础知识。

2. 农村财务管理的特殊性。从农村财务管理主体、客体、方法、目标等视角讲述与企业、非营利性组织的差异，为后续学习中了解农村财务管理的特殊性奠定基础。

3. 农村财务管理的主要内容。包括农村财会制度与财务报告、农村投融资、农村三资管理、农村财务审计和农村财务管理前沿等内容。

思考讨论

1. 为什么说农村合作经济组织财务管理在整个经济管理中具有重要的地位和作用？

2. 农村经济合作组织的特点是什么？

3. 什么是货币时间价值？

4. 什么是风险报酬？

5. 什么是期望收益和期望收益率？

6. 如何理解货币时间价值与资金循环周转之间的关系？

7. 如何减少村干部舞弊现象？

8. 如何提高农村财务管理现代化？

相关链接

1. Brealey, R. A., Myers, S. C., & Allen, F. Principles of Corporate Finance [M]. McGraw－Hill Education, 2017.

2. Brigham, E. F., & Ehrhardt, M. C. Financial Management: Theory & Practice [M]. Cengage Learning, 2016.

3. Gitman, L. J., & Zutter, C. J. Principles of Managerial Finance [M]. Pearson Education, 2015.

4. Ross, S. A., Westerfield, R. W., & Jordan, B. D. Fundamentals of Corporate Finance [M]. McGraw－Hill Education, 2016.

5. 参见：财政部办公厅．农村集体经济组织会计制度（征求意见稿）：http://kjs.mof.gov.cn/gongzuotongzhi/202301/t20230128_3864081.htm，2023－01－11.

6. 财政部教材编审委员会，培训教材编审委员会．农村集体经济组织“三资”管理（第二版）[M]．北京：中国财政经济出版社，2015：23.

7. 参见：财政部．农民专业合作社会计制度：http://kjs.mof.gov.cn/zhengcefabu/202201/t20220114_3782667.htm，2021－12－30.

8. 丁诚．新农村建设的资金管理问题探析[J]．行政事业资产与财务，2021（16）：5－6.

9. 董继理．如何加强农村“三资”管理[J]．中国监察，2011，388（02）：43－45.

10. 胡浪球．农产品营销实战第一书[M]．北京：企业管理出版社，2013：35－37.

11. 李艳，符冬瑞．农村集体经济财务管理创新问题研究[J]．中国管理信息化，2022，25（09）：53－55.

12. 马金荣．加强农村集体“三资”管理 促进农村集体经济发展[J]．农业经济，2012，297（02）：57－58.

13. 参见：泗阳县政府办公室．泗阳县持续推进农业农村重大项目建设：https://www.jiangsu.gov.cn/art/2023/7/4/art_84324_10946499.html.

14. 苏涛．中国农村非营利组织发展研究[D]．南京：河海大学，2007.

15. 参见：苏州市农业农村局．“昆农贷”三举措奏响金融支农新乐章：http：//www. agri. cn/V20/ZX/qgxxlb_1/qg/202305/t20230529_7988788. htm.

16. 万依云，祁海艳．农村集体经济三资管理［M］．北京：中国财政经济出版社，2023：1 - 3.

17. 王宾．农村集体经济组织财务制度讲解［M］．北京：中国财政经济出版社，2022.

18. 王化成．财会理论与实务［M］．北京：中国财政经济出版社，2001.

19. 王化成．财务管理（第 6 版）［M］．北京：中国人民大学出版社，2020.

20. 参见：梧州市农业农村局农村改革与合作经济指导科．加强集体“三资”监管扎实推进农村集体资产财务管理系统试点：http：//www. agri. cn/V20/ZX/qgxxlb _ 1/gx/202304/t20230425_7977417. htm.

21. 张晓梅．中国农村人力资源开发与利用研究［M］．北京：中国农业出版社，2005.

22. 张妍，连鹏灵，胡涛．农村人力资源现状及开发［M］．北京：中国社会出版社，2006.

23. 赵筠．村级财务管理问题和对策研究［M］．杭州：浙江工商大学出版社，2015.

24. 赵立韦．财务管理理论与实务［M］．成都：西南交通大学出版社，2018.

25. 中国注册会计师协会．财务成本管理［M］．北京：中国财政经济出版社，2023.

26. 褚颖．农村财务管理［M］．北京：中国农业科学技术出版社，2011.

27. 褚颖，杨君．农村财务管理［M］．北京：中国农业科学技术出版社，2011：48 - 49.

第二章　农村基层组织与财会制度

课程思政

1. 让学生坚定守法信念，塑造坚定不移的法治信仰，在农村财务管理工作中严格遵守法律法规和职业道德规范，坚决抵制各种违法违规和不道德的行为。

2. 熟悉我国现行农村财务管理制度体系，倡导“坚持准则，守责敬业”“坚持学习，守正创新”，帮助学生树立诚信为本的核心价值观。

3. 培养学生关注农村、关心农民的深厚情怀，增强学生运用专业知识服务强农兴农的使命感和责任感。

学习目标

1. 理解农村基层组织的一般概念、基本类型和特点，为农村财务管理学习奠定坚实的基础，明确各类组织在农村社会经济发展中的重要角色。

2. 掌握农村集体经济组织和农民专业合作社财会制度的应用，包括会计科目、会计核算等关键环节以及财务管理等具体应用。

3. 熟悉农村基层组织财务管理实践，包括农村财务管理典型案例的财务问题、解决方案及成效，能够从案例中总结提炼出一般性的财务管理原则、方法和技巧。

内容简介

1. 农村基层组织类型及特点。主要包括农村集体经济组织、农民专业合作社、家庭农场和农业社会化服务组织等类型及其特点。

2. 农村基层组织财会制度剖析。主要包括农村基层组织中农村集体经济组织和农民专业合作社的财会制度，涵盖财会制度的基本概念、演变历程、适用范围以及实践方法等内容。同时，通过分析一系列财务管理的典型案例，展示了农村基层组织在实践中遇到的挑战和解决方案，强化了理论知识与实践应用之间的联系。

导入案例

农村发展应确保“财务监管有力”

“拖欠6年的林地流转金终于拿到手了，给纪委反映问题还真管用！”日前，拿着刚发放到手的1620元林地流转金，四川省达州市大竹县高穴镇清滩村6组村民王大姐激动地说。

几个月前，清滩村6组村民向高穴镇纪委反映，一家茶叶公司租用他们的林地多年，但村民一直没拿到林地流转金。高穴镇纪委成立调查组调查发现，2017年7月，清滩村6组组长徐某某代表该组与一茶叶公司签订了林地流转合同，约定将该组面积为54.99亩的林地流转给茶叶公司用于茶叶栽培和发展乡村旅游。流转期限为30年，流转金1000元/亩，分三年付清。此外，还约定按照国家当年的地力补贴标准支付林木补偿款。2017—2023年，茶叶公司陆续将林地流转金、林木补偿款等相关款项共计8.9万余元打到了组长徐某某的个人账户上，但徐某某一直未向村民发放，引起了村民的强烈不满。事情查清后，镇纪委督促清滩村组织6组全体村民召开会议，公布茶叶公司历年林地流转金及林木补偿款账目，并核算应发金额，组织村民现场发放。

针对该案暴露出村组在财务管理上存在的制度执行不严、公示内容笼统、账务处理不合规等问题，大竹县纪委监委督促31个乡镇（街道）组建由“镇纪委班子＋村（社区）纪委书记＋村级代理会计核算中心人员”组成的村组财务核查监督小组，村级代理会计核算中心人员负责识别账务处理中的不合规之处。

截至目前，全县共开展村组财务监督检查72次，发现并督促整改问题236个，给予党纪政务处分52人，挽回经济损失147.63万元。

资料来源：四川大竹：筑牢村组财务监管“防火墙”，新华网，2024年10月31日。

目前，我国农村基层组织类型多样、特点不一，但无论何种形式的农村基层组织，其可持续发展都必须建立在规范化的财会制度基础上。农村基层组织的财务管理直接关系到组织的健康运行和经济效益的提升，要确保农村基层组织的稳定发展，科学合理的财务制度是关键。本章将具体围绕农村基层组织的类型、特点进行阐述，重点介绍农村集体经济组织和农民专业合作社财会制度的特殊性、相关政策以及具体案例的实践运用。

第一节 农村基层组织类型及特点

农村基层组织是指在农村地区依法建立的、旨在服务农村地区经济社会发展的团体，主要包含了农村地区党的组织、政权组织、经济组织和社会组织。农村基层组织既是构成农村社会的基本要素，也是推动农村地区经济社会发展、维护农村地区治理稳定的重要力量。农民群众通过农村基层组织能够有效参与到农村社会的治理中，为农村经济社会的发展贡献自己的力量，农村基层组织正成为农民参与农村自治的重要途径。本章主要介绍的是经济组织。农村基层经济组织主要包括农村集体经济组织、农民专业合作社、家庭农场和农业社会化服务组织等。

一、农村集体经济组织

（一）农村集体经济组织概念与职能

农村集体经济组织是指以土地集体所有为基础，依法代表成员集体行使所有权，实行家庭承包经营为基础、统分结合双层经营体制的区域性经济组织，包括乡镇级农村集体经济组织、村级农村集体经济组织、组级农村集体经济组织。农村集体经济组织是发展壮大新型农村集体经济、巩固社会主义公有制、促进共同富裕的重要主体，是健全乡村治理体系、实现乡村善治的重要力量，是提升中国共产党农村基层组织凝聚力、巩固党在农村执政根基的重要保障。

农村集体经济组织依法代表成员集体行使所有权，履行下列职能：发包农村土地；办理农村宅基地申请、使用事项；合理开发利用和保护耕地、林地、草地等土地资源并进行监督；使用集体经营性建设用地或者通过出让、出租等方式交由单位、个人使用；组织开展集体财产经营、管理；决定集体出资的企业所有权变动；分配、使用集体收益；分配、使用集体土地被征收征用的土地补偿费等；为成员的生产经营提供技术、信息等服务；支持和配合村民委员会在村党组织领导下开展村民自治；支持农村其他经济组织、社会组织依法发挥作用；法律法规和农村集体经济组织章程规定的其他职能。

（二）农村集体经济组织的历史沿革

农村集体经济组织的发展是与农村生产力的发展紧密相关的。随着生产力发展和国家治理方式的实践，农村集体经济组织经历了四个阶段的演变，分别为合作化运动时期、人民公社时期、家庭联产承包制初期和新时期。

1. 合作化运动时期

20 世纪 50 年代，中华人民共和国成立之初，我国经济萧条，工、农、商业都亟待发展，农民生产积极性迫切需要提升。1950 年的《中华人民共和国土地改革法》以法律形式确定了土地所有权属于农民。1953 年 2 月，中共中央正式通过《关于农业生产互助合作的决议》。这个决议要求条件比较成熟的地区重点发展以土地入股为特点的农业生产合作社，后来被称为初级社。初级农业生产合作社标志着农村集体经济组织的正式诞生。1955 年 10 月，党的七届六中全会讨论通过了《关于农业合作化问题的决议》，要求有条件的地方有重点地试办高级社，推动农业合作化运动急速发展。

2. 人民公社时期

1958 年，我国农村开始人民公社化运动。这一时期推出的“人民公社六十条”中，农村集体经济组织的形态以该六十条的推出分为两个阶段。在此之前，农村土地所有权不再属于集体而是属于国家所有，该“六十条”推出后，土地的所有权属于农民集体，即“农村劳动群众集体经济组织”。该时期强调成员身份而非成员的个人财产份额，因此这一阶段的农村集体经济并非民法上的法人，因为它不是财产的集合，成员也不会以自己在集体中的财产份额享受民事权利。

3. 家庭联产承包制初期

1978 年，党的十一届三中全会之后，为解决人民公社的体制弊端，开始进行土地改革，实行家庭联产承包责任制。土地的所有权仍然属于集体，使用权归还农民，农民有权在法律规定的范围内自由支配自己土地的经营范围、种植范围等，打破了人民公社时期形成的“一大二公”“政社合一”的集体经济组织形态，也打破了共同劳动、参与分配的形态，形成了全新的农村集体经济组织形态：原生产队将自己经营的土地按该生产队的人数平均分配给每户，农户在规定的时间内拥有该土地的承包经营权，每年固定给国家上交农业税，形成了“增人不增地，减人不减地”的家庭联产承包责任土地制度，并于 1982 年写入宪法，以国家大法的形式保证以家庭承包经营为基础、统分结合的双层经营体制为特征的土地制度在全国范围内的实施。

4. 新时期的农村集体经济组织

为了维护农村集体经济组织及其成员的合法权益，规范农村集体经济组织及其运行管理，促进新型农村集体经济高质量发展，巩固和完善农村基本经营制度和社会主义基本经济制度，推进乡村全面振兴，加快建设农业强国，我国明显加快了相关的立法脚步。《中华人民共和国宪法》第八条明确规定，农村中的生产、供销、信用、消费等各种形式的合作经济，是社会主义劳动群众集体所有制经济。参加农村集体经济组织的劳动者，有权在法律规定的范围内经营自留地、自留山、家庭副业和饲养自留畜。国家保护城乡集体经济组织的合法的权利和利益，鼓励、指导和帮助集体经济的发展。2020 年出台的《中华人民共和国民法典》规定，农村集体经济组织的成员，依法取得农村土地承包经营权，从事家庭承包经营的，为农村承包经营户。2024 年 6 月 28 日，《中华人民共和国农村集体经济组织法》经第十四届全国人民代表大会常务委员会第十次会议通过，该法将农村集体经济组织的地位、职能、资格、义务、成员、组织机构等进行了全面的规定，为农村集体经济组织的发展建立起制度保障。

（三）农村集体经济组织的法人资格

农村集体经济组织依照《中华人民共和国农村集体经济组织法》登记，取得特别法人资格，依法从事与其履行职能相适应的民事活动。农村集体经济组织不适用有关企业破产法律的规定，且可以依法出资设立或者参与设立公司、农民专业合作社等市场主体，以其出资为限对其设立或者参与设立的市场主体的债务承担责任。

国家通过财政、税收、金融、土地、人才以及产业政策等扶持措施，促进农村集体经济组织发展，壮大新型农村集体经济。国家鼓励和支持机关、企事业单位、社会团体等组织和个人为农村集体经济组织提供帮助和服务。对发展农村集体经济组织事业作出突出贡献的组织和个人，按照国家规定给予表彰和奖励。

二、农民专业合作社

（一）农民专业合作社概念与业务

农民专业合作社是指在农村家庭承包经营基础上，农产品的生产经营者或者农业生产经营服务的提供者、利用者，自愿联合、民主管理的互助性经济组织。农民专业合作社以其成员为主要服务对象，开展以下一种或者多种业务：农业生产资料的购买、使用；农产品的生产、销售、加工、运输、贮藏及其他相关服务；农村民间工艺及制品、休闲农业和乡村旅游资源的开发经营等；与农业生产经营有关的技术、信息、设施建设运营等服务。

（二）农民专业合作社的历史沿革

中国共产党成立伊始就将发展合作社作为工农群众革命运动的重要组成，以及支持改善工农群众生活、抵制剥削压迫的重要手段。党领导合作社的发展经历了百年历程，主要包括以下几个时期：合作经济萌芽期、合作经济曲折发展探索期和新型合作经济蓬勃发展期。

1. 合作经济萌芽期

合作经济萌芽期经历了第一次国内革命战争时期、第二次国内革命战争时期、抗日战争时期和解放战争时期的发展建设。1949 年，合作社得到了中国人民政治协商会议第一届全体会议通过的《共同纲领》的正名："合作社经济为半社会主义性质的经济，为整个人民经济的一个重要组成部分，政府应扶助其发展，并给以优待。"

2. 合作经济曲折发展探索期

1950—1952 年，全国土地改革基本完成。1953 年中共中央指出，要以集体经营、集体所有替代土改后确定的小农经营、小农土地所有制，农业合作化运动在 20 世纪 50 年代逐步推开并迅速实现了既定目标。合作组织从常年的劳动互助组发展到以土地入股为特点的农业生产合作社（初级社），后又从初级社发展为高级社。1958 年，中共中央政治局北戴河扩大会议决定推行人民公社化运动，人民公社成为新的农业生产经营主体，集资源调配、核算单位、分配制度等于一身。截至 1962 年基本形成了"三级所有、队为基础"的人民公社经营体制。

3. 新型合作经济蓬勃发展时期

1984 年中央废除人民公社体制，家庭联产承包责任制成为中国农业生产的基本经营体制，但家庭联产承包责任制作为一种小农生产的经营方式，以家庭作为基本的生产单位，户均规模小，土地细碎化严重，农民抗风险能力弱。因此，在"分"的同时，"合"的过程又自发地开始了。

20 世纪 80 年代中期至 90 年代中期为农民自发发展阶段。随着农村专业户的涌现，一批根植于我国农村基本经营制度，以提供技术、信息服务为主，具有合作制萌芽性质的合作组织自发出现，这类合作组织名称大多叫专业技术协会、专业技术研究会等。

20 世纪 90 年代中后期至 2006 年为政府引导发展时期。这一时期，我国部分农产品出现结构性过剩，农产品销售难和农民收入增长缓慢等问题随之出现。为解决这些问题，各级政府和有关部门引导农民自愿建立专业合作社和专业协会。

2007—2011 年为依法规范发展阶段。2006 年第十届全国人大常委会第二十四次会议通过了《中华人民共和国农民专业合作社法》。至此，中国农民专业合作社获得了法人资格，并成为真正的市场主体。

2012年至今为组织多元发展与质量提升阶段。2018年9月，习近平总书记在中共中央政治局第八次集体学习时强调了要突出抓好农民合作社和家庭农场两类农业经营主体发展，赋予双层经营体制新的内涵，不断提升农业经营效率。2017年，全国人大常委会修订通过了《中华人民共和国农民专业合作社法》，其中新增了“农民专业合作社联合社”等内容，为农民合作社发展提供了更好的制度环境。2019年中央一号文件明确提出开展农民合作社规范提升行动。

（三）农民专业合作社的法人地位

农民专业合作社应当遵循下列原则：成员以农民为主体；以服务成员为宗旨，谋求全体成员的共同利益；入社自愿、退社自由；成员地位平等，实行民主管理；盈余主要按照成员与农民专业合作社的交易量（额）比例返还；农民专业合作社依照本法登记，取得法人资格；农民专业合作社对由成员出资、公积金、国家财政直接补助、他人捐赠以及合法取得的其他资产所形成的财产，享有占有、使用和处分的权利，并以上述财产对债务承担责任；农民专业合作社成员以其账户内记载的出资额和公积金份额为限对农民专业合作社承担责任。

国家保障农民专业合作社享有与其他市场主体平等的法律地位。国家保护农民专业合作社及其成员的合法权益，任何单位和个人不得侵犯。农民专业合作社为扩大生产经营和服务的规模，发展产业化经营，提高市场竞争力，可以依法自愿设立或者加入农民专业合作社联合社。

（四）国家对农民专业合作社的管理与扶持

国家通过财政支持、税收优惠和金融、科技、人才的扶持以及产业政策引导等措施，促进农民专业合作社的发展。国家鼓励和支持公民、法人和其他组织为农民专业合作社提供帮助和服务。对发展农民专业合作社事业作出突出贡献的单位和个人，按照国家有关规定予以表彰和奖励。

三、家庭农场

2013年中央一号文件提出，鼓励和支持承包土地向专业大户、家庭农场、农民合作社流转。其中，“家庭农场”的概念首次在中央一号文件中出现。党的十八大以后，各地区各部门按照党中央、国务院决策部署，积极引导扶持农林牧渔等各类家庭农场发展，取得了初步成效，但家庭农场仍处于起步发展阶段，发展质量不高、带动能力不强，还面临政策体系不健全、管理制度不规范、服务体系不完善等问题。2019 年 8 月 27 日由中央农村工作领导小组办公室等 11 部门联合发布文件《关于实施家庭农场培育计划的指导意见》，明确了扶持家庭农场的若干政策措施。

家庭农场以家庭成员为主要劳动力，以家庭为基本经营单元，从事农业规模化、标准化、集约化生产经营，是现代农业的主要经营方式。家庭农场强调个体农户的独立自主性和对土地的直接管理。相较于大型农场、集体经济组织或合作社，家庭农场的规模通常较小，更适合小规模、多样化的农业生产。农场的经营决策和日常管理主要由家庭成员共同负责，强调个人劳动和家庭协作。家庭农场可以根据市场变化灵活调整种植结构和生产方式，适应性较强。

四、农业社会化服务组织

2020 年，农业农村部发布《新型农业经营主体和服务主体高质量发展规划（2020—2022 年）》。规划提出了关于新型农业经营主体的三大工程：家庭农场培育发展工程、农民合作社能力提升工程和农业社会化服务组织创新提升工程，并将从财政、金融保险、用地等多方面提供政策支持。除了前文提到的家庭农场和农民专业合作社，创新农业社会化服务组织也是其中一项重要工程。目前，我国农业社会化服务组织有四大主要类型：农机系统服务型、国有大型涉农企业服务型、供销系统服务型和农业产业化龙头企业服务型。

服务手段的现代化是农业社会化服务体系的关键支持。农业机械化是现代服务手段的主要内容，农机社会化服务规模持续增长、数字技术赋能农机现代化，成为推动服务体系发展的新动能。各类服务组织共同特征是以农业机械化为抓手，以服务农业为宗旨。

我国农业社会化服务体系在党的决策部署下迎来了快速发展的新时期。四大类型的服务组织各具特色、互相协同，共同推动农业社会化服务的现代化发展。服务手段的不断创新、数字技术的广泛应用，为我国农业的现代化注入了新的活力。农业社会化服务体系的快速发展为实现农村全面振兴和建设农业强国提供了强大支持，标志着我国农业正迈向更加现代、智能、可持续的发展方向。

第二节　农村集体经济组织财会制度

一、农村集体经济组织财会制度概述

（一）基本概念

农村集体经济组织财会制度由财务制度与会计制度构成功能互补体系。其中，财务制度聚焦资金全局管理（预算编制、收支分配、审计监督等），通过战略规划优化资源配置与风险防控；会计制度规范日常核算（科目设置、账簿管理、报表编制等），以权责发生制为基础确保数据精准，为决策提供支撑。二者协同形成“战略＋执行”机制，既通过顶层设计强化治理效能，又借助精细化核算提升透明度，共同保障资产增值与成员权益，推动集体经济可持续发展。

（二）重要性

1. 确保透明度与规范管理

农村集体经济组织财会制度通过科学核算真实反映财务状况，严格收支审批与财务公开机制，维护成员合法权益，增强组织内部信任基础。

2. 提升市场竞争力与抗风险能力

农村集体经济组织财会制度依托精准的资金流动记录与数据分析，动态调整生产策略、优化资源配置、强化风险预警能力，助力农业高效对接市场需求。

3. 促进农民增收与农村经济高质量发展

农村集体经济组织财会制度通过收益合理分配（如优先税费、集体积累后按股或贡献分红）及产业转型支撑（如农产品加工、乡村旅游），激活农村经济活力，促进生态与经济协调发展，推动共同富裕目标实现。

二、农村集体经济组织会计制度

农村集体经济组织会计制度是规范农村集体经济组织日常会计行为的操作准则，主要内容包括明确会计记录格式、规定核算原则、细化账簿管理及规范财务报表编制。其功能体现为：通过标准化操作保障数据真实完整，依托统一核算实现收支透明化防范资产流失，借助定期报表支撑集体经济组织科学决策，进而促进集体经济组织高效运转。

（一）会计要素与会计科目

农村集体经济组织的会计要素主要包括资产、负债、所有者权益、收入、费用及收益（见表2－1）。

表2－1　　农民专业合作社财会制度的建立与运行会计科目名称和编号

编号	会计科目名称	编号	会计科目名称
	一、资产类科目		二、负债类科目（续）
101	库存现金	213	应付劳务费
102	银行存款	214	应交税费
111	短期投资	221	长期借款及应付款
112	应收款	231	“一事一议”资金
113	内部往来	241	专项应付款
121	库存物资		三、所有者权益类科目
131	消耗性生物资产	301	资本
132	生产性生物资产	311	公积公益金
133	生产性生物资产累计折旧	321	本年收益
134	公益性生物资产	322	收益分配
141	长期投资		四、成本类科目
151	固定资产	401	生产（劳务）成本
152	累计折旧		五、损益类科目
153	在建工程	501	经营收入
154	固定资产清理	502	投资收益
161	无形资产	503	补助收入
162	累计摊销	504	其他收入
171	长期待摊费用	511	经营支出
181	待处理财产损溢	512	税金及附加
	二、负债类科目	513	管理费用
201	短期借款	514	公益支出
211	应付款	515	其他支出
212	应付工资	521	所得税费用

1. 资产

农村集体经济组织拥有或控制的资源，预期带来经济利益的流入，包括现金、银行存款、固定资产（如农用设备、房屋）、存货（农产品、种子等），以及无形资产（土地使用权、商标权）。

2. 负债

农村集体经济组织需偿还的现时义务，分为流动负债（短期借款、应付款）和长期负债（长期借款及应付款、专项应付款）。

3. 所有者权益

农村集体经济组织资产扣除负债后的剩余权益，包括资本（成员集体权益）、公积公益金（收益提取或政府补助）、未分配收益，反映组织净资产状况。

4. 收入

农村集体经济组织日常活动产生的经济利益流入，含经营收入（销售农产品、出租资产）、投资收益（股利、利息）、补助收入（政府拨款）及其他收入（利息、盘盈）。

5. 费用

农村集体经济组织日常活动导致的经济利益流出，包括经营支出（生产成本、运输费）、税金及附加、管理费用（工资、办公费）、公益支出（公共福利）等。

6. 收益

农村集体经济组织在一定时期内所获得的净利润。净收益为收益总额（由经营收益、其他收入扣除公益支出和其他支出构成）减去所得税费用后的剩余金额。

（二）会计核算

农村集体经济组织的经济活动按照经济事业与社会事业进行划分。经济事业包括资产出租、资产经营、资本运营与收益分配；社会事业包括划拨资金资源、非经营性资产管理与非经营性费用支出管理。农村集体经济组织会计主要针对农村集体经济组织经济事业与社会事业中所涉及的一系列资金资产、债权债务、所有者权益、收入、支出、利润等的变动进行核算。

1. 筹资与投资时的会计核算

筹资业务包括吸收成员股金等，需核算负债或所有者权益；投资业务涉及集体资产运营，需核算资产成本及收益。核算时需区分资金来源性质及投资用途，确保账务独立反映集体经济活动，符合分账管理要求。

（1）资本。

本科目核算农村集体经济组织按照章程等确定的属于本集体经济组织成员集体所有的相关权益。

农村集体经济组织按照章程等确定属于本集体经济组织成员集体所有的相关权益，按照确定的金额，借记“库存现金”“银行存款”“固定资产”“无形资产”等科目，贷记本科目。

【例 2－1】202×年 9 月 30 日，甲村集体经济组织接受本村某合作社入资，金额为 100 000 元。甲村集体经济组织根据章程规定确认该合作社的相关权益。

借：库存现金（或银行存款）　　100 000

　　贷：资本——某合作社　　100 000

（2）长期借款及应付款。

本科目核算农村集体经济组织向银行等金融机构或相关单位、个人等借入的期限在 1 年以上（不含 1 年）的借款及偿还期在 1 年以上（不含 1 年）的应付款项。

农村集体经济组织发生长期借款及应付款时，借记“银行存款”等科目，贷记本科目；偿还长期借款及应付款时，做相反的会计分录。长期借款利息应按期计提，借记“其他支出”科目，贷记“应付款”等科目。本科目应按照借款及应付款单位或个人设置明细账，进行明细核算。

【例 2－2】甲农村集体经济组织在 202×年 7 月 31 日获得一家银行的长期借款，金额为 200 000 元，存入银行账户。

借：银行存款　　200 000

　　贷：长期借款及应付款　　200 000

（3）长期投资。

本科目核算农村集体经济组织持有时间准备超过 1 年（不含 1 年）的投资，包括股权投资、债权投资等投资。

①农村集体经济组织投资时，货币资金按支付额及税费借记“长期投资”，贷记“银行存款”；非货币性资产按评估价及税费借记“长期投资”，累计折旧/摊销借记对应科目，贷记“固定资产”等科目，评估价与账面净值差额调整“公积公益金”，税费贷记“应交税费”。

②当被投资单位宣告分派现金股利或利润时，按金额借记“应收款”并贷记“投资收益”；实际收到款项时，借记“银行存款”并冲减“应收款”。若收回投资或中途转让，按实收金额借记“银行存款”，按投资账面余额贷记“长期投资”，差额（实收与账面差额）调整“投资收益”，反映投资最终盈亏。

③投资发生损失时，经批准后，赔偿部分借记“应收款”，净损失借记“投资收益”，按投资账面余额贷记“长期投资”。

【例 2－3】甲农村集体经济组织于 202×年 6 月 1 日以现金方式投资于一家可再生能源公司的股权，投资额为 150 000 元，相关税费为 12 000 元。截至 202×年 12 月 31 日，收到该公司的现金股利10 000元。请根据上述情况，编制相关的会计分录，并对投资的损失进行处理。

①投资时的分录

借：长期投资　　　　162 000

　　贷：银行存款　　　　162 000

②宣告现金股利的分录

借：应收款　　　　10 000

　　贷：投资收益　　　　10 000

③实际收到现金股利的分录

借：银行存款　　　　10 000

　　贷：应收款　　　　10 000

2. 采购时的会计核算

农村集体经济组织采购阶段核算物资采购、款项支付、成本确认等经济业务，包括种子、化肥、农膜、农机具等购买。

（1）消耗性生物资产。

本科目核算的是农产品或为出售而持有的生物资产，常见的消耗性生物资产有生长中的玉米和小麦、养殖待售的牲畜、养殖的鱼等。消耗性生物资产的成本核算以实际成本为基础，涵盖购入、自栽、营造林木及繁殖育肥畜等支出。

①初始计量时，购入或自产资产按实际成本借记“消耗性生物资产”科目，贷记对应科目。

②资产转换时，产畜或役畜转为育肥畜需按账面价值结转，借记“消耗性生物资产”科目、贷记“生产性生物资产”科目；反之，幼畜成龄或育肥畜转为产畜或役畜时，则借记“生产性生物资产”科目、贷记本科目。

③收获与出售环节，收获的资产按账面余额转入“库存物资”，出售时确认收入（借记现金/银行存款）并同步结转成本（借记“经营支出”科目、贷记本科目）。

④盘盈盘亏处理方面，盘盈资产按市价借记本科目、贷记“待处理财产损溢”科目；死亡或毁损资产按账面余额借记“待处理财产损溢”，处理后根据赔偿或残值调整相关科目。

【例2-4】甲农村集体经济组织202×年度经济活动摘要：①购入育肥牛：年初购入10头育肥牛，成本200 000元；②销售收入：年底出售剩余9头牛，收入300 000元；③资产损失：1头牛因病死亡，账面损失20 000元；④自栽林木：投入50 000元用于林木种植（未来用于采伐出售）；⑤林木管护：发生林木管护及补植费用10 000元。

①购入育肥牛

借：消耗性生物资产　　　　200 000

　　贷：银行存款　　200 000

②销售养殖牛

借：银行存款　　300 000

　　贷：经营收入　　300 000

借：经营支出　　200 000

　　贷：消耗性生物资产　　200 000

③牛的死亡处理

借：待处理财产损溢　　20 000

　　贷：消耗性生物资产　　20 000

④自栽林木投入

借：消耗性生物资产　　50 000

　　贷：银行存款　　50 000

⑤林木后续支出

借：消耗性生物资产　　10 000

　　贷：银行存款　　10 000

（2）公益性生物资产。

本科目核算的是以防护、环境保护为主要目的的生物资产，包括防风固沙林、水土保持林和水源涵养林等。消耗性或生产性生物资产可以转为公益性资产，此时应按账面余额或相应价值借记本科目，并贷记相关科目。

【例2－5】202×年9月，甲农村集体经济组织根据所属区域的林业发展规划相关政策调整，将以马尾松为主的800公顷防风固沙林转为作为造纸原料的商品林，该杨树账面余额为180 000元。

转换时的账务处理

借：消耗性生物资产——造纸原料林——杨树　　180 000

　　贷：公益性生物资产——防风固沙林——杨树　　180 000

3. 生产时的会计核算

农村集体经济组织生产阶段涉及种植、养殖等经营活动，需核算农资消耗、人工成本及设备折旧，按成本对象归集费用，确认农产品产出并结转成本。

（1）生产（劳务）成本。

本科目核算农村集体经济组织直接组织生产或对外提供劳务等活动所发生的各项生产费用和劳务支出。

①在农村集体经济组织中，所有的生产费用和劳务成本应根据成本核算对象进行汇

总，借方记入本科目，贷方则记入“库存现金”“银行存款”等科目。

②会计期间终了，农村集体经济组织已经生产完成并已验收入库的产成品，按照实际成本，借记“库存物资”科目，贷记本科目。

【例2-6】甲农村集体经济组织于202×年将小麦加工成面粉的过程中发生了以下费用：①领用库存小麦：80 000元；②支付面粉加工劳务费：30 000元（现金支付）；③面粉搬运费：5 000元（现金支付）；④202×年7月30日，面粉验收入库，实际总成本为115 000元。

①领用库存小麦的分录（202×年4月1日）

借：生产成本　　80 000

　　贷：库存物资　　80 000

②支付劳务费的分录（202×年4月5日）

借：生产成本　　30 000

　　贷：库存现金　　30 000

③支付搬运费的分录（202×年4月15日）

借：生产成本　　5 000

　　贷：库存现金　　5 000

④期末结转已验收入库的小麦成本（202×年9月30日）

借：库存物资　　115 000

　　贷：生产成本　　115 000

（2）生产性生物资产。

本科目核算农村集体经济组织为产出农产品、提供劳务或出租为目的而持有的生物资产，包括经济林、产畜和役畜。

①资产应按实际成本计价，购入时按成本金额处理，借记本科目，贷记相关科目。

②达到预定目的之前发生的饲养费用等支出，借记本科目，贷记相关科目。

③资产死亡、毁损或盘亏时，按账面价值处理，借记“待处理财产损溢”科目，借记累计折旧，贷记本科目。

④农村集体经济组织持有的达到预定生产经营目的的生产性生物资产计提的折旧，借记“经营支出”等科目，贷记本科目。

【例2-7】甲农村集体经济组织在202×年度以发展养殖业为主，集体经营了一座现代化的养殖基地。该组织在年初购入了20头优质繁殖羊，购入价格共计400 000元。此外，该组织积极开展育种工作，成功繁殖了15头幼羊，相关支出总计为120 000元。35头羊消耗饲料费用合计150 000元。然而，由于突发性疾病，组织发现有1头羊死亡，账面价值为 30 000 元。

①购入优质繁殖羊

借：生产性生物资产　　400 000

　　贷：银行存款　　400 000

②自行繁殖幼羊支出

借：生产性生物资产　　120 000

　　贷：银行存款　　120 000

③养羊的饲料费支出

借：生产性生物资产　　150 000

　　贷：银行存款　　150 000

④羊的死亡处理

借：待处理财产损溢　　30 000

　　贷：生产性生物资产　　30 000

4. 销售时的会计核算

农村集体经济组织销售农产品及加工品时，需确认销售收入、结转生产成本，核算应收款项或现金收入，并计提相关税费。

（1）经营收入。

本科目核算农村集体经济组织确认的当年发生的销售产品、提供劳务、让渡集体资产资源使用权等各项经营活动收入。

①农村集体经济组织实现的经营收入，按照实际收到或应收的价款，借记“银行存款”等科目，贷记本科目。

②农村集体经济组织一次收取多期发包或出租款项时，应借记“银行存款”等科目，贷记“应付款”科目。同时，应当将收款金额分摊至各个受益期，分期确认收入，每期确认收入时，借记“应付款”等科目，贷记本科目。

【例 2－8】 甲农村集体经济组织于 202×年 5 月 1 日销售农产品，销售收入为 80 000 元，相关的应收款项在 202×年 5 月 5 日收到。此外，该组织于 202×年 6 月 1 日出租一块土地，收取的租金为 30 000 元，租期为三个月（202×年 6 月至 202×年 8 月），该组织决定按月确认收入。

①销售农产品的分录（202×年 5 月 1 日）

借：应收款　　80 000

　　贷：经营收入——销售收入　　80 000

②收到销售款的分录（202×年 5 月 5 日）

借：银行存款　　80 000

　　贷：应收款　　80 000

③出租土地时的分录（202×年6月1日）

借：银行存款　　30 000

　　贷：应付款　　30 000

④分期确认出租收入（202×年6月、7月、8月，每月确认10 000元）

借：应付款　　10 000

　　贷：经营收入——出租收入　　10 000

（2）经营支出。

本科目核算农村集体经济组织因销售商品、提供劳务、让渡集体资产资源使用权等经营活动而发生的实际成本。

农村集体经济组织发生的经营支出，借记本科目，贷记“银行存款”“内部往来”“库存物资”“累计折旧”等科目。

【例2-9】甲农村集体经济组织于202×年5月发生以下经营支出业务，请编制会计分录：结转小麦的销售成本8 000元；聘请本组织成员王某为闲置鱼塘充氧，支付临时用工劳务费500元；领用库存农药价值2 200元用于成熟后的茶园的病虫害防治；计提本月闲置的拖拉机设备折旧费1 800元。

①结转小麦的销售成本

借：经营支出　　8 000

　　贷：银行存款　　8 000

②支付鱼塘维护的临时劳务费

借：经营支出　　500

　　贷：内部往来　　500

③领用库存物资

借：经营支出　　2 200

　　贷：库存物资　　2 200

④计提本月折旧

借：经营支出　　1 800

　　贷：累计折旧　　1 800

5. 盈余分配时的会计核算

农村集体经济组织盈余分配时，需按章程提取公积公益金、福利费等后，剩余收益按成员份额分配，核算分配比例及未分配利润结转。

（1）内部往来。

本科目主要用于记录农村集体经济组织与成员之间的应收、应付款项。这些款项包括一事一议资金、年终分红等。

①对于成员承包集体资源所产生的应收承包金，在年终结算时应借记本科目，贷记“经营收入——发包收入”科目。

②年终，在将“本年收益”余额转入“收益分配——未分配收益”后，对集体成员进行收益分配时，应借记“收益分配——各项分配”科目，贷记本科目；实际发放款项时，应借记本科目，贷记“银行存款”科目。

【例 2－10】 甲农村集体经济组织在202×年度开展了一系列经济活动，涉及与成员之间的应收款、应付款及其他资金往来。该组织与成员签订了承包合同，成员C承包了组织的一块土地，承包费用为50 000元，约定在年末结算。年末，组织决定对成员进行分红，分红总额为20 000元，实际发放时将通过银行转账支付给成员。

①确认承包费用

借：内部往来　　　　50 000

　　贷：经营收入——发包收入　　　　50 000

②年末分红

借：收益分配——各项分配　　　　20 000

　　贷：内部往来　　　　20 000

③实际发放分红款项

借：内部往来　　　　20 000

　　贷：银行存款　　　　20 000

（2）“一事一议”资金。

本科目核算农村集体经济组织兴办村民直接受益的集体生产生活等公益事业，按“一事一议”的形式筹集的专项资金。

农村集体经济组织应按照筹资方案规定的金额，借记“内部往来”科目，贷记本科目；收到成员交来的“一事一议”专项筹资时，借记“银行存款”等科目，贷记“内部往来”科目。

【例 2－11】 甲村于202×年经村民代表大会讨论通过，决定修建村级道路一条，村集体经济组织通过“一事一议”筹资方式筹集资金，不足部分申请财政奖补资金。村民每人筹资10元，共计40 000元。当期收到40 000元，直接存入银行专户。

①筹资方案审批后

借：内部往来——各农户　　　　40 000

贷：一事一议资金——修路筹资　　40 000

②实际收到现金时即存入银行专户

借：银行存款——专项存款　　40 000

　　贷：内部往来——各农户　　40 000

（3）补助收入。

本科目核算农村集体经济组织获得的政府给予保障村级组织和村务运转的补助资金以及贷款贴息等经营性补助资金。

①农村集体经济组织收到的经营性补助资金，按照实际收到的金额，借记“银行存款”等科目，贷记本科目。

②期末，应将本科目的余额转入“本年收益”科目的贷方，结转后本科目应无余额。

【例2－12】为维护村级道路的安全，确保村级道路的正常运转，甲村收到上级财政部门按每公里1 000元的标准拨入的村级道路维护补助资金5 000元。

①收到财政补助

借：银行存款　　5 000

　　贷：补助收入——村道维护　　5 000

②期末结转

借：补助收入——村道维护　　5 000

　　贷：本年收益　　5 000

（4）公益支出。

本科目核算农村集体经济组织发生的用于本集体经济组织内部公益事业等各项支出，以及公益性固定资产折旧和修理费等。

农村集体经济组织发生公益支出按照实际发生额，借记本科目，贷记“银行存款”等科目。

【例2－13】甲村集体经济组织于202×年与县园林公司签订合同，委托该公司在村文化广场栽植花木一宗，价款30 000元委托开户行支付。

借：公益支出——环境美化　　30 000

　　贷：银行存款　　30 000

（5）公积公益金。

本科目核算农村集体经济组织从收益中提取的，接受政府补助和他人捐赠等其他来源取得的公积公益金。

提取公积公益金时，借记“收益分配——各项分配”科目，贷记本科目。

收到政府补助的或者他人捐赠的非货币性资产时，按照凭据金额或估价金额加上相关税费等，借记非货币性资产的相关科目，贷记本科目等。

以非货币性资产对外投资时，借记“长期投资”科目，按评估价值和相关税费，借记“累计折旧”等科目，按原价贷记相关资产科目，按税费贷记“应交税费”等科目，差额借记或贷记本科目。

【例 2－14】 甲农村集体经济组织 202×年发生以下业务，请编制会计分录：从当年收益中提取公积公益金 50 000 元；收到政府捐赠的全新农机设备一台，评估价值 120 000 元；以一台原值 150 000 元、累计折旧 40 000 元的旧设备对外投资，评估价值 100 000 元，相关税费 5 000 元暂未支付。

①提取公积公益金

借：收益分配——各项分配　　50 000

　　贷：公积公益金　　50 000

②收到政府捐赠农机

借：固定资产——农机设备　　120 000

　　贷：公积公益金　　120 000

③旧设备对外投资

借：长期投资　　100 000

　　累计折旧　　40 000

　　公积公益金　　15 000

　　贷：固定资产　　150 000

　　　　应交税费　　5 000

三、农村集体经济组织财务制度

农村集体经济组织财务制度是组织资金运作及财务管理的系统框架，强调资金流动的全局性与合理性，主要内容包括预算编制、资金使用、收入分配、经济责任制和审计监督等，旨在保障集体经济的可持续发展与资金的有效利用。

（一）财务管理主体及其职责

农村集体经济组织是独立核算的法人实体，其财务管理主体包括成员（代表）大会、理事会、监事会和会计人员，实行民主管理与基层党组织领导相结合的模式。

1. 成员（代表）大会财务管理职责

（1）审议决定内部财务制度、年度财务计划、重大财务收支及收益分配方案。

（2）决策资金筹集、资产发包租赁、对外投资、资产处置等事项。

（3）审定主要经营管理人员薪酬并监督考核。

（4）对理事会、监事会工作提出质询和改进意见。

（5）决定其他重大财务事项。

2. 理事会财务管理职责

（1）起草并执行财务制度、财务计划及收益分配方案等。

（2）组织实施资金筹集、资产运营（发包、投资、处置等）并签订合同。

（3）提出主要管理人员薪酬建议，决定其他人员薪酬。

（4）向成员大会报告年度财务执行情况。

（5）落实章程及成员大会决议的其他财务事项。

3. 监事会财务管理职责

（1）监督财务活动及民主理财执行情况。

（2）监督理事会、管理人员及会计人员履职行为，对违规行为提出质询、改进或罢免建议。

（3）协助政府审计监督工作。

（4）向成员大会报告年度财务监督情况。

（5）执行章程规定的其他监督职责。

（二）筹资管理

农村集体经济组织筹资旨在满足生产经营、投资及资本结构调整需求，主要渠道包括财政资金、捐赠等，方式以“一事一议”筹资和社会资本合作为主。在筹资管理上，需遵循成员受益原则，严控债务风险，并通过“四议两公开”机制确保决策透明。

1. “一事一议”方式筹资

（1）筹集范围。

农村集体经济组织的“一事一议”筹资筹劳，是指为兴办成员直接受益的集体生产生活等公益事业，按规定经民主程序确定的成员出资出劳的行为。“一事一议”方式筹资适用于村内农田水利、植树造林等公益事业。特殊情况包括符合规划的小型农田水利设施（需县级审核）。筹资对象为本村成员或受益人，筹劳对象为劳动力；五保户、现役军人等特定群体免于承担，困难户可申请减免。

（2）筹集原则。

农村集体经济组织财务制度（财农〔2021〕121号）提出成员自愿、直接受益、量力而行、民主决策和合理限额五个方面。

(3) 使用管理。

作为“一事一议”资金的具体筹资主体，农村集体经济组织应当做好以下三个方面的工作：

①专款专用、独立核算。农村集体经济组织应当单独设账户核算，严禁挪用，并配合专项审计。

②全程监督、信息公开。农村集体经济组织理事会需监督资金使用，定期公开信息，成员可举报违规行为。

③合理使用、提升效果。保证资金使用的合理性和高效性，对资金使用过程中可能出现的敏感环节（如工程招标）须公开透明，避免暗箱操作。

专栏 2-1 典型案例介绍

“一事一议”助力乡村蝶变

浙江省平阳县实施“一事一议”财政奖补政策 10 年，累计投入财政资金 5.06 亿元，带动社会资金 3.11 亿元，建成村级公益项目 500 个，惠及 70 余万村民。重点支持怀溪镇水口村、鳌江镇联丰村等建设旅游集散中心、民宿、休闲广场，推动环境改善与乡村旅游发展，村集体收入显著提升。该政策以民主决策为基础，聚焦群众迫切需求，严格实行专款专用、全程监督，确保资金高效使用。未来将继续推进美丽乡村建设，优化生产生活条件，增强群众获得感。

2. 社会资本合作方式筹资

农村集体经济组织通过与社会资本合作，共同投资兴办企业。这种合作方式体现了农村集体资产股份合作制改革的特殊性，仅限于组织内部，强调成员集体所有和社区特性。因此，筹集的资金不直接成为组织资产。

专栏 2-2 典型案例介绍

村集体经营性建设用地入股

作为湖南省集体经营性建设用地上市交易同价同权试点，浔龙河村规划了 300 亩集体经营性建设用地，由村集体以土地入股的方式参与商场等可经营项目和旅游项目的运营，其获得股份收益将由成员按合作社中股份比例进行分红。

（三）资产管理

农村集体资产所有权归属成员，由集体经济组织依法代行，需明确层级划分并综合法规、群众认可等因素确认成员身份。资产通过直接收益、间接增值或未来权益为成员创造经济价值，其形成源于历史经济活动并持续影响未来，含天然资源性资产。账外资产以实物计量记录，确保全面反映资产状况。

1. 生物资产管理

（1）生物资产的内容。

生物资产是指农业活动中涉及的活的动植物。生物资产按用途分为消耗性生物资产和生产性生物资产。消耗性生物资产包括待售的作物等。生产性生物资产，如经济林、役畜，用于产出农产品或提供劳务。它们分为未成熟和成熟两类，未成熟资产尚未达到生产目的。

（2）生物资产的管理要求。

①消耗性生物资产的管理。消耗性生物资产本质上是劳动对象，通常一次性使用完毕，终止其服务能力或未来经济利益。这类资产通常在一年或一个生产周期内转化为农产品，收获后即消失。在实践中，它们作为存货，按种类和群别进行详细核算和管理。

②生产性生物资产的管理。生产性生物资产本质上是劳动手段，能持续产出农产品或长期服务耕种等劳役。产出后，这些资产继续存在并能长期产出。因此，它们具有固定资产特性，可按固定资产方法管理。

2. 资源性资产管理

（1）资源性资产的内容。

农村集体经济组织资源性资产包括土地、森林、草原、荒地等，归成员集体所有，由组织代表行使所有权。其特殊性在于通过确权登记取得（如土地承包经营权），而其他资产（如厂房、设备）多源于经营积累、购置或投资。资源性资产以发包、出租等方式盘活，需遵循民主决策与公开程序，确保集体权益。

（2）资源性资产的管理要求。

①建立资产登记簿，完善资源监管。农村集体经济组织需建立资源性资产登记簿，记录土地等资产基本信息及变动。信息包括资产名称、类别等。承包或租赁的资产，还需记录承包者或租赁者信息、期限、费用等。

②实行公开招标或协商，依法让渡资源使用权和经营权。农村集体经济组织发包、出租资源性资产时，须公开招标或协商，执行“四议两公开”民主程序，报乡镇审核备案。招标前明确标的及条件，平台公示信息、竞价确定费用，同等条件下成员优先承包。合同签订后规范管理，定期公开执行情况，接受成员监督，确保收益透明合规。

③加强资源收益管理，及时公开接受监督。特殊法律法规规范的资源性资产经营收益，应依法单独管理。农村集体建设用地收益归集体所有，主要用于生产发展、集体积累

和公益事业，禁止用于非生产性开支。农村集体经济组织应专户存储、专账管理、专项审计，并公开信息，接受监督。

（四）财务信息管理

农村集体经济组织负责管理集体资产并提供财务信息。为明确资产边界、保障安全，应与村民委员会分设独立会计主体，分设银行账户及会计账套。因条件限制，现阶段仅在可行区域实施，待成熟后全面推广。

1. 财务信息的生成与报告

（1）财务信息的生成。

①财务计划或方案的生成程序。农村集体经济组织财务计划由理事会依法制定草案，经监事会审核修订后公开征求意见并报政府审核，最终提交成员大会表决。涉及重大事项或农民利益的计划需经党组织提议、理事会及党员大会审议后由成员大会表决通过。

②经济合同的签订程序。农村集体经济组织签订重大经济合同时，须由评估小组评估事项并拟定合同初稿（含金额、调整条款等），明确各方权利义务、支付方式、期限及违约责任等，经乡镇政府预审后提交成员大会表决，通过后公示并签订，确保程序合规透明。

③财务情况说明书的编制程序。农村集体经济组织应根据实际发生的经济事项，如实记录详细的计划、方案、合同执行或履行过程，包括执行或履行的时间、金额、交易对象等内容，形成翔实的财务情况说明书。

④财务会计报告的编制程序。农村集体经济组织编制财务会计报告需按国家统一会计制度，采用历史成本计量和权责发生制，以借贷记账法执行会计流程，最终依据总账及明细台账编制财务报表、资产资源及债权债务明细表等，确保账务完整准确。

（2）财务信息的报告。

农村集体经济组织需建立财务信息报送制度，明确报送对象、内容、频率及时点，满足组织决策、成员监督及政府监管需求；同时按规范程序以便于群众理解的方式定期或随时公开财务活动及账目，确保透明度并接受成员监督，保障集体资产规范管理。

2. 会计档案管理

农村集体经济组织会计档案管理要求：定期整理电子及纸质档案（电子凭证打印件入账的需双套保存），专人管理档案室，非管理员禁入；委托代理可约定代管。档案不外借，确需外借须严格手续并限时收回；外部查阅需审批登记。重要合同、财务报告永久保存；定期档案销毁须成员大会通过并乡镇监督。村庄撤并时档案由合并后组织统一管理；人员变动须三方交接签字，确保档案完整。

3. 合同管理

（1）合同管理的内容。

农村集体经济组织从事投资、资产处置等经济行为时，除即时结清外须订立书面合同，明确权利义务及合理定价，实行从订立到履约的全流程管理。未经合法授权或合同存在重大疏漏可能侵害集体权益，履行监管缺失易导致诉讼失利或经济损失，须严格规范操作。

（2）合同管理的具体要求。

农村集体经济组织订立合同前需核查对方资质信用，明确权利义务、违约责任及争议条款，确保内容合法合规；签订时按权限程序用印，严格管理合同章，禁止违规担保；履行中需诚信执行并跟踪进展，及时处理纠纷；年末全面评估履约情况，登记存档并追责问题环节，实现全流程闭环管理。

专栏 2－3　典型案例介绍

南京麒麟街道的村社“两本账”

2020 年 6 月，南京市江宁区麒麟街道东流村实施账务分设：以 2019 年末资产负债表为基础，将集体资产分为经营性资产（如厂房、商业用地等）由集体经济组织管理，公益性资产（如道路、停车场等）由村委会代管。2020 年 1—7 月集体收支纳入新账，历史账目不追溯调整。分设后，村委会核算财政补助、管理费等收支；集体经济组织核算经营、发包等收入，虽承担公益资金但需规范使用。

（五）产权管理

为保护集体资产并促进其保值增值，应由农村集体经济组织统一行使所有权，而非个人。当前改革措施包括将集体资产分配给成员，明确其产权和权利份额，作为分配收益的依据。管理目标是确认每位成员的股份权能。核心问题涉及资产量化范围、股权类型、管理模式及股份权能的明确。

1. 农村产权交易的主体

产权交易出让方须为产权人或受托人；集体资产达一定金额须公开交易，农户产权交易自愿。受让方除宅基地使用权、住房财产权及集体股权外无限制（外资按法规执行）。工商企业参与交易需加强准入监管及风险防控。

2. 农村产权交易的程序

农村集体经济组织产权交易流程包括：形成决议并申请；评估审核后，经成员大会通过；发布信息，审查意向受让方资质；通过平台转让或出租，采用竞价、拍卖等方式确定受让方，并签订合同。

3. 农村产权交易的监管

农村集体经济组织或成员产权交易应接受农村产权交易管理机构和市场主管部门的监督，不得隐瞒信息、暗箱操作。耕地、水利设施等产权流转交易后，受让方不得改变用途，不得破坏农业综合生产能力和生态功能。

专栏2－4　典型案例介绍

哈吉嘎查农村集体产权制度改革

哈吉嘎查（鄂温克民族苏木西部，面积380平方千米）推进集体产权制度改革，实施折股量化、合作社章程及集中管理。三年内（2020—2022年）集体经济收入从不足1万元跃升至116.7万元（经营性收入85万元）。2022年草业基地打草收入81.4万元，纯收益20万元，带动20余户牧民打草成本降低23万元（户均省1.1万元），23名牧民获工资18.7万元（人均增收8 140元），实现集体与牧民双赢。

（六）收支管理及收益分配

1. 收入管理

收入是农村集体经济组织自身创造经济利益流入的重要来源。组织应当加强收入管理，保障收入确认的合理性以及收入的安全性和完整性。收入管理应做好以下三个方面的工作。

（1）正确划分收入界限。

农村集体经济组织需明确核算范围，区分与承包户、被投资单位及村民委员会的界限，排除“一事一议”筹资、捐赠、土地补偿等非收入款项。收入按来源分类，包括生产销售、服务提供、资产出租等经营性活动。

（2）建立相关内部控制制度。

农村集体经济组织需规范销售业务流程，明确职责与审批权限，禁止单人全程处理销售；合同需明确权利义务，确保会计、销售、仓储记录一致。

（3）加强款项收取管理。

集体经济组织的各类收入及时入账，禁止公款私存；定期核对往来款项，追收欠款，明确无法回收款项的责任。

2. 支出管理

农村集体经济组织应当规范成本费用的确认、建立支出审批制度、加强对付款的管理，以保障支出的合理性和合规性，进而保护成员的权益。

（1）正确划分支出界限。

一方面，组织需确定支出核算范围，仅将相关成本费用计入。购建固定资产、偿还借款等不计入成本费用；另一方面，区分成本与费用。费用按支出原因分类，如经营支出、管理费用等；成本则按性质核算。

（2）建立支出审批制度。

农村集体经济组织在办理支出业务时，应当明确支出款项的用途、金额等内容，并附原始单据或相关证明。日常开支按规定程序审批、严格履行授权审批程序。重大事项开支应当履行民主程序，防止少数人决策对成员利益的侵蚀。

（3）加强款项支付管理。

农村集体经济组织付款须执行联签流程：首先经办人凭合法凭证签字，其次监事会审核并签字，再次财务负责人审批，最后会计审核记账。完成联签后公开接受监督，确保付款真实合规。手续不全或不合规的支出，出纳有权拒付。

3. 收益分配管理

农村集体经济组织应当依据收益分配原则安排各分配项目和分配比例的规划，明确收益分配的程序，保证收益分配方案的科学性、合理性，成为规范收益分配行为、维护成员集体资产收益权的重要保障。

（1）核实经营成果。

农村集体经济组织年终分配前需核实经营成果，包括：全面清查资产，清理债权债务，清收应收款项；完成经济合同结算并足额收缴款项；准确核算年度收入、支出，确定可分配收益。

（2）制订收益分配方案。

农村集体经济组织理事会依据法律法规、政策及章程，结合经营状况制订方案，明确分配范围、比例等事项，需统筹经济发展与扩大再生产需求。

（3）履行审核和民主程序。

农村集体经济组织监事会审核方案合法性并公开征求意见，提交村党组织及政府审核；理事会根据审核意见修改后提交成员大会表决，通过后公示。

（4）组织实施。

收益分配方案公示无异议后，制作收益分配表并由股权户代表签字确认，再由组织发放给股权户代表或各成员。农村集体经济组织向成员分配收益，均通过银行转账支付。

（5）备案结果。

分配完成后，农村集体经济组织向全体成员公示发放结果，并将方案、会议决议、分配表等材料报乡镇政府（街道办）备案。

第三节　农民专业合作社财会制度

一、农民专业合作社财会制度概述

（一）基本概念

农民专业合作社财会制度是保障其经济活动规范、透明、高效运行的关键管理体系，由《农民专业合作社财务制度》和《农民专业合作社会计制度》两大核心部分构成。财务制度侧重于资金运作与财务管理的宏观架构，涵盖资金筹集与使用、盈余分配等；会计制度侧重会计实操与管理，包括账簿设置、核算原则、财报编制等。两者在内容上相互衔接、相辅相成，共同塑造了合作社的财务管理框架，为合作社的稳健发展提供坚实保障。

（二）重要性

1. 保障成员权益

通过建立成员账户，准确记录成员的出资额等，清晰反映成员权益。规范的盈余分配制度，切实维护成员经济利益，增强成员对合作社的认同感和归属感。

2. 规范财务行为

财会制度为合作社财务管理提供了明确的规范标准，明确岗位权限与责任，定期财务公开并接受内部成员与社会监督，确保资产安全与财务健康，推动管理规范化。

3. 提升决策科学性

通过准确编制资产负债表、盈余及盈余分配表等，全面反映合作社财务状况与经营成果。基于数据分析，评估资金使用效率，为资源合理配置提供科学依据，助力可持续发展。

二、农民专业合作社会计制度

农民专业合作社会计制度是规范合作社会计核算的重要法规，通过明确会计要素、设置会计科目、编制财务报表，确保财务信息真实、完整、准确，为合作社运营提供可靠支持。该制度适用于依法设立并取得法人资格的农民专业合作社及联合社。

（一）会计要素和会计科目

会计要素是会计核算的基本内容，包括资产、负债、所有者权益、收入、费用和盈余。

1. 资产

资产是指过去的交易或者事项形成的、由农民专业合作社拥有或控制的、预期带来经济利益的资源。

（1）流动资产，如存货、现金、银行存款。

（2）固定资产，如农业机械设备、厂房、仓库等。

（3）无形资产，如商标、专利等。

（4）对外投资，合作社对外进行的长期股权投资或债权投资。

（5）生物资产，生产性生物资产及消耗性生物资产。

2. 负债

负债是指合作社过去的交易或者事项形成的、预期会导致经济利益流出的现时义务。

（1）流动负债，如应付款、短期借款、应付工资等。

（2）非流动负债，如长期借款、专项应付款等。

3. 所有者权益

所有者权益是指所有者在资产中享有的经济利益，是资产减去负债后的余额，也称为净资产。

（1）股金，成员投入的资金。

（2）公积金，包括盈余公积和资本公积。

（3）未分配盈余，尚未分配给成员的盈余部分。

（4）专项基金，如合作社接受国家财政补助形成的专项基金。

4. 收入

收入是指合作社在日常活动中形成的、会导致所有者权益增加的、与成员投资无关的经济利益的总流入。

（1）经营收入，如销售农产品、提供农业技术服务。

（2）其他收入，如出租闲置资产、提供劳务。

（3）投资收益，如股息、利息。

5. 费用

农民合作社的费用是指合作社进行生产经营和管理活动所发生的各种耗费，包括经营支出、税金及附加、管理费用、财务费用和其他支出等。

（1）经营支出，提供生资购买、使用，农产品生产、销售等产生的支出。

（2）税金及附加，消费税、城市维护建设税、资源税等税费。

（3）管理费用，如办公费、差旅费、管理人员工资等。

（4）财务费用，如借款利息支出等。

（5）其他支出，如资产毁损、损失等。

6. 盈余

合作社的盈余是一定会计期间的经营成果，其计算公式为：

本年盈余 = 经营收益 + 其他收入 - 其他支出 - 所得税费用，其中：

经营收益 = 经营收入 + 投资收益 - 经营支出 - 税金及附加 - 管理费用 - 财务费用

对农民专业合作社会计要素进行具体划分，可分为 48 个会计科目，如表 2 - 2 所示。

表 2 - 2　　农民专业合作社财会制度的建立与运行会计科目名称和编号

编号	会计科目名称	编号	会计科目名称
	一、资产类科目		二、负债类科目（续）
101	库存现金	213	应付劳务费
102	银行存款	214	应交税费
113	应收款	215	应付利息
114	成员往来	221	应付盈余返还
121	产品物资	222	应付剩余盈余
124	委托加工物资	231	长期借款
125	委托代销商品	235	专项应付款
127	受托代购商品		三、所有者权益类科目
128	受托代销商品	301	股金
131	对外投资	311	专项基金
141	消耗性生物资产	321	资本公积
142	生产性生物资产	322	盈余公积
143	生产性生物资产累计折旧	331	本年盈余
144	公益性生物资产	332	盈余分配
151	固定资产		四、成本类科目
152	累计折旧	401	生产成本
153	在建工程		五、损益类科目
154	固定资产清理	501	经营收入
161	无形资产	502	其他收入
162	累计摊销	511	投资收益
171	长期待摊费用	521	经营支出
181	待处理财产损溢	522	税金及附加
	二、负债类科目	523	管理费用
201	短期借款	524	财务费用
211	应付款	529	其他支出
212	应付工资	531	所得税费用

（二）会计核算

农民专业合作社会计制度核算的经济业务主要包括以下六个方面：一是设立与注册，涉及初始登记、成员出资确认及资产计量记录；二是筹资活动，包括成员增资、财政补助接收及外部借款核算；三是投资活动，涵盖对外投资确认、收益计量及投资收回处理；四是采购与销售，涉及农业生产资料采购、农产品销售的收入与成本核算；五是生产与运营，包括农业生产成本归集、生物资产核算及劳务费用支出；六是盈余分配与财务清算，涉及年度盈余计算、分配记录及解散时的清算与资产处置。这些核算为合作社财务管理提供全面支持，确保经济活动规范透明。

1. 设立时的会计核算

农民专业合作社成立时，成员需按章程出资，可使用现金、非货币资产（如水稻收割机）或土地经营权等。合作社为成员设立账户，记录出资信息。

（1）股金。

股金是指股东对所认购的股份支付的款项，通过成员投资、公积金转增、可分配盈余转增等形成的资本。

①成员以货币出资时，借记“库存现金”“银行存款”等科目，贷记“股金”科目。若实收金额与应享资本份额有差额，则贷记或借记“资本公积”科目。

②经成员大会表决，合作社可以将可分配盈余转为成员的出资，借记“应付盈余返还”“应付剩余盈余”或“盈余分配”等科目，贷记“股金”科目。

【例 2－15】 202×年3月1日，A村益民种植专业合作社（下文简称益民合作社）由5个农民共同投资组建，根据合作社章程及出资清单投资如下：合作社社员张某出资30 000元；李某用5台联合收割机出资，经合作社全体成员评估为40 000元；王某用自己农机专利投资，经合作社全体成员评估为30 000元；合作社成员闫某用直接转账40 000元出资。

借：库存现金	30 000	
固定资产——机械设备	40 000	
无形资产——专利技术	30 000	
银行存款	40 000	
贷：股金——张某		30 000
——李某		40 000
——王某		30 000
——闫某		40 000

（2）资本公积。

资本公积是指合作社除股金外的其他资本性积累，主要包括成员出资、非货币性资产出资的评估增值及对外投资等形成的差额。

①合作社收到成员货币出资时，按实收金额借记“库存现金”或“银行存款”科目，按出资份额贷记“股金”科目，差额借记或贷记“资本公积”科目。

②成员以实物或无形资产出资时，按评估价值借记相关资产科目，按出资份额贷记“股金”科目，差额部分贷记或借记“资本公积”科目。

③合作社决定资本公积转增股金时，借记“资本公积”，贷记“股金”。

【例 2－16】 某农民专业合作社成员甲以一台评估价值为 80 000 元的农业机械出资，该机械的账面价值为 60 000 元。根据合作社章程，成员甲应享有的出资份额为 70 000 元。

借：固定资产——农业机械	80 000	
贷：股金——成员甲		70 000
资本公积		10 000

2. 筹资时的会计核算

农民专业合作社筹资时，成员以货币或非货币资产（如农业机械）入社，需按实际收到金额和确认价值进行会计处理。国家财政补助、捐赠资金和借款则采用不同核算方式。

（1）专项应付款。

专项应付款是指农民专业合作社的专项资金形成的应付和暂收款项。其核算内容为国家财政直接补助资金。

①国家财政补助资金用于购置生物资产、固定资产、无形资产或建设农业农村基础设施时，按实际使用金额计量。

②专项应付款包含信息、培训、农产品认证、市场营销和技术推广等项目支出，按实际金额计量，结余退回国家。

③项目完成或结余退回时，借记“专项应付款”科目，贷记“库存现金”“银行存款”科目。

【例 2－17】 益民合作社进行冷库建设项目，202×年 7 月 1 日，收到国家对该项目的财政直接补助资金 400 000 元用于冷库建设。7 月 15 日，支付技术培训费 70 000 元，款项已通过银行全部支付。7 月 26 日，结余资金退回国家。

①7 月 1 日，收到国家财政直接补助资金

借：银行存款	400 000	
贷：专项应付款——冷库建设资金		400 000

②7 月 15 日，支付技术培训费

借：专项应付款——冷库建设资金　　70 000

　　贷：银行存款　　70 000

③7 月 26 日，结余资金退回国家

借：专项应付款——冷库建设资金　　30 000

　　贷：银行存款　　30 000

（2）专项基金。

专项基金是指合作社以特定来源形成并具有专门用途的资金，其核算内容为国家财政直接补助和捐赠形成的专项基金。

①“专项基金”属于所有者权益类会计科目，贷记增加，借记减少，期末余额在贷方反映现有数额。

②收到国家财政补助资金时，按照收到的金额，借记“银行存款”等科目，贷记“专项应付款”科目。实际使用财政补助资金时，借记“专项应付款”科目，贷记本科目。

【例 2－18】 接上例，202×年 7 月 10 日，益民合作社使用补助资金购置冷库专用设备 300 000 元。

①购入冷库设备

借：固定资产——冷库　　300 000

　　贷：银行存款　　300 000

②将专项应付款结转为专项基金

借：专项应付款——冷库建设资金　　300 000

　　贷：专项基金　　300 000

3. 投资时的会计核算

农民专业合作社投资时涉及的经济业务主要包括对外投资的初始确认、投资收益的核算、投资收回或转让的处理，以及投资损失的处理。

（1）对外投资。

对外投资是指合作社依法出资设立或者加入联合社，或以货币资金、实物资产、无形资产等向其他单位的投资。

①以货币资金投资时，按实际价款和相关税费或约定价格计量。

②以非货币性资产投资时，按评估价值和相关税费计量。

③到期收回或转让对外投资时，按账面余额计量。

【例 2－19】 202×年，益民合作社有一台账面原值为 110 000 元的农机，已计提折旧 40 000 元，账面净值为 70 000 元。合作社计划将该农机对外投资于红星公司，经评估确认价为 60 000 元。

对外投资时

借：对外投资　　60 000

　　累计折旧　　40 000

　　资本公积　　10 000

　　贷：固定资产　　110 000

（2）投资收益。

投资收益是指合作社对外投资所得收入（损失为负数），如股利、债券利息或联营利润。核算内容包括投资收益或损失。

①到期收回或转让投资时，按实际收回价款计量。

②期末，将贷方余额转入“本年盈余”贷方。

③投资净损失时，将本科目借方余额转入“本年盈余”借方。

【例 2－20】 接上例，红星公司 202×年 12 月 30 日宣布发放分红，益民合作社根据投资份额可以领取分红 10 000 元。202×年 12 月 31 日，益民合作社收到被投资单位分红，存入银行。

①宣告分红

借：应收款　　10 000

　　贷：投资收益　　10 000

②收到分红

借：银行存款　　10 000

　　贷：应收款　　10 000

4. 采购过程中的会计核算

合作社的采购业务主要包括农业生产资料（如种子、化肥、农药、农机具等）、农产品、工业产成品、低值易耗品、包装物等产品物资的采购。此外，还包括与生产经营相关的固定资产、办公用品、劳保用品等。

（1）成员往来。

成员往来是指农民专业合作社与社员发生的各种应收及暂付款项，其核算内容为合作社与成员之间的经济往来业务。

①向成员支付代销商品款、应收应付款项及为成员提供农资购买服务的费用，均计入借方。

②收回应收款项、发生应付款项、收到成员支付的农资款和服务费以及为成员提供农产品销售服务收到的产品均计入贷方。

【例 2－21】 202×年 5 月 19 日，益民合作社接受成员王某的货款 20 000 元，委托代购果树苗1 000株，款项存入银行。

借：银行存款　　20 000

　　贷：成员往来——王某　　20 000

（2）产品物资。

产品物资是指合作社库存的农业生产资料、农产品、工业产成品等各类物资；其核算内容为材料、燃料、种子、化肥、农药等。

①委托代销商品、受托代购商品、受托代销商品以及委托加工物资不计入“产品物资”科目。

②购入并验收入库的产品物资，按实际价款，借记“产品物资”科目，贷记“库存现金”“银行存款”科目等。

③销售时，按实际成本结转，计入贷方。

④购入、生产完工或加工完成并入库的产品物资计入“产品物资”借方。

【例2－22】 202×年5月6日，益民合作社采购了价值50 000元的甲种农用物资，支付了200元运输费用，全部款项通过银行存款支付，物资已入库验收。

借：产品物资——甲农用物资　　50 200

　　贷：银行存款　　50 200

（3）消耗性生物资产。

消耗性生物资产是指为出售或未来收获为农产品的生物资产，如大田作物（指在大片田地上种植的作物，如小麦、水稻、棉花和牧草等）、蔬菜、用材林和待售牲畜，核算其实际成本。

①消耗性生物资产收获时按账面余额计量。

②需按种类、群别、是否为扶贫项目资产等设置明细科目核算。

③购入的消耗性生物资产，按成本借记本科目，贷记“库存现金”“银行存款”“应付款”科目。

④幼畜成龄转为产畜或役畜时，按账面余额计量。

【例2－23】 202×年1月，益民合作社购买用于出售的肉牛5头，每头幼牛600元，通过银行存款支付。

借：消耗性生物资产——幼牛　　3 000

　　贷：银行存款　　3 000

5. 生产过程中的会计核算

农民专业合作社生产过程中的经济活动包括生产计划制订、成本核算（直接材料和间接成本）及费用分摊，旨在提高效率、降低成本、增加收益。

（1）生产性生物资产。

生产性生物资产是指为产出农产品、提供劳务或出租目的的持有的生物资产，如经济林、薪炭林、产畜等，核算其实际成本。

①购入时，按成本借记本科目，贷记“库存现金”“银行存款”“应付款”科目。

②出售、对外投资及资产死亡毁损、盘亏时，按原价计量。

【例2-24】 202×年，益民合作社购入种猪5头，每头10 000元；仔猪（育肥）100头，每头500元。购买过程中发生运费2 000元，所有款项通过银行存款支付。款项全部用银行存款支付后，根据相关单据进行账务处理。

①种猪的初始成本：

种猪总价＝5×10 000＝50 000（元）

分摊运费＝2 000÷(50 000＋50 000)×50 000＝1 000（元）

初始成本＝50 000＋1 000＝51 000（元）

②仔猪的初始成本：

仔猪总价＝100×500＝50 000（元）

分摊运费＝2 000÷(50 000＋50 000)×50 000＝1 000（元）

初始成本＝50 000＋1 000＝51 000（元）

借：生产性生物资产——种猪　　51 000

　　消耗性生物资产——仔猪　　51 000

　　贷：银行存款　　102 000

（2）生产成本。

生产成本是指合作社生产或提供服务的费用，包括农产品和工业产品成本及服务成本，具体涵盖直接材料费（如种子、化肥）、直接人工费（如工资）、其他直接费用（如机械作业费、燃油费、电费）和间接费用（如固定资产折旧、管理费用）。

①将直接材料、直接人工和其他直接费用归集到“生产成本”科目。将间接费用按合理标准分配到“生产成本”科目。

②生产完成并验收入库的产成品，按实际成本借记“产品物资”科目，贷记“生产成本”科目。

【例2-25】 202×年，益民合作社决定4月榨油。其中，领用库存油菜籽7 200元，机器设备折旧费40 000元，以及支付临时人工费用5 000元。

①榨油

借：生产成本——油菜籽　　7 200

　　生产成本——折旧　　40 000

生产成本——人工　　5 000

　贷：产品物资——油菜籽　　7 200

　　累计折旧　　40 000

　　应付劳务费　　5 000

②入库

借：产品物资——菜籽油　　52 200

　贷：生产成本——油菜籽　　7 200

　　生产成本——折旧　　40 000

　　生产成本——人工　　5 000

6. 销售过程中的会计核算

农民专业合作社销售过程中的经济业务主要包括农产品销售、提供服务、委托代销以及其他销售业务（如加工业产成品、低值易耗品）。

（1）经营收入。

经营收入是指合作社在生产经营和管理活动中获得的收益，包括农业生产资料购买、农产品生产销售、加工运输、技术信息服务、农村工艺制品开发、休闲农业和乡村旅游资源开发等收入。

①经营收入时，按实际或应收价款，借记“库存现金”“银行存款”“应收款”“成员往来”等科目，贷记“经营收入”科目。

②期末经营收入余额转入“本年盈余”贷方。

【例 2-26】益民合作社销售 200 箱苹果，售价 80 元/箱，成本 50 元/箱，包装箱成本 5 元/个，银行已收款。

①销售时

借：银行存款　　16 000

　贷：经营收入　　16 000

②期末结转成本

借：经营支出　　11 000

　贷：产品物资——苹果　　10 000

　　　——包装物　　1 000

（2）经营支出。

经营支出是指合作社在非独立核算经营活动中发生的支出，包括农业生产资料购买、农产品生产销售、加工运输、技术信息服务、农村工艺品开发、休闲农业和乡村旅游资源开发等实际支出。

①发生经营支出时，借记经营支出科目，贷记“成员往来”“产品物资”“应付款”“应付劳务费”等科目；

②期末将本科目余额转入“本年盈余”借方。

【例2－27】 202×年1月，益民合作社支付甲销售公司的委托代销手续费20 000元。

借：经营支出——委托代销手续费　　20 000

　　贷：库存现金　　20 000

（3）委托代销商品。

委托代销商品（以下简称“托售商品”）是指核算合作社委托外单位销售商品的实际成本。

①该科目按代销商品或受托单位等设置明细账核算。

②商品发往外单位销售时，以实际成本借记本科目，贷记“产品物资”等科目。

③收到代销清单时，以应收金额借记“应收款”科目，以收入贷记“经营收入”科目，以手续费借记“经营支出”科目，贷记“应收款”科目；以代销商品的实际成本借记“经营支出”科目，贷记本科目。代销款入账时，借记“银行存款”科目，贷记“应收款”科目。

【例2－28】 益民合作社委托超市销售250箱净菜，每箱净菜成本15元，零售价每箱30元。销售款于月末入账。

①发出250箱净菜时

借：委托代销商品　　3 750

　　贷：产品物资　　3 750

②收到超市销售清单时

借：应收款　　7 500

　　贷：经营收入　　7 500

③结转成本

借：经营支出　　3 750

　　贷：委托代销商品　　3 750

④收到的销售款

借：银行存款　　7 500

　　贷：应收款　　7 500

（4）应收款。

合作社的应收款包括与本社成员和非本社成员的各项应收及暂付款项，包括因销售产品物资、提供服务应收取的款项及应收的各种赔款、罚款、利息等。

①用暂付款购得的产品物资、服务计入贷方。

②无法收回的应收、暂付款项，程序批准后借记“其他支出”科目，贷记本科目。

③发生应收、暂付款项时，借记“应收款”科目，贷记“库存现金”“经营收入”等科目；收回时，借记“库存现金”“银行存款”科目，贷记本科目。

【例 2－29】 202×年5月10日，益民合作社将西瓜2 500千克销售给B电商，协议价6元/千克，电商未支付货款。202×年6月30日，益民合作社收到B电商银行转账货款15 000元。

①202×年5月10日销售

借：应收款——B电商　　15 000

　　贷：经营收入　　15 000

②202×年6月30日收到货款

借：银行存款　　15 000

　　贷：应收款——B电商　　15 000

7. 盈余分配的会计核算

盈余分配是指合作社在一定会计期间内，将实现的盈余按照规定程序和比例分配给成员及相关方的经济活动。主要包括提取盈余公积、盈余分配、其他分配以及期末结转。

(1) 本年盈余。

本年盈余是合作社一年内实现的净利润，其计算公式为：

本年盈余＝经营收益＋其他收入－其他支出－所得税费用

经营收益＝经营收入＋投资收益－经营支出－税金及附加－管理费用－财务费用

期末结转时：

①将“经营收入”“其他收入”“投资收益”的余额转入本科目贷方，借记相关科目，贷记本科目。

②将“经营支出”“税金及附加”“管理费用”“财务费用”“其他支出”“所得税费用”余额转入本科目借方，借记本科目，贷记相关科目。

【例 2－30】 202×年12月，益民合作社的财务数据如表2－3所示。

表 2－3　　202×年12月益民合作社财务数据

费用类型	费用金额（元）
经营收入	200 000
其他收入	30 000（包括政府补助和捐赠收入）
经营支出	120 000

续表

费用类型	费用金额（元）
管理费用	20 000
财务费用	10 000
其他支出	5 000（包括罚款支出和利息支出）

①结转收入

借：经营收入　　200 000

　　其他收入　　30 000

　　贷：本年盈余　　230 000

②结转费用

借：本年盈余　　155 000

　　贷：经营支出　　120 000

　　　　管理费用　　20 000

　　　　财务费用　　10 000

　　　　其他支出　　5 000

③计算本年盈余

本年盈余＝收入总额－费用总额＝230 000－155 000＝75 000（元）

④结转本年盈余至未分配盈余

借：本年盈余　　75 000

　　贷：盈余分配——未分配盈余　　75 000

（2）盈余分配。

盈余分配是指合作社对缴纳所得税后的年终利润进行的分配，核算内容包括当年盈余分配、亏损弥补及历年结存余额。

①以本年盈余填补亏损时，直接冲减；以盈余公积填补亏损时，借记“盈余公积”科目，贷记“盈余分配——未分配盈余”科目。

②盈余公积提取时，借记“盈余分配——各项分配”科目，贷记“盈余公积”科目。

③依照成员（代表）大会提取返还盈余时，借记“盈余分配——各项分配”科目，贷记“应付盈余返还”科目。

④分配剩余盈余时，借记“盈余分配——各项分配”科目，贷记“应付剩余盈余”科目。

⑤依照成员（代表）大会，将可分配盈余转为出资时，借记“应付盈余返还”“应付剩余盈余”“盈余分配——各项分配”科目，贷记“股金”科目。

⑥年末结算时，将“本年盈余”中的全年盈余转入“盈余分配”，同时将“盈余分配”下的“各项分配”余额转入“未分配盈余”。

【例2－31】 益民合作社202×年的本年盈余为75 000元。根据合作社章程规定：

提取盈余公积11 250元。

将剩余盈余的60%，按照成员与合作社的交易量（额）比例，计算返还给成员的盈余。

将剩余盈余的40%按照出资比例分给成员。

①提取盈余公积

借：盈余分配——各项分配（提取盈余公积）　　11 250

　　贷：盈余公积　　11 250

②盈余返还分配

可分配盈余＝75 000－11250＝63 750（元）

假设合作社成员交易量（额）总额为1 000 000元，

其中：

甲成员交易额：200 000元

乙成员交易额：300 000元

丙成员交易额：500 000元

盈余返还总额＝63 750×60%＝38 250（元）

甲成员盈余返还＝38 250×(200 000÷1 000 000)＝7 650（元）

乙成员盈余返还＝38 250×(300 000÷1 000 000)＝11 475（元）

丙成员盈余返还＝38 250×(500 000÷1 000 000)＝19 125（元）

借：盈余分配——各项分配（盈余返还）　　38 250

　　贷：应付盈余返还——甲　　7 650

　　　　应付盈余返还——乙　　11 475

　　　　应付盈余返还——丙　　19 125

③剩余盈余分配

剩余盈余总额＝63 750×40%＝25 500（元）

假设成员出资额总额为500 000元，其中：

甲成员出资额：100 000元

乙成员出资额：200 000元

丙成员出资额：200 000元

甲成员剩余盈余＝25 500×(100 000÷500 000)＝5 100（元）

乙成员剩余盈余 = 25 500 ×（200 000 ÷ 500 000）= 10 200（元）

丙成员剩余盈余 = 25 500 ×（200 000 ÷ 500 000）= 10 200（元）

借：盈余分配——各项分配（剩余盈余分配）　　25 500

　　贷：应付剩余盈余——甲　　5 100

　　　　应付剩余盈余——乙　　10 200

　　　　应付剩余盈余——丙　　10 200

④结转盈余分配

借：盈余分配——未分配盈余　　75 000

　　贷：盈余分配——各项分配（提取盈余公积）　　7 500

　　　　盈余分配——各项分配（提取公益金）　　3 750

　　　　盈余分配——各项分配（盈余返还）　　38 250

　　　　盈余分配——各项分配（剩余盈余分配）　　25 500

三、农民专业合作社财务制度

农民专业合作社财务制度旨在规范合作社的财务行为、维护合作社及其成员的合法权益。该制度的建立依据《中华人民共和国农民专业合作社法》及相关法律法规，结合实际运营情况。其核心要求包括：建立健全的财务管理体系、明确各岗位管理权限与责任、履行内部管理职责、控制财务风险。

（一）财务管理主体及其职责

农民专业合作社财务管理主体包括成员（代表）大会、董事会、监事会以及会计人员。其组织架构包含财务管理委员会、财务部、内部审计部。

1. 成员（代表）大会

成员（代表）大会由全体合作社成员组成，是合作社的最高权力机构。它负责审议和决定合作社的重大事项，包括财务管理方面的决策。成员大会的召开需遵循合作社章程和相关法律法规的规定，确保成员的参与权和决策权。

2. 董事会

董事会是农民专业合作社的决策机构，通常由合作社成员选举产生，负责合作社的战略规划、政策制定和监督管理等重要事务。

3. 监事会

监事会是农民专业合作社的监督机构，代表全体社员对合作社的财务和业务执行情况进行监督。监事会通常由3—5名监事组成，其成员由成员大会选举产生，任期三年，可以连任。

4. 会计人员

合作社财务管理人员主要负责合作社的日常财务管理和会计核算工作，其职责包括但不限于编制年度财务预算、会计核算、编制财务会计报告、定期进行资产清查和盘点。

（二）主要内容

1. 资金筹集及使用管理

合作社资金筹集包括权益资金筹集和债务资金筹集，用于自身建设和生产经营。

（1）权益资金筹集。

权益资金筹集是指合作社依法接受成员投入的股金、接受国家财政直接补助和捐赠形成的专项基金等。

①成员可使用货币出资，也可以用实物、知识产权等可估价、可转让的非货币财产以及章程规定的其他方式出资（法律禁止的财产除外）。

②成员不得以对本社或他人的债权充抵出资；不得以出资抵销债务；不得以劳务、信用、自然人姓名、商誉、特许经营权或者已担保的财产作价出资。

专栏2-5　典型案例介绍

古浪县西靖镇康乐新村富农农牧专业合作社

为培育和提升特色支柱产业，拓宽群众稳定增收渠道，进一步发展壮大村集体经济，西靖镇在康乐新村建设蛋鸡养殖基地，共整合财政涉农资金393万元，按照“镇扶贫公司党支部+村集体+合作社党支部”带动“村集体收入+农户收入”的“3+2”发展模式组织实施，由古浪县富农农牧农民专业合作社承接项目资金，负责生产经营管理，为集体经济注入新血液，助力乡村振兴。

合作社成员以非货币方式出资的，按相关规定和章程确认出资额，计入成员账户，确定股金，差额作为资本公积管理。成员增加、减少或转让出资时，按章程调整并向登记机关申请变更登记。合作社接受国家财政补助和捐赠形成的财产，作为专项基金处理，平均量化至每个成员，计入其账户。国家财政补助资金实行专款专用，建立资产台账，加强管护，严禁违规使用。

（2）债务资金筹集。

合作社筹集资金通过借款、应付及暂收款项等方式时，需明确筹资目的、项目及内容，综合资金成本、债务风险和需求，合理决策。同时，控制债务比例，签订书面合同，制订还款计划，诚信履约。

①借款相关规定。建立健全借款内部控制制度，明确审批和经办权限，按章程决策审批。加强借款合同管理，优先选择优惠贷款，注意担保物价值与借款金额的匹配性。

②应付款项相关规定。应付款项包括与成员和非成员的应付及暂收款项。完善管理制度，规范审批手续，及时入账，定期对账，按合同约定付款和提供产品劳务。设立明细账，详细记录款项发生、变动、余额及账期等信息，确保款项安全。

2. 资产及运营管理

合作社的资产涵盖货币资金（如现金、银行存款）、应收款项、存货、生物资产、固定资产、无形资产、对外投资和长期待摊费用等。

（1）生物资产

生物资产由消耗性、生产性和公益性三类组成。消耗性生物资产即用于出售或收获为农产品的资产，如生长中的大田作物、蔬菜、用材林和待售牲畜。用于产出农产品、提供劳务或出租的为生产性生物资产，包括经济林、薪炭林、产畜和役畜。公益性生物资产主要用于防护和环境保护，如防风固沙林和水土保持林。

专栏2－6　典型案例介绍

兴业银行：基于“物联网＋区块链”的生物资产监管融资产品

生物资产是大多数农民专业合作社的主要资产，盘活生物资产对解决合作社融资和担保难题至关重要。兴业银行推出生物资产抵押融资业务，并通过子公司兴业数金，结合物联网和区块链技术，打造了“生物资产数字化监管平台”，应用于乡村养殖业的生物资产监管。

合作社需完善生物资产管理制度，加强对生物资产的成本、增减、折旧、出售及死亡毁损的核算与管理。对于生产性生物资产（如经济林、薪炭林、产畜和役畜），投产后预计净残值率按成本的5%确定。

（2）对外投资。

合作社的对外投资包括设立或加入联合社，以及用货币、实物、无形资产等向其他单位投资。投资需明确审批人和经办人的权限、程序及责任，相关评估和决策须经成员（代表）大会决议。合作社需建立责任追究制度，加强审批文件、合同、投资方案等资料管理，确保投资收益纳入会计核算，严禁账外账。

3. 收入成本费用管理

合作社的收入包括经营收入和其他收入，合作社的费用包括经营支出、税金及附加、管理费用、财务费用和其他支出等。

（1）收入。

第一，经营收入，主要包括以下几类：

①农产品销售收入：销售自产农产品的收入。

②服务收入：为成员提供农资购买、农产品销售、加工、运输、贮藏及技术信息服务等所获得的收入。

③劳务收入：对非成员提供劳务服务所获得的收入。

④租赁收入：出租合作社资产（如土地、房屋、设备等）的收入。

第二，其他收入，主要包括以下几类：

①盘盈收益：资产清查中发现的盘盈资产收益。

②确实无法支付的应付款项：经确认无法支付的应付款项转入的收入。

③利息收入：存款或投资的利息收入。

（2）费用。

合作社支出需按财务规范流程处理，经办人注明用途并签字，负责人审批签字盖章，财务人员审核记账，按程序公开并接受成员监督。大额支出需经成员（代表）大会决议后执行。合作社应加强费用管理，建立开支范围、标准和报销审批制度，控制费用支出，杜绝虚报。

专栏 2-7　典型案例介绍

浙江省湖州南浔千金永根生态渔业专业合作社

合作社集中采购苗种、饲料、药品等关键物资，对于金额超过 100 万元人民币的采购项目，需采用招投标方式进行。针对中标单位的售后服务，合作社明确要求：例如，饲料供应商中标后，必须在供货期间派遣不少于 15 人的技术团队，大专及以上学历的专业人员占比不低于 80%，并提供不少于 1000 人次的技术培训服务。通过统一采购，不仅使采购成本降低，还确保了技术保障的稳定性，规避了因随意投放饲料和使用药物而引发的风险。

（3）合作社不得承担的支出。

在费用支出方面，合作社有明确的限制。以下支出合作社不得承担：

①娱乐、健身、旅游、购物、招待、馈赠等支出。

②购买商业保险、证券、股权、收藏品等支出。

③个人行为导致的罚款、赔偿等支出。

④购买住房、支付物业管理费、修缮费用等支出。

⑤应由个人承担的其他支出。

4. 盈余及盈余分配管理

盈余分配要求合作社做好收入、成本费用核算，及时结转收支，核算所得税费用，确定当年盈余，并规范分配；按章程规定编制盈余分配或亏损处理方案，明确程序。

（1）公积金分配管理。

合作社提取和使用公积金需按章程或成员（代表）大会决议执行，章程可规定提取比例和用途，每年提取的公积金按比例量化为成员份额。

（2）盈余分配管理。

弥补亏损、提取公积金后的盈余为可分配盈余。按交易量（额）比例返还的总额不低于可分配盈余的60%，剩余部分按成员出资额、公积金份额及量化份额分配。经成员（代表）大会决议，可将全部或部分可分配盈余转为出资，记载在成员账户中。

专栏2－8　典型案例介绍

烟台润奎果蔬专业合作社举行分红大会

1月20日上午，官庄村党支部领办的烟台润奎果蔬专业合作社举行分红大会，这也是莱山区首家实现分红的党支部领办合作社。此次分红，在提取章程规定的10%公积金（共计6万元）后，按比例分红剩余54万元，351 810元分至合作社成员，在履行完重大事项程序后分配至村民；以现金形式发放剩余的188 190元给203个自然人社员。

5. 财务清算与财务监督

合作社解散、破产时，应当按照有关法律规定进行财务清算，在日常运行时，要明确农民专业合作社财务监督制度。

（1）财务清算流程。

合作社因章程规定解散事由、成员（代表）大会决议、被吊销营业执照或撤销等原因解散时，应在解散事由出现15日内由成员（代表）大会推举成员组成清算组。逾期未组成清算组的，成员或债权人可向法院申请指定成员组成清算组，开始解散清算。清算期间，需全面清理合作社的财产、债权债务，编制财产目录和债权债务清单，明确财产作价和债权债务处理办法。未经清算组同意，任何人不得处理合作社财产。国家财政直接补助形成的财产在解散或破产清算时，不得作为可分配剩余资产分配给成员，具体按相关规定执行。

专栏 2-9　典型案例介绍

阿城区法院审结两起农民专业合作社强制清算案件，破解注销登记的难题

2016 年，阿城区杨树乡林场村赵某某等 5 人成立两家合作社，但未实际经营。成员申请注销时，因一名成员死亡，审批中心无法按现行规定办理。阿城区法院民二庭研究后建议，依据《中华人民共和国农民专业合作社法》，成员可向法院申请强制清算解散合作社，并指导其进入司法程序。5 月底，两家合作社完成强制清算并顺利注销。

（2）财务监督体系。

财务审计制度要求完善内部审计机制，确保财务收支的真实性、合法性与合规性；财务公开制度则强调建立透明的信息公开体系，以清晰易懂的方式向合作社成员披露年度财务报告及其他财务信息，主动接受成员监督（见图 2-1）。

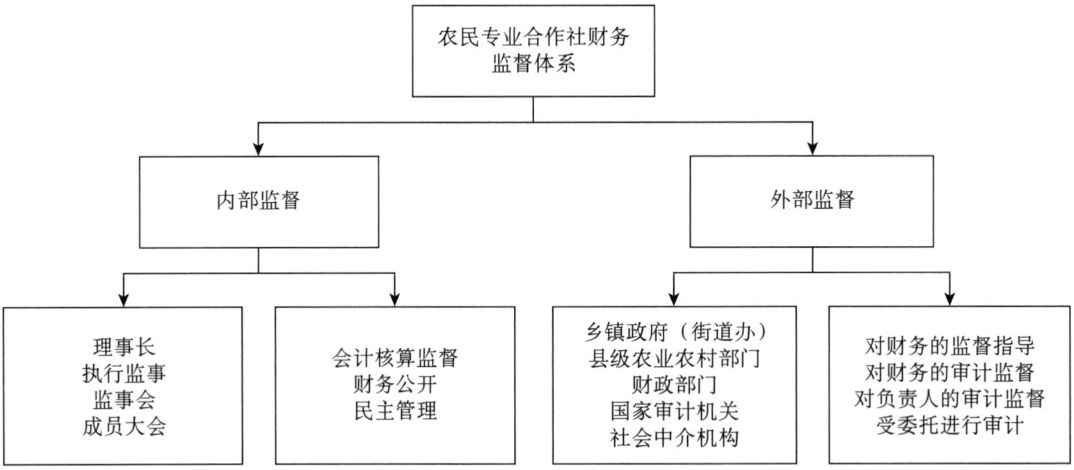

图 2-1　农民专业合作社财务监督体系

本章小结

本章讲述了农村基层经济组织的类型、特点，重点对农村基层经济组织中的农村集体经济组织和农民合作社的财会制度进行了剖析，包含以下要点：

1. 农村基层组织的类型及特点。农村基层经济组织主要包括农村集体经济组织、农民专业合作社、家庭农场和农业社会化服务组织等。

2. 农村集体经济组织的财会制度和实践应用。农村集体经济组织财会制度是确保经济活动规范化、透明化与高效化的重要管理机制，具体由《农村集体经济组织会计制度》和《农村集体经济组织财务制度》两部分构成。

3. 农民合作社的财会制度和实践应用。农民合作社的财会制度是合作社健康、有效运营的基础，对于维护成员利益、提高管理水平和促进合作社发展具有重要意义，具体由《农民专业合作社会计制度》和《农民专业合作社财务制度》两部分构成。

课后练习

1. 甲农村集体经济组织在202×年1月发生了以下经济业务，请根据对应业务分别编制相应的会计分录。

（1）1月5日：收到当地政府补贴资金50 000元，用于消耗性生物资产的生产性投入。

（2）1月8日：购入了10头育肥牛，购入成本为10 000元，以银行存款支付。

（3）1月9日：对组织的生产性生物资产经济林进行折旧处理。经济林的账面原值为1 200 000元，预计使用年限为10年，采用直线法计算折旧。

（4）1月11日：根据国家政规定，将120公顷作为防风固沙林的杨树转为作为造纸原料的商品林，该杨树账面余额为120 000元。

（5）1月13日：通过“一事一议”的方式筹集了10 000元的资金，用于村庄基础设施建设。

（6）1月15日：购买了价值50 000元的原材料，用于生产农产品，款项从银行存款支付。

（7）1月16日：从银行提取现金2 000元，用于支付临时工工资。

（8）1月20日：出售一批农产品，总价10 000元，款项尚未收到。

2. 乙农民合作社在202×年1月发生了以下经济业务，请根据对应业务分别编制相应的会计分录。

（1）1月3日：合作社由3个农民投资组建，社员王某出资30 000元；李某用5台联合收割机出资，经合作社全体成员评估为40 000元；合作社成员程某用直接转账40 000元出资，存入银行。

（2）1月5日：收到国家对合作社冷库建设项目的财政直接补助资金400 000元。

（3）1月7日：接受成员张某的货款20 000元，委托代购果树苗1 000株，款项存入银行。

（4）1月10日：赊购幼牛3头，每头幼牛600元。

（5）1月12日：向成员发放分红款20 000元，通过银行转账支付。

（6）1月18日：将10公顷防风固沙林转为以采脂为目的的商业林，该防风固沙林账面价值200 000元。

（7）1月20日：支付临时工工资4 000元，以现金支付。

（8）1月22日：收到销售农产品的款项30 000元，存入银行。

3. 简答题

（1）农村基层组织有哪些类型？其特点分别是什么？

（2）试分析农村集体经济组织和农民专业合作社的治理构架的区别和联系。

（3）农村集体经济组织和农民专业合作社财务活动分别应遵循哪些原则？

（4）农村集体经济组织和农民专业合作社财务管理的目标、适用范围分别是什么？

思考讨论

1. 农村基层组织财会制度是否可以进一步完善？从哪些维度进行？

2. 财务智能化将如何改变农村基层组织的财会工作？有哪些机遇和挑战？

3. 如何创新财会制度，提升农村基层组织的财务管理效率？

4. 试从政策、市场等多个维度分析财会制度如何促进农村基层组织稳健发展。

相关链接

1. 孙宪忠. 物权法的实施［M］. 北京：社会科学文献出版社，2013.

2. 毕美家. 中国共产党领导合作社发展的百年历程和经验启示［J］. 中国农民合作社，2021（07）：8－12.

3. 黄成贡. 浅析家庭农场与农村合作经济组织的区别［J］. 农村科学实验，2024（23）：108－110.

4. 周振，陈锐，钟真，等. 村企混合经营：农村集体经济发展新路径——基于浙江省奉化区滕头村的个案研究［J］. 农业经济问题，2024（06）：28－44.

5. 张俊，黄杰，李崇光. 农民合作社引领乡村共同富裕的经验透视与创新路径——基于湖北省农民合作社的调查［J］. 农业经济与管理，2024（02）：66－77.

6. 参见：农村集体经济组织会计制度：https：//www.gov.cn/zhengce/zhengceku/

202309/content_6906306. htm.

7. 参见：农村集体经济组织财务制度：https：//www. gov. cn/zhengce/zhengceku/2021 - 12/21/content_5663859. htm.

8. 参见：农民专业合作社会计制度：https：//www. gov. cn/zhengce/zhengceku/2022 - 01/18/content_5669094. htm.

9. 参见：农民专业合作社财务制度：https：//www. gov. cn/zhengce/zhengceku/2022 - 08/01/content_5703799. htm.

10. 周振，陈锐，钟真，等．村企混合经营：农村集体经济发展新路径——基于浙江省奉化区滕头村的个案研究［J］．农业经济问题，2024（06）：28 - 44.

11. 张俊，黄杰，李崇光．农民合作社引领乡村共同富裕的经验透视与创新路径——基于湖北省农民合作社的调查［J］．农业经济与管理，2024（02）：66 - 77.

12. 秦国庆，马九杰，史雨星，等．“财散人聚”还是“人财两散”：股份合作制改革对村庄集体行动的影响——来自河南省 381 宗农村集体经营性资产的经验证据［J］．中国农村经济，2023（01）：160 - 183.

第三章　农村财务报告与分析

课程思政

1. 农村财务报表编制应符合新的财务制度要求，真实反映农村经济组织财务状况和经营成果，以更好地服务于农村经济组织的管理和决策。

2. 使学生掌握农村财务报告编制能力和综合分析能力，能够对农村经济组织的财务状况、经营成果和现金流量进行全面、深入的分析，为决策提供支持。

3. 使学生树立农村财务分析过程中理论联系实践的价值观念，提升财务分析的实用性和有效性，充分认识农村集体经济组织在实现农村经济高质量发展过程中的突出作用。

学习目标

1. 掌握：农村经济组织财务报表编制要点；农村经济组织财务分析的内容；农村经济组织财务分析方法。

2. 理解：农村财务报告的主体与目的；农村财务报表项目变化内容；农村经济组织财务分析的基础。

3. 了解：农村财务报告的概念、内容与作用；农村经济组织财务分析的结果应用。

内容简介

1. 农村财务报告与分析概述。介绍农村财务分析的概念、意义与作用，以及进行农村财务报告的主体与目的。

2. 农村财务报表项目变化与财报编制。介绍农村集体经济组织与农民专业合作社的报表项目变化，阐述新制度下两类农村经济组织的财务报表编制要点。

3. 农村财务分析。介绍农村财务分析的内容和方法，以案例分析形式进行综合分析，并阐述了农村财务分析结果应用。

导入案例

规范村级财务管理　助力乡村全面振兴

前不久，武隆区火炉镇梦冲塘村公布了2021年村级总收入和支出以及村干部换届任期经济责任专项审计情况。大到卫生费收入5.5万元、森林直补集体结存5.9万元，小到垃圾清运支出300元、老党员会务开支200元，所有数据均在村务公开栏公示得一清二楚。

“现在，村里的钱怎么来的，怎么用的，用到了哪些地方，每个月都按时公开，不仅让我们晓得，而且还让我们看得懂！”村民代成兴高兴地说。

“村级集体财务一直是老百姓关注的热点，也是农村工作的难点所在。”市财政局基财处负责人介绍，2021年重庆开始在武隆、城口等6个区县开展村委财务管理规范试点，规范村级财务管理，向群众交出“明白账”“放心账”，推动乡村振兴。

村里有多少“家底”？该怎么打理？钱用到哪里了，有没有违规使用？长期以来，村级财务管理不仅是夯实乡村振兴的根基，也是基层群众关注的焦点。

过去，重庆个别地方村级财务管理存在制度不健全、核算不准确、过程不民主、公开不完善、监管不到位等现象。

开展村级财务管理后，这些现象得到了改善。据了解，该项试点主要有四个重点内容：一是设置财务管理机构和配备人员，确定会计、出纳等岗位职责；二是健全财务制度和工作流程，包括民主管理和财务公开、资产台账、“一事一议”筹资筹劳、土地补偿费监督管理等制度；三是统一凭证账簿、规范财务流程，全面核算反映经济活动和村民委员会管理的财务收支、结算、分配等会计事项；四是各项财务活动、重大财务事项决策须履行民主程序，保证农民群众对集体财务的知情权、参与权、表达权和监督权。

市财政局基财处负责人称，开展村级财务管理规范试点，可以达到“一举三效”的目的：一是通过专业的人干专业的事，用财过程中存在的制度不全、能力不足、核算不足等问题有望得到解决；二是在规范村级财务管理的同时，把集体财务置于政府和群众的双重监督下，可以增强村级组织治理公信力；三是村财管理试点可将财政资金绩效管理的触角延伸到最基层，不仅能确保财政资金投得下、用得好，还能有效防控村级财务风险。

资料来源（节选）：廖雪梅．将村开支“晒”在阳光下——重庆探索新型村级财务管理制度推动乡村振兴［N］．重庆日报，2022-03-22.

第一节 农村财务报告与分析概述

农村财务报告是农村经济活动的结果呈现，也是农业经济管理的重要工具。它既为村民参与民主管理、维护合法权益提供信息支持，又通过系统化的财务信息披露，助力乡村经济健康发展。农村财务报告分析作为重要的管理工具，通过提升经济透明度、规范财务管理流程，为农村基层组织决策提供可靠依据，同时为外部利益相关方评估经济主体的经营状况和发展前景提供关键参考。

一、农村财务报告的概念与内容

（一）农村财务报告的概念及意义

农村财务报告是指在我国农村地区，由农户、农业合作社、乡村企业等各类经济主体，依据会计准则和相关规范编制而成的，用以综合反映特定日期财务状况与经营成果的书面文件。农村财务报告通常由会计报表、附注以及其他必要的披露信息组成。借助对报表数据的深入解读，可有效评判农村经济实体的债务清偿能力、资产运营效率、收益创造水平及可持续发展潜力，确保报告使用者能够全面了解农村经济主体的财务全貌。

（二）农村会计报表概述

1. 资产负债表的概念与作用

资产负债表是用于展现农村经济主体在特定时点财务状况的静态报表。该报表通过系统列示农村经济主体在会计期末所拥有的各项资产、负债以及所有者权益的构成情况，从而完整、准确地揭示其财务现状和资本结构。资产负债表在农村经济管理中发挥着三大核心作用：

（1）系统呈现了农村经济主体在报告日期的资产规模与结构特征，直观反映了其可支配经济资源的配置状况。

（2）通过对负债项目的分类列示，清晰地展现了农村经济主体的债务规模、期限结构及偿债方式，为评估其偿债能力提供重要依据。

（3）报表中的权益信息揭示了资本积累与增值情况，为衡量农村经济主体的财务安全性和发展潜力提供了关键指标。

2. 利润表的概念与作用

利润表（也称为损益表），是用来反映农村经济主体在一定会计期间内的经营成果的动态报表。该报表以“收入－费用＝利润”会计等式为理论依据，系统列示了农村经济主体在特定会计期间各项收入来源与成本费用构成，全面揭示了农村经济主体在报告期内的财务绩效。利润表在农村经济管理中具有以下核心作用：

（1）系统反映了农村经济主体在报告期内的收入来源及实现情况。

（2）详细列示了各项成本费用的构成与支出水平。

（3）通过收支对比分析，客观展现了农村经济主体在一定会计期间经营活动的最终成果，为评估资本运营效率提供重要依据。

3. 现金流量表的概念与作用

现金流量表是用来反映农村经济主体在一定会计期间内现金及现金等价物流入与流出的报表。现金流量表通过详细列示经营活动、投资活动、融资活动三大类现金流量的来源与去向，展示了农村经济主体在某一期间内现金的流动情况。现金流量表在农村经济管理中的核心作用主要体现在以下三个方面：

（1）反映农村经济主体在一定会计期间现金流动的情况。

（2）评估农村经济主体经营活动的现金生成能力。

（3）提供农村经济主体资金的筹集与使用情况。

4. 所有者权益变动表的概念与作用

所有者权益变动表是用来反映农村经济主体在一定会计期间内所有者权益增减变动情况的财务报表，揭示了资本的流入流出、利润分配、资本投入或提取等各类变动。所有者权益变动表在农村财务管理中主要发挥以下作用：

（1）系统记录权益总额的增减变动及具体构成，为分析资本变动提供基础数据。

（2）展示利润分配方案和资本运作情况，反映农村经济主体的收益分配政策与资本管理策略。

（3）详细列示各投资者权益份额的变化轨迹，为评估投资回报提供重要依据。

（三）会计报表附注概述

1. 会计报表附注的概念与作用

会计报表附注作为农村财务报告的重要组成部分，主要发挥补充说明功能。它既对三大主表（资产负债表、利润表、现金流量表）中的重要项目进行细化说明，又对未能在主表中充分反映的财务信息进行补充披露。通过文字描述和明细数据相结合的方式，附注为农村财务报告的使用者提供了更为全面、深入的财务信息解读。会计报表附注在农村财务管理中具有如下作用：

（1）为信息使用者深入理解农村经济主体的财务现状和经营绩效提供必要支撑。

（2）借助对会计政策、估计方法等事项的说明，增强财务数据的可信度和决策相关性。

（3）通过统一披露口径和规范解释说明，提升财务信息的横向可比性和报表使用者的理解效率。

2. 会计报表附注应披露的内容

根据农村财务报告编制规范，会计报表附注应当包含以下重要信息：

（1）农村经济主体采用的会计政策、核算基础以及重要会计估计方法。

（2）农村经济主体的基本概况，包括资本构成、成员权益分配及其变动情况。

（3）对报表重要项目进行补充说明，特别是涉及资产损失、名义金额计量等特殊事项的处理情况。

（4）列示税务调整事项及其处理依据。

（5）根据法规要求和组织章程规定，披露其他可能影响财务信息理解的重要事项。

二、农村财务报告分析的作用

农村财务报告分析是指以农村经济主体的财务报表及相关资料为基础，运用相关分析技术和方法，对农村经济主体的财务状况、经营成果及资金运作情况进行系统评估和解读的过程，其目的是帮助农村经济主体及其利益相关者全面了解财务健康状况，识别潜在风险，优化资源配置，并为决策提供依据。农村财务报告分析的作用主要有以下几个方面。

（一）评估农村经济主体的财务健康状况

强化财务报告分析是洞察农村经济主体财务健康的关键，有助于预警潜在财务风险。

首先，财务报告分析可以帮助判断农村经济主体的盈利能力。盈利能力的强弱直接反映了该主体的经营效益和未来发展的潜力。如果财务报告显示出连续亏损或收入来源单一，说明该主体可能面临经营风险，则需采取相应措施改善盈利模式或拓宽收入渠道。

其次，财务报告分析有助于评估农村经济主体的偿债能力。良好的偿债能力是农村经济主体财务健康的基础，尤其对农村这类依赖外部资金支持的经济主体，过高负债或流动性不足将危及资金周转，增加违约风险。

再次，资金流动性的评估也离不开财务报告分析。现金流量表通过详细揭示农村经济主体的资金流动情况，以此评估经营活动、投资及筹资活动的现金流健康度。现金流紧张或频繁为负预示资金链危机，而稳定现金流则能够保障日常运营及未来扩展。

最后，财务报告分析还能揭示农村经济主体的资产结构和资源配置。资产负债表中的资产总额、流动资产与非流动资产的比例、负债结构等信息，反映了其资源使用的效率及未来发展的潜力。如果大部分资产集中在短期应收账款或存货上，而长期投资相对较少，可能表明其资源配置不够合理，存在着经营风险。

（二）提升农村经济主体财务透明度

一方面，加强财务报告分析能显著提升农村经济主体的财务透明度与社会信誉。财务透明度关乎经济主体在财务信息披露和管理上的公开清晰度。农村集体经济组织等主体常因管理松散、信息流通不畅而透明度不足，导致资源配置失当、融资困难及腐败风险。在现代市场中，透明信息披露是建立信任的基础。农村经济主体若缺乏外部监督，容易发生资源浪费或利用不当行为，且不为利益相关者所知。因此，定期发布详尽准确的财务报告，清晰地揭示农村经济主体的收入来源、支出结构以及资产负债状况，能增强各方信任，提升品牌价值和社会责任感。例如，让村民明晰集体经济收支与决策，既可防止不正之风，又可增强村民信任与支持。

另一方面，透明的财务管理和报告分析则有助于增强农村经济主体的社会责任感和法律合规性，这对于组织的长期可持续发展尤为重要。通过对财务数据的分析，管理者可以及时发现财务管理中的漏洞和不足之处，提升农村经济主体的自我监管能力，从而采取相应的改进措施，优化资源配置，提高经济效益。

（三）增强农村发展资金的筹集能力

农村地区，尤其是村集体经济组织、农民合作社等经济主体，常因资金匮乏而发展受阻，因此需要依赖外部融资。在进行融资时，银行、投资者和政府等利益相关者往往依据财务报告提供的数据来评估企业的财务状况和风险水平。深入分析财务报告，不仅能提升资金使用效率，还能增强外部资金提供方的信任，进而增强农村经济主体的融资能力。

一方面，财务报告分析能够推动农村经济主体制定合理融资策略。通过分析财务数据，能够精准识别资金需求与融资瓶颈，从而制订出科学高效的融资方案。例如，利润表分析可揭示项目盈利短板，现金流量表则反映短期资金流动问题，据此可采取发行债券、申请政府补贴或吸引社会资本等融资手段。同时，分析报告还能帮助农村经济主体发掘潜在投资机会，优化财务结构，提升资金筹集的效率和精准性。

另一方面，农村经济主体通过规范的财务报告能够向外部融资方展示其盈利能力、现金流状况和偿债能力等财务状况，增强外部信任。银行贷款和社会资本投资往往基于对经济主体的信任和风险评估。农村经济主体常因信息不透明、财务管理不规范而融资困难。通过规范财务报告和定期财务分析，村集体经济组织、农民合作社等能提升自身财务状况的透明度和可信度，赢得金融机构、政府部门及社会投资者的支持。对贷款机构和投资者而言，掌握这些财务状况是决定是否资助的关键。财务报告分析能清晰揭示主体的资产负债、收支结构及现金流，助力外部资金提供者评估风险、判断偿债能力和资金使用效率。规范化、透明的财务报告有助于打消外部投资者顾虑，使农村经济主体更具吸引力，提高资金注入的可能性。

（四）支持政府政策制定与监管

随着乡村振兴战略的推进，农村经济的可持续发展面临着日益复杂的挑战，政府的政策支持和监管措施显得尤为关键。加强农村财务报告分析，有助于政府和监管机构更加精准地掌握农村经济的发展现状、问题和需求，从而为政策制定和资源配置提供依据，并加强对农村经济主体的监管，确保资金的合理使用和政策的有效实施。

首先，财务报告分析为政府提供了准确的农村经济数据。政府在制定相关政策时，尤其是针对农村经济的扶持政策，需要依赖于真实、准确的经济数据。农村财务报告所呈现的主体的财务状况，包括收入、支出、资产负债等信息，为政府了解农村经济的运行提供了重要依据。

其次，财务报告分析可以帮助政府评估政策效果。政策制定后，政府需要定期评估其实施效果，以确保政策目标的实现。通过对农村经济主体财务报告的定期分析，政府能够监测政策实施过程中的资金流动、项目执行情况以及效益反馈。例如，针对某项农村扶贫政策，政府可以通过分析村集体经济组织或农民合作社的财务数据，评估该政策是否有效提升了当地经济收入，是否达到了预期的扶贫效果。如果发现政策效果不佳，政府可以及时调整政策方向或优化资源配置。

再次，农村财务报告的规范化和透明化，使政府监管部门能够及时发现农村经济主体在资金使用过程中存在的问题，如资金挪用、财务造假或资源浪费等。政府通过分析财务报告，可以对存在问题的经济主体进行风险预警，进而采取相应的监管措施，避免公共资源的滥用。

最后，财务报告分析能够促进政策精准化。随着农村经济主体的多样化发展，政府在制定政策时需要针对不同地区、不同类型的经济主体提出有针对性的支持措施。通过对农村财务报告的分析，政府能够掌握不同地区、不同经济主体的财务特点和需求，制定更具差异化的政策，避免“一刀切”的做法，实现政策的精准施策。

总之，农村财务报告不仅是经济主体经营和管理的工具，还是外部各方评估农村经济活动和农业政策效果的重要依据，对推动农村经济的健康可持续发展具有重要作用。

三、农村财务报告的主体与目的

（一）农村财务报告的主体

农村财务报告的主体主要是从事农村经济活动的各类经济组织和个人，根据农村经济的多样性，这些主体可以是不同类型的组织或机构。具体包括以下五类。

1. 个体农户

个体农户，即自主经营的家庭农场主或独立耕作的个人，构成了农村生产经营的主力军，在农业生产活动中占据核心地位。个体农户的财务报告通常较为简洁，可能仅限于记录日常收支的简单账簿。尽管其经营规模相对较小，但这些财务报告却能够反映出家庭农场及小规模农业生产的经济状况，对于洞察和理解乡村经济的基本运作及发展趋势具有不可忽视的重要性。

2. 农民专业合作社

农民专业合作社是指由多个农户或生产主体自愿组成的互助性经济组织，在农民集体生产和合作经营活动中占据重要地位。其财务报告涵盖了农业生产活动、设备购置、产品销售等多个财务层面，旨在全面反映合作社的经营绩效、资金流转情况及成员权益状况。这些报告不仅有助于评估合作经营的效果，还能向合作社成员、政府机构及外部投资者清晰传达其运营状况与财务稳健性。

3. 农村集体经济组织

农村集体经济组织是指以土地集体所有为基础，依法代表成员集体行使所有权，实行家庭承包经营为基础、统分结合双层经营体制的区域性经济组织。其财务报告内容包括集体经济的资产管理、资金分配、项目投资和村庄经济发展等内容，不仅要反映经济活动，还要说明集体资金的使用状况及其对村民利益的保障。

4. 农村企业

农村企业是指以企业形式从事农村经济活动的法人主体，包括农业生产企业、农业加工企业、乡村旅游企业等。农村企业规模较大，其财务报告通常较为复杂，包含更全面的财务信息，如资产负债表、利润表、现金流量表等，体现了较强的经营管理特征。农村企业的财务报告对内用于决策，对外用于展示企业的经营状况和吸引投资。

5. 农村金融机构

农村金融机构是指专门为农村地区和农民提供金融服务的机构，如农村商业银行、农村信用社和农村保险公司等。这些机构的主要职能是向农民、农村企业及相关经济主体提供存款、贷款、保险、支付结算等金融服务，涉及大量的资金流动、存贷款管理及风险评估，其财务报告通常较为复杂，主要用于帮助评估机构自身资金安全、贷款风险及盈利能力。

（二）农村财务报告分析的目的

农村财务报告的信息使用者涵盖农村集体经济组织或企业的所有者、管理者、成员或债权人，以及乡镇人民政府、农业农村部门和财政部门等。由于各自角色和需求不同，这些信息使用者对农村财务报告分析的目的也不同。总体而言，进行财务分析的具体目的包括以下四个方面。

1. 优化资源配置与资金管理

对农村集体经济组织或企业管理者来说，通过深入分析农业生产和经营中的财务数据，管理者能够识别资金使用中的低效环节，优化资金配置，优先支持高回报项目，从而实现资源的高效利用和资金的有效管理。此外，财务分析还扮演着预警角色，助力管理层迅速洞察潜在问题并采取应对措施，从而保障组织收益的连续性，促进组织的稳健与可持续发展。

2. 保障资产安全性与收益分配

农村集体经济组织成员与企业所有者进行财务分析的主要目的是维护自身权益。通过合理配置与管理资产，防范内外部风险导致的资产损失，能够确保财产在经营中得到有效保护。同时，财务报告分析帮助他们评估经营成果的可持续性和盈利能力。合理的收益分配机制对保障成员或投资者利益至关重要，透明公正的分配，不仅能够激励成员积极性，还有助于促进集体经济或企业的长远发展。

3. 确保债务偿还的安全性与持续性

对于债权人而言，财务分析的核心聚焦于精确评估债务对象的偿债能力，这是确保债务得以安全且持续清偿的关键所在。一方面重视组织的现金流状况，确保组织有足够的流动资金覆盖短期与长期债务。通过分析经营活动现金流量表，债权人能评估企业在各财务阶段的偿还能力。另一方面关注企业的盈利稳定性，通过考察盈利模式、市场前景、成本控制和行业竞争力等，结合利润表、资产负债表及现金流量表，综合判断企业的财务健康与未来增长潜力，以保障债务不受盈利波动的影响。

4. 支持政策制定与地方经济发展

对相关政府部门而言，财务分析的目的具有多重性。首要目的在于全面地掌握农村经济的实际需求脉络、发展过程中的制约因素以及资金流的动态变化，以此为基础，为政府决策提供翔实、准确的信息支持。另外，进行财务分析能够及时发现并预警农村经济运行中的财务风险，为政府制定合理的农业和农村发展政策、加强财政资金的投入和农业补贴政策的调整以及农村金融政策的优化提供现实依据，进而保障农村经济持续健康发展。

第二节　农村财务报表项目变化与财报编制

农村财务报告主体是多样的，本书选择最为常见两类主体：农村集体经济组织和农民专业合作社为对象，介绍财务报表项目变化及其财务报告编制。

一、农村集体经济组织财务报表项目变化与财报编制

农村集体经济组织财务会计报告包括会计报表和会计报表附注，其中会计报表包括资产负债表和收益及收益分配表。为了全面反映农村集体经济组织的财务状况和经营成果，保障农村集体经济组织及其成员的合法权益，农村集体经济组织应当按照会计报表的编制基础、编制依据、编制原则和方法等要求，提供真实、完整的财务会计报告，不得随意改变会计报表的编制要求，不得随意改变新制度规定的会计报表有关数据的会计口径。

（一）农村集体经济组织财务报表项目变化

1. 资产负债表的主要变化

为了更好地体现农村集体经济组织财务状况，新制度根据现行会计科目及会计核算等要求，明确了农村集体经济组织资产负债表的格式和编制要求。与原制度相比，资产负债表的主要变化体现在三个方面：

首先，资产负债表中不再单独列报和披露农业资产，而是将农业资产中的“牲畜（禽）资产”和“林木资产”作为生物资产，分别按照“消耗性生物资产”“生产性生物资产”“公益性生物资产”单独列报和披露；且将“消耗性生物资产”归类为流动资产，将“生产性生物资产”和“公益性生物资产”归类为非流动资产，并要求对“生产性生

物资产累计折旧”单独列报和披露，“生产性生物资产”按净值列报和披露；将“农业资产”中除“牲畜（禽）资产”和“林木资产”外的其他资产在存货中列报和披露。

其次，在资产负债表中新增了“无形资产”“长期待摊费用”“应付劳务费”“应交税费”和“专项应付款”的列报和披露要求。

最后，基于《农村集体经济组织财务制度》不再提取应付福利费的有关规定，不再在资产负债表中单独列报和披露应付福利费。同时，将原制度在资产负债表补充资料中列报和披露的“无法收回、尚未批准核销的短期投资”等七项内容，调整纳入会计报表附注中予以披露。

2. 收益及收益分配表的主要变化

为了更好地体现农村集体经济组织的经营成果和收益分配情况，新制度根据现行会计科目及会计核算的要求，明确了农村集体经济组织收益及收益分配表的格式和编制要求。与原制度相比，收益及收益分配表的主要变化如下：

首先，改变了收益及收益分配表的结构，引入了“收益总额”和“净收益”的概念；在计算净收益前扣减了所得税费用；按照《农村集体经济组织财务制度》的要求，在计算可分配收益前扣减了提取公积公益金，不再要求提取应付福利费，并单独列报和披露；只要求将分配收益按照“成员”与“非成员”进行列报和披露。

其次，不再单独列报和披露“发包及上交收入”，将发包收入纳入集体经济组织的“经营收入”列报和披露，将上交收入纳入集体经济组织的“投资收益”列报和披露。不再在收益及收益分配表中单独列报和披露“农业税附加返还收入”。

最后，根据《中华人民共和国农村集体经济组织法》和《农村集体经济组织财务制度》，新增了对“公益支出”“管理费用（运转支出）”和“所得税费用”的列报和披露要求。

3. 新增会计报表附注

会计报表附注是财务会计报告的重要组成部分。为全面反映农村集体经济组织情况、充分体现农村集体经济组织特点，保障农村集体经济组织及其成员的合法权益，新制度要求农村集体经济组织应当在会计报表附注中按规定披露相关内容。

（二）农村集体经济组织财务报告编制

1. 资产负债表的编制说明

资产负债表反映农村集体经济组织在某一特定日期全部资产、负债和所有者权益的情况（见表3-1）。

表 3-1　　资产负债表

资产	期初余额	年初余额	负债和所有者权益	期初余额	年初余额
流动资产：			流动负债：		
货币资金			短期借款		
短期投资			应付款项		
应收账款			应付工资		
存货			应付劳务费		
消耗性生物资产			应交税费		
流动资产合计			流动负债合计		
非流动资产：			非流动负债：		
长期投资			长期借款及应付款		
生产性生物资产原值			“一事一议”资金		
减：生产性生物资产累计折旧			专项应付款		
生产性生物资产净值			非流动负债合计		
固定资产原值			负债合计		
减：累计折旧					
固定资产净值					
在建工程					
固定资产清理					
固定资产小计					
无形资产原值					
减：累计摊销			所有者权益：		
无形资产净值			资本		
公益性生物资产			公积公益金		
长期待摊费用			未分配收益		
非流动资产合计			所有者权益合计		
资产总计			负债和所有者权益总计		

资产负债表中“年初余额”栏通常根据上年末有关项目的期末余额填列。如果上年度资产负债表规定的项目名称和内容与本年度不一致，应当对上年年末资产负债表相关项目的名称和数字按照本年度的规定进行调整，将调整后数字填入“年初余额”栏内，并加以书面说明。

资产负债表中“期末余额”栏内各项数字，一般应根据资产、负债和所有者权益类科目的期末余额填列。具体方法参见《中国农村集体经济组织会计制度》。

【例 3-1】 假设某农村集体经济组织在 2024 年末会计科目余额如表 3-2 所示。根据该表呈现的会计信息编制该集体经济组织的资产负债表。

表 3-2　　某农村集体经济组织 2024 年末会计科目余额

截至 2024 年 12 月 31 日

科目名称	科目编号	借方余额（元）	科目名称	科目编号	贷方余额（元）
库存现金	101	3 000	短期借款	201	40 000
银行存款	102	80 000	应付款	202	25 000
短期投资	111	20 000	应付工资	211	12 000
应收款	112	50 000	应付劳务费	212	10 000
内部往来	113	15 000	长期借款及应付款	221	70 000
库存物资	121	100 000	“一事一议”资金	231	80 000
消耗性生物资产	131	70 000	资本	301	180 000
生产性生物资产	132	60 000	公积公益金	311	110 000
长期投资	141	55 000	收益分配（未分配收益）	322	90 000
固定资产	151	150 000			
累计折旧	152	-40 000			
在建工程	154	40 000			
生产成本	401	30 000			

首先，计算资产负债表中各项目金额，具体计算过程如下：

资产类项目

货币资金：3 000 + 80 000 = 83 000（元）

短期投资：直接根据“短期投资”科目余额填列 20 000 元

应收款项：50 000 + 15 000 = 65 000（元）

存货：100 000 + 70 000 + 30 000 = 200 000（元）

固定资产净值：150 000 - 40 000 = 110 000（元）

生产性生物资产净值：直接根据“生产性生物资产”科目余额填列 60 000 元

长期投资：直接根据“长期投资”科目余额填列 55 000 元

在建工程：直接根据“在建工程”科目余额填列 40 000 元

流动资产合计：83 000 + 20 000 + 65 000 + 200 000 = 368 000（元）

非流动资产合计：110 000 + 60 000 + 55 000 + 40 000 = 265 000（元）

资产总计：368 000 + 265 000 = 633 000（元）

负债类项目

流动负债合计：46 000 + 25 000 + 12 000 + 10 000 = 93 000（元）

非流动负债合计：70 000 + 80 000 = 150 000（元）

负债合计：93 000 + 150 000 = 243 000（元）

所有者权益类项目

所有者权益合计：180 000 + 120 000 + 90 000 = 390 000（元）

负债和所有者权益总计：243 000 + 390 000 = 633 000（元）

其次，根据上述计算结果，编制的资产负债表如表 3 - 3 所示。

表 3 - 3　　某农村集体经济组织资产负债表

资产	期末余额	负债和所有者权益	期末余额
流动资产：		流动负债：	
货币资金	83 000	短期借款	46 000
短期投资	20 000	应付款项	25 000
应收账款	65 000	应付工资	12 000
存货	200 000	应付劳务费	10 000
流动资产合计	368 000	流动负债合计	93 000
非流动资产：		非流动负债：	
长期投资	55 000	长期借款及应付款	70 000
生产性生物资产净值	60 000	“一事一议”资金	80 000
固定资产净值	110 000	非流动负债合计	150 000
在建工程	40 000	负债合计	243 000
非流动资产合计	265 000	所有者权益：	
资产总计	633 000	资本	180 000
		公积公益金	120 000
		未分配收益	90 000
		所有者权益合计	390 000
		负债和所有者权益总计	633 000

表 3 - 3 反映了该农村集体经济组织资产、负债和所有者权益情况。资产总计与负债和所有者权益总计一致，符合会计平衡原则。

2. 收益及收益分配的编制说明

收益及收益分配表反映农村集体经济组织在一定会计期间内，收益实现及分配的实际情况。农村集体经济组织投资设立企业的收益等情况不在此列示（见表 3 - 4）。

表 3－4　　收益及收益分配表

项目	本年金额	上年金额
一、经营收入		
加：投资收益		
补助收入		
减：经营支出		
税金及附加		
管理费用		
其中：运转支出		
二、经营收益		
加：其他收入		
减：公益支出		
其他支出		
三、收益总额		
减：所得税费用		
四、净收益		
加：年初未分配收益		
其他转入		
五、可分配收益		
减：提取公积公益金		
向成员分配		
其他		
六、年末未分配收益		

收益及收益分配表中“上年金额”栏内各项数字，应根据上年度收益及收益分配表“本年金额”栏内各对应项目数字填列。

“本年金额”各项目填列方法参见中国农村集体经济组织会计制度。

【例 3－2】假设某农村集体经济组织在 2023 年和 2024 年财务数据如表 3－5 所示。根据编制该集体经济组织的收益及收益分配表。

表 3－5　　某农村集体经济组织财务数据

项目	2023 年金额（元）	2024 年金额（元）
主营业务收入	280 000	300 000
投资收益	15 000	20 000
补助收入	8 000	10 000
主营业务成本	190 000	200 000

续表

项目	2023 年金额（元）	2024 年金额（元）
税金及附加	4 000	5 000
管理费用	23 000	25 000
其他收入	6 000	8 000
公益支出	10 000	12 000
其他支出	3 000	4 000
所得税费用	8 000	10 000
年初未分配收益	40 000	50 000
其他转入	3 000	5 000
提取公积公益金	10 000	15 000
向成员分配	50 000	60 000
其他分配	3 000	5 000

首先，根据表 3－5 提供的信息计算收益及收益分配表中每个项目的金额。具体计算过程如下：

经营收入合计：

2023 年计算：280 000＋15 000＋8 000＝303 000（元）

2024 年计算：300 000＋20 000＋10 000＝330 000（元）

经营支出合计：

2023 年计算：190 000＋4 000＋23 000＝217 000（元）

2024 年计算：200 000＋5 000＋25 000＝230 000（元）

经营收益：

2023 年计算：303 000－217 000＝86 000（元）

2024 年计算：330 000－230 000＝100 000（元）

收益总额：

2023 年计算：86 000＋6 000－10 000－3 000＝79 000（元）

2024 年计算：100 000＋8 000－12 000－4 000＝92 000（元）

净收益：

2023 年计算：79 000－8 000＝71 000（元）

2024 年计算：92 000－10 000＝82 000（元）

可分配收益：

2023 年计算：71 000＋40 000＋3 000＝114 000（元）

2024 年计算：82 000＋50 000＋5 000＝137 000（元）

年末未分配收益：

2023 年计算：114 000 − 10 000 − 50 000 − 3 000 = 51 000（元）

2024 年计算：137 000 − 15 000 − 60 000 − 5 000 = 57 000（元）

根据上述计算结果，编制该农村集体经济组织收益分配表如表 3 − 6 所示。

表 3 − 6　　收益及收益分配表

项目	2023 年金额（元）	2024 年金额（元）
一、经营收入	280 000	300 000
加：投资收益	15 000	20 000
补助收入	8 000	10 000
减：经营支出	190 000	200 000
税金及附加	4 000	5 000
管理费用	23 000	25 000
二、经营收益	86 000	100 000
加：其他收入	6 000	8 000
减：公益支出	10 000	12 000
其他支出	3 000	4 000
三、收益总额	79 000	92 000
减：所得税费用	8 000	10 000
四、净收益	71 000	82 000
加：年初未分配收益	40 000	50 000
其他转入	3 000	5 000
五、可分配收益	114 000	137 000
减：提取公积公益金	10 000	15 000
向成员分配	50 000	60 000
其他	3 000	5 000
六、年末未分配收益	51 000	57 000

表 3 − 6 详细列出了该农村集体经济组织的经营收入、经营支出、经营收益、净收益、可分配收益以及年末未分配收益等项目，能够清晰地反映出组织的财务状况和收益分配情况。

3. 会计报表附注的编制说明

农村集体经济组织应当在会计报表附注中按照下列顺序至少披露以下内容：

（1）遵循农村集体经济组织会计制度的声明。农村集体经济组织应当声明编制的财务会计报告符合农村集体经济组织会计制度的要求，真实、完整地反映了农村集体经济组织的财务状况、经营成果等有关信息。

（2）农村集体经济组织的基本情况。具体包括农村集体经济组织的资本总额、成员总数及构成、主要经营项目、集体经营性财产和非经营性财产的构成、是否由村民委员会代行职能等情况。

（3）成员权益结构。具体包括农村集体经济组织的资本形成情况；成员享有的经营性财产收益权份额结构；成员权益变动情况。

（4）会计报表重要项目的进一步说明。具体包括农村集体经济组织会计报表主要构成、增减变动情况等。

（5）已发生损失但尚未批准核销的相关资产名称、金额等情况及说明。具体包括以下内容：确实无法收回的应收款项；无法收回的对外投资；毁损和报废的固定资产；毁损和报废的在建工程；注销和无效的无形资产；已发生损失但尚未批准核销的其他资产。

（6）以名义金额计价资产相关问题。以名义金额计量的资产名称、数量等情况，以及以名义金额计量理由的说明；若涉及处置的，还应披露以名义金额计量的资产的处置价格、处置程序等情况。

（7）所得税计算调整相关问题。资产负债表、收益及收益分配表中列示项目与企业所得税法规定存差异的，需要列示差异的具体内容及其纳税调整过程。

（8）其他重要事项。具体包括接受捐赠；国家财政支持和税收优惠；提取公积公益金的比例；收益分配方案、亏损处理方案等；经营收入中销售收入、劳务收入、出租收入、发包收入的构成情况。

（9）其他根据国家有关法律法规和集体经济组织章程等规定，需要在会计报表附注中说明的其他事项。

二、农民专业合作社财务报表项目变化与财报编制

（一）农民专业合作社财务报表项目变化

财务报表的变化主要体现在两个方面：一方面是对应会计科目的变化，财务报表进行了相应修改；另一方面是根据相应法律法规进行了一致性调整。资产负债表中长期资产改为非流动资产，长期负债改为非流动负债。盈余及盈余分配表中，根据《中华人民共和国农民专业合作社法》，本年盈余加上年初未分配盈余、其他转入之后，还要再减去所提取的盈余公积，这样才是可分配盈余。可分配盈余减去盈余返还、剩余盈余分配和转为成员出资的部分，剩下的才是年末未分配盈余。成员权益变动表中根据《中华人民共和国农民专业合作社法》新增的规定，也增加了转为成员出资等内容。成员账户也有3处修改：成

员出资增加了来源于到户类扶贫项目资产的出资额，剩余盈余返还改为剩余盈余分配，取消了公积金总额，改为年末余额/总额。

（二）农民专业合作社财务报告编制

1. 资产负债表的编制说明

资产负债表反映合作社一定日期全部资产、负债和所有者权益状况。农民专业合作社资产负债表如表3－7所示。

表3－7　　农民专业合作社资产负债表

编制单位：　　　　年　　月　　日　　　　会农社01表

单位：元

资产	行次	期末余额	年初余额	负债和所有者权益	行次	期末余额	年初余额
流动资产：				流动负债：			
货币资金	1			短期借款	23		
应收款项	2			应付款项	24		
存货	3			应付工资	25		
消耗性生物资产	4			应付劳务费	26		
流动资产合计	5			应交税费	27		
非流动资产：				应付利息	28		
对外投资	6			应付盈余返还	29		
生产性生物资产原值	7			应付剩余盈余	30		
减：生产性生物资产累计折旧	8			流动负债合计	31		
生产性生物资产净值	9			非流动负债：			
固定资产原值	10			长期借款	32		
减：累计折旧	11			专项应付款	33		
固定资产净值	12			非流动负债合计	34		
在建工程	13			负债合计	35		
固定资产清理	14						
固定资产小计	15			所有者权益：			
无形资产原值	16			股金	36		
减：累计摊销	17			专项基金	37		
无形资产净值	18			资本公积	38		
公益性生物资产	19			盈余公积	39		
长期待摊费用	20			未分配盈余	40		
非流动资产合计	21			所有者权益合计	41		
资产总计	22			负债和所有者权益总计	42		

本表“年初余额”栏各项目数字，应根据上年末资产负债表“期末余额”栏内所列数字填列。如果本会计期间资产负债表规定的各个项目的名称和内容同上一会计期间不一致，应对上年末资产负债表各项目的名称和数字按照本会计期间的规定进行调整，填入本表“年初余额”栏内，并加以书面说明。

“期末余额”栏各项目的内容及其填列方法参见中国农民专业合作社会计制度。

2. 盈余及盈余分配表的编制说明

盈余及盈余分配表反映合作社一定会计期间内盈余实现及其分配的实际情况。农民专业合作社盈余及盈余分配表如表3－8所示。

表3－8　　农民专业合作社盈余及盈余分配表

编制单位：　　　　年度　　　　会农社02表

单位：元

项目	行次	本年金额	上年金额
一、经营收入	1		
加：投资收益	2		
减：经营支出	3		
税金及附加	4		
管理费用	5		
财务费用	6		
二、经营收益	7		
加：其他收入	8		
减：其他支出	9		
三、盈余总额	10		
减：所得税费用	11		
四、本年盈余	12		
加：年初未分配盈余	13		
其他转入	14		
减：提取盈余公积	15		
五、可分配盈余	16		
减：盈余返还	17		
剩余盈余分配	18		
转为成员出资	19		
六、年末未分配盈余	20		

本表“上年金额”栏各项目数字，应根据上年度盈余及盈余分配表“本年金额”栏内各对应项目数字填列。

本表“本年金额”栏各项目的内容及其填列方法参见中国农民专业合作社会计制度。

3. 成员权益变动表的编制说明

成员权益变动表反映报告年度成员权益的增减变动和年末情况。成员权益变动表如表3－9所示。

表3－9　　成员权益变动表

编制单位：　　年度　　会农社03表

单位：元

项目	股金		专项基金		资本公积		盈余公积		未分配盈余		合计
年初余额											
本年增加数											
	其中：		其中：		其中：		其中：		其中：		
	资本公积转增		接受国家财政直接补助形成		股金溢价		从盈余中提取		本年盈余		
	盈余公积转增		接受他人捐赠形成		资产评估增值				其他转入		
	成员增加出资										
本年减少数											
	其中：		其中：		其中：		其中：		其中：		
	成员减少出资				转为成员出资		转为成员出资		提取盈余公积		
					弥补亏损				盈余返还		
									剩余盈余分配		
									转为成员出资		
年末余额											

本表“年初余额”栏各项目数字，应根据上年度成员权益变动表“年末余额”栏内各对应项目数字填列。

本表“本年增加数”“本年减少数”栏各项目应根据“股金”“专项基金”“资本公积”“盈余公积”“盈余分配”等科目的发生额分析填列。

【例3－3】假设2024年某农民专业合作社关于成员权益的财务数据变动如下：

2024年该合作社成员权益年初金额为股金500 000元，专项基金30 000元，资本公积20 000元，盈余公积40 000元，未分配盈余60 000元，合计650 000元。各项目在2024年度变化如下：股金增加50 000元，其中资本公积转增30 000元，盈余转增20 000元；股金成员减资15 000元。接受国家财政直接补助形成专项基金增加额10 000元。股金溢价导致资本公积增加15 000元，同时因弥补亏损导致资本公积减少6 000元。从盈余中剔除盈余公积5 000元。本年盈余为50 000元，同时盈余返还20 000元。

根据上述信息编制该合作社的成员权益变动表，具体如表3－10所示。

表3－10　　成员权益变动表

编制单位：×合作社　　2024年度　　会农社03表

单位：元

项目	股金		专项基金		资本公积		盈余公积		未分配盈余		合计
年初余额	500 000		30 000		20 000		40 000		60 000		650 000
本年增加数	50 000		10 000		15 000		5 000		50 000		
	其中：		其中：		其中：		其中：		其中：		
	资本公积转增	30 000	接受国家财政直接补助形成	10 000	股金溢价	15 000	从盈余中提取	5 000	本年盈余	50 000	
	盈余公积转增	20 000	接受他人捐赠形成		资产评估增值				其他转入		
	成员增加出资										
本年减少数					6 000				20 000		
	其中：		其中：		其中：		其中：		其中：		
	成员减少出资	15 000			转为成员出资		转为成员出资		提取盈余公积		
					弥补亏损	6 000			盈余返还	20 000	
									剩余盈余分配		
									转为成员出资		
年末余额	535 000		40 000		29 000		45 000		90 000		739 000

表3－10详细列出了成员权益的各个组成部分及其变动情况，能够清晰地反映出合作社成员权益的年度变化。

成员账户反映成员对合作社的出资额（包括来源于到户类扶贫项目资产的出资额、其他来源的出资额）、量化到该成员的公积金份额、接受国家财政直接补助形成的财产量化到该成员的份额、接受他人捐赠形成的财产量化到该成员的份额、该成员与本社的交易量（额）、本社对该成员的盈余返还和剩余盈余分配金额。农民专业合作社成员账户如表 3－11 所示。

表 3－11　　　　成员账户

年度

成员姓名（名称）：　　　　联系地址：　　　　第　页

编号	日期	摘要	成员出资		公积金份额	接受国家财政直接补助形成财产量化份额	接受他人捐赠形成财产量化份额	交易量		交易额		盈余返还金额	剩余盈余分配金额
			来源于到户类扶贫项目资产的出资额	其他来源的出资额				产品 1	产品 2	产品 1	产品 2		
年初余额													
1													
2													
3													
4													
5													
……													
年末余额/总额													

本表“年初金额”栏各项目数字，应根据上年度成员账户“年末余额/总额”栏内所列数字填列。

本年发生变化时，按本表中各项目的实际发生变化数填列调整。“接受国家财政直接补助形成财产量化份额”“接受他人捐赠形成财产量化份额”在年度终了，或合作社进行剩余盈余分配时，根据实际发生情况或变化情况计算填列调整。

成员与合作社发生经济业务往来时，“交易量（额）”按实际发生数填列。

4. 附注及编制说明

附注是财务报表的重要组成部分。合作社应当在附注中按照下列顺序至少披露以下内容：

（1）遵循农民专业合作社会计制度的声明。合作社应当声明编制的财务报表符合农民专业合作社会计制度的要求，真实、完整地反映了合作社的财务状况、经营成果等有关信息。

（2）合作社的基本情况，包括合作社的股金总额、成员总数、农民成员数及所占的比例、主要服务对象、主要经营项目等情况。

（3）成员权益结构，包括理事长、理事、执行监事、监事会名单及变动情况；各成员的出资额，量化到各成员的公积金份额，以及成员入社和退社情况；企业、事业单位或者社会组织成员个数及所占的比例；成员权益变动情况。

（4）会计报表重要项目的进一步说明，包括其主要构成、增减变动情况等。

（5）已发生损失但尚未批准核销的相关资产名称、金额等情况及说明，包括确实无法收回的应收款项；无法收回的对外投资；毁损和报废的固定资产；毁损和报废的在建工程；注销和无效的无形资产；已发生损失但尚未批准核销的其他资产。

（6）以名义金额计量的资产名称、数量等情况，以及以名义金额计量理由的说明。

（7）其他重要事项，包括变更主要生产经营项目；从事的进出口贸易；重大财产处理、大额举债、对外投资和担保；接受捐赠；国家财政支持和税收优惠；与成员的交易量（额）和与利用其提供的服务的非成员的交易量（额）；提取盈余公积的比例；盈余分配方案、亏损处理方案；未决诉讼、仲裁等。

（8）对已在资产负债表、盈余及盈余分配表中列示项目与企业所得税法规定存在差异的纳税调整过程。

（9）根据国家有关法律法规等规定，需要在附注中说明的其他事项。

三、财务报告公开

农村集体经济组织在公开财务报告时，应遵循一定的规定和程序，以确保财务活动的透明度和成员的知情权。关键步骤和要点如下。

（一）公开原则

农村集体经济组织应遵循全面、详细、真实和纪实性原则，确保公开的财务报告内容完整、准确，并便于群众理解和接受。

（二）公开内容

财务报告应包括以下主要内容。

1. 财务计划及执行情况

财务计划主要包括财务收支计划、固定资产购建计划、基本建设计划、兴办企业及资源开发投资计划、收益分配计划等。

2. 各项收支情况

详细列出各项收入（如村提留收入、发包及上交收入、集体统一经营收入等）和支出（如干部工资、补贴、奖金、公务活动支出等）。

3. 资产资源管理情况

资产资源管理情况包括集体资产资源的发包、租赁、出让、投资及收益情况。

4. 债权债务情况

详细列出各项债权和债务。

5. 收益分配情况

收益分配情况主要说明收益的分配方式和分配结果。

此外，还应专项公开集体土地征占用补偿及分配情况、集体工程招投标及预决算情况、“一事一议”筹资筹劳及使用情况等。

（三）公开方式

农村集体经济组织应采用多种方式进行财务报告的公开，以确保信息的广泛传播和成员的便捷获取。具体方式包括以下内容。

1. 设立固定公开栏

在成员居住相对集中、便于群众观看和长期保存的地方设立固定公开栏，将财务报告张榜公布。

2. 辅助公开方式

通过广播、网络、“明白纸”、会议、电子触摸屏等形式进行辅助公开，提高信息的可及性和透明度。

（四）公开时间

财务报告的公开时间应遵循以下规定。

1. 定期公开

村集体经济组织应至少每季度公开一次财务报告，财务往来较多的，收支情况应每月公开一次。具体公开时间由所在县级以上农村经营管理部门统一确定。

2. 及时公开

对于多数成员或民主理财小组要求公开的内容，以及涉及集体经济组织及其成员利益的重大事项，应随时进行公开。

（五）群众监督

成员有权对财务报告的内容提出质疑，有权委托民主理财小组查阅审核有关财务账目，有权要求有关当事人对财务问题进行解释或解答。同时，成员还有权逐级反映财务公开中存在的问题，提出意见和建议。

（六）公开档案

镇（街道）、村（社区）两级应建立财务公开档案管理制度，将财务公开内容、公示照片和审查审核资料，成员意见、建议及处理情况记录等纳入档案管理，以备查阅和审计。

第三节 农村财务分析

财务报表分析的信息基础不仅包括企业管理层对外提供的资产负债表、利润表、现金流量表以及有关附表、附注等财务报表，而且包括企业内部管理部门在企业经营管理过程中编制的各类内部报表，如主要产品单位成本表、企业的各类预算或计划等。有时候，为了正确评估财务报表信息的充分性、合理性，在查阅内外部报表的同时，还要收集（如政策信息、行业信息、市场信息等）非财务报表信息。

农村集体经济组织应当根据本制度有关会计报表的编制基础、编制依据、编制原则和方法的要求，提供真实、完整的财务会计报告，不得随意改变会计报表的编制基础、编制依据、编制原则和方法，不得随意改变本制度规定的会计报表有关数据的会计口径。

本书以农村集体经济组织为对象，介绍农村财务分析方法与内容。

一、农村财务分析内容

（一）资产与负债分析

1. 资产结构分析

农村集体经济组织的资产主要包括以下三类：经营性资产、非经营性资产和资源性资产。不同资产在农村集体经济组织中发挥的作用不同，其中，经营性资产是农村集体经济组织获取经营收入的关键物质基础；非经营性资产是为集体成员提供公益性服务的资产；农村集体经济组织可以将资源性资产发包、出租，或以资源性资产的经营权投资入股，获取收益。因此，分析不同类别资产占资产总额的比重，可以更好地分析农村集体经济组织资产创造收益的能力。由于大部分情况下农村集体经济组织不对资源性资产确认价值，因此农村集体经济组织主要分析计算经营性资产和非经营性资产分别在资产总额中的比重。经营性资产比重越高，说明农村集体经济组织的资产创造收益能力越强。

从目前实际看，农村集体经济组织的主要收入来自出租屋、建筑物等获取的租赁收入。由于房屋、建筑物等资产经营风险小，收益回报相对稳定，因此农村集体经济组织可以通过计算经营性固定资产和经营性在建工程的比重，评价其资产收益与经营风险。

当非经营性资产不再满足成员公益性需求时，农村集体经济组织可以将其转变为经营性资产，例如，农村集体经济组织可以盘活闲置、废弃的学校、卫生室等非经营性资产用来创造收益。因此，可以计算非经营性资产中固定资产、在建工程等可盘活资产的比重，以分析集体经济组织资产的创收潜力。

2. 负债结构分析

由于筹资渠道和筹资方式的不同，农村集体经济组织各种负债的还款压力和资金成本存在较大差异。有些负债的还款压力较大、资金成本较高，如有固定本金、固定利率和固定还款期限的银行借款；有些负债具有一定的还款压力、但是没有资金成本，如不需要支付利息的应付款项；有些负债既没有还款压力、也没有资金成本，如“一事一议”资金、社会捐赠资金和政府投入的具有专项或特定用途的资金。因此，分析不同类别负债占负债总额的比重，可以更好地评价集体经济组织的还债压力与资金成本。若银行借款比重较高，说明集体经济组织还债压力较大，资金成本较高；若专项资金比重较高，说明集体经济组织的还债压力较小，资金成本较低。

3. 资产负债变动情况分析

资产负债变动情况分析，就是利用比较分析法计算资产、负债、所有者权益的增减变动额和增减变动率。目的在于，从总体上分析农村集体经济组织经过一定时期后资产、负债、所有者权益的变动情况。

（二）收益分析

1. 收益结构分析

收益结构分析主要是利用结构分析法计算农村集体经济组织的收入结构和支出结构，以全面分析集体经济组织收益的影响因素。

农村集体经济组织的收入包括经营收入（生产销售收入、提供服务收入以及让渡集体资产使用权收入）、发包收入（让渡集体资源使用权收入）、投资收益、补助收入（政府给予的经营性补贴收入）、其他收入等。不同类型收入的持续性和稳定性具有明显的差异，农村集体经济组织可以通过计算各类收入占收入总额的比重及其变动，分析收入的持续性和稳定性，以便对集体经济组织长期收益能力进行评价。

2. 收益变动情况分析

收益变动情况分析，就是利用比较分析法计算收益及收益分配表各项目的增减变动额和增减变动率，结合收益形成过程的相关影响因素，分析收益的变动情况与原因，以评价农村集体经济组织的收益绩效，并发现存在的问题。

二、农村财务分析方法

（一）比较分析法

1. 基本内容

比较分析法是指将反映农村集体经济组织财务状况、经营成果的信息与标准信息进行对比，揭示其财务状况、经营成果发展变动情况的一种分析方法。比较分析法是最基本的财务分析方法。

比较分析法的基本内容是将报告期数据与选定的标准数据进行比较以揭示变动差异，并分析差异产生的原因。比较的方式主要有绝对数比较和相对数比较两种，即分别计算变动额和变动率。其中：变动额用来衡量报告期数据与标准数据之间的差异额，而变动率则用来衡量报告期数据与标准数据之间的差异程度。变动额和变动率的计算公式为：

$$变动额 = 报告期数据 - 标准数据 \quad (3-1)$$

$$变动率 = 变动额/标准数据的绝对值 \times 100\% \quad (3-2)$$

【例3-4】 某农村集体经济组织2024年收入为4 800万元，2023年收入为3 860万元。则该集体经济组织2024年收入比2023年增加940万元，增长率为24.35%。

其计算过程如下：

该集体经济组织收入变动额 = 4 800 - 3 860 = 940（万元）

该集体经济组织收入变动率 = 940 ÷ 3 860 × 100% = 24.35%

2. 比较标准

运用比较分析法的关键是比较标准的选择，常用的比较标准有三种：历史标准、行业标准和预算标准。无论使用哪种比较标准，都需要特别注意比较数据之间的可比性问题，即计算口径、计算基础、计算时间等都应尽可能保持一致。

历史标准是反映农村集体经济组织过去财务状况和经营成果的实际数据。这一标准主要适用于评价农村集体经济组织自身的财务状况和经营成果是否得到改善。历史标准既可以是最近一期的实际数据，也可以是历史最高水平。由于历史标准是该农村集体经济组织曾经达到的水平，故其优点是可靠性高、可比性强。然而，历史标准也有不足，一方面，历史标准只代表过去，不能反映现实的经营环境；另一方面，与历史标准进行比较，仅能发现农村集体经济组织自身的变化，不能评价其与其他农村集体经济组织的差异。

行业标准是反映农村集体经济组织整体财务状况和经营成果的数据。从包含的区域来看，行业标准既可以是全国农村集体经济组织的数据，也可以是某一省、市、县农村集体经济组织的数据。从反映的水平来看，行业标准既可以是农村集体经济组织的平均水平，也可以是农村集体经济组织的先进水平。需要注意的是，在运用行业标准进行比较时，需要考虑地区特征。

预算标准是农村集体经济组织根据自身的资源禀赋和经营状况制定的目标数据。农村集体经济组织在制定目标时，需要综合考虑集体经济组织现状与当前法律、法规、政策规定及组织章程约定。预算标准是考虑最全面的标准，既可用来评价农村集体经济组织目标实现的状况，还可作为相关管理人员的绩效评价标准。值得注意的是，由于预算标准的制定往往受到人为因素的影响，因而可能会降低其客观性。

（二）趋势分析法

趋势分析法是指根据农村集体经济组织连续几年或几个时期的分析资料，计算定基指数和环比指数，分析其财务状况和经营成果变动情况和趋势的一种分析方法。

趋势分析法的基本内容是通过计算定基指数和环比指数，评价和判断各项目的变动趋势及其合理性，并进一步预测农村集体经济组织未来发展变动情况。其中：定基指数是指各个时期的指数都是以某一固定时期为基期计算的，可以较好地反映各项目的长期动态及其发展变化情况；环比指数则是指各个时期的指数是以前一期为基期计算的，可反映各项目逐期变动情况。两种指数的计算公式分别如下：

$$定基指数 = 某一分析期项目数据/固定基期项目数据 \times 100\% \quad (3-3)$$

$$环比指数 = 某一分析期项目数据/前一期项目数据 \times 100\% \quad (3-4)$$

趋势分析法与比较分析法并没有本质的差异，区别仅在于趋势分析法至少应当分析3个时期的数据，可以更好地了解农村集体经济组织各项目的变化趋势，并分析其变动原因。

（三）结构分析法

结构分析法是指通过计算财务会计报表中某项目占总体的比重，以明晰部分与整体、各部分之间关系的一种分析方法。

结构分析法的基本内容是通过计算项目比重（即某项目金额与总体金额之比）分析各项目的重要性，确定农村集体经济组织应关注的重点项目。一般情况下，项目比重越高，说明其重要程度越高，对总体的影响越大。另外，也可以进一步将项目比重与历史上该项目比重或其他农村集体经济组织该项目比重进行对比，以便分析该项目比重变动情况及其合理性。相较于绝对数的比较，项目比重的比较可以更好地消除规模因素的影响。

项目比重的计算公式为：

$$项目比重=某项目金额/总体金额\times100\% \tag{3-5}$$

值得注意的是，在运用结构分析法时，首先应当确定总体，然后再将具体项目与其进行对比，计算项目比重。一般来说，在对资产负债表进行结构分析时，可将资产总额作为总体；而对收益及收益分配表进行结构分析时，可将经营收入作为总体；分析负债结构时，可将负债总额作为总体；分析收入结构时，可将收入总额作为总体；分析支出结构时，可将支出总额作为总体。

【例3-5】某农村集体经济组织2024年末资产总额为3 600万元，其中：固定资产为1 296万元。则该集体经济组织固定资产占总资产的比重为36%。

即：该集体经济组织固定资产占总资产的比重=1 296/3 600×100%=36%

（四）比率分析法

1. 基本内容

比率分析法是指将彼此之间存在一定关系的财务数据进行对比，通过计算比率反映两者之间的关系，借以评价农村集体经济组织财务状况和经营能力的一种分析方法。

比率分析法的优点，不仅表现为简单、易算，还可以剔除规模因素的影响，增强可比性。比率分析法的缺点，主要是无法直接解释指标变动的原因。

2. 常见指标分析

根据指标反映的内容，可将财务比率分为盈利能力指标、营运能力指标、偿债能力指标和发展能力指标。

（1）盈利能力指标分析。

盈利能力指标是反映农村集体经济组织赚取收益能力的指标，主要包括经营毛利率、经营净收益率、总资产收益率、净资产收益率等。该类指标数据越大说明集体经济组织赚取收益的能力越强。

经营毛利率是指经营毛利与经营收入之间的比率，反映每 100 元经营收入中含有多少毛利。其中：毛利是经营收入与经营支出之间的差额，反映了集体经济组织经营收入补偿与其直接相关的经营支出之后的净额。其计算公式为：

$$经营毛利 = 经营收入 - 经营支出 \quad (3-6)$$

$$经营毛利率 = 经营毛利/经营收入 \times 100\% \quad (3-7)$$

经营净收益率是指净收益与经营性收入之间的比率，反映每 100 元经营性收入中含有多少净收益。其中：经营性收入为经营收入、发包收入与投资收益之和（下同）。其计算公式为：

$$经营性收入 = 经营收入 + 发包收入 + 投资收益 \quad (3-8)$$

$$经营净收益率 = 净收益/经营性收入 \times 100\% \quad (3-9)$$

总资产收益率是指收益总额与平均资产总额之间的比率，反映集体经济组织利用全部资产赚取收益的能力。其中，平均资产总额为期初资产总额与期末资产总额的算术平均数（下同）。其计算公式为：

$$平均资产总额 = (期初资产总额 + 期末资产总额)/2 \quad (3-10)$$

$$总资产收益率 = 收益总额/平均资产总额 \times 100\% \quad (3-11)$$

净资产收益率是指净收益与平均净资产之间的比率，反映集体经济组织为所有者赚取收益的能力。其中：平均净资产为期初所有者权益总额与期末所有者权益总额的算术平均数（下同）。其计算公式为：

$$平均净资产 = (期初所有者权益总额 + 期末所有者权益总额)/2 \quad (3-12)$$

$$净资产收益率 = 净收益/平均净资产 \times 100\% \quad (3-13)$$

（2）营运能力指标分析。

营运能力指标是反映农村集体经济组织资产管理效益的指标，主要包括总资产周转率和总资产周转天数等。总资产周转率越大，总资产周转天数越少，表明集体经济组织资产管理效益越高。

总资产周转率是指经营性收入与平均资产总额之间的比率，反映利用资产获取经营性收入的能力。该指标越大，说明该集体经济组织利用资产获取收入的能力越强。其计算公式为：

$$总资产周转率 = 经营性收入/平均资产总额 \quad (3-14)$$

总资产周转天数，反映资产周转一次所需要的天数。该指标越小，说明该集体经济组织在一定期间内资产周转天数越少。若总资产周转率是以年度财务会计报告数据为基础计算，则总资产周转天数的计算公式为：

$$总资产周转天数 = 365/总资产周转率 \quad (3-15)$$

（3）偿债能力指标分析。

偿债能力指标是反映农村集体经济组织偿还债务能力的指标，根据所需偿还债务期限长短，可以将其分为短期偿债能力和长期偿债能力。其中：短期偿债能力指标主要用来反映集体经济组织对短期债务的偿付保障，可以用流动比率衡量。而流动比率是指流动资产与流动负债之间的比率，该指标越大，说明集体经济组织对短期债务的偿付保障程度越强。其计算公式为：

$$流动比率 = 流动资产/流动负债 \quad (3-16)$$

长期偿债能力指标用来反映集体经济组织债务的整体安全性，可以用资产负债率来衡量。资产负债率是指负债总额与资产总额之间的比率，该指标越小，说明集体经济组织债务比重越低，债务的安全性越高。其计算公式为：

$$资产负债率 = 负债总额/资产总额 \times 100\% \quad (3-17)$$

（4）发展能力指标分析。

发展能力指标是反映农村集体经济组织发展趋势的指标，主要包括所有者权益增长率、总资产增长率、经营性收入增长率、净收益增长率等。这类指标越大，反映农村集体经济组织的所有者权益、资产总额、经营性收入、净收益的增长幅度越大。其计算公式分别为：

$$所有者权益增长率 = (期末所有者权益总额 - 期初所有者权益总额)/期初所有者权益总额 \times 100\% \quad (3-18)$$

$$总资产增长率 = (期末资产总额 - 期初资产总额)/期初资产总额 \times 100\% \quad (3-19)$$

$$经营性收入增长率 = (本期经营性收入 - 上期经营性收入)/上期经营性收入 \times 100\% \quad (3-20)$$

$$净收益增长率 = (本期净收益 - 上期净收益)/上期净收益 \times 100\% \quad (3-21)$$

值得注意的是，这类指标数值较大并不一定意味着该农村集体经济组织具有较强的发展能力。若要分析该农村集体经济组织是否具有较强的发展能力，还需要进一步分析各项目增长的原因。

三、综合分析

（一）资产结构分析

【例3-6】 我国某农村集体经济组织资产结构如表3-12所示。

表 3－12　　某农村集体经济组织资产结构分析表

项目	金额（万元）		项目比重（%）		
	2023 年	2024 年	2023 年	2024 年	差异
经营性资产	205	325	79.46	83.33	3.87
其中：经营性固定资产	43	71	16.67	18.21	1.54
经营性在建工程	15	32	5.81	8.21	2.40
非经营性资产	53	65	20.54	16.67	－3.87
其中：可盘活非经营性资产	20	28	7.75	7.18	－0.57
资产总额	258	390	100.00	100.00	0.00

注：2024 年项目比重＝2024 年各项目金额/2024 年资产总额

2023 年项目比重＝2023 年各项目金额/2023 年资产总额

差异＝2024 年项目比重－2023 年项目比重

从表 3－12 可以看出，该农村集体经济组织 2024 年的经营性资产比重为 83.33%，比 2023 年增加 3.87 个百分点；2024 年非经营性资产比重为 16.67%，比 2023 年降低了 3.87 个百分点。这意味着该集体经济组织经营性资产比重增加，未来资产创造收益的能力可能更强。另外，该集体经济组织 2024 年经营性固定资产和经营性在建工程比重分别为 18.21% 和 8.21%，分别比 2023 年提高 1.54 个和 2.40 个百分点，这说明该集体经济组织经营性固定资产和经营性在建工程比重都有所提高，其未来的收益可能会相对稳定，风险相对降低。尽管该集体经济组织可盘活非经营性资产占资产总额的比重从 2023 年的 7.75% 下降到 7.18%，但是考虑到这可能是由于非经营性资产比重下降导致，因此须重新计算可盘活非经营性资产占非经营性资产比重。计算结果显示，2024 年该集体经济组织可盘活非经营性资产占非经营性资产比重为 43.07%，比 2023 年的 37.73% 上升 5.34 个百分点，这说明该集体经济组织利用非经营性资产赚取收益的潜力提高。

（二）负债结构分析

【例 3－7】 我国某农村集体经济组织负债结构如表 3－13 所示。

表 3－13　　某农村集体经济组织负债结构分析表

项目	金额（万元）		项目比重（%）		
	2023 年	2024 年	2023 年	2024 年	差异
银行借款	10	16	12.82	13.89	1.07
应付款项	25	36	32.05	33.33	1.28
专项资金	43	57	55.13	52.78	－2.35
负债总额	78	108	100	100.00	0.00

注：2024 年项目比重＝2024 年各项目金额/2024 年负债总额

2023 年项目比重＝2023 年各项目金额/2023 年负债总额

差异＝2024 年项目比重－2023 年项目比重

从表 3－13 可以看出，该农村集体经济组织 2024 年的银行借款比重为 13.89%，比 2023 年的 12.82% 提高了 1.07 个百分点；2024 年应付款项比重与 2023 年略高：2024 年专项资金比重为 52.78%，比 2023 年的 55.13% 降低了 2.35 个百分点，这说明该集体经济组织专项资金比重减少，集体经济组织的还债压力和资金成本有所增加。

（三）资产负债变动情况分析

农村经济组织的资产负债变动情况具体分析，包括两个步骤：

第一步，计算资产负债表具体项目的增减变动额、增减变动率以及具体项目增减变动对各项目总额的影响。增减变动额、增减变动率的计算公式将在后续比较分析法中进行介绍。此处只列示具体项目增减变动对各项目总额影响的计算公式：

某项目增减变动对各项目总额的影响＝某项目的增减变动额/各项目总额×100% 各项目总额

第二步，依据计算的具体项目的增减变动额、增减变动率以及对各项目总额的影响，将变动幅度较大或者对各项目总额变动影响较大的项目作为分析重点，具体分析其变动原因及合理性。

【例 3－8】 我国某农村集体经济组织资产变动情况如表 3－14 所示。

表 3－14　　某农村集体经济组织资产变动情况分析表

资产	2023 年	2024 年	变动情况		对总额的影响
			增减变动额	增减变动率	
流动资产：					
货币资金	38	48	10	26.32%	2.69%
短期投资	15	22	7	46.67%	1.88%
应收账款	23	25	2	8.70%	0.54%
存货	28	31	3	10.71%	0.81%
流动资产合计	104	126	22	21.15%	5.91%
非流动资产：					
长期投资	44	59	15	34.09%	4.03%
固定资产原值	68	78	10	14.71%	2.69%
减：累计折旧	25	32	7	28.00%	1.88%
固定资产净值	43	46	3	6.98%	0.81%
在建工程	16	30	14	87.50%	3.76%
生产性生物资产原值	36	47	11	30.56%	2.96%
减：生产性生物资产累计折旧	10	17	7	70.00%	1.88%

续表

资产	2023 年	2024 年	变动情况		对总额的影响
			增减变动额	增减变动率	
生产性生物资产净值	26	30	4	15.38%	1.08%
非流动资产合计	268	339	71	26.49%	19.09%
资产合计	372	465	93	25.00%	25.00%

注：增减变动额 = 2024 年金额 − 2023 年金额

增减变动率 = 增减变动额/2023 年金额 × 100%

对总额的影响 = 增减变动额/2023 年资产总计 × 100%

从表 3 − 14 可以看出，该集体经济组织 2024 年资产总额较上年增加 93 万元，增长幅度为 25%。其中：流动资产增加 22 万元，增长幅度为 21.15%，对资产总额的影响程度为 5.91%；非流动资产增加 71 万元，增长幅度为 26.49%，对资产总额的影响程度为 19.09%。

该集体经济组织资产总额的增加主要体现为非流动资产的增加。长期投资增加 15 万元，增长幅度为 34.09%，对资产总额的影响程度为 4.03%；生产性生物资产净值增加 4 万元，增长幅度为 15.38%，对资产总额的影响程度为 1.08%；在建工程增加 14 万元，增长幅度为 87.50%，对资产总额的影响程度为固定资产净值增加 3 万元，降低幅度为 6.98%，对资产总额的影响程度为 0.81%。该集体经济组织流动资产的增长主要表现为：其中，货币资金增加 10 万元，增长幅度为 26.32%，对资产总额的影响程度为 2.69%；存货增加 3 万元，增长幅度为 10.71%，对资产总额的影响程度为 0.81%；应收款项增加 2 万元，增长幅度为 8.70%，对资产总额的影响程度为 0.54%；短期投资增加 7 万元，增长幅度为 46.67%，对资产总额的影响程度为 1.88%。

【例 3 − 9】我国某农村集体经济组织负债变动情况如表 3 − 15 所示。

表 3 − 15　　某农村集体经济组织负债变动情况分析表

负债	2023 年	2024 年	变动情况		对总额的影响
			增减变动额	增减变动率	
流动负债：					
短期借款	15.5	22	6.5	41.94%	7.30%
应付款项	11.5	16	4.5	39.13%	5.06%
应付工资	7.5	12	4.5	60.00%	5.06%
流动负债合计	34.5	50	15.5	44.93%	17.42%
非流动负债：					
长期借款及应付款	18.5	21	2.5	13.51%	2.81%
“一事一议”资金	19.5	17	−2.5	−12.82%	−2.81%
专项应付款	16.5	14	−2.5	−15.15%	−2.81%

续表

负债	2023 年	2024 年	变动情况		对总额的影响
			增减变动额	增减变动率	
非流动负债合计	54.5	52	-2.5	-4.59%	-2.81%
负债合计	89	102	13	14.61%	14.61%

注：增减变动额 = 2024 年金额 - 2023 年金额

增减变动率 = 增减变动额/2023 年金额 × 100%

对总额的影响 = 增减变动额/2023 年负债总计 × 100%

从表 3-15 可以看出，该集体经济组织 2024 年负债总额增加 13 万元，增长幅度为 14.61%，其中：流动负债增加 15.5 万元，增长幅度为 44.93%，对负债总额的影响程度为 17.42%，非流动负债减少 2.5 万元，降低幅度为 4.59%，对负债总额的影响程度为 -2.81%。该集体经济组织负债总额的增加主要体现为流动负债的增加。具体来看，短期借款增加 6.5 万元，增长幅度为 41.94%，对负债总额的影响程度为 7.30%；应付款项增加 4.5 万元，增长幅度为 39.13%，对负债总额的影响程度为 5.06%；应付工资增加 4.5 万元，增长幅度为 60.00%，对负债总额的影响程度为 5.06%。

该集体经济组织非流动负债下降主要表现为：专项应付款下降 2.5 万元，下降幅度为 15.15%，对负债总额的影响程度为 -2.81%；“一事一议”资金下降 2.5 万元，下降幅度为 12.82%，对负债总额的影响程度为 -2.81%；长期借款及应付款增加 2.5 万元，增长幅度为 13.51%，对负债总额的影响程度为 2.81%。

（四）收益结构分析

【例 3-10】 我国某农村集体经济组织收益情况如表 3-16 所示。

表 3-16　　某农村集体经济组织收益情况分析表

项目	金额（万元）		项目比重（%）		
	2023 年	2024 年	2023 年	2024 年	差异
经营收入	265	320	30.46	31.34	0.88
发包收入	203	275	23.33	26.93	3.60
投资收益	245	295	28.16	28.89	0.73
补助收入	94	75	10.80	7.35	-3.45
其他收入	63	56	7.24	5.48	-1.76
收入总额	870	1021	100.00	100.00	0

注：2024 年项目比重 = 2024 年各项目金额/2024 年收入总额

2023 年项目比重 = 2023 年各项目金额/2023 年收入总额

差异 = 2024 年项目比重 - 2023 年项目比重

从表 3－16 可以看出，该集体经济组织 2024 年经营收入占收入总额的比重最大，为 31.34%，比 2023 年的 30.46% 增长 0.88 个百分点；其次是投资收益占收入总额的比重为 28.89%，比 2023 年的 28.16% 增长 0.73 个百分点；再次是发包收入占收入总额的比重为 26.93%，比 2023 年的 23.33% 增长 3.60 个百分点。此外，补助收入和其他收入占收入总额的比重都较小，分别为 7.35% 和 5.48%，分别比 2023 年的 10.80% 和 7.24% 下降 3.45 个和 1.76 个百分点。对集体经济组织而言，经营收入、投资收益和发包收入是销售产品、提供劳务、对外投资和让渡集体资产资源使用权而获得的收入，这类收入相较于补助收入和其他收入更具有持续性和稳定性，这说明该集体经济组织长期收益能力增强。

农村集体经济组织的支出包括经营活动支出、日常管理费用、村内公益和综合服务费用、村级组织和村务运转经费、其他支出等。应通过计算各类支出占支出总额的比重及其变动，分析农村集体经济组织支出的结构特点，以便对农村集体经济组织支出的合理性进行评价。

【例 3－11】我国某农村集体经济组织收益支出情况如表 3－17 所示。

表 3－17　　　　某农村集体经济组织收益支出情况分析表

项目	金额（万元）		项目比重（%）		
	2023 年	2024 年	2023 年	2024 年	差异
经营活动支出	186	256	51.81	57.40	5.59
日常管理费用	65	84	18.11	18.83	0.72
村内公益和综合服务费用	46	35	12.81	7.85	－4.96
村级组织和村务运转经费	32	46	8.91	10.31	1.40
其他支出	30	25	8.36	5.61	－2.75
支出总额	359	446	100.00	100.00	0

注：2024 年项目比重＝2024 年各项目金额/2024 年支出总额

2023 年项目比重＝2023 年各项目金额/2023 年支出总额

差异＝2024 年项目比重－2023 年项目比重

从表 3－17 可以看出，该集体经济组织 2024 年经营活动支出占支出总额的比重最大，为 57.40%，比 2023 年的 51.81% 增长 5.59 个百分点；其次是日常管理费用占支出总额的比重为 18.83%，比 2023 年的 18.11% 增长 0.72 个百分点；再次是村级组织和村务运转经费占支出总额的比重为 10.31%，比 2023 年的 8.91% 增长 1.40 个百分点。此外，村内公益和综合服务费用、其他支出占支出总额的比重都较小，分别为 7.85%、5.61%，相应比 2023 年的 12.81% 和 8.36% 下降 4.96 个和 2.75 个百分点。

综上可见，该集体经济组织经营活动支出、日常管理费用以及村级组织和村务运转经费是其主要支出。

（五）收益变动情况分析

农村经济组织收益变动情况分析具体包括两个分析步骤：

第一步，计算收益及收益分配表具体项目的增减变动额和增减变动率；

第二步，依据计算的增减变动额、增减变动率，分析收益的变动原因，发现存在的问题。

【例 3－12】 我国某农村集体经济组织收益变动情况如表 3－18 所示。

表 3－18　　　　某农村集体经济组织收益变动情况分析表

本年收益	2023 年	2024 年	变动情况	
			增减变动额（万元）	增减变动率（%）
一、经营收入	222	265	43	19.37
加：发包收入	170	215	45	26.47
投资收益	193	245	52	26.94
减：经营支出	152	205	53	34.87
管理费用	42	55	13	30.95
二、经营收益	391	465	74	18.93
加：补助收入	72	45	－27	－37.50
其他收入	44	25	－19	－43.18
减：其他支出	22	5	－17	－77.27
三、收益总额	485	530	45	9.28

注：增减变动额＝2024 年发生额－2023 年发生额

增减变动率＝增减变动额/2023 年发生额×100%

从表 3－18 可以看出，该集体经济组织 2024 年收益总额增加 45 万元，增长幅度为 9.28%，其主要原因是经营收益增长了 74 万元，增长幅度为 18.93%。经营收益是农村集体经济组织持续稳定的收益来源，说明该集体经济组织收益增长的质量较高。其他支出减少了 17 万元，降低幅度为 77.27%，也对收益总额增加产生了重要影响。此外，补助收入降低 27 万元，降低幅度为 37.50%；其他收入降低 19 万元，降低幅度为 43.18%，从而对收益总额产生了负向作用。

该集体经济组织经营收益增长 74 万元，增长幅度为 18.93%。其中：投资收益增长 52 万元，增长幅度为 26.94%；发包收入增长 45 万元，增长幅度为 26.47%；经营收入增长 43 万元，增长幅度为 19.37%。与此同时，该集体经济组织经营支出增长 53 万元，增长幅度为 34.87%；管理费用增长 13 万元，增长幅度为 30.95%。

四、结果应用

（一）财务管理优化

1. 预算管理

财务分析能够揭示农村财务的收入来源和支出结构，为制定科学合理的预算提供依据。通过对比实际收支与预算的差异，可以及时调整和优化预算方案，确保财务资源的合理配置。

2. 收支管理

财务分析可以清晰地展示农村的各项收入和支出情况，包括农业收入、非农收入、政府补贴、生产性支出、生活性支出等。这有助于村委会和村民更好地了解财务状况，优化收支结构，提高资金使用效率。

3. 资产管理

财务分析能够反映农村资产的总量、结构和利用效率。通过对资产的详细分析，可以及时发现并解决资产管理中的问题，如资产闲置、浪费或低效使用等，从而提高资产运营效率。

（二）政策制定与调整

1. 产业发展策略

通过分析农村财务中的收入来源，特别是农业、林业、畜牧业和渔业等产业的收入增长情况，可以制定相应的产业发展策略，促进农村经济的多元化和可持续发展。

2. 补贴政策优化

财务分析能够揭示政府补贴对农村经济的实际影响。通过评估补贴政策的执行效果，可以及时调整和优化补贴政策，确保补贴资金能够真正惠及农民和农村经济。

3. 债务管理政策

通过分析农村的负债数据和偿债能力指标，可以为制定债务管理政策提供依据。这有助于降低农村财务风险，确保农村经济的稳健运行。

（三）监督与评估

1. 财务公开与透明

财务分析结果为财务公开提供了翔实的数据支持。通过公开农村财务状况，可以增强村民对村委会的信任和支持，同时也有助于监督村委会的财务行为，防止腐败和违规行为的发生。

2. 审计与监管

财务分析结果是审计和监管工作的重要依据。通过对农村财务的审计和监管，可以及时发现并解决财务管理中的问题，确保财务活动的合法性和合规性。

3. 绩效评估

财务分析结果还可以用于评估村委会的财务管理绩效。通过对比不同时期的财务状况和指标变化，可以客观评价村委会在财务管理方面的成效和不足，为改进工作提供依据。

（四）决策支持

1. 经济决策

财务分析结果能够为农村经济发展决策提供重要依据。通过了解农村经济的整体状况和发展趋势，可以制定出更加符合实际的经济发展规划和政策措施。

2. 社会决策

财务分析结果还能为农村社会决策提供支持。例如，在制订农村基础设施建设计划、社会保障政策等方面，财务分析结果能够提供重要的参考信息。

本章小结

农村财务报告是指在农村经济活动中由农村经济主体（如农户、农业合作社、乡村企业等）根据一定的会计准则和规范，编制的反映其在某一特定日期财务状况和经营成果的报告，主要包括会计报表、会计报表附注以及其他需要披露的信息资料。

会计报表分析为农村经济主体及其管理人员、投资者、债权人和相关监管部门提供更加系统、完整的会计信息，便于其更加深入地了解农村经济组织或个人的财务状况、经营成果和经营业绩，为投资决策、信贷决策及相关经营决策提供依据。

为确保农村集体经济组织新旧会计制度顺利衔接、平稳过渡，农村集体经济组织需要从基础性工作，将原账会计科目余额转入新账，将原有未入账事项进行登记，对新账相关会计科目余额进行调整等方面，处理好新旧会计制度衔接问题。

农村集体经济组织的财务报表项目发生了重要变化。在资产负债表中，不再单独列报和披露农业资产，而是将农业资产中的“牲畜（禽）资产”和“林木资产”作为生物资产；新增了“无形资产”“长期待摊费用”“应付劳务费”“应交税费”“专项应付款”和“无法收回、尚未批准核销的短期投资”等项目的列报和披露要求。在收益及收益分配表中，改变了收益及收益分配表的结构，简化了可分配收益的披露；不再在收益及收益分配表中单独列报和披露“农业税附加返还收入”；新增了对“公益支出”和“管理费用（运转支出）”和“所得税费用”的列报和披露要求。

农民专业合作社财务报表的变化主要体现在两个方面：一方面是对应会计科目的变化，财务报表进行了相应修改；另一方面是根据相应法律法规进行了一致性调整。资产负债表中长期资产改为非流动资产，长期负债改为非流动负债。盈余及盈余分配表中，本年盈余加上年初未分配盈余、其他转入之后，还要再减去所提取的盈余公积，这样才是可分配盈余。可分配盈余减去盈余返还、剩余盈余分配和转为成员出资的部分，剩下的才是年末未分配盈余。成员权益变动表中增加了转为成员出资等内容。成员账户中，成员出资增加了来源于到户类扶贫项目资产的出资额，剩余盈余返还改为剩余盈余分配，取消了公积金总额，改为年末余额/总额。农村财务报表的编制具有一定固定编制流程，其中资产负债表、收益及收益分配表，以及附注及编制说明具有特殊要求。

农村集体经济组织在公开财务报告时，应遵循一定的规定和程序，以确保财务活动的透明度和成员的知情权。

农村财务分析内容包括资产结构分析、负债结构分析、收益结构分析、资产负债变动分析和收益变动分析。

农村财务分析方法包括比较分析法、趋势分析法、结构分析法和比率分析法。

农村财务分析结果可以应用到农村经济组织财务管理优化、相关政策支撑、农村经济组织监督与评估，以及经济组织自身的生产经营决策。

课后练习

一、单选题

1. 农业企业的财务报表分析往往是以（　　）为中心展开的。

A. 内部分析　　B. 外部分析

C. 流动性分析　　D. 收益性分析

2. 制订财务分析计划的前提是（　　）。

A. 明确分析目的　　B. 收集分析信息

C. 整理分析资料　　D. 把握分析原则

3. 用以评价农业企业财务状况和经营成果的一种常用报表评价方法是（　　）。

A. 趋势分析法　　B. 比较分析法

C. 因素分析法　　D. 比率分析法

4. 农村财务分析的主要内容不包括（　　）。

A. 偿债能力分析　　B. 运营能力分析

C. 融资能力分析　　D. 营利能力分析

5. 财务分析的对象是（　　）。

A. 财务报表　　B. 财务报告

C. 财务活动　　D. 财务效率

二、多选题

1. 农村财务报表分析的内容包括（　　）。

A. 偿债能力分析　　B. 运营能力分析

C. 现金流量分析　　D. 营利能力分析

2. 农村财务分析的作用包括（　　）。

A. 有助于揭示农村经济主体的财务健康状况

B. 有助于提升农村经济组织的财务透明度

C. 有助于增强农村发展资金筹集能力

D. 有助于强化支农政策实施和监管

3. 下列各项中影响农村集体经济组织总资产周转率的有（　　）。

A. 行业特征　　B. 经营周期

C. 资产构成　　D. 管理力度

4. 下列属于农村财务报表分析人员包括（　　）。

A. 债权人　　B. 农业职业经理人

C. 农业投资者　　D. 政府相关部门

5. 以下属于农村集体经济组织短期偿债能力衡量指标的有（　　）。

A. 流动比率　　B. 现金比率

C. 速动比率　　D. 资产负债率

三、判断题

1. 如果一个农业合作社有良好的偿债能力声誉，也能提高它的短期偿债能力。（　　）

2. 当农村集体经济组织的资产小于流动负债时，说明它的部分长期资产是以流动负债作为资金来源的。（　　）

3. 农村财务报表主要是给上级政府领导部门看的。 ( )

4. 农业资产的运用效率也会受到资产质量的影响。 ( )

5. 农村财务报表分析是以财务报告为基础的事前分析。 ( )

四、综合题

1. 已知某农业合作社2023年有关财务报表数据资料如下：

存货：期初数280万，期末数340万。

流动负债：期初数50万元，期末数125万元。

速动比率：期初数0.65。

流动比率：期末数1.2。

总资产周转次数：本期数1.4。

总资产：本期平均数800万元。

要求：

（1）计算该农业合作社流动资产的期初数和期末数。

（2）计算该农业合作社本期销售收入。

（3）计算该农业合作社流动资产平均余额和流动资产周转率。

2. 已知某农业合作社2023年末资产负债表（简表）如表3-19所示。

表3-19　某农业合作社2023年末资产负债表　单位：万元

资产	期末数	负债及所有制权益	期末数
一、流动资产		一、流动负债	
货币资金	120	短期借款	170
应收账款	95	应付账款	120
存货	160	……	
流动资产合计	375	流动资产合计	320
二、非流动资产		二、非流动负债	
固定资产	420	……	
无形资产	85	非流动资产合计	470
非流动资产合计	505	三、所有者权益	
		实收资本	90
		资本公积	270
		盈余公积	40
		所有者权益合计	460
资产总计	1250	负债及所有制权益总计	1250

要求：

计算该农业合作社的流动比率、速动比率、产权比率和有形净值债务率等财务指标。

3. 已知某农业合作社2023—2024年资产与负债情况分别如表3－20和表3－21所示。

表3－20　某农村集体经济组织资产情况　单位：万元

资产	2024年	2023年
流动资产：		
货币资金	46	32
短期投资	12	10
应收账款	18	15
存货	23	18
流动资产合计	99	75
非流动资产：		
长期投资	46	38
固定资产原值	66	60
减：累计折旧	20	12
固定资产净值	46	48
在建工程	18	16
生产性生物资产原值	35	29
减：生产性生物资产累计折旧	9	6
生产性生物资产净值	26	23
非流动资产合计	208	196
资产合计	307	271

表3－21　某农村集体经济组织负债情况　单位：万元

负债	2024年	2023年
流动负债：		
短期借款	15	10
应付款项	22	8
应付工资	15	7
流动负债合计	52	25
非流动负债：		
长期借款及应付款	28	17
“一事一议”资金	19	12
专项应付款	18	12
非流动负债合计	65	31
负债合计	117	56

要求：

请根据上述资料分析该合作社的资产和负债的结构及变动情况。

思考讨论

1. 农村财务报告分析的作用是什么？如何在农业农村现代化过程中更好发挥农村财务报告的作用？

2. 农村财务报表项目有哪些新的变化？你认为发生这些的变化的原因是什么？

3. 假如你是一家农民专业合作社的财务管理人员，你应如何编制单位的财务报表？

4. 农村财务分析的基础有哪些方面？

5. 假如你是一家农业合作社的财务管理人员，你应如何对本单位的财务状况进行分析？

6. 农村财务分析的方法有哪些？这些分析方法的适用情景是什么？

相关链接

1. 中华人民共和国农村集体经济组织法 [N]. 人民日报，2024.

2. 农村集体经济组织会计制度 [J]. 农村财务会计，2023 (11)：4－16.

3. 农村集体经济组织财务制度 [J]. 农村财务会计，2022 (01)：10－15.

4. 农民专业合作社会计制度 [J]. 中国农业会计，2022 (03)：4－8.

5. 农民专业合作社财务制度 [J]. 农村财务会计，2022 (09)：4－11.

6. 王斌，等.《农村集体经济组织财务制度》的特点、变化及实施建议 [J]. 财务与会计，2023 (16)：66－67.

7. 廖雪梅. 将村开支“晒”在阳光下——重庆探索新型村级财务管理制度推动乡村振兴 [N]. 重庆日报，2022－03－22.

第二部分　核心技能篇

第四章　农村融资管理

课程思政

1. 知识传授：掌握农村融资管理的基本理论和主要工具；理解中国农村金融政策的发展，了解农村融资的现状和趋势。

2. 能力培养：结合中国实际，培养利用农村融资工具解决实际问题的能力；解读国家政策，理解国家在农村金融领域的政策导向及其对农村融资的影响。

3. 价值塑造：树立诚信、公正、创新的价值追求；引导关注农村融资的困境，激发投身乡村振兴事业热情。

学习目标

1. 理解农村融资的基本概念和主要特点，掌握农村融资中资金常见的来源渠道。

2. 熟悉农村集体经济组织、农民专业合作社、家庭农场等不同农村组织的融资需求、常见融资渠道、相关支持政策及其管理重点。

3. 了解基础设施项目、生态与环境保护项目、土地整治项目、生产经营项目、生活福利设施项目等农村项目融资管理的特色，及农村融资的典型案例。

内容简介

本章旨在深入探讨和理解农村地区和农村组织的融资活动及其项目融资管理策略，通过本章的学习，使读者能够准确把握农村融资需求的规律，更好地理解农村融资管理的核心理论与实践操作，为参与或指导农村融资活动提供有力的知识支持。

1. 阐述农村融资的基本概念与主要的资金来源渠道。重点介绍了农村融资的主体和目的，分析了农村融资的特点及其重要性，重点阐述了农村融资的不同资金来源渠道，包括财政资金、银行信贷资金、新型农村金融机构贷款、农民自筹资金、社会资本、民间借贷资金等。

2. 探讨不同农村组织融资管理特点以及国家相关支持政策。重点介绍了农村集体经济组织、农民专业合作社、家庭农场以及农村小微企业等农村组织的融资需求、特点以及现状。系统介绍了农村融资政策及其对农业组织的影响，政策从财政补贴政策、金融机构支持政策展开介绍。

3. 分析不同农村项目融资管理特点以及融资管理的策略。重点介绍了基础设施项目、生态与环境保护项目、土地整治项目、生产经营项目等农村项目的主要融资渠道和融资管理要点。在融资管理策略部分，主要从定性与定量两个角度阐述了融资需求分析和融资风险评估方法。

导入案例

乡村振兴应关注农村“融资难”

全面推进乡村振兴需要重视当前我国农村地区面临的“融资难”的问题。服务农村的金融机构存在供给不足现象，只有少数金融机构提供服务，农民融资难、融资贵现象亟待解决。

由于农业特有的行业特征，农户生产经营很容易受到异常天气灾害、农产品价格波动的影响。想起今年自家种的玉米，四川省凉山彝族自治州会东县铁柳镇红花村种粮大户禄兴萍既觉得心痛，又感到欣慰。心痛是因为玉米出现减产；欣慰是因为虽然玉米收成少了，但基本收入却保住了。

由于今夏干旱少雨，禄兴萍家种的40多亩玉米比往年少收近7200公斤。他抱着试一试的心态，拨打了保险公司的电话。“我今年第一次参保。没想到，保险公司接到电话后，很快就派人来处理了。”

承保单位中国人民财产保险股份有限公司会东支公司的理赔人员赶到后，迅速对禄兴萍家的受灾玉米进行查勘，并用无人机对玉米地航拍取证。禄兴萍说：“经认定，该地块存在玉米长势不足、植株矮小、果穗短小等情况，的确出现一定减产。”会东支公司负责人刘小梅说，按照有关规定，他们以最终确定的损失数量，给予禄兴萍11 520元的赔偿。

农业生产中不确定因素多、风险大，农业保险作为重要的金融工具，不仅发挥着经济补偿作用，我们还积极推动农业保险从保成本，逐步向保价格、保收入升级，为农业生产主体提供更全面的风险保障。国家金融监督管理总局四川监管局相关负责人介绍，2024 年 1 月至 11 月，四川政策性农业保险累计为 1 110.1 万户（次）农户提供风险保障 1 944 亿元，支付赔款 34.89 亿元。

如果说农业保险为农业生产的“一尾”兜底，让农民安心，那么农业信贷担保就是在农业生产的“一头”做文章，给农户加大金融资本投入，解决资金不足之忧。

2021 年，四川省成都市新津区宝墩镇玉龙村村民张巍与同村其他二人合作，开始稻虾共养，但他很快发现投入超出预期，资金捉襟见肘。

“将 300 多亩耕地改造为稻虾共养田，投了 60 多万元，再加上虾苗以及另外 900 多亩水稻田的流转费等花费，总共需要 300 多万元。”张巍说，当他为此焦急时，农业信贷担保让他及时拿到 200 余万元的银行贷款，解了燃眉之急。

农业信贷担保就是要解决农业领域“融资难”“融资贵”的问题。截至 2024 年，四川省农业融资担保有限公司累计办理担保贷款近 800 亿元，累计服务新型农业经营主体达 19 万户（次），较好地发挥了政策性担保的杠杆效应，实现财政与金融互动“支农”的预期目标。

资料来源：四川凉山：“金融活水”为农解困保增收，新华网，2024 年 12 月 27 日。

无论何种形式的农村经济组织，其经营目标的实现都必须建立在合理筹集和使用资金的基础上，农村融资管理直接关系到经济组织的生死存亡，要确保农村经济组织的可持续发展，充足的资金保障是根本。我国目前的农村经济组织既有农村合作特征，又具有企业一般特点，本章将具体围绕农村融资管理的特殊性、相关政策以及具体案例，对融资管理的原理与方法展开介绍。

第一节　农村融资概述

一、农村融资的基本概念与特点

农村融资决策中主要包括融资方式的选择和融资中的财务策略，前者是指根据融资需求和项目特点选择最佳的融资方式，后者则是采用科学方法估算融资成本、评估融资风险，预测自己的资金需要量，求得资金的最佳组合、融资时机和合理的资金结构，并不断努力提高融资效果，为农村经济创造更大的经济效益。

（一）农村融资的基本概念

农村融资是指农村地区的各类经济主体（包括农户、农村企业、农村合作组织等）为满足农民生产生活、农村企业发展以及农村基础设施建设等资金需求，通过正规金融、民间金融、财政支农等渠道和方式筹集资金的财务活动。

1. 农村融资主体

农村融资的主体具有鲜明的农村特性，主要是指居住在农村地区的农户或以从事农业活动作为收入的农业经营主体。

首先是农村合作组织，包括农村集体经济组织、农民专业合作社等，在组织农民生产、开展基础设施建设、发展集体产业等过程中都需要进行融资。例如，农民专业合作社为了组织成员统一购买生产资料、开展共同销售活动或者发展农村特色产业项目等参与融资。

其次是农村企业，包括农产品加工企业、农业机械制造企业、农村旅游企业等。这些企业在原材料采购、技术研发、设备更新、市场拓展等环节都离不开资金的支持。以农产品加工企业为例，其在收购农产品原料、升级加工工艺以及开拓销售渠道时，往往需要大量的外部资金注入。

最后是广大农户，他们作为农村最基本的生产经营单元，无论是从事传统的种植业、养殖业，还是涉足新兴的农村电商、农家乐等业态，都常常面临资金短缺的困境，从而产生融资需求。例如，小农户在播种季节可能需要融资购买种子、化肥等农资；养殖专业户在扩大养殖规模时则需筹集资金用于建设养殖场、购买种畜等。

2. 农村融资目的

（1）满足生产性和经营性资金需求。

农村融资的首要目的是满足农村地区的生产性需求，保障各类农业生产经营活动顺利开展，解决生活性资金短缺和生产经营性资金短缺等问题。例如，在春耕时节，大规模种植粮食作物的农户往往面临着种子和化肥采购的资金压力，通过融资能够及时获取足够资金，确保耕种按时进行，为丰收奠定基础。

（2）支持投资性资金支出。

农村经济组织为了扩大生产规模、提高生产效率，需要投资建设新的厂房、购置设备、更新技术等，往往需要通过融资来保障这些长期的农业生产投资。对于一些特色农业产业，如水果种植、花卉栽培等，除了基础生产资料购置，还涉及果园或花圃建设、灌溉与温控设施安装等长期投资，从而促进农业经营主体的经济活动发展。

（3）推动农村基础设施建设。

农村融资的目的也用于农村基础设施建设和农村公共服务改善。例如，农村集体经济组织可能为了修建乡村道路、改善农村水利设施、建设农村文化活动中心等进行融资，为农村经济发展与居民生活质量提升提供重要支撑。

（二）农村融资的特点与重要性

农村融资作为农村经济活动的重要支撑，具有其独特的特点和不可忽视的重要性。

1. 农村融资的特点

（1）融资需求具有季节性和周期性。

农业生产受客观自然环境条件的影响较大，要遵循“春夏秋冬”四季的时节轮转，这直接导致农业经营主体的融资需求也进行着“春贷秋还”的周期性交替。在播种季节，农户需要大量资金购买种子、化肥、农药等生产资料，同时可能还需要支付土地流转费用、雇佣劳动力的工钱等，融资需求急剧上升。收获后随着农产品销售资金的回笼，融资需求又会逐渐减少。这种季节性和周期性的融资需求波动，要求农村金融机构能够灵活调配资金，合理安排信贷投放节奏。

（2）融资风险相对较高。

农村融资面临着多种风险因素，风险程度相对较高且较为复杂。首先是自然风险，农业生产对自然环境的依赖性极强，一旦遭受严重自然灾害，农作物可能大幅减产甚至绝收，导致农户和农业企业无法按时偿还贷款，从而使农村融资面临巨大风险。其次是市场风险，农产品市场价格波动频繁且幅度较大。例如，近年来生猪市场价格的周期性波动，使许多养猪户和养猪企业在价格低谷期面临巨大的经营压力，部分甚至因无法偿还贷款而破产倒闭。最后是农村地区信用体系建设相对滞后，信息不对称问题突出。农户和农村企业大多缺乏规范的财务报表和信用记录，金融机构难以全面准确地评估其信用状况和还款能力，容易产生逆向选择和道德风险。

（3）融资渠道相对狭窄。

相较于城市地区丰富多样的融资渠道，农村融资渠道相对比较狭窄。在正规金融渠道方面，虽然有农村信用社、农业银行等金融机构在农村开展业务，但它们提供的金融产品和服务种类相对有限，且贷款门槛较高、审批流程较为烦琐。许多正规金融机构要求贷款申请人提供抵押担保，但广大农业经营主体、农村个体工商户缺少抵押担保物。新型农村金融机构如村镇银行、农村资金互助社等以及民间融资等渠道虽然在一定程度上丰富了农村融资渠道，但业务覆盖范围和服务能力还比较有限。

（4）政策性强。

农村融资往往受到政府政策的引导和支持，以鼓励金融机构增加对农村地区的信贷投放。财政补贴是农村融资政策的重要手段，最常见的是对农户和农村组织的贷款贴息。同时，政府还会对农村金融机构给予风险补偿补贴。由于农村融资风险较高，金融机构在提供农村信贷服务时面临较大的风险。政府通过设立风险补偿基金，对金融机构因农村贷款产生的损失给予一定比例的补偿。国家专门设立了一些服务农村的金融机构，承担国家规定的农业政策性金融业务，为农村基础设施建设、农业综合开发等项目提供中长期信贷支持。此外，政府还会设立各种农村发展基金，如农村产业发展基金、农村扶贫基金等，这些基金通过股权投资、贷款贴息等多种方式，为农村经济主体提供资金支持。

2. 农村融资的重要性

（1）对农业生产经营的关键核心作用。

农业生产是农村经济的基础，而农村融资为农业生产提供了资金保障，确保农民能够购买种子、化肥、农药、农膜等必要的生产资料。随着现代农业的发展，农业技术创新和设备升级成为提高农业生产效率和竞争力的关键，农村融资为引进先进的农业技术和现代化的农业机械设备提供了可能。

（2）对农村基础设施建设的支撑作用。

农村道路建设、水利设施建设和电力通信设施建设等都离不开资金投入，农村融资确保了基础设施建设的顺利进行。农村融资不仅为基础设施建设提供了资金支持，还通过市场机制优化了资源配置。金融机构在提供融资时，会根据项目的可行性、收益性等因素进行评估和选择，从而确保资金能够流向最需要、最具有效益的项目。

（3）对优化农村产业结构的保障作用。

随着农村经济的发展，传统农业向现代农业转型以及农村产业结构的优化调整成为必然趋势，农村融资在这一过程中发挥着关键作用。通过融资，农民可以引进先进的农业技术和装备、引进新技术、扩大生产规模或进行产品升级提高农业生产效率，可以发展特色农业、农产品加工业、乡村旅游等新兴产业，从而丰富农村产业结构，推动其向更高效、更环保、更可持续的方向发展。

（4）对提升农村居民生活的促进作用。

农村融资还可以用于改善农村学校的教学条件、农村医疗机构的建设以及文化娱乐设施建设。通过融资，引进先进的教学设备、医疗资源和打造文化活动场所，提高农村教育、医疗水平和文化生活质量，为农村居民提供了更好的生产生活条件和发展机会，有助于提升他们的生活水平。

二、农村融资的常见渠道

农村资金的来源渠道较为广泛，主要包括财政资金、金融机构资金、外部投资者、农民自身资金以及社会资本等。融资的方式既可能是债务融资，也可能是权益融资。不同的融资渠道在农村经济主体获取资金的过程中发挥着不同的作用，各有特点。

（一）财政资金

财政资金在农村融资中发挥着重要的引导和撬动作用，通过多种方式为乡村振兴和农业农村现代化提供资金支持。作为政府支持农村发展的重要手段，一般由政府通过财政预算安排，包括中央、省、市、县安排的各类涉农专项资金，通常包括中央财政拨款、地方财政配套和专项转移支付等方面。

1. 中央财政拨款

中央财政拨款是农村融资中财政资金的重要源头。中央根据国家发展战略和农村发展需求，在每年的财政预算中安排专门用于农村地区的资金，涵盖农业生产、农村基础设施建设、农村社会事业发展等众多领域。

中央财政拨款的资金支持体系主要包括涉农专项转移支付和涉农基建投资两大类。其中，涉农专项转移支付以农业生产发展、农业资源及生态保护、土地整治、林业改革发展、水利发展等专项为主体；涉农基建投资以农业生产发展、农业可持续发展、现代农业支撑体系、生态保护支撑体系、农村民生工程等专项为主体。

2. 地方财政配套

地方各级政府按照一定比例和政策要求，为农村项目提供配套资金。例如，在农村污水处理项目中，中央财政可能承担部分资金，地方财政则负责补足剩余部分，以确保项目顺利实施。

财政资金对农村领域的支持范围非常广泛，涵盖种植业、畜牧业、渔业等多个行业，同时，也会聚焦于党中央、国务院高度关注的重点领域，如高标准农田建设、黑土地保护、现代种业提升、农业科技创新能力条件建设、农业面源污染治理等公益性建设项目。例如，在全面实施乡村振兴的背景下，中央推出了国家农业现代化示范区、国家现代农业产业园、农村综合性改革试点等多项惠农项目和奖补资金，这些财政资金不仅有助于提升农业生产能力，还促进了农业可持续发展和生态环境保护。

（二）银行信贷资金

银行信贷资金是农村融资的重要来源，政策性银行和商业性银行都可以为农村地区提供贷款支持。

1. 政策性银行

农业政策性银行是专门为贯彻和配合国家农业政策而设立的金融机构，它们主要提供政策性金融支持，服务于“三农”，促进农业和农村经济的发展。中国农业发展银行是中国唯一的农业政策性银行，主要职责是支持农业、农村和农民的经济发展，提供农业基础设施建设、农产品收购、农业综合开发等金融服务，为农村基础设施建设、农业产业化经营等提供中长期政策性贷款，支持农村重大项目和重点产业发展。

2. 商业性银行

商业性银行在农村融资中发挥着重要作用，通过多种创新产品和服务模式支持乡村振兴和农业农村现代化，如中国农业银行、中国邮政储蓄银行等，面向农村企业和农户提供商业性贷款，包括企业经营贷款、农户小额信用贷款等。农业银行于 2016 年推出线上农户贷款产品“惠农 e 贷”，利用移动互联、大数据和人工智能技术，为农户提供线上申贷、自动授信和随借随还的服务。

3. 农村中小金融机构

农村中小金融机构主要包括农村信用社、农村商业银行、农村合作银行等，其扎根农村，熟悉当地情况，与农户和农村企业联系紧密，是农村信贷资金的主要供给者之一，主要为“三农”提供小额信用贷款、联保贷款等。小额信用贷款主要是基于农户的信用状况发放的小额贷款，无须抵押担保，额度一般在几万元以内，用于满足农户购买种子、化肥等基本农业生产资料的需求。联保贷款则是由若干农户组成联保小组，相互承担连带责任的贷款方式。这种方式可以使信用状况稍差的农户也有机会获得贷款，可用于小型农业设施建设等。

（三）新型农村金融机构贷款

新型农村金融机构是服务农村经济的重要金融力量，主要包括村镇银行、农村资金互助社等，其立足农村现实，为当地农户、农村小微企业提供小额贷款、联保贷款等多样化金融服务，满足农村生产生活资金需求。

1. 村镇银行贷款

村镇银行是近年来新兴的农村金融机构，其具有灵活的经营机制，能够根据当地农村经济特点和客户需求开发个性化的贷款产品。例如，在一些特色农产品产区，村镇银行可能推出针对特定农产品种植或养殖的专项贷款，如“草莓种植贷”“生猪养殖贷”等，为从事相关产业的农户和企业提供精准的资金支持。村镇银行还注重服务农村小微企业，其贷款门槛相对较低，更注重企业的实际经营状况和发展潜力。与大型银行相比，村镇银行对农村小微企业的贷款审批可能会更加灵活，能够更好地满足农村小微企业的融资需求。

2. 农村资金互助社贷款

农村资金互助社是由农村居民和农村小企业自愿入股组成的互助性金融组织。其主要为社员提供贷款服务，资金来源于社员股金和吸收的存款。互助社根据社员的信用状况、股金情况以及借款用途等进行审核放款。由于社员之间相互熟悉，信息较为对称，贷款风险相对较低，且利率通常较为优惠，能够有效降低社员的融资成本。同时，通过资金互助，也有助于促进农村社区的经济合作与发展。

（四）农民自筹资金

农民自筹资金是农村资金来源的重要组成部分，对于农民开展生产经营活动、改善生活条件等具有关键作用，尤其是对于农民合作组织来说，可以通过农民成员入股的方式筹集资金用于开展生产经营活动。这种融资方式能够将成员的利益与合作组织的利益紧密结合，成员既是资金的提供者，也是资金的使用者。同时，合作组织的运营管理相对民主，成员可以通过参与决策等方式监督资金的使用情况。但这种方式的融资规模可能受到成员经济实力和入股意愿的限制。

（五）社会资本

社会资本是指除政府财政资金、农民自筹资金以及传统金融机构资金之外，来自社会各界的各类非政府、非农户性质的资金，包括各类企业、机构、个人等投入到农村领域的资本。其具有逐利性与社会性双重属性，既追求一定的经济回报，也能在一定程度上促进农村社会发展。

1. 产业资本

各类工商企业为拓展业务领域、开发农村资源等目的，将资本投入农村的农业产业化、农产品加工、农村旅游等产业项目中。例如，大型食品企业投资建设农产品种植基地和加工厂、旅游企业开发乡村旅游景区等。

2. 金融资本

金融资本主要是指通过股权投资、债权投资等方式，为农村的创新型企业、成长型项目提供资金支持的风险投资机构、产业投资基金等，如风险投资对农村电商平台、农业科技初创企业的投资。

3. 个人资本

城市居民、农村外出务工人员等个人将自有资金投入农村的创业项目、农业生产经营或农村基础设施建设等领域。例如，一些农村外出创业成功人士回乡投资兴办企业，或城市居民到农村租赁土地开展特色种植养殖等。

社会资本一般通过直接投资、参与项目合作、公私合营模式（PPP 模式）等途径进入农村融资领域，以充分发挥其市场化、专业化优势，为农业现代化和乡村振兴注入新的动力。

（六）民间借贷资金

在农村地区，由于正式金融体系可能无法完全满足所有农民和小微企业的融资需求，民间融资成为了一种重要的补充方式。一些农村地区存在专门从事放贷活动的个人或群体，他们向农户或农村企业提供贷款，这种借贷往往利率较高，且风险较大，因为缺乏规范的监管和法律保障。但是，当农户或企业无法从正规金融机构获得贷款时，可能会选择向民间放贷人借款。此外，合会也是一种民间自发的资金互助组织形式。其由若干人组成，每人定期缴纳一定金额的资金，形成一个资金池，然后按照约定的规则轮流使用这些资金。

第二节 农村组织融资管理

一、农村组织融资管理概述

农村组织在发展过程中，无论是扩大生产规模还是进行技术升级，都离不开资金的支持。例如，集体经济组织要发展新的农业产业项目，如建设现代化的养殖场或农产品加工厂，需要大量的资金用于土地购置、厂房建设、设备购置等。农民专业合作社要引进先进的农业技术和设备，如智能灌溉系统、农产品质量检测设备等，同样需要资金投入。家庭农场要扩大种植或养殖规模，购买更多的农业机械、种苗、饲料等，也必须有充足的资金作为后盾。合理的融资管理能够帮助农村组织提升市场竞争力和抗风险能力。有了足够的资金，农村组织可以进行品牌建设、市场拓展和人才培养。

然而，农村组织在融资方面存在一些天然的劣势和挑战。首先，与工业、商业相比，农村组织资金占用时间和回报时间更长，导致在同等利率的情况下要多付出更多的资金占用利息。其次，农业生产受自然条件影响大，风险高，这使商业银行等金融机构不愿意向农业发放贷款。此外，农村融资的中间环节多、费用高，进一步增加了农村组织的融资难度和成本。随着农村经济的发展和金融市场的不断完善，农村组织融资管理将面临更多的机遇和挑战。通过有效的融资管理，可以拓宽农村组织的融资渠道，降低融资成本，提高资金利用效率，推动农村经济的发展和繁荣。

二、农村组织融资管理的主体

（一）农村集体经济组织融资

1. 农村集体经济组织的融资需求

农村集体经济组织在推动农村经济发展、改善农村基础设施以及提升村民福利等多个方面肩负着重要使命，由此产生了多样化的融资需求。

（1）基础设施建设与维护的融资需求。

基础设施主要包括农田水利设施、农村道路桥梁等项目资金的融资需求。例如，在一些干旱地区，集体经济组织需筹集资金建设大型灌溉系统。农村公共服务设施建设同样离不开集体经济组织的支持，如建设农村学校、医疗卫生站、农村文化活动中心等。

（2）产业发展项目融资需求。

在农业生产经营领域，为实现规模化、现代化种植与养殖，村集体经济组织需要资金购置先进的农业机械设备，如大型拖拉机、联合收割机、智能化灌溉系统等，以提升农业生产效率；还需采购高品质的种子、化肥、农药以及饲料等农资，确保农产品的产量与质量。例如，一些大型粮食种植集体经济组织，在春耕时节需大量资金购买优质种子和化肥，以保障全年粮食丰收基础。

2. 农村集体经济组织的融资特点

（1）融资规模相对较大。

由于农村集体经济组织承担着众多农村公共事务与大规模农业生产经营活动，无论是农业基础设施建设、农村产业发展项目，还是公共服务设施完善，都需要大量资金投入。例如，一个中等规模的农村集体经济组织若要建设一个现代化的农产品加工园区，从土地购置、厂房建设到设备采购安装，所需资金可能达数千万元甚至上亿元。同时，融资渠道有限，相较于城市企业，农村集体经济组织在融资时面临更多的困难和限制。

（2）融资期限比较多元。

对于一些短期的农业生产经营活动，如季节性农资采购，融资期限可能较短，一般在一年以内；而对于长期的基础设施建设项目，如农村公路、水利设施建设，以及产业升级转型项目，如发展农产品深加工或农村旅游产业，融资期限则较长，可能长达数年甚至十几年。

（3）融资具有较强的政策性。

政府为推动农村经济发展、促进乡村振兴，往往会出台一系列政策支持农村集体经济组织融资，在财政补贴、税收优惠、信贷政策等多个方面，鼓励金融资源向农村集体经济组织倾斜。例如，甘肃天水市政府推动采取由市、县政府性融资担保公司作为担保主体，支持针对农村集体经济组织的专项贷款，用于农产品生产加工储藏包装运输销售，以及乡村旅游、特色餐饮、商贸服务等，贷款额度最高可达到500万元。

3. 农村集体经济组织的融资现状

从融资渠道来看，农村信用社、农商行等扎根农村的金融机构与集体经济组织联系较为紧密，为其提供了多种贷款产品，如流动资金贷款用于短期生产经营周转，固定资产贷款用于长期基础设施建设和设备购置。然而，银行贷款往往要求提供抵押担保，而农村集体经济组织可抵押物有限，土地所有权归集体不能直接抵押，虽部分地区开展了农村土地承包经营权、集体经营性建设用地使用权抵押试点，但仍面临诸多政策和法律限制，这在一定程度上制约了其贷款获取规模。政府扶持资金也是农村集体经济组织融资的重要组成部分。政府通过财政拨款、专项补贴、政策性基金等形式，支持农村集体经济组织开展农业生产、基础设施建设和产业发展项目。

随着农村金融改革的推进，一些新型融资渠道也逐渐在农村集体经济组织融资中崭露头角。例如，农村产权交易市场的发展，使农村集体经济组织的一些资产可以通过产权交易进行融资，如农村集体经营性建设用地使用权转让、农村房屋租赁权质押等，但目前该市场仍处于发展初期，交易活跃度和融资规模相对较小。此外，部分地区尝试引入社会资本，采用公私合营（PPP）模式开展农村基础设施建设和公共服务项目，农村集体经济组织以土地、资产等入股，与社会资本方共同投资、运营项目，但在项目实施过程中，由于农村集体经济组织在管理经验、市场运营能力等方面相对薄弱，面临着诸多挑战与风险。

（二）农民专业合作社融资

农业专业合作社进行的融资活动，是以自身的资产、运营收益作为融资基础，依据自身的发展规划，以相应的融资方式，通过内部或外部渠道，向外部的投资方、债务方或是其他经济体进行融资，最终达到维持合作社内部的正常生产经营。

1. 农民专业合作社的融资需求

（1）生产材料采购与储备资金需求。

农民专业合作社作为新型农业经营主体，在生产环节，为了保障农产品的产量与质量，需要资金采购大量的农业生产资料，如种子、化肥、农药、农膜等；为了改善生产条件，提高农业生产效率，需要资金修建或完善灌溉设施、排水系统、仓储设施以及购置农业机械设备等。

（2）产品营销与品牌建设资金需求。

为了扩大农产品销售范围，提高产品知名度与美誉度，合作社需要资金用于参加农产品展销会、开展广告宣传活动、建立电商销售平台以及进行产品认证与品牌培育等。同时，为打造区域知名品牌，要投入资金进行品牌设计、广告投放以及申请绿色食品、有机食品等认证，以提升产品在市场中的认可度与信任度，增加产品附加值与市场份额。

2. 农民专业合作社的融资特点

（1）融资规模相对较小。

由于合作社成员多为农户，单个农户的资金需求有限，合作社整体的融资规模相较于大型农业企业或工业企业较小。例如，一个普通的蔬菜种植合作社，成员户数可能在几十户左右，其融资需求主要集中在农资采购、小型农业设施建设等方面，每次融资额度可能在几万至几十万元不等，且这些融资需求分散在不同的生产经营环节与时间段，如春季的农资采购、秋季的农产品仓储设施建设等，难以形成大规模、集中性的融资需求，这使金融机构在提供融资服务时，单位成本相对较高，一定程度上影响了金融机构的积极性。

（2）融资用途呈现多元化与季节性。

合作社的业务涵盖农业生产、加工、销售等多个环节，融资用途相应地涉及农资购买、基础设施建设、技术研发、市场推广等多个方面，十分多元化。同时，农业生产的季节性决定了合作社融资需求的季节性波动。在播种、灌溉、收获等农忙季节，融资需求集中爆发，主要用于购买生产资料、支付农机作业费、临时工工钱等；而在农闲季节，融资需求则相对减少，可能更多地集中在设备维护、技术培训与市场调研等方面。例如，在北方小麦种植区，每年春季小麦播种时和夏季灌溉施肥期间，合作社的融资需求显著增加，而冬季则相对平缓，这种季节性特点要求金融机构能够灵活调整信贷投放节奏与产品设计，以更好地匹配合作社的资金需求。

（3）融资风险相对较高。

一方面，合作社成员大多为个体农户，其财务制度不够健全，缺乏规范的财务报表与信用记录，金融机构难以准确评估其信用状况与还款能力，导致合作社整体信用基础相对薄弱。另一方面，农业生产面临诸多自然风险，如干旱、洪涝、台风、病虫害等自然灾害，以及农产品市场价格波动较大等市场风险，这些风险因素使合作社的经营收益不稳定，还款来源具有较大不确定性，从而增加了融资风险。

3. 农民专业合作社的融资现状

农民专业合作社发展迅速，融资需求旺盛，但资金来源和融资途径比较单一。目前，我国农民专业合作社的融资方式主要以内部筹资为主，包括农民入会时所缴纳的股金、生产互助资金等。外部资金主要来自政府项目资金、银行借贷资金、部分企业资金和一些民间资金等。表面上看农民专业合作社的资金来源很多，但是有效供给有限，很难满足不断增长的资金需求。农民专业合作社的盈利能力在一定程度上能够反映偿还贷款能力，一般来说，合作社的盈利能力越强，正规金融机构就越愿意借出资金。但是由于农民专业合作社经营模式的特殊性，其盈利水平受当年天气和市场需求的影响，这就会导致农民专业合作社每年的盈利水平处于一个不稳定的状态。而金融机构为了保险起见，在看到盈利水平波动较大的合作社时，便会严格限制借款条件，使合作社很难获得债务融资。

（三）家庭农场融资

家庭农场融资是指家庭农场为筹集生产经营资金，通过内部筹资或外部借贷以获取资金，发展家庭农场产业的一种特殊的融资形式。

1. 家庭农场的融资需求

（1）日常生产运营资金需求。

种子、化肥、农药、饲料等农资的采购是家庭农场日常运营的重要支出，不同的种植和养殖项目对农资的需求在数量和种类上有所不同，但都需要在特定的生产季节前储备足够的农资。

（2）土地流转与农业设施购置资金需求。

家庭农场需要资金来扩大土地经营规模，支付土地流转费用。例如，一些有发展潜力的家庭农场主，为了实现规模化种植或养殖，需要从周边农户手中流转更多的土地，而土地流转费用往往是一笔不小的开支，且通常需要一次性支付或按年度提前支付较大金额，这对家庭农场的资金流动性提出了较高要求。为推动农场的进一步发展和扩大规模，需要购买或租用更多的土地、雇佣更多工人、采用最新的技术以及购买最新的农业器具，这些都对资金有一定的要求。

2. 家庭农场的融资特点

（1）融资规模相对适中。

与大型农业企业相比，家庭农场的经营规模相对较小，其融资需求一般在几万元至几十万元之间。例如，一个中等规模的粮食种植家庭农场，其土地面积可能在几十亩到几百亩不等，在购置农业机械设备、采购农资以及进行基础设施建设时，所需资金量相对有限，但又高于传统小农户的资金需求，这种适中的融资规模使一些大型金融机构在服务家庭农场时可能面临成本效益不匹配的问题，而小型金融机构或民间融资渠道则可能更具灵活性。

（2）融资与家庭资产与经营紧密相联。

家庭农场的融资高度依赖家庭自身的资产状况和经营业绩。由于其家庭经营的特性，银行或其他金融机构在评估其融资申请时，会重点考量家庭农场主的个人信用、家庭资产（如自有土地、房屋、农机具等）以及农场的历年经营收益和稳定性。例如，家庭农场主的个人信用记录良好、家庭拥有一定价值且产权清晰的农业资产且农场过去几年经营利润稳定，将更有利于获得融资。

（3）融资灵活性较高但稳定性较弱。

家庭农场在融资过程中决策相对灵活，在选择融资渠道和方式时能够较为迅速地进行调整。例如，在资金需求紧急时，可能更倾向于从民间借贷获取短期、小额资金以解燃眉之急，而在有长期发展规划且条件允许时，也可尝试申请银行的中长期贷款或参与政府扶持项目融资。然而，这种灵活性也导致其融资稳定性不足。家庭农场更多依赖于市场变化和自身即时需求来调整融资策略，较难保障融资的长期稳定性和连贯性。

3. 家庭农场的融资现状

家庭农场作为新型商业实体，随着其快速发展，对于资金的需求日益增多。然而，当前金融机构对于家庭农场类信贷投放的规模大小、期限长短、可选择的信贷产品种类以及金融服务都无法满足新型家庭农场日常花销和运营对于资金的需求。目前，农村商业银行、农村信用社等与家庭农场息息相关的金融机构制订的专门针对家庭农场的信贷管理办法还不够完善，仍然没有从根本上解决家庭农场对于信贷融资的困难。

由于农村的资金流通速度比城市资金流通速度慢，对于家庭农场的相关制度所投放的信贷支撑相对不足，使家庭农场现有的风险保护制度、风险隔绝系统仍然不够健全。家庭农场自身的可持续发展是吸引融资的基础，家庭农场要加强规范化管理，为实现高质量的发展夯实内部基础，包括农场主负责制度、生产标准制度、学习培训制度等。农村商业银行在做信贷投放时，往往会基于其自身资质给予家庭农场主比较低的信用评级水平，这使外界资金更难以通过第三方金融机构流入家庭农场。

（四）农村小微企业融资

农村小微企业融资是指农村小微企业根据自身的生产经营状况、资金拥有的状况，以及未来经营发展的需要，通过科学的预测和决策，运用各种方式向投资者和债权人筹集资金，组织资金的供应，以保证农村小微企业正常运行的一种行为。

1. 农村小微企业的融资需求

（1）多用途的资金需求。

由于农村小微企业往往兼业经营，其资金需求出现在生产周期的大部分阶段和企业内部的各种生产环节。贷款的用途不仅限于生产经营，还包括消费等，存在不少贷款是区分不出具体用途的“混合型”贷款。

（2）技术创新与升级资金。

随着市场竞争的加剧和消费者需求的不断变化，农村小微企业需要投入资金进行技术研发、设备更新换代以及产品创新。为了跟上科技发展步伐，提高产品性能和生产效率，需要融资引进先进的生产技术和自动化设备，研发新型电子产品，以满足市场对高品质、智能化产品的需求，否则将在市场竞争中逐渐被淘汰。

（3）应对风险的保险需求。

农村小微企业在经营过程中面临多种风险，包括生产经营活动本身的风险、外部市场风险以及气候变化所带来的风险等。因此，保险成为规避和降低风险的最佳选择，农村小微企业有应对风险的保险需求。

2. 农村小微企业的融资特点

（1）融资规模相对较大且用途多元。

相较于家庭农场和农民专业合作社，农村小微企业通常有着更为复杂的业务运营体系，这使其融资规模相对较大。一家农村小型服装加工厂，除了生产设备购置、原材料采购，还需资金用于市场拓展、品牌建设等，融资需求可能达到数百万元甚至上百万元，远高于家庭农场购置农机具、流转土地等几十万元的一般融资规模。在融资用途上，农村小微企业更加多元化。家庭农场融资多集中于农业生产环节，如农资采购、农业设施建设等；合作社则主要用于统一采购生产资料、开展农产品销售等与成员合作相关的事务。而农村小微企业除了生产经营，还需大量资金用于产品研发、市场推广、技术创新等方面。

（2）融资风险特征更复杂。

农村小微企业所处行业多样，面临的风险更为复杂。农村小微企业若从事工业生产，可能面临原材料价格波动、市场竞争加剧、环保政策变化等风险；若涉足服务业，又需应对消费市场变化、服务质量提升等挑战。同时，农村小微企业信用风险也较高。农村小微企业大多为独立法人，财务管理不够规范，缺乏有效的信用记录，金融机构难以准确评估其信用状况。此外，小微企业经营稳定性较差，受市场波动影响大，一旦经营不善，很可能出现还款困难，导致信用风险上升。

（3）对外部融资依赖程度高。

农村小微企业自身积累有限，业务扩张和发展高度依赖外部融资。然而，其融资渠道稳定性较弱。尽管银行贷款是主要渠道，但由于小微企业风险较高，银行贷款额度和期限可能受限，且银行信贷政策调整可能影响其贷款获取。

3. 农村小微企业的融资现状

随着一系列支持经济发展的金融政策相继落地，农村小微企业的融资环境得到了显著改善。普惠型小微企业贷款余额持续增长，贷款利率持续下降，为农村小微企业提供了更加便捷、低成本的融资渠道。政府实施多项政策改善农村小微企业的融资环境，包括支持性政策、数字信用信息平台、融资担保体系和农村产权交易平台等。这些政策为农村小微企业提供了更加有力的支持。

尽管农村小微企业的融资环境得到了显著改善，但融资难题依然存在。部分农村小微企业由于信息不对称、内部治理不够完善、信用体系不健全以及缺乏标准抵押品等问题，难以获得足够的融资支持。此外，中等规模的乡村小微企业面临更为突出的融资约束问题，其信用贷款额度难以满足生产经营需要，且往往缺少抵押和规范的财务管理，难以获得足额的贷款。

三、农村融资政策及其对农业组织的影响

农村融资政策是政府为促进农村经济发展、支持农业和农业经营主体而制定的一系列金融支持政策与措施，这些政策旨在解决农村金融市场中的资金短缺和融资难题，推动农村经济的可持续发展。农业补贴理论指出，农业生产的波动性、周期性导致农村融资的风险偏高，信息不对称、交通闭塞、人口分散等因素大幅增加农村融资成本，金融机构介入农村金融市场的意愿较低，只有通过政府有效的干预，才能为农村经济发展提供可靠的资金保证。

自 2003 年开始，我国农村融资政策在国家惠农政策的指引下进入快速发展期。

一是传统金融机构稳健发展。2003 年，国务院出台了《关于深化农村信用社改革试点方案》，启动了新一轮信用社改革，在深化农村信用社改革的同时，2007 年后包括农业银行在内的商业银行逐步回归农村金融市场，在县及县以下增设机构网点，在一定程度上推动资金回流农业农村。

二是新型农村金融机构不断涌现。2006 年，为弥补传统金融机构农村金融服务的供给不足，推动建立适度竞争的农村金融市场，国家逐步放宽农村地区银行业机构的准入条件，允许产业资金和民间资本在农村地区参与新设银行，开办村镇银行、农村资金互助

社、贷款公司等新型农村金融机构，各地纷纷设立小额贷款公司，成为传统金融机构的有益补充。

三是政策性农业保险较快增长。2007 年中央财政首次对农业保险给予保费补贴，给予税收优惠政策，2012 年国务院颁布了农业保险条例，依法明确了政策性农业保险的发展方向。在财税政策的支持下，政策性农业保险快速发展，覆盖面不断扩大，保险险种不断丰富。截至 2022 年，我国农业保险保费收入达到 1 192 亿元，同比增长 26.30%，是全球农业保险保费规模最大的国家。

四是农村金融扶持政策手段增多。2008 年国家开始实施涉农贷款增量奖励政策和定向费用补贴政策，对特定农村金融机构或特定农村金融业务实施税收优惠政策，人民银行通过实施差别化货币政策，金融监管部门通过设立市场准入“绿色通道”、免征金融监管费，进一步增加金融机构支农服务能力。

我国农村金融改革发展的历程表明，完全依赖市场机制，无法培育出农业、农村经济发展所需要的金融市场；发展农村金融服务，既要发挥市场对金融资源配置的基础性作用，又要加强政府的宏观调控和政策扶持，弥补农村金融服务的天然缺陷和制度缺陷；农村金融服务，单靠传统正规金融一条腿走路是走不远的，必须培育多元化的金融服务主体，构建多层次、多形式、运行高效、功能互补、有序竞争的农村普惠金融体系；解决农村金融服务问题，需要加强顶层制度设计。

（一）财政补贴政策

政府为了促进农村经济发展、支持农业产业升级以及提高农民收入水平，运用财政资金对农村金融活动中的特定主体、项目或行为给予的资金补助。其目的在于降低农村经济主体的融资成本，增强农村金融机构的服务能力，引导金融资源向农村地区合理配置，提高农村金融市场的效率和活力，从而推动农村经济的可持续发展和乡村振兴战略的顺利实施。常见的财政补贴政策类型如下。

1. 农业生产资料购置类补贴政策

农业生产资料购置类补贴政策是指国家对农民购买农业生产所需的各种物资给予一定的经济补贴的政策措施，通过财政贴息支持农业生产经营所需的固定资产和流动资金贷款，促进农业生产效率和产品质量的提升。具体来说，这类补贴政策通常由政府财政部门出资，按照一定比例对农民购买指定品牌的农业生产资料进行价格补贴。

例如，根据《农业农村部办公厅 财政部办公厅关于印发〈2021—2023 年农机购置补贴实施指导意见〉的通知》（农办计财〔2021〕8 号）文件，中央财政为农村集体经济组织、农民专业合作经济组织、农业企业和其他从事农业生产经营的组织购置农机进行定额补贴，其补贴额比例可提高至35%。通过实施农业生产资料购置类补贴政策，政府希望能够引导农民采用更加科学合理的生产方式，提升农产品质量，同时减少农业生产对环境的负面影响。党的十八大以来，中央财政农机购置补贴资金大幅增加，累计投入1 863亿元，年均超过200亿元，扶持2 459万农民和农业生产经营组织购置各类农机具3 157万台。

2. 农业科技研发与推广补贴政策

农业科技研发与推广补贴政策是政府为了鼓励和支持农业科技创新，加速农业科技成果转化，提升农业科技水平而实施的财政补贴措施。该政策主要涉及对农业科研机构、农业企业、农民专业合作社、家庭农场等主体在农业新品种培育、新技术研发、新设备创制以及农业科技成果推广应用等方面给予资金支持。

例如，根据《中央财政农业技术推广与服务补助资金管理办法》（财农〔2012〕501号）文件，中央财政预算安排农技推广资金作为支持推广先进适用、高产优质、安全环保的农业技术和增强农业技术服务能力的专项补助资金。农技推广资金的补助对象是主推技术推广承担者、服务提供者和实际使用者，主要包括事业、企业、农民专业合作社和个人等。中央财政将农技推广资金分项拨付到省级财政，省级财政按照农技推广资金补助对象的预算级次和财政国库管理制度有关规定拨付资金。

3. 农业生态保护补贴政策

农业生态保护补贴政策是政府为了激励和引导农业生产者采取生态友好型的农业生产方式，减少农业面源污染，保护和改善农业生态环境，促进农业可持续发展而实施的财政补贴措施。这些补贴通常与农业生产者采取的具体环保措施相关联，如减少化肥、农药使用量、采用有机耕作方式、实施农业废弃物资源化利用等。

例如，根据《财政部关于下达2023年农业生态资源保护资金预算的通知》（财农〔2023〕22号），要求对农作物秸秆"五料化"（肥料化、饲料化、基料化、燃料化、原料化）利用、农机具购置、收储体系建设、耕地地力监测、腐熟剂应用、秸秆有机肥生产和其他基建项目利用方式进行补贴，具体补贴范围和补贴标准以经当地县（市、区）人民政府或秸秆综合利用领导小组研究确定。聚焦的补助对象包括农业企业、种植大户、农民专业合作社、家庭农场等新型农业经营主体及个人。

4. 新型经营主体培育补贴政策

新型经营主体培育补贴政策是政府为了推动农业现代化，扶持和鼓励包括农民专业合作社、家庭农场、农业产业化龙头企业等在内的新型农业经营主体发展而实施的一系列财政补贴措施（见表4－1）。这些政策旨在提升新型经营主体的经营管理水平、生产技术能力、市场竞争实力，以促进农业产业的规模化、专业化、集约化发展。

表 4-1　　国家层面的新型经营主体培育补贴政策（部分）

序号	相关政策	重点内容	面向对象
1	乡村产业振兴带头人培育“头雁项目”	自2022年起每年为每个县培育10名左右“头雁”，用5年时间培育一支乡村产业振兴带头人“头雁”队伍	农民专业合作社理事长、家庭农场主、市县级农业产业化龙头企业负责人等
2	新型农业经营主体提升行动	健全农民合作社规范管理和财务会计等五项管理服务制度；提升新型农业经营主体融合发展、稳粮扩油等五方面能力；建立新型农业经营主体辅导员队伍建设等三项指导服务机制	农民专业合作社、家庭农场等
3	高素质农民培育项目	以家庭农场、农民合作社、农业企业、专业型社会化服务企业和农村集体经济组织等主体带头人为对象，开展主体发展能力提升培训，促进新型农业经营主体发展壮大	家庭农场、农民合作社、农业企业、专业型社会化服务企业和农村集体经济组织等主体带头人等

关于新型经营主体培育补贴政策的具体补贴方法和额度根据不同地区、项目类型等因素存在差异，各地政府根据中央文件精神和预算安排，制定相关资金安排和补贴方式。例如，辽宁朝阳市2023年对新型农业经营主体补助的资金规模为890万元，实行先建后补的补贴方式，每个合作社项目补助上限不超过17万元，每个家庭农场项目补助上限不超过7万元。上海市2023年对新型农业经营主体补助的资金规模为3 178万元，采用以奖代补方式进行补贴，对示范农民合作社和示范家庭农场共计75个项目补贴2 978万元。

（二）金融机构支持政策

1. 农村政策性金融机构

（1）农村政策性金融机构。

在我国，农村政策性金融机构在农村运行的根本目的是增加金融资源对农业的供给，用以弥补商业性金融、合作性金融支持农业发展自有资金和服务的缺口，发挥政府对农村部分资源进行配置的功能。开展政策性业务需要国家政策性金融机构来执行，政策性金融支农既不同于财政支农，又不同于商业性金融支农，具有金融和财政的双重优势，在我国农村金融体系中占有特殊地位。我国的农村政策性金融机构主要是指中国农业发展银行。

中国农业发展银行于1994年正式组建，在此之前，政策性金融服务是由中国农业银行、中国工商银行等金融机构提供。当前，中国农业发展银行形成了以国家粮棉购销储业务为主体、以支持农业产业化经营和支持农业农村基础设施建设为两翼的新型服务格局。中国农业发展银行作为我国唯一的农业政策性银行，承担着支持“三农”发展、推进乡村振兴和农业农村现代化的重要职责。

（2）农村商业性金融机构。

农村商业性金融机构是指金融机构在农村地区吸收公众存款，发放各种贷款以及办理结算服务等货币信用业务，其目的是利润最大化，同时遵守信贷资金的“营利性、安全性、流动性”原则。目前，我国农村商业性金融机构主要有中国农业银行、邮政储蓄银行、村镇银行等银行业金融机构。

2007年，中国邮政储蓄银行正式挂牌成立，正式进入农村商业性金融机构行列。邮政储蓄银行的成立使其成为我国连接城乡经济的最大金融服务网络，其金融服务网点覆盖了全国所有的县市以及主要乡镇，完善了我国农村商业性金融体系。村镇银行作为新型农村商业性金融机构的代表，同样具有商业性银行的职能，可经营存款、贷款、票据承兑与贴现、同业拆借等银监会批准的业务。自从建立以来，村镇银行紧紧围绕金融服务“三农”，结合当地农业产业链发展特色，不断创新金融产品和服务手段，提升再贷款运用质效，推出了“再贷款+生猪贷”“再贷款+农家乐贷”等产品，并在涉农贷款审批效率、涉农担保方式、涉农贷款成本等方面不断优化，为相关经营主体提供了有力支撑。

（3）农村合作性金融机构。

作为我国农村金融体系的重要组成部分，农村合作性金融机构在金融支持我国“三农”发展和助力实现乡村振兴战略方面发挥着重要作用。按照中国银保监会的官方定义，农村合作性金融机构包括农商行、农信社和农村合作银行。农村合作性金融机构的服务网点遍布城乡，在支农惠农和服务县域经济方面发挥了极大作用，是农村金融服务的主力军。

农村合作性金融机构立足于农村市场，在加强小额农户信贷管理、规范农户小额贷款会计核算的前提下，以农村合作性金融机构增户扩面为经营理念，调整信贷结构增加小额农户贷款数量。农村合作性金融机构出台农民专业合作社及其成员贷款实行优惠利率政策，具体优惠幅度由县（市、区）联社、农村合作银行根据中国人民银行的利率政策及有关规定结合当地情况确定。农村合作性金融机构出台保证、抵押或质押的担保政策，农民专业合作社成员贷款采取“农户联保+互助金担保”“农户联保+农民专业合作社担保”“农户联保+互助金担保+农民专业合作社担保”等担保方式，保障农民的融资需求。农村合作性金融机构还出台了一系列税收优惠政策，主要包括：对金融机构农户小额贷款的利息收入，免征营业税；对金融机构农户小额贷款的利息收入在计算应纳税所得额时，按90%计入收入总额等。农村合作性金融机构以税收优惠政策为指导，通过改变信贷结构，提高支农力度，增加减免税利息收入。农村合作性金融机构还通过增加小额农户贷款数量，大力支持农户从事种植业、养殖业以及农副产品加工等经营生产资金需要，帮助农户增收，提高农民生活水平。

2. 农村金融扶持政策

我国始终重视对农业农村的金融支持，制定了一系列方针政策，加快推进农村金融改革和发展，农村金融扶持政策手段也不断增多。2008 年，国家开始实施涉农贷款增量奖励政策和定向费用补贴政策，对特定农村金融机构或特定农村金融业务实施税收优惠政策，人民银行通过实施差别化货币政策，金融监管部门通过设立市场准入“绿色通道”、免征金融监管费，进一步增加金融机构支农服务能力。在农村金融政策的推动下，金融机构对农村地区的信贷投放规模逐年增加。截至 2024 年 5 月末，我国涉农贷款余额达 60 万亿元，同比增长 12.1%，高于各项贷款增速 3.1 个百分点（见表 4－2）。

表 4－2　　国家层面的农村金融扶持政策（部分）

序号	相关政策	重点内容	面向对象
1	涉农贷款增量奖励政策	对于县域金融机构上年涉农贷款平均余额同比增长超过 15% 的部分，财政部门将给予 2% 的奖励	县域金融机构
2	支农再贷款政策	央行向商业银行提供低息贷款，商业银行再将这笔资金用于向农村企业和农户放贷	农村信用社、农村合作银行、农村商业银行和村镇银行等农村金融机构
3	定向费用补贴政策	对符合条件的农村金融机构，按其上年贷款平均余额的 2% 给予补贴，补贴资金全部由中央财政承担	村镇银行、贷款公司、农村资金互助社等农村金融机构
4	税收优惠政策	对 5 万元以下的小额农户贷款免征营业税，利息收入减按 90% 计入应纳税所得额；对金融机构向农户发放小额贷款取得的利息收入，免征增值税；对金融机构与小型企业、微型企业签订的借款合同免征印花税	各类涉及小额农户贷款的农村金融机构
5	市场准入绿色通道	简化农村地区设立的新型农村金融机构的审批流程、缩短审批时间、提高审批效率	村镇银行、贷款公司等新型农村金融机构
6	差别化存款准备金率	对农村中小金融机构，执行 5% 的最优惠存款准备金率；对“三农”金融事业部执行差别化存款准备金率，达标县支行、未达标县支行享受的优惠幅度分别为 3 个百分点、1 个百分点	农村商业银行、农村合作银行、农村信用社和村镇银行等农村金融机构
7	“三农”专项金融债	鼓励商业银行发行“三农”专项金融债，专项用于发放涉农贷款	各大商业银行

3. 农业信贷担保

在外部信贷担保机制不完善情况下，农村金融机构为了降低信贷违约风险，通常不轻易给予农户等涉农主体信贷支持，致使抑制“三农”经济发展的融资问题仍然存在。因此，农业信贷担保体系的建立对于解决农业融资难、融资贵的问题是非常有必要的。2015年7月，我国财政部、农业部、银监会联合出台了《关于财政支持建立农业信贷担保体系的指导意见》（财农〔2015〕121号）《财政部 农业部 银监会关于做好农业信贷担保工作的通知》（财农〔2017〕40号），积极启动政策性农业信贷担保体系建设，且为贯彻落实国家政策性农业信贷担保体系的政策安排，各地陆续成立了农业信贷担保公司。农业信贷担保服务主要针对家庭农场、种养大户、农民合作社、农业社会化服务组织、小微农业企业等农业适度规模经营主体。要求单户在保余额控制在10万—200万元，对适合大规模农业机械化作业的地区可适当放宽限额，但最高不超过1 000万元。近年来，政策性农业信贷担保体系正逐步走向成熟，已基本覆盖农业农村全领域，并与政府部门积极配合，通过提高资本放大倍数、补贴担保费率、贴息等方式，降低了农业经营主体的融资成本，分担了银行等金融机构的风险。

同时，农业农村部于2021年5月启动了农业信贷直通车项目，通过“主体直报需求、农担公司提供担保、银行信贷支持”的模式，主要服务于以家庭农场、农民合作社等为主的新型农业经营主体，逐步覆盖高素质农民、种养大户、农业社会化服务组织、农业企业（含国有农场）等各类农业经营主体及农村集体经济组织。重点支持10万—300万元额度的适度规模经营贷款需求，对种业企业等农业科创企业支持的贷款规模可适度提高至单笔不超过1 000万元的水平。截至2024年7月2日，信贷直通车已为507.12万个农业经营主体提供信贷服务，金融机构实现授信203.79万笔、授信金额突破5 000亿元。这个项目通过涉农信息平台，引入农担系统和国有大行等金融机构的多样化信贷产品服务，充分发挥渠道优势，助力破解农业主体“融资难、融资贵、融资慢”问题，取得了显著的进展。

4. 政策性农业保险

农业保险是指专为农业生产者提供的在种植业、养殖业等生产过程中，对遭受自然灾害、意外事故疫病、疾病等保险事故所造成的经济损失提供保障的一种保险。农业保险是分散农业风险、保障农民收入稳定和增长的有效金融工具，是我国农业支持政策的重要组成部分。

政策性农业保险是一种由政府提供政策扶持和保费补贴的农业保险形式，旨在分散农业风险、补偿受损农民经济损失。2007年后我国农业保险在各项财税政策的支持下快速发展，2022年保费收入规模超过千亿元大关。农户和保险机构构成农业保险市场，而政府是农业保险的参与主体之一。

2019年后，各部门不断出台加大政策支持力度促进农业保险高质量发展，仍然遵循“试点推广并形成政策”的循序渐进的路径。以河南省为例，根据《河南省财政厅关于印发〈河南省农业保险保费补贴管理办法〉的通知》（豫财金〔2022〕24号）的文件，对保险标的以及保费补贴比例都进行了详细的要求（见表4－3）。

表4－3　河南省农业保险保费补贴管理办法（节选）

保险标的	保费补贴比例
种植业：小麦、玉米、水稻、棉花、油料作物、小麦制种	中央45%、省级25%、县市10%、农户20%
养殖业：能繁母猪、育肥猪、奶牛	中央50%、省级25%、县市5%、农户20%
森林：公益林、商品林	公益林：中央50%、省级25%、县市25% 商品林：中央30%、省级25%、县市15%、农户30%

除此之外，从2019年开始，在现有中央、省级财政给予补贴的险种标准范围之外，具有地方区域特色的优势农产品，中央财政还实施以奖代补政策开展地方特色农业保险试点。2021年中央以奖代补政策扩大到全国所有省市，奖补品种也不受数量限制，由地方政府在中央奖补的资金中自行分配。

第三节　农村项目融资管理

一、农村不同项目融资管理特点

（一）农村基础设施项目

农村基础设施项目主要包括乡村公路新建与维护、桥梁建设等交通设施以及农田灌溉设施、农村饮水安全工程等水利设施项目。这类项目具有公共产品属性，资金需求大，投资回收期长。

1. 融资渠道

（1）财政专项资金。

政府通过专项转移支付、预算内资金等方式，对农村交通基础设施建设给予资金支持。例如，辽阳市财政局拨付“一事一议”村内道路建设奖补资金近 2 000 万元，支持修建村内道路 175 千米。

（2）政策性银行贷款。

中国农业发展银行在农村基础设施建设中发挥重要作用，在信贷投放上一直重点支持水利和新农村建设，为农业农村基础设施建设提供中长期贷款。通过提供长周期、低成本的信贷支持，助力农业农村基础设施建设。

（3）公私合作（PPP）模式。

PPP 模式被广泛应用于农村基础设施建设，以此吸引社会资本参与基础设施项目建设和运营，提高项目的资金筹集效率。例如，湖北宜都市对小型农田水利基础设施项目采用 PPP 模式融资，总投资额达到 772 万元，其中财政给予补助资金 230 万元，只占总投资额的 29.8%。

2. 融资管理要点

（1）明确融资主体与责任。

农村基础设施项目融资应明确各级政府、社会资本、农民等主体的责任和投入比例。政府应发挥主导作用，强化投入和主导责任，同时鼓励社会资本和农民积极参与。对于不同类型的农村基础设施项目，如没有收益的（农村道路）、有一定收益的（农村供水、污水垃圾处理）和以经营性为主的（农村供电、电信），应分别制定不同的融资策略和责任分担机制。

（2）创新融资方式与渠道。

采用政府和社会资本合作（PPP）、基础设施领域不动产投资信托基金（REITs）等模式，规范发展、阳光运作，引导金融社会资本和民间投资，支持农业农村基础设施建设。政府可以鼓励社会资本设立农村基础设施建设投资基金，或通过特许经营、委托经营等方式参与农村基础设施建设。

（3）强化项目管理与监督。

农村基础设施建设项目关系到广大农民的切身利益，是政府必须关注和投入的重要领域。需要建立严格的资金监管机制，确保融资资金专款专用，防止资金挪用，保证项目按计划推进。

（二）农村生态与环境保护项目

农村生态与环境保护项目是指针对农村地区生态环境问题，旨在保护和改善农村生态环境，促进农业可持续发展的一系列工程项目和措施，包括但不限于农村污水处理、农村垃圾处理、自然资源与生态保护、生态环境修复与治理工程等。

1. 融资渠道

（1）财政专项资金。

中央和地方财政通过专项资金、以奖代补等方式为农村生态与环境保护项目提供资金支持，推动农村生态环境的改善和农业的可持续发展。例如，2024 年 5 月，福建省制定了《福建省农村生活污水治理“以奖代补”及土壤污染防治专项资金管理办法》，明确专项资金支持范围包括农村生活污水治理和土壤污染防治，省财政厅安排 3 亿元，支持 450 个村庄的农村生活污水治理设施建设。

（2）专项债券。

地方政府可在专项债限额内单独发行农村人居环境整治项目专项债券，其核心优势是成本低和期限长，项目收入可以作为专项债券的还款来源。例如，安徽南陵县农村人居环境整治工程项目，总投资 18 127 万元，其中专项债券 13 000 万元。

（3）绿色金融产品。

绿色信贷和绿色债券都能为符合规定条件的农村生态与环境保护项目提供资金支持。例如，南浔农商行开发了“VEP 绿企贷”和“VEP 惠农贷”等绿色金融产品，并有效作用到土地整治和生态产业经营中。

2. 融资管理要点

（1）优化融资结构。

结合政府资金、银行贷款、社会资本等多种融资渠道，形成多元化的融资结构。通过政府投资与金融信贷联动、发行专项债券、PPP 模式、REITs 模式等多元化方式筹集资金。

（2）注重融资效益评估。

对项目的经济效益和社会效益同时进行评估，包括项目的投资回报率、成本效益分析等经济效益，以及农村生态环境改善、农民生活水平提高等方面的社会效益，确保融资项目的可行性和可持续性。

（3）完善融资监管机制。

定期对项目投融资建设进度、实施成效进行调度、监测，确保项目资金使用合理、高效。建立项目评估机制，对项目实施效果进行评估，及时调整和优化项目实施策略。

（三）农村土地整治项目

农村土地整治项目是指对农村土地进行综合整治，优化土地利用结构，提升土地质量和利用效率，改善农村生产生活条件，促进农业现代化和乡村振兴的一系列工程和措施，通常包括农田整治、农村建设用地整治等项目。

1. 融资渠道

（1）财政专项资金。

由中央财政通过一般公共预算安排，专项用于高标准农田建设、土地整治重大工程、灾毁耕地复垦等项目，地方政府根据项目需求，配套安排资金用于土地整治项目。

（2）政策性银行贷款。

中国农业发展银行为土地整治项目提供长期、低成本的信贷支持。例如，2024 年 9 月，广东省自然资源厅联合国开行和农发行广东省分行印发通知，安排 3 000 亿元中长期信贷额度专项保障全域土地综合整治项目，贷款期限最长可达 30 年。

（3）城乡建设用地增减挂钩模式。

基于占补平衡思路，将农村建设用地整理拟复垦为耕地的地块和等面积的城镇建设地块组成项目区，通过土地整理复垦将原农村建设用地整治为农用耕地，减少农村建设用地指标数，等量增加城镇建设用地指标，与此同时，可确保项目区内耕地面积有增加、质量不降低。通过指标的周转或“地票”交易，获得土地级差收益，用于发展农村集体经济，农村土地整治以及农村基础设施和公共服务配套设施等建设。属于在政府资金及社会资金基础上拓展资金来源的有益探索。

2. 融资管理要点

（1）优化融资模式。

财政资金是农村土地整治项目的重要来源，资金来源明确，专款专用，但可能存在效率偏低的问题。通过创新融资模式，如土地收益保证贷款模式、城乡建设用地增减挂钩模式、集成融资模式、BOT 模式等，能够提升资金使用效率。

（2）拓宽融资收益渠道。

整治后的土地可以用于土地资源、矿产资源、气候资源、水资源、林业资源等的开发和经营，从而创造更多的经济收益。通过增加运营环节、延长收益年限，增加运营收益，提升各环节的效率和效益，实现项目全生命周期的效益最大化。

（3）建立风险管理机制。

土地整治项目面临政策风险、市场风险和技术风险。例如，新增耕地指标能否顺利入库交易、土地增值收益能否覆盖成本等，都存在不确定性。通过提前与金融对接，推动银行内部预评审，并将评审意见融入项目实施方案等前期文件中，制定相应的风险应对策略。

（四）农村生产经营项目

农村生产经营项目是指以农村土地、劳动力、自然资源等为基础，通过农业生产和相关经营活动实现经济收益的项目。这些项目不仅包括传统的种植业和养殖业，还涵盖了农产品加工、乡村旅游、农村电商等多元化领域。

1. 融资渠道

（1）金融机构贷款。

农村商业银行、农村合作银行、村镇银行和农村信用合作社是农业生产经营项目贷款供给的主力。其他金融机构也会针对农村生产经营项目的融资需求，提供短期资金周转的贷款需求。

（2）产业扶持资金。

农村生产经营项目的产业扶持资金来源广泛，涵盖中央财政补贴、地方财政支持、专项债券、农业产业投资基金等，吸引社会资本参与农村生产经营项目。例如，四川广元市推动生猪养殖产业规模化发展，打造50万头优质生猪种养循环基地，地方政府对生猪养殖企业提供资金奖励和贷款贴息支持。

（3）产业龙头联农筹资。

产业龙头联农筹资模式以产业龙头企业作为实施主体，在当地政府引导下，结合地方产业发展和企业自身发展需要，统筹谋划农业生产经营项目。采用“农民+合作社+龙头企业”“土地流转+优先雇用+社会保障”等利益联结方式，有效发挥产业龙头企业的资金效应，为产业项目提供资金或提供担保，辐射带动当地或周边农户、新农主体、中小企业共同受益。

2. 融资管理要点

（1）创新融资模式。

农业生产经营项目往往建设成本高、资金回笼慢，加之多数农产品利润率较低，不仅要充分发挥财政资金的撬动和引领作用，还要引导金融、社会资本和项目承建主体等多渠道扩大有效投资。通过地方平台统建融资模式、大型企业自建投资模式、农业园区招商引资模式、产业龙头联农筹资模式等新型融资模式，更有效解决农村产业项目融资难题。

（2）合理融资需求分析。

相比于其他农村项目，农村生产经营项目的营利性目的最强，其合理的融资需求分析对于项目的成功实施和持续发展至关重要。根据项目性质、规模和预期效益，合理估算项目的总投资额；详细分析项目资金需求的具体构成，包括建设投资、流动资金、技术研发投入等；结合项目实施进度和预期收益，确定合理的融资期限。

（3）建立融资风险管理体系。

对于农村生产经营项目而言，由于其往往受到自然环境、市场需求、政策变化等多种因素的影响，因此融资风险管理显得尤为重要。通过一系列的风险识别、评估、控制、监测和应对等活动，来管理各种可能影响项目融资效益的风险因素，以保障项目融资的顺利进行和融资效益的实现。

二、农村项目融资管理的方法与策略

（一）融资需求分析

农村项目融资资金需求量预测是一个复杂的过程，需要考虑多种因素，包括项目的规模、类型、运营成本、预期收益以及融资条件等，通常还需要结合农村地区的特点，包括农业生产的季节性、市场波动性、政策支持等因素。

1. 定性预测法

定性预测法主要基于经验、专业判断和对市场趋势的理解来预测农村项目融资需求，适用于数据不足或市场变化剧烈的情况。定性预测主要依赖于专家的知识、经验和直觉来评估项目的资金需求。通过综合考虑项目的类型、规模、市场前景、政策环境等因素，分析项目在未来一段时间内可能面临的融资需求。

定性预测法只能对项目未来的资金量作出大致推算，准确性依赖于专家的经验和判断能力，但定性预测法的综合性很强，其通过对行业趋势、政策环境、社会经济因素等多种因素的综合考量得出预测结论，有助于项目团队制订更为合理的融资计划和风险管理策略。

【例 4－1】假设某农村地区计划开展一个名为“绿色山谷”的生态农业旅游项目。该项目旨在利用当地的自然资源和农业特色，发展乡村旅游，提升当地农民的收入，并促进农业的可持续发展。要求对这个项目进行一个大致的资金需求量预测。

可从以下几个方面着手进行定性分析。

（1）行业趋势分析。

农业旅游需求：近年来，随着城市居民对休闲旅游和体验式农业的兴趣日益增加，农业旅游市场呈现出快速增长的趋势。预计“绿色山谷”项目能够吸引大量游客。

价格走势：由于农业旅游产品具有独特性和体验性，预计价格相对稳定，且有一定的溢价空间。

（2）政策环境分析。

政府支持：当地政府为了推动乡村振兴，出台了一系列扶持政策，包括提供农业旅游项目启动资金、税收优惠、土地使用便利等。

法规限制：项目需要遵守环保法规，确保旅游开发不会对自然环境造成破坏，这可能增加项目的初期投资。

（3）社会经济因素。

农村经济发展：该地区农村经济发展水平较低，但居民对改善生活的需求强烈，项目的开展有望带动当地就业和经济增长。

人口结构：当地有充足的年轻劳动力，可以满足项目在建设和运营期间的人力需求。

（4）技术和创新。

农业技术：项目计划采用有机种植和生态养殖技术，虽然初期投入较高，但长期来看能够降低成本并提高产品附加值。

创新能力：项目团队计划引入现代营销手段，如社交媒体推广和在线预订系统，以吸引更多游客。

（5）供应链和市场渠道。

供应链：项目将优先采购当地农产品，支持当地农业发展，同时减少运输成本。

市场渠道：项目计划与旅行社合作，建立稳定的客源渠道，并开发线上平台进行直销。

定性分析结论：根据上述分析，项目团队认为“绿色山谷”生态农业旅游项目具有良好的市场前景和政府支持，预计项目启动资金需求量为800万元。资金将主要用于基础设施建设、环境整治、农业技术改造和市场推广。项目团队将进一步通过定量分析来细化资金需求，并制订相应的融资计划。

2. 定量预测法

定量预测法是基于历史数据、数学模型和统计分析，对融资需求进行更精确预测的方法，适用于数据丰富且市场相对稳定的环境。常见的方法有时间序列分析法、资金习性预测法和销售比率法等。

（1）时间序列分析法。

时间序列分析法是基于历史数据，假设数据的变化趋势会在未来延续，通过对过去一段时间内农村项目融资相关数据（如融资额、资金流入流出量等）的分析，识别数据中的长期趋势、季节性波动、周期性变化和不规则变动等成分，进而对未来的融资需求进行预测。

【例4-2】假设某农村农产品加工企业过去5年的融资额（单位：万元）分别为100、120、130、140、150。现使用简单移动平均法（以3年为周期）来预测下一年的融资需求。

计算步骤：

首先计算移动平均值。第4年的3年移动平均值为（120+130+140）/3=130，第5

年的 3 年移动平均值为（130 + 140 + 150）/3 = 140。

观察移动平均值的变化趋势，发现呈现上升趋势，且每年增长约 10 万元。

因此，预测下一年（第 6 年）的融资需求为万元（这里只是简单示例，实际应用中可能需要结合更多因素调整预测结果）。

（2）资金习性预测法。

资金习性预测法是根据资金习性，即资金的变动与业务量（如农产品产量、农村项目服务量等）之间的依存关系来预测融资需求。资金习性一般分为不变资金、变动资金和半变动资金。不变资金是指在一定的业务量范围内，不随业务量变动的资金，如农村项目的固定资产折旧等；变动资金是指与业务量成正比例变动的资金，如原材料采购资金等；半变动资金是指虽然受业务量影响，但不成正比例变动的资金。通过对历史数据进行回归分析等方法，可以将资金划分为这三种类型，建立资金习性模型：

$$Y = a + bX \tag{4-1}$$

其中，Y 为资金需求量，a 为不变资金，b 为单位业务量所需的变动资金，X 为业务量。然后根据预测的业务量来计算融资需求。

（3）销售比率法。

销售比率法是基于农村项目资金需求与销售收入之间存在相对稳定的比例关系这一假设进行融资需求预测。它认为农村项目的资产、负债等项目与销售收入之间存在一定的函数关系，通过确定这些项目占销售收入的比率，结合预测的销售收入来计算融资需求。

【例 4－3】某农村特色农产品加工企业，过去一年的销售收入为 800 万元，资产总额为 600 万元，负债总额为 300 万元。预计今年销售收入增长 25%。假设该企业各项资产、负债与销售收入的比例保持不变，且销售净利率为 15%。请用销售比率法预测该企业今年的资金需求量。

计算步骤：

首先，计算资产增加额，资产增加额 = 预计销售收入 × 资产与销售收入比率 − 资产总额

资产增加额 = 1000 ×（600/800）− 600 = 750 − 600 = 150（万元）

其次，计算负债增加额，负债增加额 = 预计销售收入 × 负债与销售收入比率 − 负债总额

负债增加额 = 1000 ×（300/800）− 600 = 375 − 300 = 75（万元）

再次，计算净利润，净利润 = 预计销售收入 × 销售净利率 = 1000 × 15% = 150（万元）

最后，计算资金需求量，资金需求量 = 资产增加额 − 负债增加额 − 预计净利润

资金需求量 = 150 − 75 − 150 = −75（万元）

这表明该农产品加工企业在现有销售增长情况下，不仅不需要额外融资，还会有资金剩余。原因是企业在销售收入增长的同时，资产和负债的增长以及利润的增加使企业内部资金能够满足自身发展需求。

（二）融资风险评估

项目融资管理需要考虑的第二个重要因素就是融资风险。融资风险是指项目在筹集资金过程中以及筹集后，由于各种因素导致实际融资成本与预期成本出现偏差、资金无法按时足额筹集、资金使用效益达不到预期目标或者无法按照约定偿还资金本息等情况，从而使企业或项目面临经济损失、财务困境甚至破产威胁的可能性。

对于一般企业融资来说，融资风险是企业经营较常会面对的一个风险之一，包括经营不善引发的融资风险、利率变化带来的融资风险、融资结构不合理带来的融资风险、过度负债带来的融资风险等，对于农村融资来说，除了存在上述一般企业融资有的融资风险外，农村融资中还存在其独特的融资风险，包括自然灾害风险、思想认识风险、管理操作风险、无抵押担保的风险等。

1. 农村项目融资中的融资风险类型

（1）自然灾害风险。

农村融资项目主要是用于养殖业、种植等农业生产投入，农业生产当中客观存在着回收周期长、投资效益低、经营风险大等问题，农业生产季节性比较强，受自然影响比较重，有较强的依赖性等特点，导致农业成为一种低收益、高风险的弱势产业。一旦投资的农业生产遭遇某种危害较大的自然灾害，那么轻则减产减收，重则可能颗粒无收，这便会造成农民这一弱势群体存在不能定期归还贷款的风险，导致农村融资中隐含着巨大的风险。

（2）无抵押担保的风险。

信用贷款和保证贷款占农村信贷的绝大部分，特别是小额信用贷款与联保贷款业务的试点，使信用和保证贷款的比重进一步提高。抵押、质押贷款虽然较信用和保证贷款的风险防御能力高，但由于农村信贷通常额度低、期限短且农村抵押物、质押物种类较少，所以使用抵押和质押担保方式的频度较低。农户或农业组织目前的财产主要有土地使用权、宅基地使用权、房屋、生产性固定资产和耐用消费品等，但这些财产在构成担保物的要素上均存在一定缺陷，导致因缺乏担保物而无法获得金融机构的信贷支持。

（3）管理操作风险。

农村金融机构在评定信用户时，对其资产、经济、信誉等情况等个人信息可能直接从村社或村干部处获取，再根据以往的经验来推算借款人可能的融资额度，但这样的信用评估必然会受到各方面主客观因素的影响，对多数借款人的信用程度、还款能力以及项目投资风险等内容，很难做出一个十分准确的评价。有些信贷人员在办理农户融资手续时甚至审查失误，未能严格执行相关的规定。例如，在联户担保贷款中，当担保人未到场，而其签字、印章、手印全由融资农户进行操办的情况，这些贷款假如逾期，极其容易导致责任落空从而造成一定的风险。

（4）思想认识风险。

中国广大农村，各地区农业经济的发展水平以及农民自身素质的差异，导致各地农村融资进行投资的风险存在差异。例如，部分落后地区急于模仿先富起来的地区的生产品种，而不是根据当地的实际情况制订投资计划，匆忙融入资金进行农业性生产投资，以尽快实现脱贫致富，但是由于缺乏对投资风险和市场信息的认识，从而容易导致债务负担，造成一定的融资风险。此外，有些农户甚至把农户贷款，尤其是农村小额贷款理解为政府政策扶持和救济的资金来源，导致农户盲目融资，造成贷款风险。

2. 融资风险的评估

农村融资风险评估是对农村地区企业、项目或个人在筹集资金过程中面临的各种风险进行识别、分析和评价的过程。由于农村经济的特殊性，如农业生产的自然依赖性、农村市场的相对不稳定性以及农村资产的特殊性质等，农村融资面临着与城市融资不同的风险因素。准确的融资风险评估对于农村融资主体和金融机构都至关重要，其有助于提前发现潜在风险，合理制定融资策略，保障农村金融活动的稳定和可持续发展。其评估方法和一般企业融资风险评估方法较为类似，通常包含定性评估方法和定量评估方法两种类型。

（1）定性评估方法。

定性评估方法是基于知识和经验的分析方法，依靠专家的经验和直觉进行评估，通常用于对农户或农村企业的融资风险进行初步评估和分级。这类方法主要包括：

小组讨论法：召集相关方面人员，对融资事项的具体情况进行讨论和分析，评估风险的大小和可能性。

问卷法：设计问卷，针对风险评估的内容和要求，向相关对象进行调查，了解具体情况和意见。

访谈法：邀集有关人员座谈，就融资风险的各项具体问题展开讨论，以获取风险决策资料。

专家调查法：组织专家召开会议，通过头脑风暴、德尔菲法等方法，集中专家意见，对风险进行识别和评估。

（2）定量评估方法。

定量评估方法则是借助数学计量模型，对影响融资风险的各种因素进行量化分析，以确定风险的级别和潜在损失。这类方法主要包括：

层次分析法（AHP）：在农村融资风险评估中，层次分析法首先要构建一个合理的层次结构模型。目标层是农村融资风险评估的总体目标，准则层一般包括自然风险、市场风险、信用风险、操作风险等常见的风险类别。用于确定不同风险因素对整体风险的贡献程度。通过构造判断矩阵来确定各层次元素之间的相对重要性权重。在判断矩阵中，专家需要对每两个因素进行比较打分。结合各风险因素的得分，就可以计算出农村电商融资项目的综合风险得分。

情景分析法：通过设定不同的情景来分析农村融资项目在各种可能情况下的风险状况。在确定情景后，需要对每个情景下的关键变量进行估计，如销售收入、成本、利率等，并根据这些变量计算相应的融资指标，如偿债能力指标、盈利能力指标等。

风险矩阵法：将农村融资风险的可能性和影响程度分别划分为不同的等级，并构建一个矩阵来评估风险的大小。首先根据历史数据、专家经验或统计模型来确定需要确定风险可能性的等级划分标准，将每个风险因素按照其可能性和影响程度放入风险矩阵中对应的位置，从而确定风险的等级。

本章小结

本章围绕农村融资管理展开，涵盖农村融资概述、农村组织融资管理、农村融资政策及农村项目融资管理等内容。先是介绍了农村融资的基本概念、特点、常见渠道，明确了农村融资主体及目的。接着深入剖析农村各类组织的融资管理，包括农村集体经济组织、农民专业合作社、家庭农场及农村小微企业的融资需求、特点及现状。随后阐述了农村融资政策，包括财政补贴政策、金融机构支持政策等及其对农业组织的影响。最后探讨了农村项目融资的主要模式、融资需求分析及风险评估方法。通过这些内容，全面系统地阐述了农村融资管理的关键要点，为农村经济发展提供了理论和实践指导。

思考讨论

1. 农村金融市场的发展对乡村振兴有哪些影响？
2. 金融科技将如何改变农村融资的模式？有哪些挑战和机遇？
3. 农村融资如何支持可持续发展和绿色农业？
4. 如何平衡农村融资的经济效益与环境效益？

相关链接

1. 天水党建．天水市出台金融支持村集体经济发展贷款实施方案［EB/OL］．(2023－10－20)［2024－11－01］．https：//mp. weixin. qq. com/s? __biz = MzIyOTE4MjM3 Mw = = &mid = 2650607555&idx = 3&sn = 28e676170155d2e0d38d5deeeb6987d4&chksm = f04f3109 c738b81ff4be1a330c2ff5fc2be9e93144695fd34497584249d1fa2d8d864bbdc884&scene = 27.

2. 杨丽臣，胡齐轩，李正旺．家庭农场的融资困境分析与融资方式创新［J］．山西农经，2023（06）：189－192.

3. 蒲文彬．全面推进乡村振兴背景下我国家庭农场高质量发展的路径研究［J］．贵州师范大学学报（社会科学版），2023（02）：89－99.

4. 黄小平，陈海灯．农村金融财政补贴政策问题研究——基于四川省实践的调查分析［J］．农村金融研究，2020（02）：43－52.

5. 华经观点．2023 年中国农业保险行业发展现状及竞争格局分析［EB/OL］．(2023－05－19)［2024－11－01］https：//www. huaon. com/channel/trend/896523. html.

6. 新吴区农业农村局．2021—2023 年农机购置补贴政策实施解读［EB/OL］．(2021－03－19)［2024－11－01］https：//www. wnd. gov. cn/doc/2021/03/19/3561802. shtml.

7. 朝阳市农业农村局．关于征求《朝阳市 2023 年新型农业经营主体培育项目实施方案》意见的函［EB/OL］．(2023－08－18)［2024－11－01］．https：//nyncj. chaoyang. gov. cn/html/CYSNW/202308/0170382698467069. html.

8. 上海市农业农村委员会．关于做好 2023 年中央财政新型农业经营主体培育项目的通知［EB/OL］．(2023－10－20)［2024－11－01］．https：//nyncw. sh. gov. cn/vnycyh/20231020/27f2c42f6ab8474f9853961ffa4 cd2c8. html.

9. 高萍．央行等五部门发文加强金融支持乡村全面振兴：发挥支农支小再贷款等货币政策工具激励作用支持符合条件种业企业上市［EB/OL］．(2024－08－05)［2024－11－01］．https：//news. qq. com/rain/a/20240805A09TEI00?suid = &media_id.

10. 农业农村部财会服务中心．信贷直通车驶出惠农新速度，授信金额突破 5 000 亿元［EB/OL］．(2024－07－08)［2024－11－01］．https：//www. ckzx. agri. cn/cxwdt/202407/t20240708_443899. htm.

11. 石睿．2022 年我国农业保险提供风险保障逾 5 万亿元［EB/OL］．(2023－02－07)［2024－11－01］．https：//www. chinanews. com. cn/cj/2023/02－07/9949031. shtml.

12. 辽宁省财政厅．辽阳市财政局“三个聚焦”推进县域经济高质量发展［EB/OL］．

(2025－01－14) [2025－02－14]. https://czt.ln.gov.cn/czt/zxzx/czxw/2025011517540053231/index.shtml.

13. 郑春美，唐建新，汪兴元. PPP模式在我国农村基础设施建设中的应用研究——基于湖北宜都农村水利设施建设的案例分析 [J]. 福建论坛（人文社会科学版），2009(12)：23－27.

14. 福建省资源环境处. 省财政厅持续安排资金支持农村生活污水治理 [EB/OL]. (2023－03－22) [2024－11－01]. https://czt.fujian.gov.cn/ztzl/sdgjz/202303/t20230323_6135570.htm.

15. 卢瑞. 农业农村领域专项债谋划要点 [EB/OL]. (2022－09－13) [2024－11－01]. https://www.sohu.com/a/584168719_120048459.

16. 市场资讯. 湖州市2024年度绿色金融产品服务创新案例展示 [EB/OL]. (2025－01－17) [2025－02－14]. https://finance.sina.com.cn/esg/2025－01－17/doc－inefhrnv5145503.shtml.

17. 杜娟，冯建奎，唐联鹏.《关于政策性金融支持全域土地综合整治的通知》印发保障全域土地综合整治资金需求 [EB/OL]. (2024－09－21) [2024－11－01]. https://news.dayoo.com/guangdong/202409/21/139996_54721029.htm.

18. 刘月姣. 四种投融资模式为现代设施农业注入资金"活水" [EB/OL]. (2023－07－26) [2024－11－01]. http://journal.crnews.net/ncpsczk/2023n/d13q/gz/956535_20230726015104.html.

第五章　农村项目投资管理

课程思政

1. 引导学生树立正确的职业观、价值观和道德观，有强烈的爱国意识和社会责任担当，在决策时关注项目对农村就业、农民增收、环境改善等方面的影响，推动企业与农村共同发展，助力乡村振兴。

2. 夯实学生可持续发展意识，促使其在项目选择、分析与评价中，注重资源节约和环境保护，实现农村经济与生态协调发展。

3. 激发学生创新意识，培养其合作精神，鼓励学生在项目投资管理中整合资源、创新投资模式、运营机制和技术应用，提升项目竞争力，为农村经济注入新活力。

学习目标

1. 熟悉投资类型分类，掌握项目投资决策方法，了解农村项目投资内涵、种类和特点。

2. 精准把握农村项目投资估算构成，熟练运用建设投资、建设期利息和流动资金估算方法。

3. 掌握农村项目盈利能力、偿债能力相关指标的内涵、计算方法和使用规则，理解财务生存能力的评价方法与指标。

内容简介

本章主要聚焦农村项目投资管理，在介绍投资类型与决策方法基础上，剖析农村项目投资的内涵、种类和特点。详细讲解项目总投资构成及建设投资、建设期利息、流动资金的估算方法，深入探讨投资决策评价指标，如盈利能力、偿债能力和财务生存能力等指标的含义及测算和使用规则，为农村项目投资提供全面的知识体系和决策依据。

导入案例

尹家峪田园综合体项目："绿水青山"与"金山银山"的珠联璧合

尹家峪，一个位于山东省临沂市沂水县泉庄镇的小乡村，素有"林果之乡""蜜桃之乡"和"长寿之乡"之称。2014 年前，这里还是一座杂乱的荒草山，人均耕地少，生活水平低，村民靠天吃饭，日子异常艰难。2014 年底尹家峪村党支部带领创立了金龙山农业合作社，通过土地流转的方式整合了 1781 亩土地，经过翻地、施肥、修路、选种，最终确定要打造最具品牌价值的有机晚熟蜜桃生产基地。

如今，该村是全国农村产业融合示范村、中国乡村旅游模范村、省旅游特色村。金龙山蜜桃获得了"中国、美国、欧盟"三个有机产品认证，产品销往"北上广深"一线城市，品牌营销已远渡重洋，2024 年，合作社分红 426 万元，人均分红 15 万元。10 年时间，尹家峪从一个负债 40 万元的穷乡僻壤发展成为年接待游客超 200 万人次的繁华景区。

山村巨变：得益于田园综合体

尹家峪田园综合体规划面积 38 平方千米，约 57 000 亩，由临沂城市发展集团投资 20 余亿元分三期打造。项目以振兴乡村经济发展为战略目标和方向，坚持生产、生活、生态"三生同步"，一、二、三产"三产融合"，农业、文化、旅游"三位一体"的发展理念，坚持让农民充分参与和受益，坚持用实际行动践行绿水青山就是金山银山理念，以"齐鲁样板、全国领先、百年传世、共享振兴"为定位，以 AAAA 级景区天上王城和东汉崮为依托，以项目地农田、山体、水系等资源为基础，以生态休闲度假为主题，通过打造连接天上王城、东汉崮的特色交通方式，营造七彩药花谷生态主题环境等方式，将项目地打造成一个集农旅生产、农业生态观光、农业休闲度假、特色购物、休闲游乐等功能于一体的特色鲜明、宜居宜业宜游、惠及各方的农旅景区依托型田园综合体。

产业结构：一心一廊三带九区

尹家峪田综合体坚持以林果种植为核心，2021 年投资建设果品加工示范基地、研发中心、仓储物流中心及农产品交易中心等，将全镇乃至周边地区的果品产业链条搭建起来，打造"尹家峪"品牌。

同时，在 5 万多亩的土地上，综合体一期工程打造了五个主场馆，规划建设了索道、玻璃廊道及悬空小火车等配套设施，实现与东汉崮景区、天上王城景区之间的交通转换，串联起七彩崮园、东汉崮、天上王城三大景区，造就了宜居、宜业、宜游的田园综合体新业态，从而实现区域产业结构的全面升级。一头挑起“绿水青山”，一头挑起“金山银山”。

如今这里有高达90余个综合体验项目的航空航天“博物馆”，以湖南卫视十大知名IP为原型打造的室内体验乐园，以台湾各地风情为主要体验元素搭建的台湾风情体验馆，有高科技农业展示的空中草莓、鱼菜共生，还有智能化的科技民宿、橘子布美学体验馆，有着“桃之夭夭灼灼其华”的崮乡百桃种植园等众多项目，可以满足不同年龄段的游客需求。

运作模式：企社合作、七位一体

通过实施“七化一体”发展模式和“企业＋合作社＋金融机构”多层分配收益模式，推动了当地乡村振兴和农业农村现代化进程，为尹家峪带来了繁荣和发展，也为其他地区提供了宝贵的经验和借鉴。

通过“一心一廊三带九区”的规划布局，打造成了一个集生态观光、休闲度假、康体养生、特色购物、休闲游乐等功能于一体的特色鲜明、宜居、宜业、宜游的国内知名田园综合体。

“企业＋合作社＋金融机构”，实践多层分配收益模式：整合项目地20个村庄，人口2.3万，7 100户，贫困人口1 000多人，约900户，约4万亩的农民桃园，进行社会化平台管理，实现社会化服务于农民，联合金融机构对桃园进行投资，实现资本运作，改良提升现有桃子品种，做到一年四季有桃。对整合的桃园以企业、合作社、金融机构三方合作的模式进行统一管理、培训，对鲜桃通过不同渠道（鲜果市场、深加工企业、网络等）保底销售，不流转农民的土地，保障农民各项收入每年递增，保障贫困户稳定脱贫，在此基础上做大做强桃产业，形成桃产业链的稳步发展。

“七化一体”，探索乡村振兴发展新路：尹家峪田园综合体重视农民增收，农村发展，坚持社企一体、村社共兴，用有机的标准生产高端农产品、用可追溯的手段控制质量、用管理企业的理念发展现代农业、用互联网的思维营销市场，走出一条土地股权化、生产有机化、质量可追溯化、经营电商化、管理企业化、扶贫精准化和农旅一体化“七化一体”的乡村振兴新路径。

做市场，提炼品牌升级方法新招：尹家峪田园综合体重视市场开发，将宣传推广贯穿始终，坚持用市场化思维运营整个项目，实行线上平台推广、线下实地推广、微信网站推广、电视广播推广、产品包装推广立体式推介。

未来可期：“尹”为有你、家峪更美丽

在新媒体时代，尹家峪紧跟潮流，在线上平台（微信公众号、头条号、抖音、快手等）制作《梦回崮乡》微电影、《感恩尹家峪》《亲亲你的酒窝》歌曲及MV等多媒体内容，以及《走进尹家峪》和《临沂·尹家峪田园综合体》宣传片，与山东广播电视台等主流媒体合作，举行战略签约和暑期市场启动仪式，全方位展示尹家峪的美丽风光和独特魅力。2021年尹家峪田园综合体亲子游新媒体整合营销推广活动入选全省文旅企业网络营销优秀案例。

同时在线下与芒果超媒达成合作，打造“快乐芒果”IP体验乐园，围绕湖南卫视“快乐大本营”“天天向上”等节目IP展开主题体验乐园落地合作。2020年成功在上海召开尹家峪田园综合体品牌发布会，被109个媒体或平台转发新闻，取得了较好的社会推广宣传效益。

同时，举办各类主题活动如重阳节“重阳敬老”活动、2021沂蒙花开音乐节、2021边界现场艺术季、2023沂水桃花艺术节、2024筑梦星空夏令营等，吸引了大量游客前来观光旅游，进一步推动了当地旅游业的发展。

资料来源：根据网络公开资料整理。

第一节　农村项目投资概述

一、投资的类型

（一）直接投资与间接投资

直接投资又称生产性资产投资，是指投资者将货币资金等要素资源直接投入项目或者购买现有项目或企业等投资标的物，形成实物资产直接参与或控制生产运营的活动，常见的如维持投资者现有经营和降低成本有关的重置性投资、与现有产品和市场以及新产品新市场有关的扩充性投资等，直接投资既涵盖对现金、厂房、机械设备、交通工具、通信设施、土地等有形资产的投入，也包含对专利、商标、咨询服务、土地使用权等无形资产的投入。间接投资又称证券投资，是指投资者为维持特定经营目的或获取投资收益而买卖股票、债券、票据等有价证券的投资行为。

（二）短期投资与长期投资

短期投资又称流动资产投资，是指能在一年或者一个经营周期内收回的投资。简单来说，就是投资人利用暂时闲置的资金，去购买随时能够变现的有价证券，以及投资期限不超过一年或一个经营周期的其他投资项目，以此获取比银行利息更高的收益。有价证券包含各类股票和债券，如购买其他股份公司发行的股票，以及政府、其他企业发行的国库券、国家重点建设债券、地方政府债券和企业融资债券等。其他投资则是指企业向其他单位投出材料、存货、应收款项等。短期投资具备以下特点：（1）投资目的在于获取高于银行利息的收益；（2）必须随时能够变现，以满足投资人资金需求；（3）投资所承担的风险要控制在最低限度。长期投资是指不打算随时变现，投资期限超过一年的投资。长期投资有广义和狭义之分。广义的长期投资涵盖了投入财力、物力，期望获取投资回报的所有行为，包括对内投资和对外投资。狭义的长期投资仅指投资人的对外投资行为，也就是向那些并非直接服务于投资人自身企业或项目的资产项目进行投资。总体而言，长期投资周期长、投资金额大、风险较高，对投资者的未来发展往往有着重大影响。其投资目的并非获取资产再出售的收益，而是为了使用这些资产。有些投资人投资其他公司，主要是为了控制其经营和资产，从而为自身创造价值，而非单纯获取股利。

（三）战术性投资与战略性投资

战术性投资通常是指对投资者整体发展走向不会造成决定性影响的投资行为。此类投资往往聚焦于企业运营中的局部层面，如削减产品生产成本、增强产品品质等。其资金投入规模相对较小，投资周期也较短，对投资人的财务状况不会产生过大的波动影响。在企业实际运作中，这类投资一般由中低级别的管理者发起，只要获得高级管理者的批准，便能付诸实践。而战略性投资则截然不同，它是关乎投资者命运走向、未来发展前景，对整体布局有着关键影响力的投资活动。战略性投资需要大量的资金投入，回收周期漫长，同时伴随着较高的风险。正因如此，它通常需要经过一套严谨、复杂的投资决策流程，才能最终确定是否实施。

（四）独立性投资与相关性投资

独立性投资是指无论其他投资项目最终是否被接纳，都不影响其独立开展的投资。其显著特点在于，该投资的成本支出以及收益获取，不会因为其他投资项目的取舍而发生变化。相关性投资则是指在投资者筛选投资项目的过程中，采纳或者舍弃某一个投资项目，会对另一个投资项目产生明显影响。相关性投资又进一步细分为互补性投资和互斥性投资。互补性投资是指两个投资项目相互配合，能产生协同效应，共同促进投资收益的提升；互斥性投资则是指两个投资项目不能同时进行，选择其中一个就必须放弃另一个。

二、项目投资的决策方法

项目是特定组织为实现既定的目标，在有限的时间、人力和资源约束条件下所开展的一种具有一定独特性的一次性工作。它具有临时性、周期性、目标性、约束性和系统性等特征。投资决策就是评价投资方案是否可行，并从诸多可行的投资方案中选择要执行的投资方案的过程。由于一个项目的投资不可重来，因此，科学的决策方法就十分重要。根据不同角度，决策有不同类型：

按决策问题的重要性，决策可以分为战略决策、管理决策和业务决策。战略决策着眼于组织的发展与生存，处理的是全局性、战略性的重大问题；管理决策是为达成战略决策目标而实施的战术性决策；业务决策则是依据管理决策要求，针对管理过程中具体问题作出的决策。

按决策问题出现的重复程度，决策可分为程序化决策和非程序化决策。程序化决策针对频繁出现的问题，可依据过往经验、成熟方法和固定步骤来开展；非程序化决策针对临时或偶然出现的问题，需采用全新的方法和步骤。

按决策方式的不同，决策可分为数量决策和非数量决策。数量决策的方案能用数学形式展现，可借助数学模型进行深度分析；非数量决策的方案难以用数学方式表达，主要依赖决策者的定性分析判断。

按是否考虑资金的时间价值，决策可分为贴现法和非贴现法两大类。贴现法又称动态分析方法，依据时间价值原理对投资方案进行评估分析，主要有净现值法、净年值法、净现值率法、内含报酬率法和动态投资回收期法等。非贴现法又称静态分析方法，是按传统会计观念，不考虑时间价值因素，对投资项目方案进行评价和分析的方法，主要包含静态投资回收期法、平均会计收益法和平均报酬率法。

按决策人掌握未来事件信息的完备程度，决策分为确定性决策、风险性决策和不确定性决策三种类型。确定性决策又称常规性决策，是指在稳定（可控）条件下进行的决策，决策者确切知道方案发生的自然状态，且每个方案只有一个确定的结果。一般来说，确定性决策是对经常出现，又有一定处理规范，有章可循问题的决策，由于确切知道各种决策方案可能面临的自然状态以及每种状态下的结果，因此决策者只需在特定的已知状态下寻求最佳方案，对决策后果很有把握。确定性决策的常用方法有线性规划法、整数规划法、动态规划法和本量利分析法等。风险性决策是指每种方案都面临几种不同的可能状态，但状态未来发生的概率是已知或可知的，因而决策方案是在综合考虑了未来多种可能状态之后予以确定。在风险型决策中，决策者并不确切知道哪一个自然状态（事件）未来一定发生，而只是根据经验、以往统计资料等信息，设定或估算出事件发生的概率，并据此进行决策，其常用决策方法有期望值准则、全情报价值、贝叶斯决策、决策树和敏感性分析等方法。不确定性决策则是指每个方案都有几种有所不同的可能结果，且这些结果发生的概率也全然无知或无法得知。在这种情况下，只知道几种自然状态可能发生，但并不知道这些状态发生的概率，因而不能运用风险型决策模型，这时很大程度上要依靠决策者的决策偏好进行决策。其常用的决策方法有悲观主义决策准则、乐观主义决策准则、折中主义决策准则、最小后悔值准则和等可能性准则。

三、农村项目投资的常见种类与特点

（一）农村项目投资的内涵

农村项目投资是指投资主体为了实现一定的经济、社会或生态目标，将一定数量的资本、知识、技术、管理、经验等要素资源投入农村地区特定项目中，通过对项目的策划、建设、运营等活动，在预定的时间和空间范围内达到预期效益的一种扩大再生产的经济行为。这些项目涵盖农村的农业生产、农村基础设施建设、农村产业融合发展、农村生态环境保护、农村社会事业发展等多个领域。作为农村项目投资，应符合以下标准：

（1）扩大再生产的经济行为。投资项目并非维持简单再生产的日常费用支出，如种子、化肥等，而是通过增量投入，增加生产手段，改善生产条件，提升农业综合生产能力，推动农村高质量发展的扩大再生产行为。

（2）明确的建设内容与效益目标。投资项目需立即实施，建设内容必须具体，如修建农村道路的公里数、梯田的亩数、机井的数量、果园的种植面积、扬水站的修建数量等。同时，投资项目的效益目标要明确，不能仅用脱贫致富、增产增收等定性弹性指标，而应明确参与项目的农民人均收入提升幅度，项目增产农产品的具体数量，以及为国家增加的国民财富等。这些项目指标应是刚性的、数量化的，以便指导投资项目的实施和效果检查，达成强国富民的目标。

（3）确定的区域范围和建设起止时间。农村项目投资需明确投资、生产、获益的时间顺序，有特定的地理位置和明确的地区范围。例如，农业水利灌溉项目，要遵循投资打井、修渠、灌溉用于农业生产并获得效益的逻辑顺序，明确灌溉受益地区范围和对象，还要有明确的建设起止时间，以确保在计划期间内完成，否则项目投资效益可能难以保证甚至失败。

（4）一定数量参与或获益的农户。具备可持续发展潜力的农村项目，离不开一定规模数量农户的深度参与并从中切实获益。在同一项目的经济活动体系内，农户基于同质性的经济利益诉求，涵盖个体经济利益与集体经济利益的有机融合，形成协同合作的经济行为模式。以低洼易涝地及坑塘的生态化改造与渔业综合开发项目为例，通过对项目区的水利设施优化、生态环境修复以及养殖技术应用，实现了土地资源的高效利用与生态系统的良性循环。改造后，农户凭借科学的渔业养殖模式，显著提升了经济收益水平；同时，废弃土地实现了资源化利用，土地综合生产率大幅提高，为社会提供了更为丰富的水产品供给，有力地促进了区域农业产业结构的优化与经济的多元化发展。在该项目的实施进程中，当地农户基于理性的成本—收益分析与风险评估，自主选择参与项目，并以利益共同体的形式，共同承担项目建设、运营过程中的全部责任与市场风险，通过有效的组织协调与资源整合，确保项目按照既定的目标与规划有序推进。

（5）可靠的投资资金来源和切实可行的投资计划安排。投资项目资金的筹集、分配、运用、管理是投资项目管理的核心问题。农村项目要实现稳健推进与可持续发展，具备可靠的投资资金来源以及科学合理、切实可行的投资计划安排是基本前提。在项目投资的理论与实践中，资金是项目启动与运行的“血液”，没有资金的有效投入，投资项目便无法开展。投资项目资金的全生命周期管理，包括资金的筹集策略制定、分配方案优化、运用过程监控以及管理机制构建，构成了投资项目管理的核心议题。

（6）明确的投资主体和健全的组织管理机构。投资主体是投资决策者、效益享受者和风险承担人，也是项目的核心驱动力，肩负投资决策、效益享有与风险承担的多重责任，应充分考量宏观经济走势、行业动态以及项目所在地的资源禀赋与市场需求，制定出科学且具前瞻性的投资策略。而健全科学的项目组织机构是保障项目高效运转的基石，要依据项目规模、性质和业务流程，科学设计组织架构，明确各部门职责，运用项目管理成熟度模型等先进理念，结合关键路径法、看板管理等方法，加强项目进度、成本、质量管控，并通过定期的项目复盘与沟通协调会，及时解决项目推进中的问题，确保项目目标顺利达成。

（二）农村项目投资的种类

农村项目投资按照不同标准可以划分为不同的种类：

按总投入量规模大小，农村项目投资有大型项目、中型项目、小型项目之分。大中小是相对概念，会因生产力水平发展程度不同而有所差异。在农村经济发展进程中，大型投资项目凭借大规模资本投入、前沿技术引入和先进管理模式应用，以产业关联效应和乘数效应为内在驱动，推动农村产业结构的深度变革与优化升级，促进产业融合发展。中型项目通过精准且适中的资源配置，有效促进区域经济稳步增长，平衡地区发展差异。小型项目凭借灵活的资金运作、创新的经营模式以及对利基市场的精准把握，以创业带动就业，为农村经济发展注入活力。无论规模大小，它们均属于扩大再生产的投资行为，通过农村项目投资，不断挖掘农村经济的潜在增长动力，实现资源的优化配置，推动农村经济沿着高质量发展路径向更高水平迈进。

按投资使用性质，可分为新建、改建、扩建、重建、迁建、更新改造等不同用途的农村项目投资。新建项目投资是指对全新项目的投资；改建扩建项目投资是指在原有基础上对项目进行增补而发生的投资，如扩大乡镇企业规模的投资；重建项目是指报废工程的恢复建设，如大型水利灌溉工程因自然或人为原因报废而重新修复；迁建项目是指由于项目改换地区而发生的投资，如奶牛场从某一地迁至另一地；更新改造项目是指原有项目的更替和内涵扩大而发生的投资，如原有乡镇企业的更新改造。

按投资形成的结果，分为有形项目投资和无形项目投资。有形项目投资的成果体现为能直接增加农业生产经营进程中固定资产存量的物质形态，如现代化农业园区综合设施构建、先进农业机械设备添置、水库水渠修建以及农用公路、电网和通信网建设等，这些投资创造物理空间、提升生产效率、保障灌溉与资源调配，促进生产要素流通整合，推动生产规模扩张和效率提升。而无形项目投资聚焦于难以用物质形态衡量却至关重要的要素投入，如兴办农业教育、培训干部和农民提升人才素质与从业者技能等，这类投资虽未形成有形固定资产，但在农业扩大再生产中发挥不可替代的关键作用，成为推动农业经济持续健康发展的隐形引擎。

按照投资使用的途径，可分为农业项目、基础设施项目、农村生态环保项目、农村社会事业项目和农村旅游项目等农村项目投资。农业项目投资以农业自然资源和劳动力为基础，运用现代科技、管理理念和经营模式，优化拓展农业生产、加工、销售等环节，旨在提升农业综合生产能力，促进农业增效、农民增收，推动农业现代化与可持续发展，是农村经济发展的核心动力，对保障粮食安全和提升农村经济活力意义重大，主要包括种植养殖、林业、农副产品加工和农业科技示范与推广等。农村基础设施项目投资主要聚焦于农村生产、生活和社会发展等基础性物质条件的建设和运营，涵盖交通、水利、能源等领域。农村生态环保项目投资以维护农村生态平衡、提升居民生活环境质量为目标，运用工程、生物和管理手段，通过农村垃圾处理、污水处理、生态修复等举措，全方位保护与修复农村生态环境，保障自然资源合理利用和农业生产可持续性，包含农村垃圾处理、污水处理和生态修复等项目的投资。农村社会事业项目投资旨在满足农村居民教育、医疗卫生、文化等基本需求，提升居民生活质量与综合素质，促进农村社会全面进步，包含教育、医疗、卫生和文化等项目的投资。农村旅游项目投资主要依托农村自然风光、民俗文化、农事活动等资源，合理开发整合，打造乡村特色旅游产品与服务，吸引游客体验消费，实现农村经济增长、农民增收和产业结构优化升级，包含休闲农业、乡村旅游景区建设等。

（三）农村项目投资的特点

农村项目投资是推动农村经济发展、实现乡村振兴的关键动力，其特点紧密依托农村的自然、社会和经济环境，与农业生产特性相互交织。深刻理解这些特点，对精准把握项目投资评估重点、作出科学合理的投资决策具有重要意义。

1. 产业融合性与综合性

农村项目投资往往涉及多个产业领域，呈现出显著的产业融合性与综合性。农村不仅是农业生产的聚集地，还涵盖农产品加工、农村旅游、农村电商等多元化产业。许多农村项目与周围的自然条件、生态环境紧密相关，常常是一业为主多种经营、植物、动物、微生物生产相互结合、农林牧副渔同时并举。例如，一些农村地区以特色农产品种植为基础，发展农产品深加工产业，将农产品转化为高附加值的商品；同时，依托乡村自然风光和民俗文化，开发乡村旅游项目，吸引游客前来体验，带动餐饮、住宿等服务业发展；还借助互联网平台，开展农村电商业务，拓宽农产品销售渠道。这种一、二、三产业融合发展的模式，能充分发挥农村资源的综合效益，创造更多的经济价值和就业机会。在投资评估时，需要全面考量各产业之间的关联和协同效应，统筹规划投资方向、数量和时间。不仅要关注单个项目的经济效益，还要从农村产业整体布局和国民经济全局的高度，分析项目对农村产业结构优化、产业链延伸以及区域经济发展的影响，实现资源的最优配置。

2. 资源依赖与受限性

农村项目投资对土地、水资源、气候等自然资源的依赖程度极高，同时也受到这些资源的严格限制。土地作为农村最基本的生产资料，具有不可替代、不可增量、不可搬移的特性。在我国，人均耕地面积相对较少，土地资源的合理利用显得尤为重要。无论是农业种植、养殖项目，还是农村基础设施建设、农村工业项目，都需要充分考虑土地的承载能力和利用效率。例如，在进行农村建设用地规划时，要严格遵循节约集约用地原则，避免浪费土地资源；在发展设施农业时，要通过合理设计和布局，提高土地的产出率。水资源同样是农村项目投资的重要制约因素。我国水资源分布不均，部分农村地区面临着水资源短缺的问题。在投资涉及灌溉、养殖等用水量大的项目时，必须高度重视水资源的可持续利用，推广节水技术和措施，例如，滴灌、喷灌等高效节水灌溉技术，以及循环水养殖技术，减少水资源的浪费，确保项目的长期稳定运行。此外，气候条件对农村项目投资的影响也不容忽视。农村地区的气候特点决定了农业生产的季节性和风险性，同时也影响着农村旅游、农村能源等项目的发展。例如，在干旱半干旱地区投资农业项目，需要选择耐旱作物品种，并配套相应的水利设施；在山区发展农村旅游项目，要充分考虑气候对游客出行和旅游体验的影响，合理安排旅游项目和活动时间。

3. 效益波动与风险性

农村项目投资的效益受自然因素、市场因素和政策因素的影响较大，具有较大的波动性和风险性。自然因素方面，农业生产过程中面临着自然灾害、病虫害等风险，如暴雨、干旱、洪涝、台风等自然灾害可能导致农作物减产甚至绝收，病虫害的暴发也会对农业生产造成严重损失。这些自然因素的不确定性，使农村项目投资的效益难以稳定预测。

市场因素方面，农产品市场价格波动频繁，受到供求关系、国际市场、政策调控等多种因素的影响。例如，当某种农产品供过于求时，价格往往会大幅下跌，导致农民收入减少，投资项目的经济效益也会受到影响。此外，农村项目投资还面临着市场需求变化、竞争加剧等风险，如农村旅游市场的需求偏好不断变化，如果项目不能及时适应市场需求，就可能面临经营困境。

政策因素方面，国家对农村地区的政策支持力度和政策导向会直接影响农村项目投资的效益。政府的农业补贴、税收优惠、产业扶持等政策，能够降低农村项目投资的成本，提高投资回报率；而政策的调整或变化，也可能给投资项目带来一定的风险。例如，环保政策的加强可能会对农村养殖项目提出更高的环保要求，增加项目的投资成本和运营难度。

为应对这些风险，农村项目投资要坚持实事求是、因地制宜的原则，根据不同地区的自然条件、市场需求和政策环境，合理确定投资方向、数量和时间。在投资评估时，要加强对项目的风险分析和敏感性分析，预测不确定因素的变化对项目效益的影响，并制定相应的风险应对措施，降低投资风险。

4. 投资周期与效益多样性

农村项目投资的内容广泛，涵盖了农业生产、农村基础设施建设、农村社会事业发展等多个领域，投资周期和效益呈现出多样性。一些农村项目，如大型水利设施建设、农村公路修建等，投资规模大、建设周期长，需要长期持续的投入，但其建成后能够为农村经济社会发展提供长期稳定的支撑，具有显著的长效性效益。这些项目虽然短期内难以产生直接的经济效益，但对于改善农村生产生活条件、促进农村可持续发展具有重要意义。

另一些农村项目，如农产品加工、农村电商等，投资见效较快，能够在较短时间内实现盈利，产生速效性效益。这些项目能够快速带动农民增收致富，促进农村经济的短期增长。

在农村项目投资评估中，要充分认识到投资周期和效益多样性的特点，不能仅以投资回收期的长短来衡量项目的优劣。对于那些对农村长远发展具有关键意义的长效项目，应从战略高度出发，敢于加大投资力度，并采用科学严谨的方法进行评估和管理；同时，要合理搭配长效项目和速效项目，实现投资效益的最大化。例如，可以将农村基础设施建设项目与农产品加工项目相结合，通过完善的基础设施为农产品加工企业提供便利条件，促进企业发展，实现长效效益与速效效益的相互促进。

5. 价格扭曲与政策依赖性

由于历史和现实的多种原因，工农业产品价格存在较大偏差，农村项目投资面临着价格扭曲的问题。一方面，工业品价格相对偏高，导致农村生产生活中的投入成本增加，如农业生产资料、农村建筑材料等价格较高；另一方面，农产品价格相对偏低，农民的收入增长受到限制。这种价格扭曲现象使农村项目投资的经济效益受到一定影响，也导致农村项目投入物和产出物在财务账上的现行价格与真实价值之间存在较大偏差。

为了支持农村经济发展，许多国家政府对农村采取了一系列补贴和扶持政策，如农业补贴、农村基础设施建设补贴、农村产业发展扶持资金等。这些政策在一定程度上缓解了农村项目投资面临的价格扭曲问题，降低了投资成本，提高了投资回报率。然而，这也使农村项目投资对政策的依赖性较强，政策的调整或变化可能会对项目的投资效益产生较大影响。

在农村项目投资评估中，必须充分考虑价格扭曲和政策依赖性的特点。要采用合理的价格评估方法，对项目的投入物和产出物进行价格调整，以反映其真实价值；同时，要密切关注国家政策的变化，及时调整投资策略，降低政策风险。例如，在评估农业项目投资时，可以运用影子价格法对农产品和农业生产资料的价格进行修正，使评估结果更加符合实际情况；在投资决策时，要充分考虑政策的稳定性和可持续性，选择那些能够长期受益于政策支持的项目。

6. 利益相关者众多与复杂性

农村项目投资涉及众多的利益相关者，包括农民、农村集体经济组织、企业、政府等，利益关系复杂。农民作为农村项目的直接参与者和受益者，他们的利益诉求和参与积极性直接影响项目的实施效果。农村集体经济组织在农村项目投资中发挥着组织协调和资源整合的作用，其管理能力和发展理念对项目的成败至关重要。企业作为市场主体，通过投资农村项目获取经济效益，同时也为农村带来了资金、技术和管理经验。政府则在农村项目投资中扮演着政策制定者、引导者和监管者的角色，通过制定政策、提供资金支持和加强监管，推动农村项目的顺利实施。

在农村项目投资评估中，要充分考虑各利益相关者的利益诉求，寻求利益平衡点。既要确保项目能够给农民带来实实在在的利益，提高农民的收入水平和生活质量，激发农民的参与积极性；又要保障投资人的合理利润，使其能够持续投入和发展；还要实现农村集体经济组织的发展壮大，增强农村自我发展能力；同时，政府要通过科学合理的政策引导和有效监管，确保项目符合农村发展的整体利益和长远利益。例如，在农村土地流转项目中，要充分尊重农民的意愿，保障农民的土地权益，合理确定土地流转价格和期限；投资主体要按照合同约定，合理利用土地资源，发展现代农业产业；农村集体经济组织要积极参与项目的组织和管理，协调各方关系；政府要加强对土地流转市场的监管，规范土地流转行为，防止土地资源的浪费和滥用。

第二节　农村项目投资估算

农村项目投资估算是指以农村项目投资具体活动内容为依据，对项目建设期内各种现金流出进行预测，从而为项目融资提供参考的系列活动的总称。要科学估算项目投资，需要了解投资构成，掌握市场行情和估算方法，以尽可能准确估算。

一、项目总投资构成

项目总投资是指投资项目从前期准备工作开始到项目全部建成投产为止所发生的全部投资费用。它反映的是项目建设期末的投资总额，由建设投资、建设期利息和流动资金构成（见图5－1）。

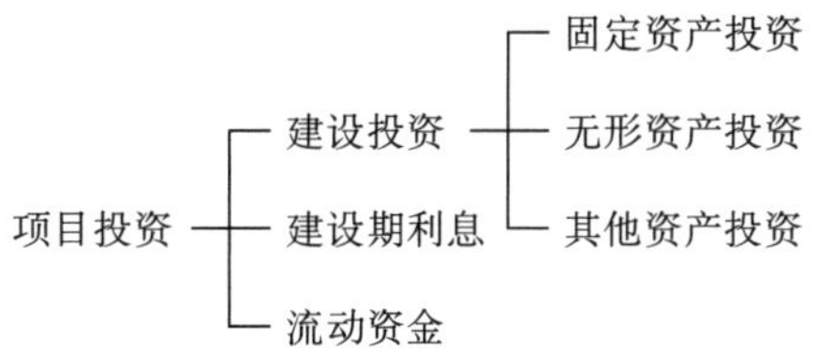

图5－1　项目投资估算构成

（一）建设投资

建设投资是指项目筹备与建设期间发生的各项开支，具体包括固定资产投资、无形资产投资、其他资产投资、预备费。其中，前三项属于建设投资的基本要素，预备费属于派生要素。

1. 固定资产投资

固定资产投资是指项目从开始建设到建成为止的这段时间里用于购置和形成固定资产的投资额。要对固定资产投资进行准确和合理的估算，必须先弄清楚固定资产投资的费用构成（见图5－2）。

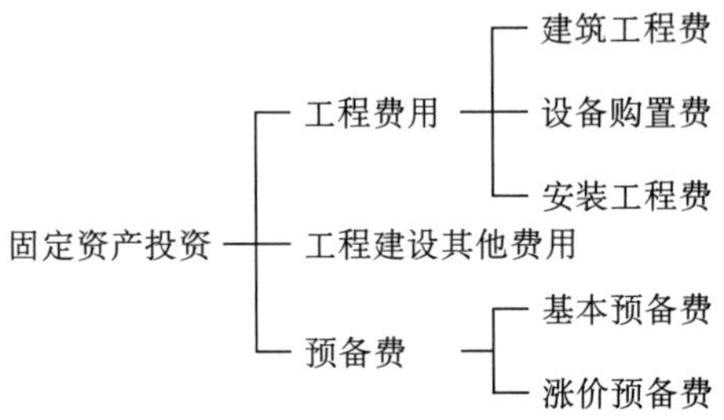

图5－2　固定资产投资构成

（1）工程费用。

项目的工程费用是指直接形成固定资产的工程项目费用。工程费用按照不同的用途又可分为建筑工程费、设备购置费及安装工程费。

建筑工程费主要包括各种房屋建筑工程、各种用途的设备基础、为施工而进行的各项准备工作和临时工程、水利工程、防空地下建筑等特殊工程所发生的费用。

设备购置费主要包括购置或自制达到固定资产标准的设备、工具、器具的费用，主要包括生产工艺设备、辅助设备、科学研究设备、管理设备、公用设备等。

安装工程费主要包括各种机械设备的安装工程，为测定安装工作质量、对设备进行试运行工作所发生的费用等。

（2）工程建设其他费用。

工程建设其他费用主要包括勘察设计费、研究试验费、可行性研究费、临时设施费、工程质量监理费、城镇土地使用税、征地安置与补偿费以及单独设立建设管理单位的管理费、施工机构迁移费、维护费、引进技术和设备的其他费用等。

2. 无形资产投资

无形资产投资是指为取得或形成无形资产而进行的投资，其构成与项目自身特征密切相关。根据中国现行财务制度，无形资产是指企业为生产商品或者提供劳务、出租给他人，或为管理目的而持有的、没有实物形态的非货币性长期资产。无形资产具有不存在实物形态、长期产生经济效益、与有形资产密不可分、经济效益不确定等特点。无形资产包括可辨认无形资产和不可辨认无形资产两大类。前者包括专利权、非专利技术、商标权、著作权、土地使用权等；后者是指外购商誉。现代项目越来越重视无形资产投资。项目投产后，无形资产投资直接形成无形价值，并可以根据有关制度在一定财务年度内分次逐年摊销。

3. 其他资产投资

其他资产投资是指建设投资中除形成固定资产和无形资产以外的部分，如开办费、租入固定资产改良支出、其他待摊费用等。它们都是使项目在较长时期内受益的一次性或集中支出。其中，开办费又称前期工程费用，主要是针对新建项目而言的，是指项目筹建过程中发生的、不能计入固定资产和无形资产的非流动资产，主要包括筹建期间起草文件、谈判、考察支出；销售网建设费用；广告宣传费用；工商注册登记费以及筹建期间人员工资、办公费、律师费等费用。

需说明的是，筹建期间发生的某些费用不得计入开办费，如应当由投资者自行负担的各项费用支出；为取得各项固定资产、无形资产所发生的各项费用支出；筹建期间应当计入资产价值的汇兑损益和利息支出等各项费用支出。

4. 预备费

预备费又称不可预见费或意外费用，是指用于对付未来不可预见事件的发生可能对项目造成的困难和损失而事先准备的费用。在进行项目评估时，总是要对未来条件做某种假设，例如，假设设计合理，物价稳定，自然条件（如地质、气候等情况）正常，今后不会发生大的变化。但一旦条件变化，就会出现意外费用。因此，在项目评估中，在按照假设的理想条件对项目费用做了估计之后，还要考虑采取必要的措施来应对自然条件或物价方面可能出现的不利变化，这样就会增加项目的费用支出。我们把这种增加额，用预备费的形式估算在项目费用的组成部分中。

预备费由基本预备费和涨价预备费两部分构成。基本预备费又称为实际不可预见费或基本不可预见费，它是准备用来对付未来不可预见事件的发生而造成项目实际投入物数量的增加引起的费用。基本预备费主要考虑建设投资计划范围内可能增加的投资、应对可能发生的自然灾害所必须预留的资金、项目验收过程中鉴定工程质量的必要支付。涨价预备费也称价格不可预见费，它主要是基于项目建设期投入物价格上涨的考虑而设置。

（二）建设期利息

建设期利息是指债务资金在建设期内发生的利息及与借款相关的费用支出，包括借款利息及手续费、承诺费、管理费等。项目竣工后，建设期利息计入固定资产或无形资产原值。

（三）流动资金

流动资金也称营运资金，是指项目建成后维持项目正常运营所需的资金。流动资金在项目运营过程中周转使用，不断地改变其自身的实物形态，其价值随实物形态的变化转移到新产品中，并随着产品销售的实现而回收。

项目流动资金由两部分构成：定额流动资金和超额流动资金。前者是指规定有最低限度经常需要量的那部分营运资金，主要表现为储备资金、生产资金和成品资金，是项目营运资金的主要组成部分；后者是指无须规定最低需要量的那部分营运资金，主要表现为应收款和货币资金。从项目投资估算角度而言，更注重对定额营运资金的估测。

二、项目投资的估算

（一）建设投资估算

1. 固定资产投资估算

固定资产投资是指形成项目固定资产所花费的全部费用，常用的估算方法有扩大指标估算法和分类估算法。

（1）扩大指标估算法。

扩大指标估算法是指在对已建同类项目的实际投资指标进行大量积累和科学整理分析的基础上，采用其典型指标对拟投资项目所需投资进行套用估算的方法。该方法计算简便，但是估算的准确性较差，且需要类似参照项目数据作支撑，所以适用于项目规划性估算、项目建议书估算和其他临时性估算。在应用中具体包括 5 种方法：

①单位生产能力投资估算方法。该方法根据已建成的、性质类似的建设项目的单位生产能力投资（如元/吨、元/千瓦）乘以拟建项目的生产能力来估算拟建项目的投资额。计算公式为：

$$I_2 = P_2 \times \left(\frac{I_1}{P_1}\right) \times C_f \qquad (5-1)$$

式（5－1）中：

I_1——已建类似项目的固定资产投资；

I_2——拟建项目的固定资产投资；

P_1——已建类似项目的设计生产能力；

P_2——拟建项目的规划设计生产能力；

C_f——物价换算系数。

【例 5－1】 已知每吨农业产品生产能力所需固定资产投资为 6 000 元，已建同类农业产品生产项目设计生产能力为 8 000 万吨，拟建项目的规划设计能力为 8 600 万吨，物价换算系数为 1.2，试计算拟建项目的固定资产投资额。

解：依据题意，拟建项目的固定资产投资额为：

$$I_2 = P_2 \times \left(\frac{I_1}{P_1}\right) \times C_f = 8\ 600 \times \frac{6\ 000}{8\ 000} \times 1.2 = 7\ 740 \text{（万元）}$$

可知拟建项目的固定资产投资额为 7 740 万元。

②生产规模指数法。该方法根据已建成的、性质类似的建设项目的生产规模和投资额以及拟建项目的生产规模来估算拟建项目的投资额。计算公式为：

$$I_2 = P_2 \times \left(\frac{I_1}{P_1}\right)^n \times C_f \tag{5-2}$$

式（5－2）中：

I_1——已建类似项目的固定资产投资；

I_2——拟建项目的固定资产投资；

P_1——已建类似项目的设计生产能力；

P_2——拟建项目的规划设计生产能力；

C_f——物价换算系数；

n——生产规模指数（$0 < n \leqslant 1$，常取 0.6）；

C_f——物价换算系数。

【例 5－2】 某已建化肥厂有生产合成氨和尿素的两套装置。合成氨装置能力为年产合成氨 30 万吨，尿素装置能力为年产尿素 43 万吨。其中合成装置投资 11 000 万元，尿素装置投资 4 700 万元，两项合计投资 15 700 万元。又知该化肥厂总投资为 25 120 万元。现拟建一年产合成氨 24 万吨，尿素 38 万吨的新工厂，试估算其投资额（不考虑价格变化，n 取 0.5）。

解：

由 $I_2 = P_2 \times \left(\frac{I_1}{P_1}\right)^n \times C_f$ 可知：

$$I_2 = 11\ 000 \times \left(\frac{24}{30}\right)^{0.5} + 4\ 700 \times \left(\frac{38}{43}\right)^{0.5} = 9\ 838.70 + 4\ 181.86 = 14\ 257 \text{（万元）}$$

又知：已建化肥厂装置部分投资占总投资的比例为：$15\ 700 \div 25\ 120 = 0.625$

则，新建化工厂项目全部投资 $= 14\ 257 \div 0.625 = 22\ 811.20$（万元）

③分项比例估算法。该法首先根据现有资料或经验估算出设备投资，再用同类项目的

统计资料计算出固定资产其他部分的百分比，求出其他部分固定资产费用后加总，就是项目固定资产投资费用。具体又分为两种：

第一种：以拟建项目的设备购登费为基数进行估算。

该方法是以拟建项目的设备购置费为基数，根据已建成的同类项目的建筑工程费和安装工程费占设备购置费的百分比，求出相应的建筑工程费和安装工程费，再加上拟建项目其他费用（包括工程建设其他费用和预备费等），其总和即为拟建项目的建设投资。计算公式为：

$$I_2 = E \times (1 + f_1P_1 + f_2P_2) \times I \tag{5-3}$$

式（5－3）中：

I_2——拟建项目的建设投资；

E——拟建项目根据当时当地价格计算的设备购登费；

P_1，P_2——已建项目中建筑工程费和安装工程费占设备购置费的百分比；

f_1，f_2——由时间因素引起的定额、价格、费用标准等变化的综合调整系数；

I——拟建项目的其他费用。

【例 5－3】 某拟建农业项目设备购置费为 15 000 万元，根据已建同类项目统计资料，建筑工程费占设备购置费的 23%，安装工程费占设备购置费的 9%，该拟建项目的其他有关费用估计为 2 600 万元，调整系数 f_1，f_2 均为 1.1，试估算该项目的建设投资。

解：

根据公式，该项目的建设投资为：

$I_2 = E \times (1 + f_1P_1 + f_2P_2) \times I = 15\,000 \times [1 + (23\% + 9\%) \times 1.1] + 2\,600 = 22\,880$（万元）

第二种：以拟建项目的工艺设备投资为基数进行估算。

该方法以拟建项目中最主要、投资比重较大并与生产能力直接相关的工艺设备的投资为基数，根据同类型的已建项目的有关统计资料和各专业工程（总图、土建、暖通、给排水、管道、电气、电信及自控等）占工艺设备投资（包括运杂费和安装费）的百分比，求出拟建项目各专业工程的投资，然后把各部分投资（包括工艺设备投资）相加求和，再加上拟建项目的其他有关费用，即为拟建项目的建设投资。计算公式为：

$$I_2 = E \times (1 + f_1P'_1 + f_2P'_2 + f_3P'_3 + \cdots) + I \tag{5-4}$$

式（5－4）中：

E——拟建项目根据当时当地价格计算的工艺设备投资；

P'_i——已建项目各专业工程费用占工艺设备投资的百分比；

f_i——由时间因素引起的定额价格、费用标准等变化的综合调整系数；

I——拟建项目的其他费用。

④系数估算法。

第一种，朗格系数法。该方法以设备购置费为基础，乘以适当系数来推算项目的建设投资。计算公式为：

$$I_2 = E \times \left(1 + \sum K_i\right) \times K_e \qquad (5-5)$$

式（5－5）中：

I_2——建设投资；

E——设备购置费；

K_i——管线、仪表、建筑物等项费用的估算系数；

K_e——管理费、合同费、应魚费等间接费用的总估算系数。

建设投资与设备购置费之比为朗格系数K_L，即：

$$K_L = I_2/E = \left(1 + \sum K_i\right) \times K_e \qquad (5-6)$$

第二种，设备厂房系数法。该方法在拟建项目工艺设备投资和厂房建设投资估算的基础上，其他专业工程参照类似项目的统计资料，与设备关系较大的按设备投资系数计算；与厂房土建关系较大的则按厂房土建投资系数计算。两类投资加起来，再加上拟建项目的其他有关费用，即为拟建项目的建设投资。

【例5－4】 某农产品加工项目的工艺设备及其安装费用估计为2 600万元，土建工程费用估计为4 200万元，参照类似项目的统计资料，其他各专业工程投资系数如表5－1所示，其他有关费用为2 400万元，试估算该项目的建设投资。

表5－1　　各专业工程投资系数

工艺设备	1.00	厂房土建（含设备基础设施）	1.00
起重设备	0.09	给排水工程	0.04
加热炉及烟道	0.12	采暖通风	0.03
气化冷却	0.01	工业管道	0.01
余热锅炉	0.04	电器照明	0.01
供电及转动	0.18		
自动化仪表	0.02		
系数合计	1.46	系数合计	1.09

解：

根据公式计算：

该项目的建设投资＝2 600×1.46＋4 200×1.09＋2 400＝10 774（万元）。

⑤指数估算法。估算指标是比概算指标更为宏大的单项工程指标或单位工程指标，它以单项工程或单位工程为对象，综合项目建设中的各类成本和费用，具有较强的综合性和概括性。

单项工程指标一般用单项工程生产能力单位投资表示，如农业窑炉砌筑以元/立方米表示；变配电站以元/千伏安表示；锅炉房以元/蒸汽吨表示。单位工程指标一般以如下方式表示：房屋区分不同结构形式，以元/平方米表示；道路区分不同结构层、面层，以元/平方米表示；管道区分不同材质、管径，以元/米表示。

（2）建设投资分类估算法。

建设投资分类估算法是对构成建设投资的各类投资，即工程费用（含建筑工程费、设备购置费和安装工程费）、工程建设其他费用和预备费（含基本预备费和涨价预备费）分别进行估算，然后汇总得出建设投资总额。其估算步骤如下：

第一，分别估算项目建设所需的建筑工程费、设备购置费和安装工程费。

第二，汇总上述3类费用得出项目建设所需的工程费用。

第三，在工程费用的基础上估算工程建设其他费用。

第四，以工程费用和工程建设其他费用为基础估算基本预备费。

第五，在确定工程费用分年投资计划的基础上估算涨价预备费。

第六，汇总建设投资。

建设投资分类估算法的具体估算方法如下：

①建筑工程费估算。建筑工程费是指为建造永久性建筑物和构筑物所需要的费用。计算公式为：

$$\text{建筑工程费} = \text{建筑面积} \times \text{每平方米造价} \tag{5-7}$$

实际应用中，还可以用以下方法估算：

其一，单位建筑工程投资估算法：

$$\text{建筑工程费} = \text{单位建筑工程量所用投资} \times \text{建筑工程总量} \tag{5-8}$$

其二，单位实物工程量投资估算法：

$$\text{建筑工程费} = \text{单位实物工程量所用投资} \times \text{实物工程总量} \tag{5-9}$$

其三，概算指标投资估算法：

$$\text{建筑工程费} = \text{单位工程概算指标} \times \text{单位工程量} \times \text{修正系数} \tag{5-10}$$

该方法估算前应有较为详细的工程资料、建筑材料价格和工程费用指标，投入的时间和工作量较大。

②设备购置费估算。设备购置费即设备及工器具购置费，是为投资项目购置或自制的达到固定资产标准的各种国产或进口设备购置费用，主要包括国产设备的购置费、进口设

备购置费和工器具及办公家具购置费。此外，现场制作非标准设备费也应计入其内。

其一，国内设备购置费的估算：

国产标准设备购置费 = 出厂价 ×（1 + 运杂费率）

国产非标准设备购置费 = 设计费 + 生产成本 + 计划税金 + 计划利润 + 运杂费

或 = {[（材料费 + 加工费 + 辅助材料）×（1 + 专用工具费率）×（1 + 废品损失费率）+ 外购配套件费] ×（1 + 包装费率）- 外购配套件费} ×（1 + 利润率）+ 增值税 + 非标准设备设计费 + 外购配套件费　　（5 - 11）

其二，进口设备购置费估算：

进口设备购置费 = 到岸价 + 关税 + 消费税 + 外贸银行手续费 + 国内运杂费　　（5 - 12）

其三，工具、器具及生产家具购置费的估算：

工具、器具及生产家具购置费 = 设备购置费 × 定额费率　　（5 - 13）

【例 5 - 5】 某农业公司拟从国外进口一套机电设备和配委软件，设备商岸价（FOB 价）为 450 万美元，包括配套软件费 50 万美元，其中不计算关税软件费有 15 万美元。

相关费用参数如下：美元的外汇牌价是 8.27 元人民币，海运费率 6%，海运保险费率 0.35%，外贸手续费率 1.5%，中国银行财务手续费率 0.5%，关税税率 22%，增值税率 13%，国内运杂费中（包含运费率、装卸费率、包装费率、采购与仓年保管费率）2.5%。

则该套机电设备及配套软件进口投资估算价是多少？

解：

货价(离岸价) = 400 × 8.27 + 50 × 8.27 = 3 308 + 413.5 = 3 721.5（万元）

国外运输费 = 3 308 × 6% = 198.48（万元）

国外运输保险费 = (3 308 + 198.48)/(1 - 0.35%) × 0.35% = 12.32（万元）

到岸价 = 3 721.5 + 198.48 + 12.32 = 3 932.3（万元）

硬件关税 = (3 308 + 198.48 + 12.32) × 22% = 3 518.8 × 22% = 774.14（万元）

软件关税 = 35 × 8.27 × 22% = 289.45 × 22% = 63.68（万元）

关税合计 = 774.14 + 63.68 = 837.82（万元）

增值税 = (3 518.8 + 28 945 + 837.82) × 13% = 4 646.07 × 13% = 603.99（万元）

银行财务费 = 3 721.5 × 0.5% = 18.61（万元）

外贸手续费 = (3 518.8 + 289.45) × 1.5% = 57.12（万元）

海关监管手续费 = 15 × 8.27 × 0.3% = 0.37（万元）

抵岸价 = 货价 + 国外运输费 + 国外运输保险费 + 关税 + 增值税 + 银行手续费 + 外贸手续费 + 海关监管手续费

=到岸价+关税+增值税+银行手续费+外贸手续费+海关监管手续费

=3 932.30+837.82+603.99+18.61+57.12+0.37=5 450.21（万元）

国内运杂费=抵岸价×运杂费率=5 450.21×2.5%=136.26（万元）

投资估算价=抵岸价+国内运杂费=5 450.21+136.26=5 586.47（万元）

注：海关监管手续费是指海关对经核准予以减税、免税进口货物或保税进口货物按国家政策规定实施监督管理和提供服务而收取的一种手续费用。

③安装工程费估算。

一般根据设备购登费与相应的安装费率或设备质量与相应的每吨设备安装费加以估算。具体公式：

$$安装工程费用=安装工程实物量\times安装费用指标 \quad (5-14)$$

$$安装工程费用(从价)=设备原价\times安装费率 \quad (5-15)$$

$$安装工程费用(从量)=设备吨位\times每吨安装费 \quad (5-16)$$

④工程建设其他费用估算。

其他费用是指根据有关规定应在固定资产投资中支付的，除建筑工程费、设备及安装工程费以外的一切费用，具体包括土地征用费、可行性研究费、勘察设计费、施工机构迁移费等。其中有规定和取费标准的，按有关规定和取费标准进行估算；没有的可以按实际可能发生的费用进行估算。例如，土地征用费按国家和地方政府的有关规定估算，土地批租费可以按实际可能发生的批租成本进行估算。

2. 无形资产投资估算

无形资产作为项目资产的重要部分，日益受到投资者的重视。在项目投资估算中，必须充分考虑无形资产投资。无形资产形式多样，来源面广，计价方式各异，估算方法也应有所差异。决定无形资产价格的主要因素有：买方使用无形资产可以获得的收益大小、时间长短、无形资产的研发费用、出让无形资产所损失的利润、类似的替代无形资产的价格、无形资产的寿命期，如专利的有效期等。

中国现行财务会计制度规定，无形资产按照取得的实际成本计价。然而，在项目评估阶段，投资者尚缺乏详细的资料，难以对无形资产作出准确的估算。因而，无形资产投资估算需要请有关专家，首先对无形资产进行鉴别，看其是否符合相对应的无形资产的条件；然后再用一定的方法进行估价；最后综合各种因素作出大致估算。目前除土地使用权以外，广为接受的无形资产估价方法有两种，即收益现值法和现行市价法。

土地是项目进行建设的物质基础，要进行项目的建设，必须拥有一定面积的土地。要取得一定面积的土地，就必须支付一定量的费用以取得土地的使用权。取得土地使用权的费用支出测算一般要考虑的因素有土地取得的方式、土地的面积和所处的区位、土地的使用期限及利率水平等。这里需指出的是，只有当投资项目是以一次性支付取得土地使用权时，其费用才能列作无形资产投资支出；如果其费用是分期进行支付的，则可以直接作为生产费用计入产品成本。

3. 其他资产投资估算

开办费估算一般根据所评估项目的特点以及同类项目的经验数据，按预计可能发生的支出计价。开办费应当从项目开始生产、经营的月份起，在不短于5年的期限内分期摊入管理费用。

其他资产还包括租入固定资产改良支出和其他待摊费用。其中，租入固定资产改良支出是指以经营租赁方式租入固定资产的改良支出，其他待摊费用包括样品样机购置费、非常损失等。这些费用应在一定的时期内按照费用项目的受益期限分期平均摊销。

无形资产和其他资产这两部分费用将在生产经营期内按不同期限分年摊销，以摊销费方式计入总成本费用。所以，在计算固定资产折旧时，这两部分费用不能计入固定资产原值，否则将造成重复计算而无故导致总成本费用的增加。

4. 预备费估算

分别估算基本预备费和涨价预备费：

（1）基本预备费。

基本预备费指在初步设计和概算中难以预料的费用。具体内容包括：

①进行技术设计、施工图设计和施工过程中，在批准的初步设计范围内所增加的工程及费用。

②由于一般自然灾害所造成的损失和预防自然灾害所采取的措施费用。

③工程竣工验收时，为鉴定工程质量，必须开挖和修复的隐蔽工程的费用。

基本预备费 =（建筑工程费 + 设备工器具购置费 + 安装工程费 + 工程建设其他费用）× 基本预备费率　（5 – 17）

（2）涨价预备费。

涨价预备费是指从估算年到项目建成期间内，预留的因物价上涨而引起的投资费用增加数额。涨价预备费主要考虑因建设工期较长，在建设期内可能发生材料、设备、人工等价格上涨而需要增加的费用。

对投资项目进行评估时，一般根据当时当地的材料、设备、工资等的价格和标准作为估算依据。计算公式为：

$$PC = \sum_{t=1}^{n} I_t[(1+f)^t - 1] \quad (5-18)$$

式（5 – 18）中：

PC——涨价预备费；

n——建设期年份数；

I_t——建设期第 t 年建筑工程费、设备购置费、安装工程费之和；

f——建设期价格上涨指数。

在上述估算的基础上，汇总编制建设投资估算表，并对建设投资的合理性进行分析：一是分析各类工程费用构成的合理性；二是分析年投资计划的合理性。

（二）建设期利息估算

当项目在建设期内能用自有资金按期支付利息时，应按照单利计息，直接用名义利率计算项目的建设期利息。对于不能在建设期偿还利息的投资项目，应采用有效年利率复利计息。也即由于资金限制，建设期各年产生的利息没有归还，应计入借款总额来计算利息。

因银行实行的是“随支随贷”原则，各年度借款并非在年初一次支出，而是分期借支，逐步使用。若按实际提款、还款日期计算借款利息则较为复杂，所以一般简化为按年计息。有效年利率的计算公式为：

$$R = \left(1 + \frac{r}{m}\right)^m - 1 \quad (5-19)$$

式（5－19）中：

R——有效年利率；

r——名义年利率；

m——每年计息次数。

相应地，利息则为：

每年应计利息＝(年初借款本息和＋本年借款支用额/2)×有效年利率　（5－20）

【例5－6】 某新建农业项目，建设期为三年，在建设期第一年贷款300万元，第二年贷款600万元，第三年贷款400万元，银行公布的贷款年利率为12%，该项目按季计息，在生产期偿还利息。要求：计算项目建设期应计的利息。

解：计算有效年利率

$$R = \left(1 + \frac{r}{m}\right)^m - 1 = \left(1 + \frac{12\%}{4}\right)^4 - 1 = 12.55\%$$

第一年利息＝(0＋300/2)×12%＝18（万元）

第二年利息＝(300＋18＋600/2)×12%＝74.16（万元）

第三年利息＝(318＋600＋74.16＋400/2)×12%＝143.06（万元）

建设期利息总计 = 18 + 74.16 + 143.06 = 235.22（万元）

（三）流动资金估算

流动资金是指运营期内长期占用并周转使用的营运资金，不包括运营中需要的临时性营运资金。在项目评估中，流动资产主要考虑现金、应收账款、预付账款和存货；流动负债主要考虑应付账款和预收账款。

1. 扩大指标估算法

扩大指标估算法是指在拟建项目某项指标的基础上，按照同类项目相关资金比率估算出流动资金需要量的方法。主要参照类似项目流动资金占销售收入、销售成本的比率或单位产量占用流动资金的比率来确定。具体分为：

（1）营业收入资金率估算法。

拟建项目流动资金需要量 = 拟建项目年营业收入 × 类似项目营业收入流动资金率 （5 - 21）

（2）总成本（或经营成本）资金率估算法。

拟建项目流动资金需要量 = 拟建项目年总成本（经营成本）× 类似项目总成本（经营成本）流动资金率 （5 - 22）

（3）固定资产价值资金率估算法。

拟建项目流动资金需要量 = 固定资产价值总额 × 固定资产价值流动资金率 （5 - 23）

（4）单位产量资金率估算法。

拟建项目流动资金需要量 = 达产期年产量 × 单位产量占用的流动资金率 （5 - 24）

以上各种资金比率均应由同类项目的经验数据加以确定。

2. 分类详细估算法

根据项目流动资产与流动负债的主要构成要素，分别计算各构成要素需要的资金，然后再计算出流动资金的估算额。

（1）基本原理。

流动资金 = 流动资产 - 流动负债

流动资产 = 应收账款 + 存货 + 现金 + 预付账款

流动负债 = 应付账款 + 预收账款

因此，

流动资金 = 应收账款 + 存货 + 现金 + 预付账款 - 应付账款 - 预收账款 （5 - 25）

（2）估算步骤。

首先，计算各类流动资产和流动负债的年周转次数。

年周转次数 = 360/最低周转天数　　(5 - 26)

其次，估算流动资产。

①应收账款的估算。应收账款是指企业已对外销售产品、提供劳务而尚未收回的资金包括若干科目。在可行性研究时，只考虑涉及产品销售的应收账款。

计算公式为：

应收账款估算额 = 年经营成本 ÷ 应收账款年周转次数　　(5 - 27)

其中，年经营成本 = 外购原材料 + 外购燃料动力 + 工资福利费 + 修理费 + 其他费用 + 汇兑损失　　(5 - 28)

②存货估算。存货是指企业为销售或生产耗用而储备的各种货物，主要有原材料、辅助材料、燃料、低值易耗品、维修备件、包装物、在产品、自制半成品和产成品等。为简化计算，仅考虑：

年存货估算额 = 外购原材料、外购燃料及动力估算额 + 在产品估算额 + 产成品估算额　　(5 - 29)

其中，年外购原材料、燃料及动力估算额 = 年外购原材料燃料及动力费用 ÷ 外购原材料、燃料及动力年周转次数　　(5 - 30)

年在产品估算额 =（年外购原材料、燃料及动力费用 + 年工资或薪酬 + 年修理费 + 年其他制造费用）÷ 在产品年周转次数　　(5 - 31)

年产成品估算额 = 年经营成本 ÷ 产成品年周转次数　　(5 - 32)

③现金估算。项目流动资金中的现金是指货币资金，即企业生产经营活动中停留于货币形态的那部分资金，包括库存现金和短期存款。计算公式为：

现金估算额 =（年工资或薪酬 + 年其他费用）÷ 现金年周转次数　　(5 - 33)

其中，

年其他费用 = 制造费用 + 管理费用 + 财务费用 + 销售费用 -（以上 4 项费用所含的工资或薪酬 + 折旧费 + 摊销费 + 修理费 + 利息支出）　　(5 - 34)

④预付账款估算。

预付账款估算额 = 预付的各类原材料、燃料或服务年费用 ÷ 预付账款年周转次数　　(5 - 35)

再次，估算流动负债。

流动负债是指在一年或超过一年的一个营业周期内，需要偿还的各种债务。在投资估算中，流动负债的估算一般只考虑应付账款和预收账款。计算公式为：

应付账款估算额 = 年外购原材料、燃料及动力及年其他材料费用 ÷ 应付账款年周转次数　　(5 - 36)

预收账款估算 = 预收的营业收入年金额 ÷ 预收账款年周转次数　　(5 - 37)

最后，将按照上述公式计算出来的应收账款、存货、现金、预付账款、应付账款和预收账款的结果代入式（5 - 25），得到投资项目流动资金的估算额，并将各项数据填列至相应的估算表中。

【例 5 - 7】 拟建农村项目预计达到设计生产能力后：年工资 410 万元，年其他费用 20 820 万元（其中其他制造费用 820 万元），年外购原材料、燃料及动力费 9 482 万元，经营成本为 30 877 万元，年修理费 218 万元。不考虑其他材料费用、其他销售费用、预收账款和预付账款。各项流动资金最低周转天数分别为：应收账款 45 天，现金 30 天，应付账款 60 天，原材料、燃料、动力 90 天，在产品 3 天，产成品 20 天。

要求：采用分类详细估算法估算拟建项目所需的流动资金。

解：

①由式（5 - 26），年周转次数 = 360/最低周转天数计算可知，各项流动资金周转次数分别为：应收账款 8 次，现金 12 次，应付账款 6 次，原材料、燃料、动力 4 次，在产品 120 次，产成品 18 次。

②外购原材料、燃料及动力估算额 = 年外购原材料、燃料及动力 ÷ 外购原材料、燃料及动力年周转次数 = 9 482 ÷ 4 = 2 370.5（万元）

③在产品估算额 =（年外购原材料燃料及动力 + 年工资 + 年修理费 + 年其他制造费用）÷ 在产品年周转次数 =（9 482 + 410 + 218 + 820）÷ 120 = 91（万元）

④产成品估算额 = 年经营成本 ÷ 产成品年周转次数 = 30 877 ÷ 18 = 1 715.39（万元）

⑤存货估算额 = 2 370.5 + 91 + 1 715.39 = 4 176.89（万元）

⑥应收账款估算额 = 年经营成本 ÷ 应收账款年周转次数 = 30 877 ÷ 8 = 3 859.63（万元）

⑦现金估算额 =（年工资 + 年其他费用）÷ 现金年周转次数 =（410 + 20 820）÷ 12 = 1 769.17（万元）

⑧流动资产估算额 = 存货估算额 + 应收账款估算额 + 现金估算额 = 4 176.89 + 3 859.63 + 1 769.17 = 9 805.69（万元）

⑨流动负债估算额 = 应付账款估算额 = 年外购原材料、燃料及动力 ÷ 流动负债年周转次数 = 9 482 ÷ 6 = 1 580.33（万元）

⑩流动资金估算额 = 流动资产估算额 - 流动负债估算额 = 9 805.69 - 1 580.33 = 8 225.36（万元）

第三节　农村项目投资决策

随着国家对农村经济的持续支持和乡村振兴战略的推进，农村项目的投资管理越来越受到重视。我国广大农村地区在资源有限、经济基础薄弱的情况下，如何科学进行投资决策，确保项目的可持续性和盈利性，成为各类农村项目成功与否的关键。因此，可以说决策是一项投资从开始设想到全部完成整个过程中的首要环节。项目决策的实现途径是项目的分析、论证、评价，它包括技术、经济、生态环境、政治和社会等各个方面，其中经济效果评价是最重要的核心内容，从某种意义上讲，农村项目的投资就是根据相关指标对项目经济效果进行分析评价后予以决策的。

一、盈利能力分析

农村项目盈利能力分析有静态和动态两类方法，相应评价指标也分为静态指标和动态指标。其中，静态指标主要有投资利润率、投资利税率、资本金利润率和静态投资回收期，动态指标主要有财务净现值、财务内部收益率和动态投资回收期。

（一）静态指标

1．投资利润率

投资利润率是指项目达到设计生产能力后的一个正常生产年份的年利润总额或项目生产期内的年平均利润总额与项目总投资的比率。它是从全部投资的角度考察项目单位投资盈利能力的静态指标，对生产期内各年的利润总额变化幅度较大的项目、应计算生产期内平均利润总额与项目总投资的比率。其计算公式为：

$$投资利润率=\frac{年利润总额}{总投资}\times 100\% \qquad (5-38)$$

在农村项目财务评价中，将项目投资利润率与行业的基准投资利润率相比，以判别项目单位投资盈利水平是否达到本行业的平均水平。计算出的投资利润率若大于或等于标准投资利润率或行业平均投资利润率，则认为项目可行，反之则不可行。

2. 投资利税率

投资利税率是指项目达到设计生产能力后的一个正常生产年份的利润总额或项目生产期内的年平均利税总额与项目总投资的比率。该指标不仅从投资有关各方的权益角度，还从国家财政收入的角度考察了项目为国家所创造的积累，尤其是对于一些税大利小的企业，用投资利税率能较合理地反映项目的财务效益。其计算公式为：

$$\text{投资利税率}=\frac{\text{年利税之和}}{\text{总投资}}\times 100\% \tag{5-39}$$

式（5－39）中：

$$\text{年利税之和}=\text{年利润总额}+\text{年销售税金及附加} \tag{5-40}$$

若年利税之和波动较大，可取其生产年份的平均值，否则，取其正常生产年份的年利税之和即可。投资利税率是衡量项目为社会所提供的剩余产品的多少、对国家财政贡献大小的静态指标。计算出的投资利税率若大于或等于行业平均投资利税率，则认为项目是可行的，反之则是不可行的。

3. 资本金利润率

资本金利润率是指项目达到设计生产能力后的一个正常年份的年净利润总额或项目生产期内的年平均利润总额与资本金的比率。该指标从项目投资者所投入资本金的角度反映了项目盈利能力的大小。其计算公式为：

$$\text{资本金利润率}=\frac{\text{年利润总额}}{\text{资本金}}\times 100\% \tag{5-41}$$

需要注意的是，税后年利润额是指年利润总额减去年所得税后的利润额。资本金是指项目的全部注册资金。

显然，对于项目投资者而言，资本金利润率更好地反映了项目资本金的增值能力是否能够满足投资者追求利润最大化的要求。在财务评价中，应该将投资项目的资本金利润率同投资者主观上预定的期望平均报酬率相比，以判别项目投资盈利能力是否达到预期水平。如果投资项目资本金净利润率大于或等于期望平均报酬率，则接受投资项目；反之，则拒绝投资方案。如果有若干投资项目可选，则应该选择平均报酬率最高的投资项目。

4. 静态投资回收期

静态投资回收期是指以项目每年的静收益回收项目全部投资所需要的时间，是考察项目财务上投资回收能力的重要指标。全部投资既包括固定资产投资，又包括流动资金投资。其计算公式为：

$$\sum_{t=1}^{P_t}(CI-CO)_t=0 \tag{5-42}$$

式（5－42）中：

CI——项目第 t 年的现金流入量；

CO——项目第 t 年的现金流出量；

P_t——静态投资回收期。

静态投资回收期一般以"年"为单位，通常自项目建设开始年算起，当然也可以自项目建成投产年算起，但对于这种情况，需要加以说明。

（1）若项目建成投产后各年的净收益（即净现金流量）均相同，则静态投资回收期的计算公式为：

$$P_t = \frac{K}{R} \tag{5-43}$$

式（5－43）中：

K——全部投资；

R——每年净收益。

（2）项目建成投产后各年的净收益不同，则静态投资回收期可根据财务现金流量表（全部投资）中累计净现金流量计算求得。其计算公式为：

$$P_t = 累计净现金流量开始出现正值的年份数 - 1 + \frac{上年累计净现金流量的绝对值}{当年净现金流量} \tag{5-44}$$

在财务能力评估中，求出的投资回收期P_t，若小于或等于行业标准投资回收期P_n，即$P_t \leqslant P_n$，表明项目投资能在规定的时间内收回，项目是可行的，反之则是不可行的。静态投资回收期主要优点是计算简便，且对于风险分析有特别重要的意义。但其缺点是没有考虑投资收回后的财务效益情况，忽视了长期投资的特点。此外，其也没有考虑资本金的时间价值因素，具有和其他静态指标相同的缺点和局限性。

（二）动态指标

1. 财务净现值

财务净现值 FNPV 是指在项目计算期内，按行业基准折现率或设定折现率计算的各年净现金流量现值的代数和，简称净现值，其计算公式为：

$$FNPV = \sum_{t=1}^{n} (CI - CO)_t (1 + i_c)^{-t} \tag{5-45}$$

式（5－45）中：

$(1+i_c)^{-t}$——第 t 年的折现系数。

计算出的净现值有三种可能：

（1）当 $FNPV > 0$ 时，表明项目的获利能力高于基准收益率，付息后尚有盈余，项目是可行的。

（2）当 $FNPV=0$ 时，表明项目的获利能力刚好满足基准收益率的要求，项目也是可行的。

（3）当 $FNPV<0$ 时，表明项目的获利能力低于基准收益率的要求，付息不足，项目不可行。

财务净现值指标的优点是考虑了资金时间价值，可以清楚地表明方案在整个寿命期内的绝对收益，其含义简单、直观。缺点是折现率 i 或基准收益率 i_c 的确定比较困难，而折现率或基准收益率的大小又直接影响方案的经济性。此外，净现值反映的是方案的绝对经济效益，不能说明资金的利用效果大小。为了解决这一问题，常需要借助净现值比率这一指标。

2. 动态投资回收期

动态投资回收期 P'_t 是指在考虑了资金的时间价值的情况下，以项目每年的净收益回收项目全部投资所需要的时间。该指标克服了静态投资回收期未考虑资金的时间价值的弊端。其计算公式为：

$$\sum_{t=1}^{P_t}(CI-CO)_t(1+i_c)^{-t}=0 \qquad (5-46)$$

动态投资回收期可从财务净现值流量表中求得，其计算公式为：

$$P'_t=m-1+\frac{\left|\sum_{1}^{m-1}FNPV_t\right|}{FNPV_m} \qquad (5-47)$$

式（5－47）中：

$\left|\sum_{1}^{m-1}FNPV_t\right|$——第 1 至第 $m-1$ 年累计净现值的绝对值；

$FNPV_m$——第 m 年的净现值。

在财务能力评估中，求出的动态投资回收期 P'_t 若小于或等于行业基准回收期 P'，即 $P'_t\leq P'$，项目被认为是可行的；反之，则认为项目是不可行的。动态投资回收期的优点是考虑了资本金的时间因素，能正确反映投资的回收时间，缺点是计算比较复杂和烦琐。

3. 财务净现值率

财务净现值率（FNPVR）是指项目净现值与全部投资现值之比率，即单位投资现值的净现值。它说明项目单位投资现值所能实现的净现值的大小，是一种动态投资收益率指标，也是用于衡量不同投资方案获利能力的评估指标。实际上，它是对财务净现值指标的一种补充，也是多方案选择时的一种补充判别条件。对获得相同净现值而投资额不等的投资项目和方案，应采用财务净现值率这个相对效果评估指标作为衡量方案优劣的标准。当评估单个建设项目时，要求财务净现值率大于零；多方案比较时，选择财务净现值率大的方案。其计算公式为：

$$FNPVR=\frac{FNPV}{I_P} \tag{5-48}$$

财务净现值率可根据财务现金流量表（全部投资）中有关数据计算求得，作为财务净现值的补充指标，正好弥补了财务净现值指标的缺陷。这是由于FNPV指标只能衡量投资项目未来净收益的大小，而没有和产生这些净收益所需要的总投资联系起来。而当多方案比选时，各方案的投资额可能不尽相同，此时仅根据FNPV指标的大小可能做出错误的选择。因此，还需计算财务净现值率指标，作为比选的依据。

4. 财务内部收益率

财务内部收益率（FIRR）是指在项目整个寿命期内，各年净现金流量现值累计等于零时的折现率。它反映项目以每年的净收益归还投资后，所能获得的最大投资利润率，表明项目整个寿命期内的实际收益率，也就是项目内部潜在的最大盈利能力，故称为内部收益率。可以根据“财务现金流量表”求得，其计算公式为：

$$\sum_{t=1}^{n}(CI-CO)_t(1+FIRR)^{-t}=0 \tag{5-49}$$

FIRR之所以被称为内部收益率，是由于其完全是根据项目本身自己所反映出来的获利能力。其经济实质乃是被占用的、尚未回收投资的收益率，不能理解为初始投资的收益率。按照项目分析评估的范围和对象不同，财务内部收益率可分为项目全部投资财务内部收益率、自有资金（资本金）财务内部收益率（自有资金收益率）和投资各方财务内部收益率（投资各方收益率）。

（1）项目全部投资财务内部收益率，是以项目全部投资均为自有资金作为计算基础，考查项目在未确定融资方案和所得税前整个项目的盈利能力，为项目投资决策者对项目方案比选和银行贷款单位进行信贷决策，提供不同方案进行优选的可比性基础。

（2）自有资金财务内部收益率，是以项目自有资金为计算基础，考察项目所得税后自有资金可能获得的投资收益水平。

（3）投资各方财务内部收益率，是以投资各方的出资额作为计算基础，考察投资各方能获得的投资收益水平。在财务能力评估中，求得的财务内部收益率，若$FIRR\geqslant i_c$，则项目是可行的；否则，项目不可行。

财务内部收益率的经济意义在于能够把项目的收益与投资总额联系起来，据以判断项目财务获利能力的大小，其主要优点在于它揭示了投资项目所具有的最大获利能力，从而使之成为衡量投资项目收益高低的非常有用的财务能力评估指标。但财务内部收益率过高或过低时，往往缺乏实际意义。

一般来说，一个项目的财务内部收益率与财务净现值具有等价性，即用 FIRR 和 FNPV 指标评估财务盈利能力通常会得到相同的结果。但在项目比选时，会出现相反的结果，因此，FIRR 指标只用于判别项目是否可行，不用于项目的比优上。

计算项目财务内部收益率的简易方法，可根据现金流量表中净现金流量采用试差法，亦可采用专用软件的财务函数计算。计算步骤是：先按实际贷款利率或基准收益率进行折现，求得项目财务净现值。如为正值，则采用更高折现率，使计算得到的净现值接近于零的负值。然后运用下列插入公式，求得净现值为零的最大折现率：

$$FIRR = i_1 + \frac{PV(i_2 - i_1)}{|PV| + |NV|} \tag{5-50}$$

式（5－50）中：

i_1——当净现值为接近于零的正值时的折现率；

i_2——当净现值为接近于零的负值时的折现率；

PV——采用低折现率i_1时净现值的正值；

NV——采用高折现率i_2时净现值的负值。

应注意折现率i_1和i_2之间的差值不应超过 2%，通常为 1%。

财务内部收益率是反映项目获利能力的一个重要的动态评估指标，但它不是唯一的评估项目效益的判别指标，还应与财务净现值等指标结合起来判断项目在财务上的可信程度。在利用 FIRR 指标进行盈利能力判断时，应注意计算口径的可比性。对于在计算期内分期建设以及在经营期内某几年的净现金流量多次出现正负值交替现象的非常规项目，财务内部收益率可能出现无解或不合理的情况。此时，可只以财务净现值作为评估指标。

二、偿债能力评估

项目偿债能力评估用于考察项目计算期内各年的财务状况及偿债能力，主要是通过贷款还本付息估算表、资金来源与运用表和资产负债表计算借款偿还期、资产负债率、流动比率、速动比率等评价指标。

1. 借款偿还期

借款偿还期是指以项目投产后可用于偿还借款的资金还清建设投资借款本息（不包括已用自有资金支付的建设期利息）所需的时间，一般以年为单位。偿还借款的资金来源包括折旧费、摊销费、未分配利润、以前年度结余的可用于还本的资金、用于还本的短期借款和其他可用于还款的资金等。借款偿还期可利用贷款还本付息估算表的有关数据进行计算。其计算公式为：

$$借款偿还期 = 偿还借款本息的资金来源大于年初借款本息累计的年份 - 开始借款的年份 + \frac{年初借款本息累计}{当年实际偿还借款本金的资金来源} \quad (5-51)$$

如果项目的借款偿还期小于贷款机构要求的期限，则认为项目有足够的偿债能力；否则，认为项目的偿债能力不足，即项目从偿债能力角度考虑是不可行的。

2. 财务比率分析

资产负债率、流动比率和速动比率是依据资产负债表中的数据计算而得到的，资产负债表综合反映了项目经济寿命期内各年年末资产、负债和所有者权益的增减变化及对应关系，以考察项目资产、负债、所有者权益的结构是否合理。

（1）资产负债率。

资产负债率是指反映项目各年所面临的财务风险程度及偿债能力的指标。其计算公式为：

$$资产负债率 = \frac{负债合计}{资产合计} \times 100\% \quad (5-52)$$

资产负债率这项指标不仅在项目筹资时具有重要的作用，而且是衡量投资风险程度的尺度。该比率越小，说明回收贷款的保障性越大；反之，说明投资风险越高。提供贷款的机构可以接受100%及以下的资产负债率；如果大于100%，则表明已资不抵债。

（2）流动比率。

流动比率是指流动资产与流动负债的比例。它表示短期可变为支付手段的资产与短期负债的关系，反映投资项目清偿短期债务的能力。其计算公式为：

$$流动比率 = \frac{流动资产总额}{流动负债总额} \times 100\% \quad (5-53)$$

流动比率越大，说明短期偿还能力越大；流动比率越小，说明短期偿还能力越小。对于债权人来说，流动比率越大越好；但对于投资项目而言，若流动比率过高，则表明流动资产未得到充分利用，存货可能有积压或者滞销，或者可能拥有过多的现金。通常来说，该比率1.2—2.0较适宜，但不同行业这一比率的适宜范围有所差别。通过流动比率，我们还可以了解到，流动资产中利用了多少外来的短期资金（流动负债）以及周转资金（流动资产）依赖于流动负债的程度。因此，这一指标的使用较为广泛，但它也有一定的局限性。这是因为在流动资产中包括某些存货，而存货的适销性有限，不易全部推销出去，从而变为现实的支付能力。鉴于这种原因，我们通常要用速动比率作为辅助指标，与流动比率一起反映投资项目的偿债能力。

（3）速动比率。

速动比率是指速动资产与流动负债的比率，也是反映项目快速偿付流动负债能力的指标。速动资产是指能够快速转变为现金的资产，通常以流动资产减去存货的余额计算。其计算公式为：

$$速动比率=\frac{流动资产-存货}{流动负债总额}\times 100\% \tag{5-54}$$

由于流动资产中包含的速动资产与存货的比例不同，所以对于相应的流动负债的快速偿还能力有很大差别。例如，虽然流动比率较高，但流动资产中存货的比例很高，则相应的速动比率就会很低，这样就不能说具有良好的偿债能力。速动比率通常以 1.0—1.2 为宜。

3. 综合偿债能力评估

（1）偿债覆盖率。

偿债覆盖率是指将项目贷款条件（如贷款年限、利率、宽限期、还款方式和每年还本金等）作为约束条件下，可用于还款的资金（即偿债资金）与应还本金利息的比率。其计算公式为：

$$偿债覆盖率=\frac{偿债资金}{应付贷款本息}\times 100\% \tag{5-55}$$

偿债覆盖率一般不得低于 130%，加工项目不得低于 200%。偿债覆盖率在还款期内逐年计算，并据此以当年还款额占总借款额的比率为权重计算平均偿债覆盖率。其计算公式为：

$$项目平均偿债覆盖率=\sum_{t=1}^{n} w_t \cdot f_t \tag{5-56}$$

式（5-56）中：

f_t——第 t 年项目偿债覆盖率；

w_t——权重，为第 t 年的还款额（K_t）占总借款额（$K_{总}$）的比率。

（2）利息保障率。

利息保障率是指项目在生产经营期的年利润总额和年利息费用之和与年利息费用的比率，其计算公式为：

$$利息保障率=\frac{利润总额+利息费用}{利息费用}\times 100\% \tag{5-57}$$

利息保障率一般不低于 200%，以此说明项目偿还借款利息费用的能力和保障程度。

三、财务生存能力分析

财务生存能力分析应编制现金流量表，通过考察项目计算期内的投资、融资和经营活动所产生的各项现金流入和流出，计算净现金流量和累计盈余资金，分析项目是否有足够的净现金流量维持正常运营，以实现财务可行性。拥有足够的经营净现金流量是财务可持续性的基本条件，特别是在运营初期。各年累计盈余资金不出现负值是项目财务生存的必要条件。

（一）经营活动产生的现金流量分析

1. 销售收入与成本支出对比

销售收入与成本支出对比是将销售商品、提供劳务收到的现金与购进商品、接受劳务付出的现金进行比较。在项目经营正常、购销平衡的情况下，对二者进行比较是有意义的。二者比率大，说明项目的销售利润大，销售回款良好，创现能力强。

2. 销售收入与经营活动总收入比较分析

将销售商品、提供劳务收到的现金与经营活动流入的现金总额进行比较，可大致说明项目产品销售现款占经营活动流入现金的比重有多大。若比重大，则说明项目主营业务突出，营销状况良好。

3. 本期与前期比较

将本期经营活动净现金流量与上期进行比较，增长率越高，说明项目成长性越好。

（二）投资活动产生的现金流量分析

当项目扩大规模或开发新的利润增长点时，需要大量的现金投入，若投资活动产生的现金流入量补偿不了流出量，投资活动净现金流量就为负数。但如果项目投资有效，将会在未来产生现金净流入用于偿还债务、创造收益，项目就不会有偿债困难。因此，分析投资活动现金流量，应结合项目目前的投资项目进行，不能简单地以现金净流入还是净流出来论优劣。

（三）筹资活动产生的现金流量分析

一般来说，筹资活动产生的现金净流量越大，项目面临的偿债压力也越大。但如果现金净流入量主要来自项目吸收的权益性资本，则不仅不会面临偿债压力，其资金实力反而会增强。因此，在分析时，可将吸收权益性资本收到的现金与筹资活动现金总流入进行比较，所占比重大，说明项目资金实力增强，财务风险降低。

（四）现金流量构成分析

1. 现金流入比较分析

分别计算经营活动现金流入、投资活动现金流入和筹资活动现金流入占现金总流入的比重、可以了解现金的主要来源。一般来说，经营活动现金流入占现金总流入比重大的项目，经营状况较好，财务风险较低，现金流入结构较为合理。

2. 现金支出比较分析

分别计算经营活动现金支出、投资活动现金支出和筹资活动现金支出占现金总流出的比重，能具体反映项目的现金用于哪些方面。一般来说，经营活动现金支出比重大的项目，其生产经营状况正常、现金支出结构较为合理。

本章小结

本章围绕农村项目投资管理，系统阐述了投资类型、投资估算和投资决策等核心内容，为农村项目投资提供了全面的理论与实践指导。

农村项目投资概述：投资类型多样，按不同标准可分为直接投资与间接投资、短期投资与长期投资等。项目投资决策方法丰富，从不同角度可分为战略决策、程序化决策等多种类型，其中贴现法和非贴现法是评价投资方案的关键方法。农村项目投资具有产业融合性、资源依赖与受限性、效益波动与风险性等特点，涵盖农业生产、基础设施建设等多个领域，按总投入量规模、投资使用性质等标准可进一步细分。

农村项目投资估算：项目总投资由建设投资、建设期利息和流动资金构成。建设投资包含固定资产投资、无形资产投资等；建设期利息是债务资金在建设期内的费用；流动资金用于维持项目正常运营。估算方法包括建设投资的扩大指标估算法和分类详细估算法，建设期利息和流动资金也有相应的估算方式，准确估算投资是项目成本控制和融资规划的重要依据。

农村项目投资决策：投资决策评价指标包括盈利能力指标（如现金流量、净现值等）、偿债能力指标（如资产负债率、流动比率等）和财务生存能力指标（净现金流量、累计盈余资金），通过这些指标测算以在多方案中筛选最优方案。

思考讨论

1. 如何提高农村项目投资估算的准确性和可靠性?

2. 假设你正在评估一个农村旅游项目是否值得投资，你觉得哪些主要因素会影响你决策?

3. 分析农村项目投资效益波动与风险性的原因，结合市场因素，探讨如何在投资前进行有效的风险评估和预防，以降低投资损失?

4. 在农村项目投资估算时，扩大指标估算法和分类详细估算法各有优劣，如何根据项目的不同阶段和实际情况选择合适的估算方法? 请举例说明。

5. 以农村基础设施建设项目（如农村道路修建）为例，分析投资项目的清偿能力指标（如资产负债率、借款偿还期）对项目融资和建设的影响。

6. 净现值、内部收益率和动态投资回收期是农村项目投资决策的重要盈利能力指标，分析这三个指标在评估农村项目时的侧重点和相互关系，在实际应用中应如何综合运用?

7. 随着科技发展，农村项目投资面临新的机遇和挑战。以农村智慧农业项目为例，分析在投资决策过程中，如何考虑技术创新因素对项目效益和风险的影响?

8. 结合具体农村项目，探讨农村项目投资中如何合理安排资金的投入和回收时间，以提高资金使用效率和投资回报率?

9. 在农村项目投资决策中，如何平衡项目的短期效益和长期效益?

10. 分析农村项目投资与城市项目投资在投资特点、决策方法和风险因素等方面的差异，这些差异对投资管理有何启示?

11. 结合乡村振兴战略，探讨农村项目投资在推动农村产业发展、农民增收和农村社会进步方面的作用机制。

12. 在农村项目投资过程中，政策因素对投资效益影响较大，分析当前国家对农村项目投资的政策导向，以及投资者应如何利用政策优势降低投资风险、提高投资收益?

相关链接

1. 参见：https：//mp. weixin. qq. com/s?__biz = MzkxMjg1OTU0 Mw = = &mid = 2247483705&idx = 1&sn = 9511c810a0b2c296f98223bcce761275&scene = 0.

2. 参见：https：//www. lycfgroup. com/xiangcun_1/1009134668268072960 – 40 – 8. html.

3. 参见：http：//www. 360doc. com/content/24/0407/09/65888890_1119647406. shtml.

4. 参见：和美乡村建设项目建设资金测算参考标准：http：//m. toutiao. com/group/7455223300701061668/?upstream_biz = doubao.

5. 参见：农业农村部办公厅关于做好农业农村重大项目谋划储备深化融资对接服务的通知 . https：//www. gov. cn/zhengce/zhengceku/202408/content_6969488. htm.

6. 参见：中共中央、国务院：乡村振兴投入要坚持尽力而为、量力而行 . https：//m. book118. com/html/2025/0113/5100000010012032. shtm.

第六章　农村资产管理

课程思政

在讲解农村资产管理时，分别介绍经营性资产管理与非经营性资产管理，并通过案例介绍，分析、传授农村资产管理等知识，同时引导学生思考管理过程中可能会出现的问题，让学生明白农村资产管理的重点和难点。同时结合实际问题，如农村闲置房屋的利用问题，促使学生积极思考解决方案，创新利用方式。通过解决这些实际问题，学生的创新能力得到锻炼和提升，对农村的发展现状和需求有了更清晰的认识，看到农村发展的潜力和面临的挑战，激发学生为农村发展贡献力量的热情。

学习目标

1. 了解农村资产的类型与特点。
2. 理解农村经营性资产管理目标和内容。
3. 掌握农村非经营性资产管理目标和内容。

内容简介

1. 农村资产的类型、特点，经营性资产与非经营性资产的区别。
2. 农村经营性资产管理的目标与内容。
3. 农村非经营性资产管理的目标与内容。

导入案例

金秋时节，走进广西梧州市长洲区长洲镇，碧水青山映入眼帘，处处绿意盎然，十分惬意。自2015年5月被确定为广西唯一的全国29个农村集体资产股份权能改革试点县区起，长洲区以“一村一品、一镇一特色”为载体，在实践中探索出“股权+文旅产业”的改革模式，激活了全区27个村（涉农社区）闲置集体资源，引来人才、资金，村集体有钱了，老百姓腰包鼓了，一幅“产业兴旺、生态宜居、生活富裕”的大美画卷正在青山绿水间展开。

长洲区的长足发展，源自广西对发展新型农村集体经济的成功实践——加强农村集体资金、资源和资产利用，促进第一、第二、第三产业融合发展，推动集体经济向深度和广度进军。自2017年全面开展农村集体产权制度改革以来，广西通过自治区、市、县、乡镇、村、组六级联动，全面开展农村集体资产清产核资工作，截至2023年底，全区1.5万个行政村、25万个村民小组共有农村集体资产总额1 970.8亿元，较上年增长8.5%。2023年，全区新型农村集体经济总收入达到29.3亿元，比上年增长14.1%，村均收入19.5万元。

“农村集体‘三资’是农村最宝贵的财富，是实现农村集体经济发展壮大的动力源泉。”自治区农业农村厅相关负责人表示，通过规范优化农村集体“三资”管理体系，不断提高集体经济质量和市场竞争力，持续提升乡村治理效能，全面促进乡村振兴。

资料来源：广西农业农村厅《乡村振兴 | 优化“三资”管理 激发清廉乡村“活力”——广西规范农村集体“三资”管理发展新型农村集体经济纪实》，广西农业农村厅，2024年11月14日. https://mp.weixin.qq.com/s/8JKsZOuj0xMAqHXBinxsMg。

第一节 农村资产的类型与特点

一、农村资产的特点

农村资产是指农村集体经济组织拥有或控制的能以货币计量的经济资源，包括各种财产、债权和其他权利，是农村集体经济组织成员的主要财产，也是农村集体经济组织开展各项活动、推动农业农村发展的重要物质基础。农村资产主要有以下特点：

（1）农村集体经济组织成员依法拥有农村资产的所有权，该权利由相应的农村集体经济组织代为集体行使，遵循法律规定。在资产清查核实的基础上，需明确农村集体资产所有权至各层级相应的农村集体经济组织。通常来讲，这一过程需遵循相关法律法规与政策导向，依据尊重历史事实、兼顾当前状况、程序正当及民众认可的原则，综合考量户籍、农村土地承包状况及对集体积累的贡献等因素，以确定农村集体经济组织成员资格。对于归属村农民集体的资产，由村集体经济组织代表行使所有权；若未设立集体经济组织，则由村民委员会代为行使。若资产归属于村内两个或更多农民集体，则由各自对应的集体经济组织代表行使，未设集体经济组织的，则由村民小组代为行使。乡镇农民集体的资产，则由乡镇集体经济组织代表行使所有权。对于集体统一经营资产的村或村民小组，特别是经济发达的城中村、城郊村等，应构建并完善农村集体经济组织，并在村党组织的指导下，依法依规行使集体资产所有权。集体资产所有权的确认需严格依据产权归属，确保不破坏原有的集体归属界限。这种所有权的行使方式体现了农村资产的集体性和特殊性，与工商企业资产所有权有明显区别：工商企业资产的所有权通常较为明确且相对简单，一般属于企业所有者或者股东，这种所有权的行使主要是通过股东会等决策机构来实现的，股东会根据公司章程和相关法律法规的规定，对企业资产的使用、处置等进行决策。工商企业资产的所有权界定主要依据出资关系和产权登记等，不像农村资产那样需要考虑诸多复杂的因素，如成员资格的综合认定等。

（2）农村资产本质上是一种经济资源，特指那些预期能为农村集体经济组织成员带来经济利益（公益性资产除外）的资源。具体而言，一部分资产能直接增进农村集体经济组织的现金流入，如村集体拥有的门面房，通过租赁即可直接获取收益；而另一部分资产则可能在未来或以间接形式促进经济利益流入，如资源性资产。无论是直接还是间接、即时或未来，只要具备带来经济利益流入的潜力，均可视为经济资源，这与工商企业资产主要以盈利为目标的经济资源属性有显著差异：企业的资产，如厂房、设备、原材料等都是为了生产产品或提供服务，进而获取销售收入，直接增加企业的现金流入。工商企业资产的经济利益流入通常是直接和即时的，与农村资产中部分资产经济利益流入的间接性和未来性形成鲜明对比。

（3）农村资产的来源多样，往往源自交易或特定事项，包括但不限于购买、生产及建造等行为。一般而言，农村集体资产是在农村集体经济组织过往的经济活动中获取的，并对当前或未来的经济活动产生影响。此外，还有部分资产源自人们在以往的活动中发现、利用或保护的天然资源性资产，如森林、草原等，它们同样构成了农村资产的重要组成部分。而工商企业资产的来源相对集中于市场交易和企业自身的生产经营活动，不像农村资产那样有大量天然资源性资产的传承和积累，其来源更多地体现为一种基于现代市场经济的交易和生产行为。

（4）农村资产的计量需遵循一定的标准，即应可用货币或实物进行度量。对于需纳入财务报表的农村资产，货币计量是必需的，以确保资产价值的确认与报告。而对于账外统计与记录的农村集体资产，则采用实物单位进行度量，以准确反映其数量、面积等信息，尤其适用那些难以精确评估价值的资源性资产，实物计量成为一种有效的计量方式。而工商企业资产的计量主要以货币计量为主，企业的资产如固定资产、流动资产等都需要按照会计准则和相关财务制度，以货币形式进行精确计量。

二、农村资产的分类

农村资产可以根据其性质和用途分为以下几类，如表 6－1 所示。

表 6－1　　农村资产分类的不同标准对比

<table>
<tr><td rowspan="4">分类标准</td><td rowspan="2">功能性质</td><td colspan="9">经营性资产</td><td rowspan="2">资源性资产</td></tr>
<tr><td colspan="9">非经营性资产</td></tr>
<tr><td>表现形式</td><td>资金</td><td colspan="8">资产</td><td>资源</td></tr>
<tr><td>流动性</td><td colspan="4">短期资产</td><td colspan="6">长期资产</td></tr>
<tr><td colspan="2">具体资产</td><td>货币资金</td><td>应收款项</td><td>存货</td><td>短期投资</td><td>生产性生物资产</td><td>无形资产</td><td>固定资产</td><td>在建工程</td><td>长期投资</td><td>土地森林
草原山岭
荒地滩涂</td></tr>
</table>

（一）按功能性质，划分为经营性资产、非经营性资产和资源性资产

2016 年 12 月中共中央、国务院印发的《关于稳步推进农村集体产权制度改革的意见》（中发〔2016〕37 号）对农村集体资产按功能性质分类，分为经营性资产、非经营性资产和资源性资产三类。

经营性资产涵盖了一系列用于商业运作的实体，如房屋、构筑物、机械设备、工具设施、农业基础设施，以及集体投资设立的企业和其在其他经济组织中所持有的股权、无形资产等。此外，与经营直接相关的货币资金与应收款项，通常也被归入此类。相比之下，非经营性资产主要涉及公共服务领域，如教育、科技、文化、卫生、体育等方面的设施，实际包括健身设施、公共饮水站等。资源性资产主要由农民集体所拥有的自然资源构成，涵盖了土地、森林、山岭、草原、未利用地以及滩涂等。

（二）按表现形式，划分为资金、资产和资源

依据资产的存在形态，农村集体经济组织的资产可划分为资金、资产及资源三大类别，即业界常说的“三资”。在此框架下，“三资”中的“资产”采用了狭义定义，主要

囊括了除资金外的经营性及非经营性资产，不再特别区分其用途，如存货、生物资产、固定资产等均归入此类；“资金”特指货币资金，其来源渠道广泛，可以是自有资金、借款、政府补助或社会捐赠等；“资源”则专指自然形成的天然资源，与“资源性资产”的概念相吻合。2009 年 6 月原农业部颁布的《关于进一步加强农村集体资金资产资源管理指导的意见》（农经发〔2009〕4 号）采用了这种分类方式。

（三）按流动性强弱，划分为短期资产和长期资产

资产的流动性，即资产的变现能力。按照资产的流动性强弱或变现能力快慢，通常可将资产分为短期资产和长期资产两类。短期资产是指在一年或超过一年的一个营业周期内可以变现或耗用的资产，特点是流动性较强，易于在短期内转化为现金或用于偿还短期债务，如货币资金、应收款项、存货等。长期资产是指流动资产之外的其他资产，特点是流动性较差，但通常具有较高的收益潜力和较长的使用期限，如固定资产、无形资产、生产性生物资产、长期投资等。

（四）按是否具有实物形态，划分为有形资产和无形资产

依据是否具备实物形态，资产可被划分为有形资产与无形资产两大类别。有形资产是指那些可见且可触的、具有明确物质形态的资产，如存货、固定资产以及生物资产等。相对而言，无形资产则是指那些不具备物质形态的资产，它们以非物质的形式存在，如专利权、商标权以及土地使用权等即属此类。

（五）按具体资产划分

1. 货币资金

货币资金是指以货币为表现形态，可随时用作流通手段和支付手段的资金，它既可以用来购买商品或劳务，也可以用来清偿债务、支付费用等。通常情况下，货币资金按存放地点和形态不同，可分为现金、银行存款和其他货币资金三类。

现金，也称库存现金，是流动性最强的货币资金，是可以立即投入流通的交换媒介。为降低现金在收付与保管环节面临丢失、截留、挪用、侵占及滥用等风险，国家倡导在经济活动中采用转账结算方式，减少现金使用。在实践中，也有农村集体经济组织已经实现了“无现金化”。然而，农村集体经济组织所持有的股票、债券、基金等短期可流通证券，鉴于其可能受限于特定条件而无法即时变现，因此不被纳入现金范畴。

银行存款是指农村集体经济组织存入银行和其他金融机构的各种款项。在日常生产经营活动中，农村集体经济组织的大部分业务都通过银行办理转账结算。2013 年 6 月 27 日，

原农业部及财政部、民政部、审计署联合印发的《关于进一步加强和规范村级财务管理工作的意见》（农经发〔2013〕6号）明确要求，农村集体经济组织只可开设一个基本存款账户用于办理日常转账结算和现金收付，除土地补偿费专门账户外，一般不准开设其他专用或临时账户。

其他货币资金包括外埠存款、银行汇票存款、银行本票存款、信用证保证金存款、信用卡存款、存出投资款等。与企业不同，农村集体经济组织较少涉及其他货币资金。为简化会计核算和财务管理，对农村集体经济组织涉及较少的其他货币资金业务并不单独划分为一类进行管理，而是归在银行存款中进行统一核算和管理。

2. 应收款项

应收款项是指农村集体经济组织在运营活动中产生的一系列应收及暂付款项，这些款项实质上是农村集体经济组织在生产经营活动中所形成的债权，预示着未来经济利益的流入，是农村集体经济组织流动资产的重要组成部分。基于款项性质的差异，应收款项可进一步细分为应收账款、应收票据、预付款项、应收股利、应收利息以及其他应收款等多个类别。举例来说，当农村集体经济组织采用赊销策略销售商品、提供服务、发包或出租资产时，所形成的尚未收回的款项即归类为应收账款；而当农村集体经济组织应收被投资单位已宣告但尚未派发的现金股利时，这部分款项则归类为应收股利。

进一步来讲，农村集体经济组织的应收款项可根据对象的不同，划分为对外和对内两类。对外应收款项，通常称为外部欠款，主要涉及农村集体经济组织与外部单位或个人在业务往来中形成的应收或暂付款项。而对内应收款项，则称为内部欠款，主要涉及农村集体经济组织向内部成员应收或暂付的款项。尽管应收款项的对象可能源于组织内部或外部，但其本质属性一致，均代表尚未实现的债权。

3. 存货

存货是指农村集体经济组织在日常运营中所持有的，旨在出售的产成品、商品，以及处于生产流程中的在产品，还包括在生产和提供服务过程中所需的各种材料和物料。举例来说，原材料、农业生产资料（如化肥、种子、饲料、农药等）、农产品以及低值易耗品（如小型工具、机械部件、包装材料等）均为农村集体经济组织常见的存货项目。

存货的获取方式多样，可以是外购、自行加工，或是通过捐赠等渠道获得。通常情况下，存货在一年内能够被消耗或售出。尽管不同农村集体经济组织的存货种类和数量存在较大差异，但存货作为农村集体经济组织的一类关键流动资产，对于其生产经营活动和社会管理活动而言，是不可或缺的物资支撑。

4. 固定资产

固定资产是指农村集体经济组织所持有的，使用期限超过一年的房屋、建筑物、机器设备、机械装置、高价值工具器具以及农业基础设施等资产。这些资产被归类为非流动资产，相较于流动资产，它们的特点在于使用期限较长且单位价值较高。此外，农村集体经济组织所使用的种植大棚、养殖池等，若其使用期限同样超过一年，也应被纳入固定资产范畴。

基于固定资产的功能和性质差异，将其进一步划分为经营性固定资产和非经营性固定资产两大类。经营性固定资产是指农村集体经济组织为了开展生产经营活动并获取经济收益而持有的资产。例如，在我国众多农村集体经济组织中，房屋和建筑物常被用于出租等物业经济活动，这些用于出租的房产即属于经营性固定资产。相反，非经营性固定资产则主要是指用于为组织成员提供生产生活方面的公共服务，如村组道路、桥梁、水利灌溉渠道等基础设施。

5. 生物资产

生物资产特指农业活动中所涉及的有生命的动植物，强调其必须处于存活状态。一旦这些动植物失去了生命特征，它们就不再属于生物资产的范畴，这是生物资产与农产品之间的根本差异所在。农产品作为生物资产的产出物，在其收获之时即标志着生命活动的终止，从而转化为非生物形态的农产品。换言之，农产品的形成是生物资产生长周期的一个终点，收获过程实现了生物资产向农产品的转化，而这一过程伴随着生物资产生命活动的结束。因此，唯有存活的动植物才能被界定为生物资产。农产品经过各种加工可形成工业产品。

农村集体经济组织的生物资产，之前常被称为农业资产，主要是指牲畜（禽）资产和林木资产。随着农村集体经济的发展，农村集体经济组织涉及的生物资产的种类更加多样，为此2021年发布的《农村集体经济组织财务制度》（财农〔2021〕121号）采用含义更为清晰的“生物资产”代了“农业资产”这一专业术语。

生物资产依据其功能与用途的差异，可被细分为消耗性生物资产、生产性生物资产以及公益性生物资产三大类别：（1）消耗性生物资产，是指那些主要为出售目的而持有，或在将来会被收获并转化为农产品的生物资产。这类资产涵盖了如大田作物（小麦、水稻、玉米、棉花、牧草等）、蔬菜、用材林，以及存栏待售的牲畜和养殖的水产品等。（2）生产性生物资产，则是指除消耗性生物资产外，为产出农产品、提供劳务或出租等目的而持有的生物资产。这类资产包括经济林、薪炭林、产畜及役畜等。通常来讲，生产性生物资产需要生长到一定阶段，方能开始发挥其生产能力。因此，根据是否已达到预定生产经营目的，生产性生物资产又可进一步划分为未成熟生产性生物资产和成熟生产性生物资产。前者是指尚未达到预定生产经营目的，尚不能多年连续稳定产出农产品、提供劳务或出租的生产性生物资产，如尚未挂果的果树、尚未产奶的奶牛等；而后者则是指已达到预定生产经营目的的生产性生物资产。（3）公益性生物资产，则是指以防护和环境保护为主要目的的生物资产，包括防风固沙林、水土保持林和水源涵养林等。

6. 无形资产

无形资产是指农村集体经济组织所拥有或控制的、不具备实物形态但可辨认的非货币性资产。相较于其他类型的资产，无形资产展现出以下显著特点：首先，无形资产缺乏具体的物质形态，它们通常以权利或技术的形式存在，通过自身特有的技术优势创造经济利益，这与依赖实物价值损耗转移来产生经济利益的实物资产（如固定资产）形成鲜明对比。尽管无形资产的存在可能依托于某些实物载体（如计算机软件需存储于特定介质），但其核心本质并不在于其实物形态。其次，无形资产具备可辨认性，意味着这些资产能够被明确区分并单独用于出售或转让，如通过法律程序获得的商标权，或是基于合同性权利及其他法定权利所衍生的特许使用权等。最后，无形资产作为非货币性资产，鉴于其交易市场相对不发达，往往难以迅速转化为现金，且未来经济利益的产生存在较大的不确定性，因此不属于货币资金或固定金额可收取的资产类别。

无形资产通常包括专利权、非专利技术、商标权、著作权、特许权、土地使用权等。具体如下：（1）专利权，包括发明专利权、实用新型专利权和外观设计专利权三种；（2）非专利技术，也称专有技术，如独特的制造工艺、特殊配方等工艺诀窍、技术秘密等。与专利权的不同之处在于，非专利技术没有在专利机关登记注册，通常依靠保密手段进行垄断；（3）商标权，是指专门在某类指定的商品或产品上使用特定的名称或图案的权利。商标权属于法律概念，品牌是市场概念，商标权可以认为是品牌的标志或名称，是品牌的保护盾牌；（4）著作权，又称版权，包括作品署名权、发表权、修改权、保护作品完整权、复制权、发行权、出租权、展览权、表演权、放映权、广播权、信息网络传播权、摄制权、改编权、翻译权、汇编权等；（5）特许权，又称经营特许权、专营权，是指在某一地区经营或销售某种特定商品的权利或是一方接受另一方使用其商标、商号、技术秘密等的权利；（6）土地使用权，农民集体土地使用权是指农民集体土地的使用人依法利用土地并取得收益的权利。

2020 年 1 月开始实施的《中华人民共和国土地管理法》规定，农民集体所有的土地依法属于村农民集体所有的，由村集体经济组织或者村民委员会经营、管理。农村集体经济组织使用乡镇土地利用总体规划确定的建设用地兴办企业或者与其他单位、个人以土地使用权入股、联营等形式共同举办企业的，应当持有关批准文件，向县级以上地方人民政府自然资源主管部门提出申请，按照省、自治区、直辖市规定的批准权限，由县级以上地方人民政府批准。土地利用总体规划、城乡规划确定为工业、商业等经营性用途，并经依法登记的集体经营性建设用地，土地所有权人可以通过出让、出租等方式交由单位或者个人使用，并应当签订书面合同载明土地界址、面积、动工期限、使用期限、土地用途、规划条件和双方其他权利义务。集体经营性建设用地出让、出租等，应当经本集体经济组织成员的村民会议 2/3 以上成员或者 2/3 以上村民代表的同意。通过出让等方式取得的集体经营性建设用地使用权可以转让、互换、出资、赠予或者抵押，但法律法规另有规定或者土地所有权人、土地使用权人签订的书面合同另有约定的除外。集体经营性建设用地的出租，集体建设用地使用权的出让及其最高年限、转让、互换、出资、赠予、抵押等，参照同类用途的国有建设用地执行。

7. 对外投资

对外投资是指农村集体经济组织为了在未来获得收益或实现资本增值向被投资单位投入资产或让渡资产使用权等的经济行为。与对外投资相对应的是对内投资，后者通常是指将资金用于组织内部的资产购置，如固定资产的购买。农村集体经济组织在对外投资时，所投入的资产形式多样，既包括货币资金、固定资产、生物资产等实物形态的有形资产，也涵盖专利权、商标权、土地使用权等无形资产。值得注意的是，农村集体经济组织的对外投资根据不同的分类标准，可以划分为多种类型。常见的主要有以下两种：（1）按投资期限分为短期投资和长期投资。短期投资是指农村集体经济组织购入的各种能够随时变现且持有时间不准备超过 1 年（含 1 年）的有价证券，以及不超过 1 年（含 1 年）的其他投资。长期投资是指农村集体经济组织不准备在 1 年内（含 1 年）变现的投资，如投资兴办企业、购买长期国债。（2）按投资性质分为债权性投资和权益性投资两大类。债权性投资是指为了获取债权而进行的投资活动，如购买国债、公司债等，其主要目的是获取高于银行存款利率的利息收入，并确保能够按期收回本金和利息。权益性投资，也被称为股权投资，是指投资者为了获得其他实体的权益或净资产而进行的投资。这种投资通常是通过利用投资者自身所拥有的资产，来换取被投资实体的股份或股权，进而通过股份的增值、出售或从被投资实体获得的股利等方式来实现收益。作为特别法人，农村集体经济组织有权依法投资设立企业，形成权益性投资。根据对被投资单位产生的影响程度，权益性投资可以进一步细分为控制、合营和联营等不同类别。控制是指投资方对被投资单位拥有绝对的控制权，能够决定其经营和财务政策；合营则是指投资方与被投资单位共同控制某项经济活动；而联营则是指投资方与被投资单位之间存在一定的经济联系，但并未达到共同控制的程度。投资性质的差异，直接决定了投资方和被投资方之间关系的不同。债权性投资主要体现了债权人与债务人之间的借贷关系，而权益性投资则更多地体现了投资者与被投资单位之间的所有权关系。

8. 资源性资产

自然资源，是一个国家的发展之基、生态之源、民生之本，在经济社会发展和生态文明建设中承担着重要的支撑作用。《中华人民共和国宪法》规定，农村集体经济组织的资源性资产，主要包括土地、森林、山岭、草原、荒地、滩涂等。全国农村集体资产清产核资数据显示（以 2017 年 12 月 31 日为清查时点），农村集体土地等资源性资产总面积共计 65.5 亿亩，其中，农用地 59.1 亿亩，占 90.2%；建设用地 3.8 亿亩，占 5.8%；未利用地 2.6 亿亩，占 4%。集体资源性资产主要集中在西部地区，为 37.1 亿亩，占 56.6%；东部地区为 12 亿亩，占 18.4%；中部地区为 16.4 亿亩，占 25%。农村集体经济组织的资源性资产跟其他资产一样，归成员集体所有农村集体经济组织代表集体行使资源性资产的所有权。但与其他资产不同，农村集体经济组织的资源性资产一般通过确权获取，而其他资产多由农村集体经济组织生产经营积累、购置或投资取得。

三、农村资产管理的基本要求

（一）保障资产的安全完整

确保农村集体资产的安全与完整，防止其流失，是强化农村集体经济组织资产管理工作的核心要求，也是维护农民合法权益、确保农民共享改革发展红利的重要基石。为此，需对农村集体所有各类资产展开全面清查与核实，明确界定资产权属，建立健全资产管理体系，以有效防止资产流失或遭非法侵占。具体措施包括：清晰界定集体资产的范畴，实施年度清查机制，保证账簿、凭证、实物及款项的一致性，加快不动产登记证书的办理与复核流程，并及时向全体成员公开清查结果；构建并完善财务管理体系，涵盖财务预算与决算、现金管理、收支监管等方面，同时建立详尽的资产台账，强化承包合同管理，规范年终收益分配流程，以确保资产管理的透明化与规范化。

（二）促进资产的保值增值

盘活农村集体资产，推动其价值增长与保值，是农村集体产权制度改革的关键目标，也是农村集体经济组织财务管理的重心所在。唯有充分发挥农村集体资产的效能，方能壮大农村的经济实力，提升农民的财产性收入。农村集体经济组织需要科学配置各类资产的比例，依据不同资产的性质与特点，采用适当的经营管理策略，以提升资产的使用效率。在财务管理层面，集体经济组织应强化债务管理，遵循量入为出、收支有序的原则，严格把控债务规模，规范举债流程，防止债务负担超出集体承受范围。此外，应规范集体资产的运营模式，涵盖自营、合作经营、租赁、股权投资等多种方式，并规范资产流转与交易流程，确保过程公开透明、公平合理且高效益。

（三）体现农民群众的主体地位

农村集体资产的管理要充分体现农村集体经济组织成员作为所有权人的主体地位，切实维护农民群众的权益。坚持民主原则，应保障农村集体经济组织成员对各项资产占有、使用、收益和分配情况的知情权、参与权、表达权、监督权。坚持公开原则，有关资产使用及其收益等重大经济事项应当向全体成员公开，接受成员监督，重要资产的承包、租赁、出让等，应通过公开招标或竞价方式实施，建立民主决策和监督机制，保障成员对集体资产管理的参与和监督。

第二节　农村经营性资产管理

一、农村经营性资产的定义与特征

农村经营性资产是指那些直接用于生产经营活动，能够为农村集体经济组织带来经济利益的资产。这类资产是农村集体经济组织获取收入和利润的主要来源，具有以下几个显著特点：（1）用于生产经营：经营性资产直接参与农村集体经济组织的生产经营过程。例如，用于农业生产的土地、农业机械、农产品加工设备等，都是农村集体经济组织开展农业生产和农产品加工活动所必需的经营性资产。而非经营性资产主要用于保障农村集体经济组织的日常运行、提供公共服务或满足成员的生活需求，不直接参与生产经营活动。（2）具有盈利性：经营性资产能够为农村集体经济组织创造经济收益。通过合理利用这些资产，农村集体经济组织可以生产出农产品或提供相关服务，进而获得销售收入或服务收入，实现盈利。例如，通过种植和销售农作物、养殖和销售畜禽产品等，农村集体经济组织可以获得相应的经济收益。而非经营性资产一般不直接产生经济收益，其价值主要体现在为农村集体经济组织和成员提供服务和支持方面。（3）具有收益性：经营性资产在使用过程中，能够为农村集体经济组织带来持续的收益。除了直接的销售收入外，一些经营性资产，如专利权、商标权等无形资产，还可以通过授权使用或转让等方式，为农村集体经济组织带来额外的收益。而非经营性资产管理重点在于保障资产的正常运行和满足公共服务需求，强调资产的使用效益和服务质量。（4）具有一定的流动性：虽然部分经营性资产，如固定资产的流动性相对较低，但在必要时，农村集体经济组织可以通过出售、租赁等方式，将这些资产转化为现金或用于偿还债务，以满足生产经营的资金需求。例如，农村集体经济组织可以通过出售闲置的农业机械或出租农产品加工设备，获得一定的现金收入。与经营性资产相比，非经营性资产流动性相对较低，一般不轻易出售或转让，其主要功能是提供公共服务和保障农村集体经济组织的正常运行，具有较强的专用性和不可替代性。

二、农村经营性资产的管理目标

（一）促进资产的保值增值

农村集体经济组织需要建立健全的管理制度，如制定严格的资产登记、审批、使用、维护和处置等规章制度，明确各项管理职责和操作规范，使资产管理工作有章可循。同时，规范管理流程，从资产的购置、使用到维护、更新、报废等各个环节，都要严格按照既定流程执行，加强监督和检查，防止资产在管理过程中出现漏洞，被侵占、挪用或流失，从而保障资产的完整性和安全性。在确保资产安全的基础上，注重提高资产的价值。通过合理配置和利用经营性资产，根据市场需求和产业发展趋势，调整资产的配置方向，将资金、土地、设备等资源优先投入效益更高的产业项目中，同时优化资产结构，淘汰落后、低效的资产，增加先进、高效的资产，提升资产的竞争力。此外，提升资产的使用效率，通过加强对资产的维护和管理，确保资产处于良好的运行状态，充分发挥其使用效能，使资产在原有基础上实现价值的增长。

（二）提高经济效益

农村集体经济组织应该引入先进的管理理念和技术，改进经营管理方式。例如，借鉴现代企业管理制度，建立科学的决策、激励和监督机制，使资产运营更加规范高效。同时，利用物联网、大数据等技术手段，对农业生产、市场销售等环节进行精准管理，降低运营成本，提高生产效率和产品质量，从而增强资产的经济效益。通过有效管理和运营农村经营性资产，不仅能为农村集体经济组织创造更多经济收益，还能为农民提供丰富的就业机会，增加他们的收入来源。农民可通过参与产业经营、入股分红等方式，分享集体经济发展成果，提高自身收入水平，实现共同富裕。此外，合理利用经营性资产，还能推动农村产业结构优化升级，发展高附加值的农业产业和农村服务业，延伸产业链条，拓展农村经济发展空间，提升农村经济的整体效益，为乡村振兴注入强劲动力。

（三）促进农村经济发展

通过农村经营性资产的有效管理和运营，使农村集体经济组织获得更多的经济收益，增强其经济实力，为农村经济的发展提供有力支持。合理利用农村经营性资产，发展多种经营，促进农村经济的多元化发展，提高农村经济的抗风险能力，使其在面对市场波动、自然灾害等不确定因素时，能够稳健地发展。将农村经营性资产的收益用于改善农村基础设施和公共服务，如道路、水利、教育、医疗等方面，提升农村居民的生活质量，为农村经济的可持续发展创造良好的环境。

三、农村经营性资产的管理内容

农村经营性资产是指农村集体经济组织用于生产经营活动的各类资产，包括土地、厂房、设备、资金等。其管理内容涵盖了资产配置与优化、资产运营与维护、资产收益分配与管理等多个方面，是确保农村集体经济健康发展的重要基础。

（一）资产配置与优化

资产配置要遵循以下原则：（1）效益优先原则：在资产配置过程中，应以提高经济效益为核心，优先选择能够带来较高收益的资产项目。例如，在农业种植方面，根据市场需求和本地气候条件，选择种植经济效益较高的作物，如特色水果、有机蔬菜等，以提高土地的产出效益。（2）风险分散原则：合理分散投资风险，避免将全部资金或资源集中投入单一项目上。可以通过多元化经营，如同时发展种植业、养殖业、农产品加工业等，降低因某一产业市场波动带来的整体风险。（3）可持续发展原则：在资产配置时，要充分考虑资源的可持续利用和生态环境保护，避免过度开发和破坏性利用。例如，在发展水产养殖时，合理控制养殖密度和投饵量，防止水体污染和生态失衡，确保养殖产业的可持续发展。

资产配置策略的制定至关重要。首先，要实施产业布局优化策略，充分考虑本地的资源禀赋、区位优势和市场需求，对农村产业进行合理规划。例如，在靠近城市的郊区，可以重点发展休闲农业和乡村旅游等产业，以满足城市居民日益增长的消费需求，为农村带来新的经济增长点；而在资源丰富的山区，则应充分利用自然资源优势，发展特色种植和林下经济等产业，提高农产品的附加值，增加农民收入。其次，要调整和优化资产结构，使各类资产之间形成合理的比例和搭配，以提高资产的使用效率和经济效益，合理配置流动资产与固定资产的比例，确保有足够的流动资金用于生产经营活动，保证农村经济的灵活性和适应性，同时又不过多占用资金于固定资产上，避免资金的闲置和浪费，影响资金的周转效率。最后，把握好投资时机，根据市场行情和产业发展趋势，选择合适的时机进行资产配置。例如，在农产品价格低迷时，可以适当增加农产品储备资产，待价格上涨时再出售，从而获取更高的收益，实现资产的保值增值。通过科学合理的资产配置策略，能够为农村经济的持续健康发展提供有力保障。

（二）资产运营与维护

农村经营性资产运营的模式主要有以下几种：（1）自主经营模式：农村集体经济组织直接参与生产经营活动，对资产进行自主管理和运营。例如，村集体自己种植果树、养殖家禽等，通过雇用村民或组织村民小组进行日常管理和生产活动，获取经营收益。（2）合作经营模式：与其他经济组织或个人合作，共同参与资产的运营。例如，与农业企业合作，村集体提供土地和劳动力，企业负责技术指导和产品销售，双方按约定比例分配收益，实现资源共享和优势互补。（3）租赁经营模式：将资产出租给其他经济组织或个人使用，获取租金收益。例如，将村集体的厂房、仓库等设施租赁给农产品加工企业，企业支付租金并负责资产的日常维护和管理。

在农村经营性资产维护方面：（1）对各类资产进行定期检查，及时发现并修复存在的问题，防止资产损坏和性能下降。例如，对农业机械进行定期保养和维修，确保其正常运行，提高生产效率。（2）对资产进行日常保养，延长其使用寿命，并根据技术进步和市场需求，及时更新淘汰落后的资产。例如，对农产品加工设备进行日常清洁和润滑保养，同时关注新技术和新设备的发展，适时更新设备以提高加工质量和效率。（3）加强资产的安全防护措施，防止资产丢失、被盗或遭受意外损失。例如，在仓库、厂房等重要资产区域安装监控设备，加强人员值守和巡查，确保资产安全。

（三）资产收益分配与管理

农村经营性资产分配要遵循以下几个原则：（1）公平合理原则：收益分配要公平合理，兼顾各方利益。既要保证集体经济组织成员的基本权益，又要考虑对集体经济发展作出贡献的个人或团体的奖励。例如，村集体收益的一部分用于村民分红，另一部分用于奖励在集体经济发展中表现突出的村民或管理人员。（2）公开透明原则：收益分配的过程和结果要公开透明，接受全体成员的监督。通过召开村民大会或公示等方式，将收益分配方案和分配结果向村民公布，确保分配过程的公正性。（3）可持续发展原则：在收益分配时，要留有足够的资金用于集体经济的再发展和风险储备。避免过度分配导致集体经济后续发展资金不足，影响集体经济的可持续发展。

收益管理方面，农村集体经济组织应做到：(1) 建立收益管理制度：制定完善的收益管理制度，明确收益的来源、分配方式、适用范围等。例如，村集体收益管理制度中规定，收益主要用于村民分红、集体经济发展项目投资、基础设施建设和公共服务支出等。(2) 加强收益核算与监督：建立健全收益核算体系，准确记录和反映集体经济组织的收益情况。同时，加强内部和外部监督，确保收益的合理使用和分配。例如，村集体定期对收益进行核算，并接受上级主管部门和村民的监督。(3) 合理规划收益使用：根据集体经济发展的实际需要和村民的需求，合理规划收益的使用方向和比例。优先保障集体经济发展的资金需求，同时兼顾村民的福利和公共服务支出。例如，将收益的大部分用于发展特色产业项目，提高集体经济的造血能力，同时适当用于改善村民的居住环境和提供更好的公共服务。

四、农村经营性资产管理的制度保障

农村经营性资产管理制度主要包括以下几个方面：

1. 资产清查制度

村集体经济组织每年要进行一次资产清查，通过实地盘点、核对、查询，确定各种资产、物资、货币资金、往来款项的实际结存数，并与账存数核对，做到账实、账款相符。对资产清查中发现的问题和结果公布后居民提出的问题，应及时予以解决，并将解决情况张榜公布。

2. 资产台账制度

集体所有的房屋、建筑物、机器设备、工具、器具等固定资产，要按资产的类别建立固定资产台账，及时记录资产增减变动情况。资产台账的内容主要包括：资产的名称、类别、数量、单位、购建时间、预计使用年限、原始价值、折旧额、净值等。实行承包、租赁经营的，资产台账还应当登记承包、租赁单位（人员）名称，承包费或租赁金以及承包、租赁期限等。已出让或报废的资产，应当及时按程序进行核销。

3. 资产评估制度

集体经济组织以招标投标方式承包、租赁、出让集体资产，以参股、联营、合作方式经营集体资产，集体经济组织实行产权制度改革、合并或者分设等，应当进行资产评估。评估由农村经营管理部门或具有资质的单位实施。评估结果要按权属关系经集体经济组织成员的全体村民会议或村民代表会议确认。

4. 资产承包、租赁、出让制度

集体资产实行承包、租赁、出让应当制订相关方案，明确资产的名称、数量、用途，承包、租赁、出让的条件及其价格，是否招标投标等事项，并履行民主程序。集体资产承包、租赁、出让经营时，应当签订经济合同，明确双方的权利、义务、违约责任等，并向全体成员公开。经济合同及有关资料应当及时归档并报乡（镇）农村经营管理站备案。

5. 资产经营制度

集体资产实行承包、租赁、出让经营的，要加强合同履行的监督检查，公开合同履行情况；收取的承包费和租赁金归集体经济组织所有，纳入账内核算。集体经济组织统一经营的资产，要明确经营管理责任人的责任和经营目标，确定决策机制、管理机制和收益分配机制，并向全体成员公开。集体经济组织实行股份制或者股份合作制经营的，其股份收益归集体经济组织所有，纳入账内核算。要定期对集体资产的使用、维护和收益进行检查，确保集体资产的安全和保值增值。

6. 财务管理制度

年初应当编制全年资金预算方案，按民主程序形成决议并张榜公布；预算调整时，要严格履行相关程序。年终应当及时进行决算，并将预算执行情况和决算结果向全体成员公布。

资金管理岗位责任制度：明确各财务管理岗位的职责、权限，实行账、款分管，支票、财务印鉴分别保管。实行会计委托代理的地方，要按照会计核算主体分设账户（簿）。应当尊重各集体经济组织的资产所有权和财产管理自主权，不得改变集体资金的性质。集体经济组织应当将财务活动情况及有关账目，定期逐笔逐项向全体成员公布，接受群众监督。年初公布财务收支计划，每月或每季度公布各项收入、支出情况，年末公布各项财产、债权债务、收益分配等情况。

7. 监督与审计

各级农村经营管理部门要强化审计监督。对集体经济组织财务预算和决算、资金的使用和收益分配进行定期审计，对农民群众反映强烈的集体资金、资产、资源问题进行重点审计，对集体资产和资源的运营进行专项审计。建立健全责任追究制度，对审计查出侵占集体资金和资产问题的，应当责成责任人将侵占的集体资金和资产如数退还集体经济组织；构成违纪的，移交纪检监察部门处理；构成犯罪的，依法移送司法机关追究刑事责任。

五、农村经营性资产管理的典型案例

（1）安徽省小岗村，2016 年在农村集体产权制度改革中，确认集体成员 4 288 人，将设施大棚和“小岗村”品牌共计 3 026 万元折股量化到成员，成立小岗村股份经济合作社。为促进集体经济发展，股份经济合作社将经营性资产投入小岗村创新发展有限公司（2008 年成立，在工商登记），集体占股 49%、省财政专项扶持资金占股 51%，该公司经营范围包括乡村旅游、休闲农业、新农村建设，以及对外投资、融资等，收益主要用于集体经济发展、村内公益事业建设、成员分红等，5 年来累计实现利润 4 780 万元。截至 2020 年，股份经济合作社已连续 4 年向成员分红，人均 2 050 元。

小岗村股份经济合作社将资产入股到工商企业，按照市场化经营，既可以提高集体资产运营效率，又可以解决集体带头人匮乏难题。

（2）浔龙河村过去产业薄弱，村民主要种植稻谷、养猪等，集体经济收入有限。2013 年，村委会按照户均 1.2 亩宅基地的标准，对村内 560 户居民的宅基地进行集约节约规划，集中回收低效利用的农村建设用地 300 亩，并与黄花镇空巷城的城镇新增建设用地进行置换，增加挂钩政策中所得置换资金全额返还，保障农村居民“一户一宅”的需求，以及村集体基础设施建设等方面的发展。2014 年浔龙河村成为集体经营性建设用地入市改革试点地区，通过集体经营性建设用地出让、租赁、入股等形式参与入市交易。村集体建设用地的开发利用与其他经营性活动由资产管理中心负责，参照长沙市建设用地征收相关标准，对相应权利人的土地权益及附属建筑进行统一补偿，并制定“试点村范围内集体建设用地基准地价”，在地方政府指导下进行审批，纳入土地市场动态监管系。例如，村集体企业以土地入股的形式参与园区大型超市项目的建设，占股 45%，预计投入 2 000 万元。村集体建设用地的市场化运作，首年交易 300 亩形成分红收益，村集体年预期收益 60 万元。村民通过宅基地置换等方式获得集中住宅区统一建设的住宅，住进联排别墅，一楼门面出租，一年坐在家中还能拿到 3 万元的门面费。

浔龙河村通过科学的土地规划和置换，有效利用集体经营性建设用地入市政策，实现了村集体资产的增值和村民收入的显著提高。通过多元化产业的发展，不仅改善了村内环境和公共设施，还为村民提供了更多的就业和创业机会。这种管理模式不仅提升了村集体的经济实力，也增强了村民的获得感和幸福感，为其他农村地区提供了可借鉴的经验。

（3）竹园村位于旬阳县（2021 年改为旬阳市）双河镇东北部，距离集镇 24 千米，是该镇地理位置偏远的贫困村之一。山大人稀、土地瘠薄、生产条件落后是该村的自然状况和主要特征，群众增收主要依靠外出务工，产业基础薄弱、集体经济空白是实现稳定脱贫的最大短板。2017 年，竹园村党支部牵头，联络动员本村外出创业的成功人士共同出资，成立了旬阳县千源生态农业农民专业合作社，投资 40 万元，流转土地 2 400 亩，栽植烤烟、拐枣、黄花菜、油用牡丹、中药材等长中短相结合的产业。村集体将争取的项目资金注入合作社，占股 20%，日常生产经营管理和重大决策由村两委派员直接参与。2018 年，竹园村按照农村集体产权制度改革工作程序，成立了“双河镇竹园村集体股份经济合作社”，进一步盘活资源，整合要素。例如，村集体出资 12 万元，建设 100 亩规模养鸡场，年饲养能力达 1 万只以上。千源合作社发展烤烟、甜秆等短效产业实现盈利 15 万元，村集体按20%比例分红，获得3万元收入，一举甩掉了“空壳村”的帽子。村集体自营养鸡场预计出栏后，扣除生产经营成本和费用，可增收9万元以上。通过股份合作，最大限度带动了贫困劳动力就近就业务工，仅2018年合作社就支付本村务工劳务费80多万元。

竹园村通过成立专业合作社和推进农村集体产权制度改革，有效整合了村内资源，实现了集体经济的快速发展。村集体通过注入项目资金并参与合作社的经营管理，不仅获得了稳定的分红收入，还带动了村民就业，增加了村民的收入。

（4）新丰县马头镇强镇富村公司由镇属公司出资与多个村级集体经济组织共同成立，旨在挖掘、盘活村集体资源资产，实现可持续盈利。公司积极盘活村集体和村民的土地、闲置房屋、厂房等“沉睡”资产。2023年以来，强镇富村公司经营农村土地流转业务3 281.52万元，盘活宅基地等闲置资源资产1 004.97万元，物业出租1 445.11万元。例如，流转11个村3 331.89亩土地，推进深农科集团产业功能园、力拓合作社“稻薯”轮作基地等项目落地。同时，公司搭建“产销供一体化协同平台”，通过镇级农业协会有效衔接农业三大经营主体，带动15家会员企业抱团发展。此外，公司还通过“431”模式全力推进土地流转和撂荒地整治，目前，流转的“沉睡土地”近万亩，带动超3 000亩撂荒地复耕复种。公司累计营业收入1 073万元，利润共计67万元，带动500余人实现“家门口就业”。为村民带来租金收入，例如，为1 100户村民获得每亩800元的租金收入。

通过盘活农村集体资源资产，推进产业项目落地，有效促进了农村经济的发展与农民收入的增加。

（5）农村集体资产租赁收入是村集体收入的重要组成部分，也是推动乡村振兴的关键资金来源。然而，农村集体资产租赁领域存在诸多不规范问题，如基层干部优亲厚友、收受好处费、收取租金后据为己有以及失职失责等，这些问题不仅导致村集体收入流失，还损害了村民的利益和村集体的长远发展。各地纪检监察机关紧盯这些问题，规范小微权力运行，推动守好村集体“钱袋子”。

江苏省扬中市曾查处一起典型问题，某村村委会原主任朱某收受承租人财物后，在村集体厂房出租的租金、租期等方面给予特殊照顾，造成村集体收入流失。为了解决这一问题，扬中市开展了农村集体资产租赁领域专项整治。市纪委监委会同市农业农村局进行专题调研，推动对全市农村集体资产租赁合同全面起底，并出台了强化执纪问责的建议，对不按规定程序、随意变更合同、催缴不力、消极应付、优亲厚友等问题进行排查，问责了37名党员干部。

黑龙江省饶河县纪委监委也积极行动，成立3个监督检查组，对全县79个行政村资产发包、资金回收、租金使用等方面工作的落实情况开展监督检查。此外，畅通信访举报渠道，重点梳理村集体资产处置方面的问题，对发现的低价发包、超期发包等问题线索严查快办。截至目前，已查处多起违纪违法问题，相关责任人均受到严肃处理。

农村集体资产租赁不规范问题的出现，与出租价格和期限缺少标准有关。为堵塞漏洞，确保集体资产实现保值增值，上海市嘉定区纪委监委推动相关职能部门完善农村集体资产管理领域制度体系，制定出台关于农村集体土地和物业出租价格的指导意见。福建省莆田市涵江区纪委监委督促农业农村部门和乡镇聚焦清产核资漏报瞒报、违规出借资金、违规合同整改不到位等问题，扎实做好农村集体“三资”清查工作，同时推动出台“定底价、定年限、定程序、定约束条款”机制，建立和完善各项管理制度29个。

在治理农村集体资产租赁不规范问题过程中，各地积极探索以数字赋能破解监督难题。湖南省湘潭市建成了市县乡村四级联动、统一联网的农村产权交易市场体系，并在湘潭县试点建立“农村产权交易服务平台‘三资’系统”，5个乡镇113个村初步实现“三资”交易应进必进，产权交易与“三资”数据实时更新。浙江省义乌市则通过“村级项目招标公信平台”，要求村级资产资源的招标必须经过审核后统一对外发布，全程挂网、留痕可查，有效解决了信息不公开不透明的问题。

村集体租金收入本应纳入统一核算和管理，但河南省新密市纪委监委查处的一起村民小组组长未将企业支付的租金上缴至村民小组账户、用于个人支出的问题，暴露出村民小组账目管理不规范造成出租资金流失的风险漏洞。为解决这一问题，新密市纪委监委联合市农业农村局、市财政局等部门，推动将村组“三资”数据纳入“农经信息一体化平台”，严把入账关、记账关。截至目前，该市80%以上有收支业务的村民小组已在“农经信息一体化平台”记账，进一步提升了村组财务透明度，推动农村集体资产租金去向脉络明了。

通过纪检监察机关的监督问责、制度的完善、数字技术的应用以及财务透明度的提升，农村集体资产租赁管理的规范化水平不断提高，有效保障了村集体资产的安全和增值，为乡村振兴提供了坚实的资金保障。

第三节 农村非经营性资产管理

一、非经营性资产的定义与特征

非经营性资产，主要是指用于公共服务的教育、科技、文化、卫生、体育等方面的资产，如健身器材、公共饮水设施等。

非经营性资产是农村集体资产的重要组成部分。中共中央、国务院在《关于稳步推进农村集体产权制度改革的意见》中明确要求："对于非经营性资产，不宜折股量化到户，要根据其不同投资来源和有关规定统一运行管护"。因此，如何建立好运营管护机制，更好地发挥其效能，是当前农村集体非经营性资产监管面临的新课题。农村集体非经营性资产通常具有以下几个特点：

（1）公益性：其主要目的是为农村居民提供公共服务和福利，满足农村社区的基本需求，如保障村民的教育、医疗、文化娱乐等权利，不以盈利为直接目标。

（2）使用主体多层化：使用主体包括村民个体、家庭群体、农村集体组织以及在某些合作情况下的外部合作单位等。例如，村民个体可能使用村卫生室来看病；家庭群体可能受益于村里的养老院设施；农村集体组织会利用文化站来组织各类文化活动；外部合作单位可能与村里的学校合作开展教育项目，使用学校的场地和设备等。

（3）不可经营性或低经营性：一般情况下，这些资产难以直接通过市场经营产生经济效益，或者即使有一定的经营活动，如村办幼儿园收取少量学费，其经营收入也并非主要目的，且通常不足以覆盖资产的维护和运营成本。

（4）资产价值的潜在性：虽然非经营性资产不直接产生经济收益，但它们对农村社区的发展和稳定具有重要的潜在价值，如良好的教育设施有助于培养农村人才，促进农村长远发展；完善的卫生设施可以提高村民健康水平，减少因病致贫的风险等。

二、非经营性资产管理的基本原则

明确管理原则是资产管理的核心要义。加强非经营性资产管理必须要坚持"使用效益优先、规范至上、公平公开、分类施策"的管理原则，在大原则的框架下盘活低效、闲置资产，提高资产价值增值效益。

第一，坚持使用效益优先原则。资产盘活工作的目标是优化资源配置，推进高质量发展，提升内涵指标，因此在确定资产盘活工作方案时，要坚持哪一种方案使用效益好，就采用哪一种方案，争取资产的使用效益的最大化。

第二，坚持规范至上原则。在资产管理过程中要明确各领导和部门责任，严格流程管控、标准程序运行、防范化解风险，要形成内外互动、严格规范的工作格局。

第三，坚持公平公开原则，非经营性资产出租或处置均要面向全体成员，在相关媒体网页上公开公示，确保过程公开，信息公开，结果公开。

第四，坚持分类施策原则，低效、闲置的非经营性资产需要根据前期调研摸底情况，以市场资源和发展规律为导向引领，科学分类制订每项资产盘活方案，提高资产盘活效率和价值效益。

三、非经营性资产管理的作用

农村集体资产是农业农村发展的物质基础，也是农村集体经济发展的基本要素。农村集体资产管理就是农村中各项共同财产借助村集体等团体组织实现统一管理的一种方式。

通过对农村集体资产进行有效管理，提升管控效率，可以有效规避资产闲置或者被随意乱用等现象，促进农村集体资产的合理化和规范化利用，在创造更大的经济价值的同时，也能保障资产分配的科学性和公平性。一般来讲，农村集体经济组织应当定期开展集体资产清产核资工作，重点清查经营性资产、未承包到户的资源性资产以及现金、债权债务等，如实登记资产存量以及变动情况，建立健全集体资产登记、保管、使用、处置等制度，实行动态管理，做到资产明晰、账实相符。但是在进行管理的时候，主要用于公共服务的非经营性资产往往会被忽略，而对农村非经营性资产进行管理却是十分必要的。

（一）保障农村公共服务供给

（1）教育方面：农村幼儿园、中小学等教育设施作为非经营性资产，其良好的管理是保障农村儿童接受优质学前教育和基础教育的关键。例如，通过合理维护教学设施、配备合格的教师队伍，能够为农村孩子提供舒适的学习环境和高质量的教学内容，缩小城乡教育差距。

（2）医疗保健领域：农村社区卫生中心等医疗设施的有效管理对于农村居民的健康至关重要。定期对医疗设备进行检查和更新，确保医护人员的专业素质，可以为村民提供及时、有效的医疗服务，减少因病致贫、返贫的现象，提升农村居民的整体健康水平。

（3）养老服务方面：养老院等养老设施的妥善管理能为农村老年人提供一个安全、舒适的晚年生活环境。合理安排饮食、起居照顾等服务，以及组织丰富的娱乐活动，有助于提高老年人的生活质量，使他们能够安享晚年。

（二）维护农村社会稳定

（1）公平性体现：农村非经营性资产是农村集体所有的公共资源，公平合理地管理这些资产可以确保每个村民都能享受到应有的公共服务。例如，对农村公共文化设施如文化站、图书馆的有效管理，能让全体村民都有机会参与文化活动，丰富精神生活，避免因资源分配不公而引发的社会矛盾。

（2）社区凝聚力增强：良好的非经营性资产管理能够促进农村社区的和谐发展。例如，通过对农村体育设施的维护和利用，组织村民开展体育活动，增进村民之间的交流和感情，强化农村社区的凝聚力，维护农村社会秩序稳定。

（三）促进农村经济可持续发展

（1）劳动力素质提升：农村教育设施的有效管理有助于提高农村劳动力素质。培养出有知识、有技能的农村人才，这些人才可以为农村经济的发展提供智力支持。例如，他们可以利用所学知识开展现代农业生产，如发展有机农业、农产品加工等产业，带动农村经济增长。

（2）良好的生活环境吸引投资：完善的农村非经营性资产所营造的良好生活环境，如整洁的村庄环境（得益于垃圾处理设施等非经营性资产的有效管理）、便捷的交通（农村道路等基础设施管理得当），能够吸引外部投资。例如，吸引企业在农村发展农产品加工、乡村旅游等产业，为农村经济注入新的活力。

（四）促进资产保值增值

（1）延长资产使用寿命：通过科学的管理，如定期对农村非经营性资产中的建筑物（如学校教学楼、养老院宿舍等）进行维护保养，对设备（如幼儿园的游乐设施、卫生中心的医疗设备等）进行维修和更新，可以延长这些资产的使用寿命，确保资产的长期有效使用。

（2）提升资产价值：合理的管理措施还可以提升非经营性资产的价值。例如，对农村文化遗产等非经营性资产进行保护和开发，在保留其文化价值的同时，提升其经济价值，为农村文化产业的发展奠定基础。

四、非经营性资产管理的任务与目标

农村集体非经营性资产管理的根本任务是搞好社会服务，在不影响正常的农村社会公共事业服务的前提下，其主要有以下两个方面作用：一是维护集体资产的完整，如房屋建筑物等类似固定资产的保护与维修；二是防止对集体非经营性资产的占有，使用的浪费或被非法侵占、贪污等人为的损失和流失。在非经营资产管理上，具体的工作任务和目标主要有以下几个方面：

（一）建立非经营性资产使用责任制

当下，我国农村集体资产在使用过程中暴露出诸多严峻问题，资产使用责任归属模糊不清，监督管理工作执行不力，致使大量资产处于闲置状态，造成资源浪费。部分资产甚至被违规转化为私人财产，进而导致集体资产大量流失。这些问题犹如顽疾，严重阻碍了农村资产管理工作的有效推进，对农村经济发展与集体利益造成极大损害。

鉴于此，对集体非经营性资产实施管理的一项重要任务，便是构建切实可行、行之有效的使用责任制。要将资产的使用责任清晰明确地落实到具体的使用单位以及个人身上，做到责任到人、任务到岗。在此过程中，应着重致力于建立健全系统内部一系列关键制度。一是资产登记制度，详细记录资产的购置、使用、变更等信息，确保资产信息准确无误且可追溯；二是保管制度，明确资产保管的标准与要求，保障资产的安全与完整；三是损失赔偿制度，对于因人为原因造成的资产损失，严格追究相关责任人的赔偿责任，以此强化对资产的保护意识。

（二）严格管理非经营性资产的创收活动

（1）凡是具备创收条件的行政事业单位，一定要按经营性资产管理规则，提取一定比例的固定资产折旧用于保值或增值。

（2）对于集体单位创收的项目，在扣除各项成本费用之后的净收入应主要用于社会公共服务事业的项目发展建设，不得滥发乱用。

（3）农村集体资产管理部门对实行创收的单位和项目要进行严格的控制和监督，不得违反农村集体财会管理制度，对非法经营收入和不合理收费应予以处罚和没收。

（三）建立农村集体非经营性资产的清查与考核制度

（1）各级政府与农村集体资产主管部门，要把农村集体资产作为国家公有制资产的一个重要部分，制定宏观指导政策和相关管理办法，在法律上对农村集体资产进行有效的保护，并从整体上实施控制和监督。

（2）在国家各级政府部门的指导和监督下，农村基层行政组织和农村集体资产管理组织要定期或不定期地对使用集体非经营性资产单位进行检查，发展问题及时处理纠正。

（3）农村集体非经营性资产的使用单位要自觉接受资产管理部门和组织的监督和检查，做到账务相符，避免在资产使用管理上出现漏洞和失误。

（4）农村集体非经营性资产的使用单位要按规定按时要求向农村集体资产管理组织和部门报送有关资产管理报告表，以便农村集体资产管理部门和组织对其自身使用状况进行监督和考核。

五、农村集体管理组织对集体非经营性资产的管理

农村集体资产管理就是农村中各项共同财产借助村集体等团体组织实现统一管理的一种方式。通过农村集体资产管理可以实现农村集体资源的高效利用，在创造更大的经济价值的同时，也能保障资产分配的科学性和公平性。农村集体管理组织对集体非经营性资产的管理，主要可从两个方面考虑：第一，宏观管理；第二，微观管理。

（一）农村集体非经营性资产宏观管理的内容

对集体非经营性资产的宏观管理，就是在坚持农村集体资产管理的基本原则基础上，主要从集体非经营性资产的特征、作用、任务和基本要求出发，搞好资产配置方面的管理。

农村集体非经营性资产配置管理，主要是指农村集体资产管理组织，遵循“满足需求、推动发展”的原则，在其管辖区域内，依据社会经济发展需求以及集体组织与个人的生产生活需要，从自身实际能力与潜在能力着手，合理、有计划且有目的地对资产进行安排、调用与分配的管理行为。这一管理行为旨在达成以下目标：一是防止资产配置过程中出现随意性操作；二是避免决策的盲目性；三是杜绝资产的浪费与损失。其管理的主要内容包括：非生产性事业的发展规划、规划项目的审定、项目建设投入计划、资金分配与调用、资产的调剂与处置以及资产配置其他方面管理等。

（二）农村集体非经营性资产微观管理的内容

对集体非经营性资产的微观管理方面，主要通过坚持集体非经营性资产使用方面的管理原则，对占有集体资产的使用单位提出各项资产管理要求，防止集体非经营性资产被非法侵占、贪污、挪用和流失。其管理内容，主要是搞好资产使用方面的监督管理。

农村集体非经营性资产使用监督管理，是指农村集体资产管理组织，对占有农村集体非经营性资产的使用过程，实施的控制和监督的管理行为。其管理的内容主要包括以下几个方面：

（1）作为集体非经营性资产所有者的代表，对资产占有单位的使用行为实施全方位、全过程的严格控制与监督，确保资产使用符合规定及集体利益。

（2）制定集体非经营性资产的管理办法和制度。

（3）负责集体非经营性资产的产权登记，按期进行清查，汇总单位各种资产报表和报告，并按既定规定和程序，向上级管理部门汇报，并且向集体成员代表或全体成员公开报

告，保证信息的透明性与公开性。

(4) 负责办理集体非经营性资产处置的审批手续，对闲置资产进行合理处置与有效调剂。

(5) 对所有的集体资产单位的资产管理进行全面检查，核查资产的实物和资金，核对资产和资金的账目，以保证资产的真实、完整和准确。

六、使用单位对农村集体非经营性资产的管理

使用单位对农村集体非经营性资产的管理，首先应建立行政领导负责制，分管资产的管理工作；其次是设置管理机构，配备或指定专职或兼职管理人员，要把资产管理的责任落实到位。其管理的重点内容包括以下几个方面：

(一) 固定资产和流动资产的管理

固定资产和流动资产是使用单位完成农村社会行政事业任务的重要物质条件。其管理的主要内容包括：

(1) 要建立健全资产登记制度。行政事业单位通过各种途径，如无偿调入或接受捐赠等取得的固定资产和流动资产，都应登记入账，做到账账相符，账物相符，不应有账外财产。特别是固定资产中一些大型、贵重、精密仪器和设备等，要按台（件）建立技术档案。各使用单位对资产要定期或不定期进行清查，至少每年必须全面清查一次，对存在的问题要根据不同情况分别进行处理。

(2) 要建立健全资产的入库验收、保管、使用、检查、维护等规章制度。对大型、精密、贵重的设备和仪器，按照规范流程，指定专人负责保管、使用、维护等工作，提高资产利用效率。

(3) 要建立健全资产的损坏、损失赔偿制度。对造成资产损失、损坏、浪费和严重流失的，要追究有关人员的责任。

(二) 非经营性资产转为经营性资产的管理

农村集体非经营性资产转为经营性资产，对于转变农村社会行政事业管理职能，减轻集体经济负担，发展农村经济起到了重要的作用。对这部分资产应加强管理，其管理内容包括以下几个方面：

(1) 明确产权归属关系。农村行政事业单位利用其占用的集体非经营性资产，从事各种经营活动，无论采用何种形式，都应明确其产权属于集体所有制性质不变。在产权关系

变更情况下，绝不允许将集体资产的收益变为个人所有。

（2）行政事业单位利用所占用的农村集体非经营性资产从事经营活动取得的收入。即包括所属独立经济核算的生产、经营、服务单位上缴的纯收入，以及对外投资、联营出租集体非经营性资产取得的收益或租金等，无论采取何种预算管理形式，只要是源自集体资产的经营收益，均毫无例外地应全部纳入集体统一管理体系。集体资产管理组织会依据既定的相关规定，对这部分收益进行合理分配与使用规划。这一过程需确保公平、公正、公开，充分考量集体发展的长远需求及各相关方的合理权益。

（3）行政事业单位从事经营活动所使用的固定资产，必须按照集体资产管理规定，提取一定比例的折旧和发展基金，用于资产的增值保值和更新。

其中对外投资或联营的资产存量，必须经农村集体资产管理组织指定的机构进行评估后确认，不得私自定价或按账面净值定价。

（4）行政事业单位对开展经营活动所占用的资产，若进行产权的变更或变卖，必须经过农村集体资产管理组织审定同意，经集体资产管理机构按程序批准后，才能办理产权关系变更转移手续。

七、农村非经营性资产管理的典型案例介绍

为扎实推进群众身边不正之风和腐败问题集中整治，强化村集体资产、资金管理，枣庄市纪委监委公开通报集中整治以来查处的 4 起农村集体“三资”管理领域典型案例。

薛城区沙沟镇岩湖村党总支原书记、村委会原主任李学词违规挪用村集体租赁资金等问题。2021 年 3 月至 2023 年 3 月，李学词任岩湖村党总支书记、村委会主任等职务期间，利用村财务收支管理等职务便利，挪用村集体资金借给他人使用。李学词还存在其他严重违纪违法问题，2024 年 6 月受到开除党籍处分，被责令辞去村委会主任职务；其涉嫌犯罪问题被移送检察机关依法审查起诉。

峄城区峨山镇石拉村党支部原书记张峰违规挪用光伏扶贫项目土地租金等问题。2022 年 7 月，张峰任峨山镇石拉村党支部书记期间，利用职务便利，违规挪用本村光伏扶贫项目土地租金用于归还个人信用卡欠款。张峰还存在其他违反国家法律法规问题，2024 年 7 月受到留党察看两年处分。

台儿庄区泥沟镇柿树园行政村榆树子自然村负责人陈玉明违规将村集体资产借给他人进行营利活动问题。2023 年 10 月，陈玉明任榆树子自然村负责人期间，利用对外发包该村扶贫农机的职务便利，在未签订租赁合同、未收取租金的情况下，擅自将该村扶贫农机交予其亲属用于承揽机械作业并赚取利润。2024 年 5 月，陈玉明受到党内严重警告处分。

滕州市界河镇西耿庄村党支部原书记宋先运坐收坐支村集体资金问题。2020 年 5 月，宋先运任西耿庄村党支部书记期间，收取中国铁塔股份有限公司枣庄分公司场地租金未记入村集体财务账，直接用于村务开支。2024 年 5 月，宋先运受到党内警告处分。

本章小结

本章围绕农村资产管理展开深入探讨。农村资产按性质分为资源性资产、经营性资产和非经营性资产。资源性资产具有自然属性与地域差异，如土地、森林；经营性资产以盈利为导向，涉及村办企业与集体经营性建设用地；非经营性资产则专注公益服务，如农村学校、医院设施。

农村资产管理需遵循规范、透明、合理利用的原则。要建立完善的管理制度，涵盖资产登记、核算、保管等环节，确保公开透明，接受村民监督，避免资产闲置浪费，实现保值增值。

农村经营性资产管理旨在实现经济效益最大化，通过优化资产配置、提升经营效率增加集体收入。管理内容包括资产清查评估、规划经营方式及监督经营过程，保障收益收缴。农村非经营性资产管理聚焦于保障公益服务，通过日常维护、合理配置及安全管理，确保资产正常运行，为村民提供优质公共服务。

通过学习，我们对农村资产管理有了全面理解，这对推动农村经济社会发展具有重要意义。

思考讨论

1. 农村资产按照功能性质分，可以分为哪几类？
2. 什么是经营性资产，什么是非经营性资产？二者的区别是什么？
3. 农村经营性资产管理的目标、内容有哪些？
4. 农村非经营性资产管理的目标、内容有哪些？
5. 为什么我国农村集体资产管理会出现重经营性资产，轻非经营性资产的现象？

相关链接

1. 参见：《关于稳步推进农村集体产权制度改革的意见》：https：//www.gov.cn/xinwen/2016－12/29/content_5154592.htm.

2. 参见：《农村集体经济组织财务制度》：https：//www. gov. cn/gongbao/content/2022/content_5683855. htm.

3. 参见：《中华人民共和国土地管理法》：https：//www. gov. cn/gongbao/content/2021/content_5631813. htm.

4. 参见：《农村集体资产管理》：https：//www. gov. cn/zhengce/zhengceku/202309/content_6906306. htm.

5. 参见：《关于加强项目资产后续管理指导意见的通知》：https：//www. gov. cn/zhengce/zhengceku/2021 －06/04/content_5615474. htm.

6. 参见：《农村产业融合发展示范园建设中央预算内投资管理办法》：https：//www. gov. cn/zhengce/zhengceku/2021 －03/24/content_5595309. htm.

7. 参见：《中国特色农产品优势区管理办法》：https：//www. gov. cn/zhengce/zhengceku/2020 －07/21/content_5528525. htm.

8. 参见：《关于开展农村承包土地的经营权和农民住房财产权抵押贷款试点的指导意见》：https：//www. gov. cn/zhengce/zhengceku/2015 －08/24/content_10121. htm.

9. 参见：《关于征集第六批新型农业经营主体典型案例的通知》：https：//www. gov. cn/zhengce/zhengceku/202406/content_6959440. htm.

10. 参见：《国务院关于加强农村集体资产管理工作的通知》：https：//www. gov. cn/zhengce/zhengceku/2016 －10/19/content_ 5121626. htm.

11. 参见：《农村集体经济组织财务制度》：https：//www. gov. cn/gongbao/content/2022/content_5683855. htm.

12. 参见：《农村集体经济组织会计制度》：https：//www. gov. cn/zhengce/zhengceku/202309/content_6906306. htm.

13. 张晴羽，周密．农村集体经营性资产入市发展的机理与困境——基于欠发达地区D县的案例调查［J］．农业经济问题，2024（11）：20 －32.

14. 刘晓燕．农村集体经营性资产法治化管理改革进路研究［J］．农业经济，2022（12）：40 －41.

15. 宋志红．集体经营性资产股份合作与农村集体经济组织之关系重构［J］．法学研究，2022，44（03）：39 －56.

16. 段浩．农村集体经营性资产股权设置的理论突破与实践探索［J］．理论导刊，2020（01）：62 －67.

17. 黄季焜，李康立，王晓兵，丁雅文．农村集体经营性资产产权改革：现状、进程及影响［J］．农村经济，2019（12）：1 －10.

18. 段浩. 农村集体经营性资产股份制改革的法治进路 [J]. 法商研究, 2019, 36 (06): 139-149.

19. 闵师, 王晓兵, 项诚, 黄季焜. 农村集体资产产权制度改革: 进程、模式与挑战 [J]. 农业经济问题, 2019 (05): 19-29.

20. 林晓东, 陈荣文. 农村集体经营性资产股份合作制改革若干问题研究 [J]. 福建论坛 (人文社会科学版), 2019 (01): 137-145.

21. 张利强, 董舒, 陈蓉, 张亚平. 农村集体经营性资产股份合作制改革透视 [J]. 江苏农村经济, 2017 (07): 31-35.

22. 李明, 邱孟根. 农村集体非经营性资产如何管护 [J]. 农村经营管理, 2018 (07): 39-40.

23. 卿静, 伍华骅, 彭雪峰, 等. 烟草行业非经营性资产管理的思路探讨 [J]. 财政监督, 2021 (07): 85-89.

24. 王进丁. 以农村集体资产管理运营提效促进乡村振兴提速刍议 [J]. 山西农经, 2024 (19): 144-146.

25. 李蕊, 牛月. 乡村振兴背景下农村集体资产管理研究 [J]. 人民论坛, 2024 (03): 52-54.

26. 刘晓燕. 农村集体经营性资产法治化管理改革进路研究 [J]. 农业经济, 2022 (12): 40-41.

27. 王丽娟, 邱孟根. 关于农村集体非经营性资产管理的调查与思考 [J]. 农村财务会计, 2018 (09): 55-57.

28. 张襄英, 白西兰, 沈勇飞, 等. 农村集体资产管理基础知识 [M]. 北京: 中国农业出版社, 1998: 93-97, 102-107.

29. 枣庄市纪委监委. 枣庄市纪委监委通报 4 起群众身边不正之风和腐败问题典型案例 [EB/OL]. [2024-08-06]. https://www.zzlzw.gov.cn/shownews?newsid=22836.

第七章　农村资金管理

课程思政

1. 夯实专业基础，厚植“三农”情怀。引导学生深刻理解农村资金管理在推动农业农村现代化中的关键作用，激发学生对“三农”事业的热爱与责任感。

2. 提升实践素养，助力农村发展。强化学生责任意识与担当，树立严谨负责的工作态度；引导学生秉持客观公正、实事求是的原则，提升专业素养与思政水平。

3. 强化责任担当，践行服务宗旨。引导学生树立正确的职业价值观，认识到农村资金管理工作在农村经济发展中的关键作用，激发学生投身农村建设的热情；鼓励学生将个人职业理想与乡村振兴紧密结合，培养其服务“三农”的奉献精神，为农村发展贡献智慧与力量。

学习目标

1. 掌握农村资金来源的多样性，熟悉农村资金的特点，了解农村资金日常管理的关键环节和财政支农资金绩效评价的指标与方法。

2. 能够运用数据分析等方法，对农村资金的来源、规模、结构等进行分析，为农村资金管理提供决策依据；具备农村资金使用的监控与管理能力，进行农村资金日常管理；能够运用所学的绩效评价指标与方法，对财政支农资金的使用效果进行客观、公正的评价。

3. 培养遵守农村财经法规的观念，了解农村资金管理相关的法律法规与政策要求，增强对农村财务管理工作的责任感，养成热爱劳动、勤俭节约的品格。

内容简介

1. 农村资金来源与特点。聚焦农村资金基础，阐释其重要性、定义、内容及来源特点，夯实理论根基。

2. 农村资金日常管理。围绕农村资金日常管理展开，明确管理目标与原则，详解农村资金日常管理与监督流程，培养学生实操能力。

3. 财政支农资金绩效评价。剖析资金特点与种类，讲解评价原则与方法，构建绩效指标体系，并通过典型案例剖析，提升学生综合分析与应用能力。

导入案例

银川市西夏区顾家桥村曾存在严重的“三资”管理问题

在2013年底，顾家桥村“两委”换届，原报账员离任时，手中滞留4 000多万元的票据，一直未核销。农村集体“三资”管理突出问题专项整治以来，银川市纪委监委紧盯整治重点、强力监督，督促市农业农村局认真履行主体责任，拖了10年之久的旧账才全部核销。

2024年以来，银川市纪委监委结合大纵深推进集中整治工作要求，扎实开展农村集体“三资”管理突出问题专项整治，紧盯重点对象、重要内容、重点环节，以压实部门责任为牵引，以案件查办、问题查纠为抓手，着力监督发现并督促整改一批典型问题，严肃查处“三资”领域一批违纪违法案件，助力村集体扎紧“钱袋子”、守好“家底子”，以铁纪护航乡村振兴。为实现目标，银川市纪委监委提出以下措施：

精准把脉摸实情，以强监督促强监管

银川市纪委监委联合市农业农村局组成联合督导组下沉兴庆区掌政镇强家庙村对集体“三资”管理情况开展现场督导检查，要求村集体提供村集体“三资”台账以及近三年签订的合同。

明确农村集体“三资”监督的重点、难点，打通监督“最后一公里”。在市级层面成立联合督导组，以“四不两直”方式，由委班子成员带队，深入6个县（市、区）34个乡镇（涉农街道）147个村（社区），查找并反馈村集体“三资”管理存在具体问题280余条，推动专项整治有力开展。

村集体“三资”涉及范围广、体量大、部门多，明确重点、压实责任是关键。银川市纪委监委根据各部门职责，确定村集体“三资”管理中涉及的重点问题，加强对行业主管部门履职情况的监督检查，推动市农业农村局成立工作专班，并结合监督检查发现问题下发工作提示函，督促相关部门加强对村集体“三资”管理领域突出问题整治的全过程领导，层层落实责任。

执纪问责强震慑，以严查处促常惩治

银川市纪委监委在专项整治中发现，灵武市郝家桥镇王家嘴村时任党支部委员李某某不正确履行职责，在村集体小金额工程项目中未按规定进行三方询价，违反工作纪律。最终，李某某受到党内警告处分。

银川市纪委监委深挖农村集体“三资”管理问题背后的腐败问题，对农村集体“三资”领域问题线索快查快办，对情节严重、反映突出的问题线索，督促相关县（市、区）纪委监委逐件挂牌督办、提级办理、专案查办，着力调查处置了一批农村集体“三资”领域典型案件。目前，全市共查处腐败和作风问题 135 件，给予党纪政务处分 48 人，移送司法机关 4 人。

系统施治补短板，以规范化促正规化

整治问题，关键是改，落脚在治。银川市纪委监委深化以案示警、以案促改、以案促治，通过制发纪检监察建议、工作提示等方式，着力纠治村（社区）集体经济组织财务管理混乱、财务公开等制度落实不到位问题，切实守好看牢村集体家底。

贺兰县常信乡纪委就近期查处的涉“三资”违法违纪案件向全乡各村党组织书记进行提醒，案件涉及违规发放福利、坐收坐支、违反“四议两公开”程序等，各村要举一反三，引以为戒。推动以案为鉴，自我查摆，扎实整改。

破解“三资”管理薄弱环节，还要从制度上建强。针对农村产权交易流转不畅、规范化水平不足等问题，银川市纪委监委积极督促市农业农村局积极优化整合农村产权流转平台系统，形成市、县、乡、村协调统一规范的四级农村产权流转交易服务体系和机制，建成与各级交易平台互融、与自治区“三资”监管、银川市“六权改革”等多个信息平台互通的“一中心多后台”服务体系，实现集体资产实时监控预警，为规范农村集体“三资”监管、推动城乡要素资源流动、促进农民增收提供了有力支撑，使农村产权交易置于“阳光”下。

银川市纪委监委将持续巩固农村集体“三资”管理突出问题专项整治成果，督促健全长效机制，以高质量监督推动村集体“三资”管理更规范有序。

案例来源：银川市纪委监委．银川市专项整治农村集体“三资”管理突出问题 扎紧“钱袋子”守好“家底子”［EB/OL］．（2024 - 12 - 13）．http：//jjjc. yinchuan. gov. cn/lzsw/zhxx/202412/t20241213_4758235. html.

第一节　农村资金来源与特点

一、农村资金概述

（一）农村资金的重要性

“农，天下之本，务莫大焉。”我国是农业大国，农耕文明源远流长，农业始终是国民经济的基础，农民从来是最广大、最深厚的社会基础。习近平总书记指出：“历史和现实都告诉我们，农为邦本，本固邦宁。我们要坚持用大历史观来看待农业、农村、农民问题，只有深刻理解了‘三农’问题，才能更好理解我们这个党、这个国家、这个民族。”党的十八大以来，我们党高度重视“三农”工作，稳步推进农村集体产权制度改革，发展新型农村集体经济，推动农民财产性收入稳定增加，有力促进了农村农民共同富裕和城乡协调发展。党的二十大报告着眼于全面推进乡村振兴，提出“发展新型农村集体经济”。发展新型农村集体经济，有利于提高农民收入水平、促进农村农民共同富裕。习近平总书记在广东考察时强调：“加快构建现代乡村产业体系，发展新型农村集体经济，深入实施乡村建设行动，促进共同富裕。”

农业农村部《关于进一步加强农村集体资金、资产、资源管理指导的意见》指出：“农村集体资金、资产、资源（以下简称‘三资’），是发展农村经济、推进乡村振兴、实现共同富裕的重要物质基础。”作为农村社会治理的重要内容，农村集体资金历来是群众关注的热点焦点问题，也是农村基层干部违纪违法问题的易发多发地带。个别村干部采取隐藏村集体收入、贪占私分、虚报冒领等手段侵蚀村集体资产，群众反映强烈。因此，加强对农村集体资金的监管，确保每一分钱都用在刀刃上，既是对农民群众利益的切实维护，也是推动农村经济社会持续健康发展的必然要求。财政部、农业农村部联合制定了《农村集体经济组织财务制度》，对农村集体资金的管理给予高度重视，旨在加强农村集体经济组织财务管理，规范财务行为，保障农村集体经济组织及其成员的合法权益，促进农村集体经济发展。这一系列举措的背后，深刻凸显出农村集体资金的重大意义，其重要性主要体现在以下三个方面。

1. 壮大农村集体经济实力

《中共中央 国务院关于稳步推进农村集体产权制度改革的意见》明确提出，农村集体资金是农村集体资产的重要组成部分，要通过改革不断盘活农村集体资产，发展壮大农村集体经济。农村集体资金为农村产业发展提供了必要的启动资金和后续投入保障。无论是发展特色农业种植养殖，还是兴办农村加工业、乡村旅游业等新产业新业态，都需要资金的支持。合理利用农村集体资金进行投资经营活动，能够实现集体资金的保值增值，持续增加农村集体经济收入，为农村经济的可持续发展提供资金保障。例如，通过发展农村集体企业，可以整合农村资源，提升农产品附加值，增加农民收入；通过入股分红型项目，可以吸引社会资本参与，拓宽农村集体经济的融资渠道，实现集体与个人的共赢。

2. 保障农村社会民生福祉

《中共中央 国务院关于实施乡村振兴战略的意见》明确提出，要加大农村基础设施建设力度，农村集体资金作为国家财政资金的重要补充，能够与之形成合力，共同推动农村基础设施的全面建设。《乡村建设行动实施方案》强调要建立政府投入引导、农民和集体积极投入、社会力量多方支持的多元投入机制。农村集体资金可用于改善农村的生产生活条件，如修建农村道路、桥梁、水利设施等基础设施，提升农村居民的生活质量，为农业现代化提供硬件支撑。同时，还可用于建设和改善农村的教育、医疗、文化等公共服务设施，如修缮农村学校、建设村卫生室、搭建文化活动中心等，提升农村公共服务水平，让广大农民共享发展成果。部分农村集体资金还可用于设立养老基金、医疗救助基金等社会保障项目，对农村困难群体进行帮扶救助，完善农村社会保障体系，提高农民的生活安全感和幸福感。

3. 助力农村生态环境保护

国家大力倡导生态文明建设，《农村人居环境整治提升五年行动方案（2021—2025年）》明确指出改善农村人居环境，事关广大农民根本福祉，事关农民群众健康，事关美丽中国建设。这一行动方案的出台，彰显了国家对农村环境整治的高度重视和坚定决心。通过合理利用农村集体资金，可以开展一系列的环境整治项目，如垃圾处理、污水治理、厕所革命等，改善农村生态环境，打造美丽宜居乡村。习近平总书记多次强调，要牢固树立“绿水青山就是金山银山”的理念。农村集体资金可以投入生态农业、乡村旅游等生态产业发展中。生态农业通过科学种植、合理养殖等方式，既保护了生态环境，又提高了农产品的品质和市场竞争力；乡村旅游则依托乡村的自然风光和人文资源，吸引游客前来观光休闲，带动当地经济的发展，最终实现生态与经济的良性互动，促进农村生态资源转化为经济优势。

（二）农村资金的定义与内容

1. 农村资金的定义

农村集体资金是指农村集体经济组织所拥有和控制的货币资金，包括现金、银行存款及有价证券等。货币资金按其形态和用途不同可分为库存现金、银行存款和其他货币资金。其来源主要包括：原有积累，财政补助收入，土地等生产资料发包收入，农村集体第一、第二、第三产业直接经营收入，资产和设施租赁收入，对内和对外投资的利润，国家征用土地的补偿收入，变卖集体财产收入，“一事一议”筹资筹劳收入，国家有关单位或个人支持拨入的资金，借入资金，外来投资，其他收入。

2. 农村资金的内容

（1）现金。

现金亦称库存现金，是指存放于农村集体经济组织财会部门，由出纳人员经管的货币。现金是日常经济活动中一种最重要的支付手段，它可以随时用来购买产品物资，支付费用，偿还债务，存入银行等，具有流动性强、收付频繁两个特点。现金的两个特点，决定了现金在保管和使用过程中容易出现差错，如计算错误或者丢失，甚至被挪用、贪污、腐败等。因此，农村集体经济组织必须严格遵守国家有关现金管理制度，加强现金的管理和核算，监督现金使用的合法性和合理性。根据国家《现金管理条例》（以下简称《条例》）规定，农村集体经济组织可在《条例》范围内使用现金。值得注意的是，农村集体经济组织持有的股票、债券、基金类的短期有价证券等，因其可能受其他条件限制而在一定时间内无法保证即刻转化为现金使用，因此不能算作现金。

（2）银行存款。

银行存款是指农村集体经济组织存放在银行、信用社或其他金融机构的货币资金。在日常生产经营活动中，农村集体经济组织的大部分业务都通过银行办理转账结算。农村集体经济组织在其所在地银行（信用社）开设结算账户时，必须凭中国人民银行当地分支机构核发的开户许可证，带好农村集体经济组织财务公章、财务负责人和出纳员印章等印鉴，到当地银行（信用社）开立账户。农村集体经济组织只可开设一个基本存款账户，用于办理日常转账结算和现金收付，除土地补偿费专门账户外，一般不准开设其他专用或临时账户。

（3）其他货币资金。

其他货币资金是指农村集体经济组织除现金和银行存款以外的货币资金。它包括外埠存款、银行汇票存款、银行本票存款、信用证保证金存款、信用卡存款、存出投资款等。与企业不同，农村集体经济组织较少涉及其他货币资金。为简化会计核算和财务管理，对农村集体经济组织涉及较少的其他货币资金业务并不单独划分为一类进行管理，而是归在银行存款中进行统一核算和管理。外埠存款是指农村集体经济组织到外地进行临时零星采购时，汇往采购地银行开立采购专户的款项；银行汇票存款是指农村集体经济组织为取得银行汇票按照规定存入银行的款项；银行本票存款是指农村集体经济组织为取得银行本票按照规定存入银行的款项；信用卡存款是指农村集体经济组织为取得信用卡按照规定存入银行的款项；信用证保证金存款是指农村集体经济组织存入银行作为信用证保证金专户的款项；存出投资款是指农村集体经济组织已经存入证券公司但尚未进行投资的货币资金。

二、农村资金的来源

（一）原有积累

农村资金原有积累是指在农村经济活动中，通过自身的生产活动、资源开发等方式，在初始阶段积攒起来的资金。例如，农民通过售卖自家种植的农作物、养殖的家畜获得收入，这些收入扣除日常开支后剩余的部分就可以看作是资金的原始积累；还有村集体通过开发村里的自然资源，如有矿产资源的村子进行合理开采，把获得的收益积累起来，这些都是农村资金原始积累的体现。

（二）财政补助收入

财政补助收入是政府为推动农村地区全面发展而拨付的重要资金。在农业基础设施建设方面，政府投入大量资金用于改善农田水利设施，如修建灌溉渠道、水坝等，以保障农业生产的稳定水源供应；在农村教育方面，通过专项资金支持农村学校的建设、师资培训以及教学设备购置，致力于提升农村教育质量，缩小城乡教育差距；在医疗卫生方面，政府补贴用于建设和完善农村医疗卫生机构，配备先进的医疗设备，提高农村居民的医疗保障水平；在社会保障方面，对农村贫困家庭、弱势群体给予生活救助金、养老金等补贴，以保障其基本生活需求。这些财政补助资金的投入，旨在促进农村经济、社会的均衡发展，提升农村居民的整体生活质量与福利水平，体现了政府对农村发展的责任担当与战略布局。

（三）土地等生产资料发包收入

农村集体依法拥有土地等生产资料，通过将其发包给农户或其他经营主体，获取相应的发包收入。在耕地发包过程中，村集体按照法定程序和合理的期限、条件，将土地承包给村民耕种，村民则需依据合同约定向村集体缴纳承包费用。这一方式不仅有助于优化土地资源配置，使土地得到更有效的利用，还能为村集体积累资金。村集体所获得的发包收入，可用于村内公共事务的开展，如村庄道路修缮、环境卫生整治等，以及集体事业的发展，如支持农村文化活动、发展农村集体经济项目等，对于增强农村集体凝聚力和推动农村整体发展具有重要意义。

（四）农村集体第一、第二、第三产业直接经营收入

农村集体积极参与第一、第二、第三产业经营活动，获取直接经营收入。在第一产业方面，通过规模化的农业种植、养殖经营，如建设大型蔬菜种植基地、现代化养殖场等，实现农产品的规模化生产与销售，获取利润；在第二产业方面，农村集体涉足农产品加工领域，如建设粮食加工厂、水果罐头厂等，对初级农产品进行深加工，提升产品附加值，或者开展农村小型工业制造，如生产农村建筑材料、农具等；在第三产业方面，农村集体利用自身资源优势发展农村旅游、电商服务等产业。例如，开发具有特色的乡村旅游景点，提供农家乐、民宿等旅游服务，吸引游客前来观光旅游，带动餐饮、住宿等相关产业发展；开展农村电商服务，通过网络平台销售农产品，拓宽销售渠道，增加销售收入。这些产业经营活动不仅推动了农村产业多元化发展，还为农村集体资金库注入了源源不断的资金，促进了农村经济的繁荣。

（五）资产和设施租赁收入

农村集体拥有丰富的固定资产和基础设施资源，通过对外租赁实现资产的价值转化，获取租赁收入。固定资产如厂房、仓库、农业机械设备等，可出租给企业或个人用于生产经营活动。例如，村集体将闲置厂房出租给外来企业，用于加工制造、仓储物流等业务，企业按照租赁合同约定定期支付租金；基础设施方面，闲置的校舍、村办企业场地等也可对外出租。这些租赁收入为村集体带来了稳定的资金流入，可用于集体资产的日常维护、更新改造以及再投资等，确保集体资产的保值增值，同时也提高了资产的利用效率，避免资源闲置浪费。

（六）对内投资和对外投资的利润

对内投资是指农村集体将资金投入村内的项目或企业，以获取利润回报。例如，村集体投资入股村内的特色农产品加工厂，凭借股份参与企业的利润分配，分享加工厂在农产品加工、销售过程中所获得的盈利。对外投资则是指农村集体突破地域限制，参与村外的商业项目和企业合作。例如，投资城市的房地产项目，在房地产市场发展中获取投资收

益；或参与新兴科技企业的合作，借助科技企业的创新能力和市场潜力实现资本增值。这些投资活动不仅为农村集体带来了经济收益，壮大了农村集体经济实力，还促进了城乡经济资源的流动与整合，推动农村经济与外部市场的深度融合。

（七）国家征用土地的补偿收入

国家因公共利益需求征用农村集体土地时，会依法给予农村集体相应的补偿费用，这构成了农村资金的重要来源之一。补偿范围涵盖土地补偿费、安置补助费、地上附着物和青苗补偿费等多个方面。土地补偿费是对土地所有权丧失的补偿，根据土地的原用途、面积、地理位置等因素确定补偿标准；安置补助费用于安置因土地征用而失去土地的农民，保障其基本生活和就业安置；地上附着物和青苗补偿费则对土地上的建筑物、构筑物、农作物等给予合理补偿。这笔补偿收入在一定程度上能够弥补土地被征用给农村集体和农民带来的损失，同时也为农村集体提供了资金支持，可用于集体后续发展规划，如开发新的产业项目，安置失地农民就业，促进农村经济结构调整和可持续发展。

（八）变卖集体财产收入

在农村集体资产整合、优化或应对特殊情况时，变卖集体财产成为获取资金的一种途径。当集体资产存在闲置且维护成本过高、技术落后需要更新换代等情况时，农村集体可对部分财产进行变卖处置。例如，将老旧且不再适用的农业机械设备通过公开拍卖的方式出售给有需求的个人或企业；对闲置的集体房产进行市场化处置。变卖所得资金可用于购置更先进高效的生产设备，提升农村生产效率，或投资新兴产业项目，推动农村产业升级转型，实现集体资产的合理流动与增值，提高农村集体资产的整体质量和效益。

（九）“一事一议”筹资筹劳收入

“一事一议”筹资筹劳制度是农村民主决策在资金筹集方面的重要体现。针对农村村内兴办农田水利基本建设、修建道路、植树造林等公益事业项目，由村民大会或村民代表会议依据“一事一议”原则民主商议决定。村民根据自身经济能力和实际需求，通过自愿出资或出工的方式参与项目建设。所筹集的资金和劳务折算成货币价值后，专项用于该项公益事业的开展。这种筹资筹劳方式充分尊重了村民的意愿，确保农村公共设施建设与改善有稳定的资金与人力支持。同时，也激发了村民参与农村事务管理的积极性和主动性，增强了村民的自治意识和集体责任感，促进了农村基层民主政治建设与农村社会和谐发展。

（十）国家有关单位或个人支持拨入的资金

国家为推动农村全面发展，通过不同部门和渠道向农村提供资金支持。农业农村部门为提升农业现代化水平，拨专款用于购置新型农业机械，推广先进种植养殖技术培训，助力农业科技创新与应用；民政部门针对农村困难群体救助及农村养老服务设施建设提供资金拨款，保障农村弱势群体的基本生活权益，改善农村养老服务条件；科技部门为鼓励农村开展农业科技创新项目，提供科研经费支持，促进农村科技进步。此外，一些个人出于公益情怀或对家乡发展的助力，积极向农村捐赠资金。成功企业家为家乡修缮学校、建设文化广场、改善农村基础设施等项目捐资，这些资金为农村在基础设施建设、民生保障、农业生产以及文化发展等多个方面提供了有力支持，加快了农村发展进程，缩小了城乡差距。

（十一）借入资金

农村在发展进程中，因自身资金暂时短缺但面临特定项目或经营活动需求时，会选择借入资金以满足资金周转。向银行等金融机构贷款是常见方式之一，如村集体为发展规模化养殖产业，向银行等金融机构申请低息贷款，用于建设养殖场、购买种畜、饲料等生产资料，推动养殖产业的规模化、现代化发展；同时，农村也可能向其他经济组织或个人借款，如相邻村庄在农忙时节，因购买紧急的农业生产资料而相互拆借资金，这种互助性借款在一定程度上缓解了农村短期资金压力。借入资金在为农村发展提供及时资金支持的同时，也要求农村合理规划资金使用，严格按照合同约定按时偿还本息，以维护良好的信用关系，确保后续融资渠道的畅通。

（十二）外来投资

随着农村资源优势的日益凸显，外部资本逐渐涌入农村。在企业投资方面，食品加工企业看中农村丰富的农产品原料，投资建设加工厂，与村集体或农户签订原料供应协议，不仅带来资金，还通过技术、管理经验的输入，带动农村相关产业发展，如农产品种植、物流运输等，形成产业链协同发展效应；社会资本积极参与农村旅游开发，投资打造乡村民宿、农家乐、田园综合体等项目，促进农村第一、第二、第三产业融合发展。这些项目的建设增加了农村就业机会，拓宽了农村居民收入渠道，推动农村经济结构转型升级，使农村资源得到更高效的市场化运作与价值挖掘，激发了农村经济发展的新活力，实现农村经济的可持续发展。

（十三）其他收入

农村资金来源还包括多种不常见或难以归类到上述类别的收入。在农村环境整治项目中，部分村庄因在资源回收利用、生态补偿方面表现突出，获得相关部门给予的奖励资金，这激励农村积极开展环境保护与资源循环利用工作；在文化传承与保护方面，一些具有特色民俗文化的农村，通过展示民俗文化、保护古村落等活动，获得专项补贴或社会赞助，促进农村文化的传承与发展；还有一些农村因参与科研院校的农业试验项目，获得试验经费补助，这不仅为农村带来资金支持，还促进了农业科研成果在农村的转化应用。这些其他收入来源虽然相对分散，但为农村在特色发展、生态与文化建设等方面提供了额外的资金支持，丰富了农村资金来源的多样性，有助于农村实现全面、可持续发展。

三、农村资金的特点

（一）季节性强

农村生产活动与自然季节紧密相连，这决定了农村资金运动具有鲜明的季节性特征。春种秋收是农业生产的基本规律，在播种季节，农民需要储备种子、化肥、农药等生产资料，投入大量资金；而在收获季节，农产品销售后资金才得以回收。例如，粮食作物种植在春季需要购置农资进行播种，夏季进行田间管理，直到秋季收获后才能实现资金回笼。因此，农村资金的储备、投放和回收必须顺应季节变化规律，否则将影响农业生产的正常进行。

（二）周转期长、速度慢

动植物生长发育遵循自然规律，农村生产过程各阶段所需时间相对固定，导致农村资金周转期较长且速度缓慢。与工业生产可以通过技术创新和生产流程优化快速实现资金回笼不同，农业生产从投入到产出往往需要数月甚至数年时间。以果树种植为例，从树苗栽种到挂果丰收可能需要数年时间，其间资金持续投入，无法在短期内获得回报。这种较长的资金周转周期，增加了农村资金的时间成本和风险，对农村经济发展的资金循环和利用效率提出了挑战。

（三）利用率低

农村生产环境和生产方式的特殊性导致资金利用率偏低。一方面，农村生产多在露天环境下进行，肥料、农药、种子等物质资料在使用过程中容易受到自然因素影响，如雨水冲刷、风吹日晒等，造成浪费和失散，降低了资金投入的实际效益。另一方面，农村产业具有多部门、多品种的特点，作业项目繁杂，所需作业器具专用性强，通用性差，这使生产成本居高不下，资金被大量占用在生产资料购置和设备维护上，资金使用效率难以提高。例如，不同农作物种植需要不同类型的农具，而这些农具在非种植季节闲置，增加了资金的沉淀成本。

（四）需求与补偿不稳定

农村生产面临市场价格波动和自然条件变化的双重影响，使农村资金的需求和补偿呈现出较大的不稳定性。市场价格波动影响农产品销售收入，进而影响农民的资金收入和对生产资金的需求。在市场价格高涨时，农民可能有更多资金用于扩大再生产；而价格下跌时，资金收入减少，用于再生产的资金也相应减少。同时，自然灾害如干旱、洪涝、病虫害等频繁发生，给农村生产带来不确定性，丰年时农产品丰收，资金补偿相对充足；歉收年份则收入锐减，资金补偿困难，进一步加剧了农村资金需求和补偿的不稳定状态。

（五）运动不完全

农产品在农村经济中具有独特的双重属性，既是最终产品用于满足生活消费，又是生产资料用于再生产过程。在农村商品化和社会化程度较低的情况下，部分生产资料由农村企业或农户自身提供，无须通过市场购买；同时，一部分农产品留作生产者自用，不经过市场流通过程转化为货币。这与工业资金运动形成鲜明对比，工业生产中生产资料和产品几乎都需要通过市场交换实现价值流转，资金运动相对完整。农村资金运动的不完全性，使资金在农村经济内部的循环和增值受到一定限制，影响了农村经济的市场化进程和资金使用效率。

（六）收益具有外部性

农村生产活动不仅创造了丰富的农产品，还产生了显著的生态效益和社会效益。例如，森林资源的保护和培育有助于维持生态平衡、调节气候、涵养水源；农田生态系统在保持土壤肥力、净化空气等方面发挥着重要作用。然而，这些生态和社会效益在市场机制下难以完全转化为农村资金投入者的经济收益，导致资金投入收益存在外部性。在完全市场条件下，由于外部性的存在，私人资金投入者往往仅考虑自身经济利益，使农村资金的私人投入量低于社会最优水平，从而影响农村公共物品和服务的供给以及农村可持续发展能力的提升。

（七）政策性强

在现代经济体系中，农村作为基础产业通常受到政府的保护和支持。政府通过制定一系列农村政策，利用农村资金对农村经济主体的行为进行干预和引导。例如，政府实施农业补贴政策，直接向农民发放种粮补贴、农机购置补贴等，降低农民生产成本，提高农民生产积极性；通过公共投资建设农村基础设施，改善农村发展环境；提供公共服务，如农业技术培训、市场信息服务等，提升农民生产经营能力。农村资金与政策紧密结合，体现了政府对农村发展的宏观调控和战略导向，旨在实现农村经济增长、农民增收以及农村社会稳定等多重目标。

综上所述，农村资金来源广泛且特点鲜明，这些特点相互交织，共同构成了农村资金运行的复杂格局。深入理解和把握农村资金的来源及其特点，对于政府、金融机构、农村经济主体以及社会各界而言，在制定农村发展战略、优化资金配置、创新金融服务、推动产业发展等方面具有重要的指导意义。在未来的农村发展进程中，应充分发挥政策引导作用，不断完善金融市场体系，提高农村资金使用效率，促进农村资金的良性循环和可持续利用，为实现乡村振兴战略目标提供坚实有力的资金保障和支持。

第二节　农村资金日常管理

一、农村资金日常管理的目标与原则

农村资金日常管理的目标主要包括以下几个方面：第一，维护农村社会和谐稳定。通过规范管理农村集体资金，确保资金使用的透明度和公平性，减少因资金管理不当引发的社会矛盾，为农村社区营造安全有序的发展环境。第二，促进农村经济发展。合理使用和管理农村集体资金，支持农村基础设施建设、农业技术培训、产业结构调整等，助力农民持续增收和产业提质增效。第三，推进基层民主政治建设。通过民主管理原则，保障农民群众的知情权、参与权和监督权，夯实基层治理的群众基础。第四，加强党风廉政建设。通过公开透明的资金管理，减少腐败现象，树立清正廉洁的乡村治理新风。

农村资金日常管理的原则包括以下几点：第一，合法性原则。农村集体资金的使用和管理必须遵守国家法律法规，不得违反国家政策。第二，民主性原则。保障农民群众的知情权、参与权和监督权，确保资金管理的民主化。第三，公开性原则。资金的使用和收益应当向全体成员公开，资产和资源的承包、租赁、出让应当实行招标投标或公开竞价。第四，效益性原则。注重资金使用的效益，确保资金安全和保值增值。第五，成员受益原则。确保农民群众随着集体经济的发展得到更多实惠。

通过遵循这些目标和原则，可以有效管理和使用农村集体资金，促进农村经济社会的发展和农民的共同富裕。

二、农村资金日常管理

（一）货币资金管理

农村集体经济组织的资金管理对于保障集体资产的安全、确保资金的合规使用以及促进经济高效运行具有至关重要的作用。资金管理的核心内容主要涉及对货币资金的严格管理和监督，货币资金包括库存现金和银行存款等，这些资产都具有较高的流动性和变现能力，因此对其进行妥善管理尤为重要。

集体经济组织的经营、发包、租赁、投资、资产处置等集体收入，上级转移支付资金以及补助、补偿资金，社会捐赠资金，“一事一议”资金，集体建设用地收益等，应当及时入账核算，做到应收尽收。严禁公款私存、私设小金库。要加强票据管理，杜绝“白条”抵库。要定期与开户银行核对账目，定期盘点库存现金，做到日清月结，账款相符，账实相符。

资金日常开支按规定程序审批，重大事项开支应当履行民主程序。财务开支事项发生时，经手人必须取得合法的原始凭证，注明用途并签字（盖章），交民主理财小组集体审核。审核同意后，由民主理财小组组长签字（盖章），报经主管财务的负责人审批同意并签字（盖章），由会计人员审核记账。财务流程完成后，要按照财务公开程序进行公开，接受全体成员监督。

规范资金管理岗位责任制度，明确各财务管理岗位的职责、权限，实行账、款分管，支票、财务印鉴分别保管。实行会计委托代理的地方，要按照会计核算主体分设账户（簿）。应当尊重各集体经济组织的资产所有权和财产管理自主权，不得改变集体资金的性质。

集体经济组织应当将财务活动情况及有关账目，定期逐笔逐项向全体成员公布，接受群众监督。年初公布财务收支计划，每月或每季度公布各项收入、支出情况，年末公布各项财产、债权债务、收益分配等情况。

（二）收入管理

农村集体经济组织的收入包括经营收入、发包及上交收入、补助收入、其他收入和投资收益等。

（1）经营收入，是指农村集体经济组织通过从事各类生产经营活动所获得的收入。

（2）发包及上交收入，是指承包人因承包集体耕地、林地、果园、鱼塘等上交的承包金及村办企业上交的利润。

（3）补助收入，是指农村集体经济组织获得的政府部门的转移支付资金和政府及其他部门、社会团体对农村集体经济组织的补助资金。

（4）其他收入，是指农村集体经济组织获得的除经营收入、发包及上交收入、补助收入以外的收入。

（5）投资收益，是指农村集体经济组织对外投资获取的利息、股利以及其他收益。

为了规范管理和确保资金的安全，农村集体经济组织资金统一纳入镇（街道）设置的“三资”统管账户，实行分户核算管理。村级所有收入必须在收到款项后 3 日内，由村报账员负责交存或直接划拨到“三资”中心的村级专户。相关部门或其他社会组织、个人，调拨或捐赠的物资、有价证券等，须出具收入票据并建立台账。村级所有收入均由报账员负责办理收款手续，其他人员一律不得开票收款、经手现金和票据。严禁村级另行设置出纳员。

（三）支出管理

农村集体经济组织的支出项目包括经营支出、管理费用和其他支出。

（1）经营支出，是指农村集体经济组织因销售商品、农产品、对外提供劳务等活动而发生的实际支出，包括销售商品或农产品的成本；销售牲畜或林木的成本；对外提供劳务的成本、维修费、运输费、保险费、产役畜的饲养费用及其成本摊销、经济林木投产后的管护费用及其成本摊销等。

（2）管理费用，是指农村集体经济组织管理活动发生的各项支出，包括管理人员工资、办公费、差旅费、管理用的固定资产折旧费和维修费等。

（3）其他支出，是指农村集体经济组织与经营管理活动无直接关系的支出。

财务开支事项发生时，经手人必须取得合法的原始凭证且注明用途并签字，经村“两委”2/3 以上成员会审、签字后，无异议者由村务监督委员会主任签字（盖章），由村民委员会主任签批，进行正常开支。支出需按村级预决算年初计划执行。报账员对支出的原始凭证进行完整性、真实性审核整理后，向“三资”中心报账；“三资”中心主管会计依照财会制度，对原始凭证进行合规性、完整性审核；乡镇政府（街道办事处）分管领导应对原始凭证的合法性进行审核。由村级直接发放的涉农惠农补贴款、民政优抚款、农村拆迁补偿款、村干部工资等涉及个人款项的，应由“三资”中心按照有关规定直达个人账户。各乡镇（街道）“三资”中心要根据业务量及区域远近，合理确定各村报账时间，每村每月至少报账一次。农村集体支出原则上必须使用税务部门正规发票；严禁不合理的支出和白条入账。村级大项类大额支出（年初预算已列项目除外），应当经过村“两委”会议研究，并经过村民大会或村民代表大会讨论决定后，连同“四议两公开”工作程序、合同、预决算报告、验收报告、税控发票等，由村“两委”2/3 以上成员会审、签字后，经村务监督委员会审核、村支书与村民委员会主任联签后方可入账。

三、农村专项资金管理

（一）财政专项资金的管理

1. 财政专项资金的概念

农村财政专项资金是指各级政府及相关部门拨入用于专门用途的财政资金。这类资金通常具有指定的用途，要求进行单独核算，专款专用，不能挪作他用。专项资金主要用于支持农业农村发展，包括但不限于农业科技创新、种源发展、农业产业能力建设、农业普惠金融、农村人居环境整治提升、农村综合改革等方面，旨在促进乡村振兴，推动农业高质量发展，建设生态宜居的美丽乡村，实现农民生活富裕。

2. 财政专项资金的管理

农村财政专项资金的管理是一个系统性的工作，农村必须加强对财政专项资金的使用和管理，提高专项资金使用效益。

（1）资金拨付与核算：上级财政部门拨付的财政专项资金须通过国库集中支付形式汇入统一开设的银行存款账户，并开具专用收据，统一核算。专项资金按项目设立明细科目，按照村级财务管理制度进行会计核算，并严格执行全过程预算绩效管理，包括事前绩效评估、绩效目标管理、绩效运行监控、绩效评价和评价结果应用等。

（2）专款专用原则：财政专项资金必须专款专用。资金的使用方向、支出范围、支出标准、支出用途、支出方式等必须严格执行项目资金批准的使用计划和项目批复内容，不准擅自调项、扩项、缩项，更不准拆借、挪用、挤占和随意扣押；资金拨付动向，按不同专项资金的要求执行，不准任意改变。如有特殊情况，必须向上级部门请示，并按照绩效管理有关要求，严格对照绩效目标做好绩效监控，确保年度绩效目标如期实现。

（3）资金使用凭证：财政专项资金报账拨付要附真实、有效、合法的凭证。财政专项资金不得用于下列开支：农村集体所需的日常公用经费、人员经费及福利补助等非生产性支出，修建楼、堂、馆、所，购置车辆，与扶持项目无关的基础设施建设和偿还债务等。同时，要全面实行公开公示制度，确保涉农资金管理“阳光操作”。

（4）财务公开制度：农村要实行财务公开制度。专项资金所对应的项目建设、资金使用及其形成的资产收益等情况按有关规定进行全过程公开公示，自觉接受群众监督，并推进政务公开，资金政策文件、管理制度、资金分配结果等信息及时向社会公开。

（5）监督检查与审计：财政、农业及各行政主管部门对村级集体实行监督检查。加强审计监督，实行单项工程决算审计，整体项目验收审计，年度资金收支审计。对专项资金要定期或不定期进行督查，确保项目资金专款专用，要全程参与项目验收和采购项目交接，依法对违法违规情况进行严肃处理。同时，建立健全绩效管理激励约束机制，加快推进以绩效管理为核心的全程监管体系建设。

（二）补助资金的管理

1. 补助资金的概念

补助资金是指各级财政部门依据国家支农政策，每年向农村拨付的补助款项，其目的是支持农村经济发展、提高农业生产效率、改善农村居民生活条件，并促进农业可持续发展。农村补助资金主要分为两大类：财政转移支付资金和其他补助资金。其中，财政转移支付资金主要用于保障农村集体经济组织、村民委员会等的基本运转；而其他补助资金则包括多种专项补助，如贷款贴息、粮食种植补贴、农业机械购置补贴、退耕还林补助、植树绿化补助、防洪及河道清理补助等，需按照国家规定的用途进行使用和支付。

2. 补助资金的管理

农村补助资金的管理是确保农村发展、提高农民收入和推进乡村振兴的关键环节，涉及多个方面，需要各级财政部门、行业主管部门以及资金使用单位共同努力，确保资金的合规、高效和安全使用。

（1）村级财政补助资金管理：村级财政补助资金纳入“村账乡镇代管”。例如，农村集体经济组织收到上级财政补助资金必须严格按照“村账乡镇代管”制度的规定，全部存入乡镇村级财务代理中心的专项存款账户。财务代理中心设会计人员，负责村级财政补助资金的收支结算，各村设 1 名财务报账员，实行报账制。

（2）专款专用原则：村级财政补助资金的管理实行专款专用。乡镇村级财务代理中心收到财政补助资金后，建立台账，分项管理和核算各村资金。确保专款专用，杜绝挤占、挪用村级财政补助资金的行为。

（3）收支核算与结算：乡镇村级财务代理中心的会计负责村级财政补助资金的收支核算，负责办理村级财政补助资金的结算业务，按月定期与各村的报账员办理财务收支凭证结算，每月向各村公布本月的收支情况等。

（4）支出审核：严格支出审核。村级财政补助资金所有支出凭证都必须经村级财务监督组和统管会计审核后方可进行会计核算，未经审核的支出凭证不得入账，审核发现不合格、不规范的凭证，一律退回，不予受理。

（5）审批权限：村级财政补助资金支出的审批权限应按照相关政策关于资金管理岗位责任制度的规定执行，明确各财务管理岗位的职责、权限，实行账、款分管，支票、财务印鉴分别保管。

（6）公开公示制度：村级补助资金开支情况要逐笔逐项公开。严格按照上级文件规定的公示时间和公示公开要求，严格执行补贴项目、补贴审定、补贴发放“三公示”制度，广泛接受社会和群众监督，确保专项补贴能真正发放到农民的手中。

（7）监督机制：建立健全监督机制，强化补助资金的管理、使用、发放等重要环节的监督。严密资金划拨、对象审核、资金发放等环节，有效防止资金被截留、挪用和贪污，确保专项惠农资金落实不走样、使用不偏差。各级农业、审计、财政等部门应不定期地深入农村了解情况，检查有无违法违纪行为。

（三）“一事一议”资金的管理

1. “一事一议”资金的概念

“一事一议”资金是指在农村税费改革后，农村（尤指农村集体经济组织）为兴办村民受益的生产、生活等公益事业，按照“一事一议”的筹资筹劳政策，通过村民会议或村民代表会议民主讨论决定，向农民筹集、财政奖补等渠道取得的专项资金，主要用于兴建农田水利建设、人畜饮水设施、村道路建设、植树造林等全村村民直接受益的工程项目。

2. “一事一议”资金的管理

村级“一事一议”项目资金来源是村民自筹、财政奖补、村组集体资金和社会捐助资金。项目支出实行镇财政报账制管理，采取“单独开户、专款专用、分村设账、分村核算”的管理办法。

（1）设置村级公益事业建设“一事一议”专项资金账户：“一事一议”资金，归本村集体所有，坚持专款专用，单独开户，分项建账、分项核算的管理原则，并建立专门辅助账簿登记核算。镇财政所在当地金融机构设置“村级公益事业建设‘一事一议’专项资金”账户，用于核算所属各行政村“一事一议”的工程项目资金收支。在村级“一事一议”项目批复后，应将村民自筹和其他来源的资金在规定期限内足额缴入专户，确保资金专款专用。

（2）“一事一议”资金项目范围：“一事一议”资金项目主要是以村民“一事一议”为基础的“村内户外”公益事业建设项目，包括村内道路、桥涵建设、村内小型水利建设、村民饮用水工程、村内公共环卫设施、村内公共活动场所、村容美化亮化、新能源设施和村民认为需要兴办的集体生产生活等其他公益事业项目。

农民房前屋后的修路、建厕、打井、植树等投资筹劳不属于“一事一议”资金项目范围，由农民自己负责；明确规定由各级财政支出的项目，不准列入“一事一议”筹资筹劳范围，主要有：①跨村及村以上范围的公益事业建设项目；②大中型水利建设项目；③农村电网改造升级；④乡级及以上道路建设项目；⑤计生和优抚、村办公共场所和村级运转经费等项目；⑥举债兴办的村内公益事业项目。

（3）专用票据：收取“一事一议”村民自筹和其他资金时，须使用专用票据，建立票据领、核、销登记制度，实行“专人负责、限量供给、定期核销、票款同行”的管理方式，严禁使用自行购买、私自印刷的不合规票据。村民筹集资金开具“××省‘一事一议’筹资筹劳专用收据”，并按筹资筹劳清册开票到户；社会捐助资金开具“农村集体经济组织统一收款收据”；村组集体资金和村整合资金转入专户的由财政所开具“行政事业性收款收据”。对“一事一议”项目筹劳情况，凭村委会填写的“村民出工单”按省级统一标准计算，计入资金来源类“筹劳折资”，同时支出类按“劳务支出”列支。

（4）专款专用原则：“一事一议”资金用于对农民通过“一事一议”筹资筹劳开展的村级公益事业建设项目的专用支出。任何单位或个人不得截留、挪用“一事一议”资金，不得用于村办公场所建设、弥补村办公经费、村干部报酬等超出“一事一议”资金范围的其他支出。“一事一议”资金一律以转账方式拨付给施工方，不得以现金支付，严禁各级挤占、挪用、平调，不得用于管理费开支，不得用于公益事业建设项目以外的其他项目，也不得返还给出资人，结余资金结转下一年度继续使用。

（5）公开公示制度：“一事一议”资金应当严格实行财务公开制度。按照村务公开的要求，对村民筹资筹劳资金、财政奖补资金使用明细等应张榜公示，自觉接受群众监督。对建设的“一事一议”项目的实施方案、资金来源、财务决算报告、项目招投标结果、竣工验收等情况，进行全面公示，接受村民的全程监督。已建成的“一事一议”项目，必须另设备查账簿对“一事一议”资金的筹集和使用情况进行登记。财政部门对“一事一议”专项资金进行全程监管，督促村委会依据村务公开的有关规定公示有关资金项目情况。

（6）“一事一议”资金形成的资产归项目村所有：农村集体应将项目资产及时入账，

并负责项目的后期管护。应重视“一事一议”项目档案管理等基础工作，及时对涉及项目的各类原始资料，包括项目申报审批表、村民（代表）“一事一议”会议记录、筹资筹劳花名册及签名表、筹资筹劳审批表、项目招投标文书、建设工程合同、工程预（决）算表、项目监理报告、监督检查书、财务凭证、公示照片、审计报告、建设前后图片等相关资料要汇总归档，统一装订成册、规范管理。

第三节 财政支农资金绩效评价

一、财政支农资金绩效评价概述

（一）财政支农资金的概念、特点与种类

财政支农资金是指各级财政部门通过预算安排，用于支持农业、农村经济和社会发展的专项资金。财政支农资金作为国家支持和促进农业、农村、农民（简称“三农”）发展的重要手段，具有其独特的特点。这些特点不仅反映了资金的性质、用途和运作方式，也体现了国家对“三农”发展的战略导向和政策要求。财政支农资金具有以下特点：

政策导向性：财政支农资金通常根据国家农业政策导向进行分配，旨在支持特定农业项目或领域的发展。

公共性：作为公共财政的一部分，财政支农资金主要用于满足农村公共需求，提升农村公共服务水平。

无偿性：与商业贷款等有偿资金不同，财政支农资金通常以无偿方式提供给农村集体经济组织或农户，减轻其经济负担。

专项性：财政支农资金要求专款专用，确保资金用于指定的农业项目或领域，防止挪用或滥用。

财政支农资金的分类可以从多个角度进行划分，以下是常见的几种分类方式：

按资金用途分类：根据资金的具体投向，将财政支农资金分为农业生产类、农村社会发展类、生态环境类、农村基础设施类、扶贫开发类等。

按资金性质分类：根据资金是否需要偿还，分为无偿性资金（如补贴资金、补助资

金）和有偿性资金（如贷款贴息资金、农业信贷担保资金）。

按资金管理方式分类：根据资金的管理方式，分为项目资金（如农业综合开发资金、农村小型公益设施建设资金）和非项目资金（如农村公共服务资金、农业生态保护资金）。

按资金来源分类：根据资金的来源，分为中央财政资金（如中央财政专项扶贫资金、中央财政农业综合开发资金）和地方财政资金（如地方财政支持农业资金、地方财政支持农村社会事业资金）。

通过以上分类，可以更清晰地了解财政支农资金的用途和管理方式，从而更好地发挥其在农村经济发展和社会建设中的作用。

（二）财政支农资金绩效评价的内涵与重要性

财政支农资金绩效评价是指运用科学、合理的评价方法和指标体系，对财政支农资金的投入、使用过程、产出和效果进行客观、公正的评价。其目的是通过绩效评价，提高财政支农资金的使用效率，优化资金分配，确保资金投入能够取得预期的经济、社会和生态效益。

财政支农资金绩效评价的重要性主要体现在以下几方面：

提高资金使用效益：通过绩效评价，可以发现资金使用过程中的问题，优化资金分配和使用方式，提高资金使用效率。

增强财政支农决策科学性：为财政支农政策的制定和调整提供依据，使财政支农资金的投入更加符合农村发展的实际需求，提高政策的科学性和有效性。

促进农村经济和社会发展：通过对财政支农资金的绩效评价，确保财政支农资金能够真正用于农村建设和发展，推动农村基础设施建设、农业产业化发展和农村社会事业进步，促进农村经济可持续发展。

提升政府公信力：透明、科学的绩效评价能够增强公众对财政支农资金使用的信任，提升政府在农村地区的公信力。

二、财政支农资金绩效评价基本原则与方法

（一）基本原则

财政支农资金绩效评价应遵循以下基本原则：

（1）科学性原则：评价方法和指标体系应科学合理，能够准确反映财政支农资金的绩效。

（2）客观性原则：评价过程应基于客观事实，避免主观因素的干扰。

（3）全面性原则：从资金投入、使用过程、产出和效果等多个方面进行全面评价。

（4）可操作性原则：评价方法和指标应易于理解和操作，便于实际应用。

（二）评价方法

财政支农资金绩效评价方法主要包括以下几种：

（1）比较法：通过将实际绩效与预定目标、历史数据、同类项目或其他标准进行比较，来评估资金使用的效果和效益。

（2）成本效益分析法：将财政支农资金的投入与产出进行对比分析，计算成本效益比。

（3）因素分析法：分析影响财政支农资金绩效的各种因素，确定各因素对绩效的影响程度。

（4）指标体系评价法：构建一套科学合理的评价指标体系，涵盖过程、产出、效果、满意度四个维度，全面评价财政支农资金绩效。

三、财政支农资金绩效评价指标体系

财政支农资金作为支持农业、农村和农民（以下简称“三农”）发展的重要资金来源，其绩效评估是确保资金有效使用、达成预期目标的关键环节。鉴于财政支农资金不仅追求经济目标，还承载着诸多非经济目的，如社会稳定、生态环境改善等，因此，构建全面、科学的绩效指标体系至关重要。表 7－1 是对财政支农资金绩效指标的详细分析和探讨，旨在全面反映资金使用的效果和效率。

表 7－1　财政支农资金绩效评价指标体系

一级指标	二级指标	三级指标	指标解释	指标说明
过程指标	资金投入使用	资金使用方向合规性	该指标旨在衡量资金使用是否符合资金管理办法、政策导向以及相关法律法规的要求，确保资金使用的合法性和合规性	评价要点：①资金使用是否符合国家法律法规、资金管理办法及相关政策导向；②资金是否被挪用或滥用
		资金与项目实施方案相符性	该指标用于评估资金是否按照项目实施方案进行投放，确保资金与项目需求相匹配	评价要点：①项目实施方案中的资金需求是否明确；②实际资金投放是否与项目实施方案相符
		资金统筹整合与政策目标一致性	该指标旨在考查资金统筹整合是否有效支持政策目标的实现，确保资金使用的整体性和协同性	评价要点：①资金统筹整合是否进行了有效规划；②资金整合是否有助于政策目标的实现

续表

一级指标	二级指标	三级指标	指标解释	指标说明
过程指标	资金项目管理	绩效目标设定明确性	该指标用于评估绩效目标是否清晰、具体、可衡量，为项目管理提供明确的方向和目标	评价要点：①绩效目标是否明确、具体；②绩效目标是否可量化、可衡量
		方案制订报送及时性	该指标旨在考查项目方案是否按时制订并报送，确保项目管理的及时性和有效性	评价要点：①项目方案是否按时制定；②项目方案是否及时报送
		管理制度建设完善性	该指标用于评估项目管理制度是否健全、有效，为项目管理提供制度保障	评价要点：①项目管理制度是否涵盖项目管理的各个方面；②项目管理制度是否有效执行，确保项目管理的规范性和有效性；③项目管理制度是否符合国家法律法规、行业发展规划和政策要求；④项目管理制度是否与部门职责范围相符，属于部门履职所需
		预算执行情况	该指标用于考查预算是否按计划执行，以及是否存在超支或结余情况，确保资金使用的合理性	评价要点：①预算是否按计划执行，无超支或结余情况；②预算执行情况是否符合国家法律法规、资金管理办法和政策导向；③预算执行情况是否与项目实施方案中的资金需求相符；④预算执行情况是否有助于政策目标的实现
		管理机制创新	该指标旨在评估管理机制是否有创新举措，以提升管理效率和质量	评价要点：①管理机制是否采用新技术、新方法或新流程等创新举措；②创新举措是否有效提升管理效率和质量，推动项目管理水平的提升
		有效管理措施	该指标用于列举并评估采取的有效管理措施，以确认其是否有助于项目管理的成功实施	评价要点：①是否采取了有效管理措施，如风险防控、进度控制等；②有效管理措施是否有助于项目管理的顺利进行和目标的达成
		自评开展情况	该指标用于考核自评工作的组织、实施及结果，以评估项目管理的自我监督和改进能力	评价要点：①自评工作是否按照既定计划和要求组织、实施；②自评结果是否准确反映了项目管理情况，有助于项目管理的改进

续表

一级指标	二级指标	三级指标	指标解释	指标说明
产出指标	区域绩效目标完成	区域绩效目标完成率	该指标是指各省区域在财政支农资金项目实施过程中，实际完成的绩效目标与设定目标之间的比例	公式：区域绩效目标完成率 =（实际完成绩效目标数/设定绩效目标数）×100% 说明：指各省区域在财政支农资金项目实施过程中，实际完成的绩效目标与设定目标之间的比例。通过计算完成率，可以直观地了解各省区域在项目实施过程中的绩效达成情况，为后续的绩效评价和改进提供依据
		绩效目标完成质量	该指标是指各省区域在财政支农资金项目实施过程中，绩效目标完成的程度和质量	公式：质量达标率 =（质量达标产出数/实际产出数）×100% 质量达标产出数：一定时期（本年度或项目期）内实际达到既定质量标准的产品或服务数量。既定质量标准是指项目实施单位设立绩效目标时依据计划标准、行业标准、历史标准或其他标准而设定的绩效指标值
	支出方向产出	农业生产产出	衡量财政支农资金在农业生产方面的直接产出，包括粮食产量、农业总产值、主要农产品产量等	粮食产量增长率 =（本期粮食产量 - 上期粮食产量）/上期粮食产量 ×100% 农业总产值增长率 =（本期农业总产值 - 上期农业总产值）/上期农业总产值 ×100%
		农村基础设施建设产出	评估财政支农资金在农村基础设施建设方面的投入与产出情况，如农村道路修建里程、农村水利设施建设等	农村道路修建里程增长率 =（本期农村道路修建里程 - 上期农村道路修建里程）/上期农村道路修建里程 ×100% 农村水利设施建设投入比例 = 农村水利设施建设投入/财政支农资金总投入 ×100%
		农业科技与推广产出	衡量财政支农资金在农业科技研发与推广方面的投入与产出，包括农业科技项目的实施效果、农业科技推广覆盖面等	农业科技项目成功率 = 成功实施的农业科技项目数/总农业科技项目数 ×100% 农业科技推广覆盖面 = 接受农业科技推广的农户数量/总农户数量 ×100%

续表

一级指标	二级指标	三级指标	指标解释	指标说明
效益指标	经济效益	经济增长贡献率	该指标用于衡量财政支农资金项目实施后，对地区经济增长的贡献程度。它反映了项目资金在推动经济增长方面的直接作用	经济增长贡献率通常通过计算项目实施后地区经济增长的百分比，并扣除其他非项目因素的影响，得出项目资金对经济增长的实际贡献
		产业升级推动效果	该指标用于评估财政支农资金项目实施后，对农业及相关产业升级的推动作用。它反映了项目资金在促进产业结构优化和升级方面的效果	产业升级推动效果可以通过观察项目实施后农业及相关产业的增加值、技术进步、市场竞争力等方面的变化来评估
	社会效益	社会稳定改善情况	该指标用于衡量财政支农资金项目实施后，对社会稳定状况的改善程度。它反映了项目资金在维护社会稳定方面的作用	社会稳定改善情况可以通过观察项目实施后农村社会治安、矛盾纠纷调解、公共安全等方面的变化来评估
		民生改善成效	该指标用于评估财政支农资金项目实施后，对农民生活质量的改善效果。它反映了项目资金在改善民生方面的实际作用	民生改善成效可以通过观察项目实施后农民收入增长、教育医疗条件改善、居住条件提升等方面的变化来评估
	生态效益	环境保护效果	该指标用于衡量财政支农资金项目实施后，对环境保护的积极作用。它反映了项目资金在促进生态文明建设方面的效果	环境保护效果可以通过观察项目实施后农业生态环境的改善情况、污染物排放量减少情况等方面的变化来评估
		生态建设成果	该指标用于评估财政支农资金项目实施后，在生态建设方面取得的成果。它反映了项目资金在促进生态修复和保护方面的作用	生态建设成果可以通过观察项目实施后植被恢复、水土流失治理、生物多样性保护等方面的变化来评估
	长期效益与可持续性	长期效益评估	该指标用于评估财政支农资金项目实施后的长期效益。它反映了项目资金在未来一段时间内对经济社会发展的持续影响	长期效益评估可以通过预测项目实施后未来几年的经济效益、社会效益和生态效益等方面的变化来评估
		可持续性发展能力	该指标用于衡量财政支农资金项目实施后所具备的可持续性发展能力。它反映了项目资金在促进经济社会可持续发展方面的作用	可持续性发展能力可以通过观察项目实施后项目资金的使用效率、资源利用效率、环境承载能力等方面的变化来评估

续表

一级指标	二级指标	三级指标	指标解释	指标说明
满意度指标	满意度	受益者满意度调查	该指标用于衡量财政支农资金项目实施后受益者的满意度。它反映了受益者对项目实施效果的认可和满意程度	受益者满意度调查可以通过问卷调查、访谈等方式进行，收集受益者对项目实施效果的意见和建议

四、财政支农资金绩效评价典型案例

“中央财政农作物秸秆综合利用试点”是财政支农绩效评价重点项目，该项目始于2016年，由财政部和农业部联合推动，选取河北、山西、内蒙古、辽宁、吉林、黑龙江、江苏、安徽、山东、河南10省（区）开展秸秆综合利用试点，旨在通过财政资金支持，促进秸秆的综合利用，减少环境污染，提高农业资源的利用效率。2017年2—4月，财政部和农业部组建七个评价小组，在上述各省（区）自评的基础上，对农作物秸秆综合利用情况实地开展绩效评价工作，以总结各地工作成效，解决存在问题，强化地方政府责任，实现资金安排“有增有减”、试点县“有进有退”，建立健全动态管理的激励约束机制。2017年，中央财政继续安排资金13亿元，在内蒙古、辽宁、吉林、黑龙江、江苏、安徽、山东、四川、陕西9省（区）开展农作物秸秆综合利用试点。2018年3月，财政部会同农业农村部组建三个评价组，针对9个试点省（区）开展了绩效评价工作。

评价工作包含以下几个步骤：

（1）评价目的：精确掌握试点实施情况，全面总结各地工作成效和存在问题，建立健全激励和约束机制，强化政策落实，为政策完善提供依据。

（2）评价地区：确定作为中央财政支持开展农作物秸秆综合利用试点补助资金项目的省（区）。

（3）评价指标：评价指标体系包括一级指标4项、二级指标9项、三级指标17项，合计22个打分项，涉及实施准备、试点实施、实施成效、违规违纪行为等方面。

（4）评价方法：包括省级自评和部级考评。省级自评由各省（区）完成并向农业部、财政部提交自评报告等材料。部级考评在省级自评基础上，由农业部、财政部组织开展现场考评，采取座谈会、实地考察、问卷调查、数据核查、查证复核等方式进行。

（5）评价内容：包括实施准备、试点实施、实施效果和违规违纪行为四个方面。

绩效评价结果显示，各省（区）试点工作组织保障有力，政策落实到位，资金使用合理，项目整体进展顺利，总体上达到了预期效果。试点省（区）平均得分85.23分，从分项指标看，各省（区）在政策目标、资金分配、组织实施、项目效果等方面均得到满分；多数省（区）在决策过程方面获得满分；部分省（区）在项目执行、资金管理等方面有所扣分，主要是因为部分项目建设未完工、会计核算不规范、资金支出进度慢；各省在项目产出方面均扣分较多，主要是因为秸秆焚烧卫星遥感巡查监测通报火点为2016年全年数据，而农作物秸秆综合利用试点项目大部分省市从2016年下半年才开始实施，部分地区对上半年着火点管控不严，下半年试点推开后明显改善。试点区内秸秆焚烧情况得到有效控制，所有试点县秸秆综合利用率均达到90%以上或比上年提高5个百分点；地区农户节本增收效果明显，节本增收率均达到5%以上，相关秸秆利用经营主体和服务主体也进一步拓展了市场、增加了效益、提升了发展能力；试点地区农户、企业、合作社对政策的满意度均超过90%，有效提高了农民的环保意识和参与度；通过秸秆综合利用减少了烟尘污染，避免了秸秆腐烂造成的环境污染，减少了火灾隐患，改善了农村生态环境条件；试点地区注重培育发展秸秆收储运等社会化服务组织，有效提高了秸秆综合利用水平。

2018年开展的绩效评价结果显示，2017年试点区内秸秆焚烧情况得到有效控制，各省（区）建立了较为完善的秸秆综合利用体系，提炼形成了县域可复制、可推广的综合利用模式，取得了良好的社会、经济和生态效益，绩效评价结果总体良好。中央财政在安排2018年中央财政农作物秸秆综合利用试点资金时，把2017年绩效评价结果作为重要因素，有效推进绩效评价结果运用。通过这一案例，可以看出绩效评价在确保财政资金有效使用和提高政策实施效果中的重要作用。

本章小结

本章聚焦农村资金管理核心议题，讲述了农村资金来源与特点、农村资金日常管理及财政支农资金绩效评价等内容。

1. 农村资金来源与特点。聚焦农村资金的基础知识，详细阐释了农村资金的重要性、定义、内容及其来源与特点，为学生筑牢了理论根基，使其深刻理解农村资金管理在推动农村经济发展中的关键作用。

2. 农村资金日常管理。明确管理的目标与原则，并详细讲述资金的日常管理及农村专项资金管理的具体流程和监督机制，帮助学生掌握农村资金管理的规范操作，提升资金使用效率和安全性。

3. 财政支农资金绩效评价。深入剖析了财政支农资金的特点与种类，讲解了绩效评价的原则与方法，并构建了完整的绩效评价指标体系，结合典型案例的剖析，提升了学生对财政支农资金使用效果的综合分析与应用能力，为优化资金管理提供了科学依据。

思考讨论

1. 在农村资金管理中，如何平衡资金的有效使用与风险控制？针对农村地区特殊的资金流动特点，如何制定切实可行的货币资金管理办法？

2. 在农村专项资金的管理过程中，如何确保专项资金专款专用，防止资金滥用或流失？如何评估专项资金的使用效果并进行调整？

3. 在农村资金财务管理中，如何通过强化制度建设、规范报销流程、落实责任制等方式，确保财务管理的有效性与透明度，减少腐败和违规行为的发生？

相关链接

1. 彭静，彭芳．农村财务管理与会计［M］．重庆：重庆大学出版社，2017：124－128.

2. 万依云，祁海艳．农村集体经济三资管理［M］．北京：中国财政经济出版社，2023：1－4，67－68，76－77，84－86.

3. 王涛，汤景辉，胡敬辉．农村集体经济组织财务会计［M］．秦皇岛：燕山大学出版社，2022：17－21.

4. 安晓宁，郭冬泉，闫晨曦．中央财政支农项目绩效评价典型案例分析——“中央财政农作物秸秆综合利用试点”绩效评价［J］．中国农业会计，2018（12）：4－5.

5. 中华人民共和国农业农村部．农业部关于进一步加强农村集体资金资产资源管理指导的意见：农经发〔2009〕4号［EB/OL］．（2009－06－08）．http：//www.zcggs.moa.gov.cn/ncjtzcjdgl/201909/t20190918_6328190.htm.

6. 中华人民共和国财政部．关于印发《村级公益事业建设一事一议财政奖补资金管理办法》的通知：财预〔2011〕561号［EB/OL］．（2011－12－21）．https：//www.gov.cn/gongbao/content/2012/content_2163424.htm.

7. 中华人民共和国财政部 国家乡村振兴局 国家发展改革委 国家民委 农业农村部 国家林草局．关于印发《衔接推进乡村振兴补助资金绩效评价及考核办法》的通知：财农〔2021〕122号［EB/OL］．（2021－11－24）．https：//www.gov.cn/zhengce/zhengceku/2021－12/20/content_5662916.htm.

8. 中华人民共和国财政部 农业部．关于印发《农业生产发展资金管理办法》的通知：

财农〔2017〕41 号 [EB/OL]. (2017－04－28). https://www.gov.cn/gongbao/content/2017/content_5234539.htm.

9. 陈顺达. 乡村振兴视域下毕节试验区农村集体资金管理策略研究 [J]. 中国农业会计，2025，35 (01)：98－100.

10. 宋杰，朱圣伦，周晓阳. 聚焦"三资"提升平台数字化管理水平 [J]. 中国农村金融，2021 (12)：97－98.

第八章　农村资源管理

课程思政

1. 让学生坚信农村自然资源是农村的比较优势资源，是全面振兴乡村的依靠，农村资源管理的目标是最大化实现农村自然资源的价值。

2. 深刻理解我国现行的农村资源管理政策，明白党和政府做强农业、富裕农民、美丽农村的决心与努力，自觉践行政策号召。

3. 感受我国农村资源价值的核算与价值实现的创新举措以及取得的成效，增强民族自信心和民族自豪感。

学习目标

1. 了解农村自然资源与自然资源资产的基础知识和现行政策。了解自然资源的内涵、特征、分类与功能，提升对农村自然资源的认识高度；在了解资产、自然资源资产基本内涵的基础上，明白自然资源资产与典型资产的区别；熟悉三权分置、三变改革和农村集体产权改革的现行政策。

2. 熟悉农村资源价值核算。明白农村资源价值核算一直受到社会的高度关注；厘清资源资产价值来源与价值构成；熟悉生物资产与生态产品；思考农村资源核算内容。

3. 探索农村资源价值实现。理解农村资源价值实现的方向是生态化实现；树立价值特殊性决定实现的运行机制、特殊国情决定实现路径、资源禀赋决定实现的具体路径等观念；能够创新性提出农村资源价值实现的对策建议。

内容简介

1. 农村自然资源与自然资源资产。讲述农村自然资源、自然资源资产和农村自然资源资产管理政策，奠定知识基础与政策基础。

2. 农村资源价值核算。以资源价值核算的历史与现状为起点，以资源资产价值来源与价值构成为基础，以生物资产与生态产品为样本，以价值核算内容为重点。

3. 农村资源价值实现。主要包括资源资产价值生态化实现、价值特殊性决定实现的运行机制、特殊国情决定实现路径、资源禀赋决定实现的具体路径、价值实现的对策建议。

导入案例

“美丽乡村 绿色发展先锋行动”十佳案例

为全面推进美丽中国建设，加快推进人与自然和谐共生的现代化，总结提炼践行“绿水青山就是金山银山”理念的先进做法和经验，生态环境部宣传教育中心开展了“美丽乡村 绿色发展先锋行动”案例征集活动。经专家评选，共10个案例入选“美丽乡村 绿色发展先锋行动”十佳案例。为更好发挥典型案例的示范引领作用，推广有益经验，以下展示5个入选案例。

案例1　以“绿水青山”绘就乡村振兴新画卷

海口市美兰区演丰镇以党建引领，践行“一核心三推进”发展思路，通过产业融合、基层治理优化、环境综合整治、生态环境保护等举措，推动和美乡村建设和绿色发展取得显著成效。北港村以“四个一”策略打造“风情北港岛赶海好去处”文旅品牌，曲口村以“三色”策略绘就宜居宜业和美乡村新画卷，取得了良好的社会和经济效益。演丰镇在持续开展红树林保护与修复的同时，发展生态养殖、乡村旅游，既守住了生态，也走出了一条增收致富的路子。

案例2　“赛莱默水印计划”：打通镶黄旗牧民用水“最后一公里”

赛莱默在2008年于全球范围内启动“赛莱默水印计划”企业公民项目，旨在提供平等获得安全用水和卫生设施的机会，从而支持健康的生活并帮助建立有韧性的社区。在中国，该项目通过为偏远地区的学校提供清洁水设施和卫生教育以及在农村地区实施污水处理和集中供水项目，显著改善了当地居民的生活质量。特别是在2024年，赛莱默成功解决了内蒙古镶黄旗牧民的用水难题，为当地牧民及牲畜提供了稳定、健康的水源。这些举措不仅直接惠及了众多民众，还为乡村振兴和可持续发展作出了积极贡献。

案例3　幸福“零碳”赋能智慧乡村——江苏省苏州常熟市蒋巷村乡村综合智慧能源示范项目

该项目以“产业兴旺、生态宜居、乡风文明、治理有效、生活富裕”为目标，首先，建立零碳数字幸福蒋巷村综合能源管控平台，运用新能源发电、电能替代、储能和物联网等技术，形成以电力为中心的综合能源应用示范平台。其次，深入调研用户需求，设计不改变现有建筑风格的清洁能源应用方案，涵盖屋顶光伏、光储充一体化车棚等设施。此外，还鼓励村民参与智慧乡村自治，通过数字化平台监测人居环境，开展垃圾分类和生态环境监测。该项目的实施优化了用能结构，显著改善了生态环境，同时，村民的幸福感和参与度显著提升，有效助力蒋巷村建设中国零碳乡村样板区。

案例4　美丽乡村 无废先行——宁波市奉化区箭岭村“零污染”生态示范村建设案例

箭岭村位于浙江省宁波市奉化区大堰镇，地处水库上游，属于生态环境敏感区，人口老龄化严重。2018年以来，箭岭村积极打造“零污染”生态示范村，通过成立志愿者协会，定期开展环保集市，实现生活垃圾精细化分类；积极探索环保酵素制作和厨余就地堆肥，初步打造厨余资源循环利用模式，目前已将30余吨堆肥产物和70余吨环保酵素生态还田；同时，通过提炼箭岭村生态文明建设成果，进行创新性开发，初步建成箭岭环境学习中心，丰富了旅游业态，有助于进一步激活村庄发展动能，美丽乡村建设卓显成效。

案例5　“乡村+”发展新模式，建设汇桥零碳美丽乡村

“绿水青山就是金山银山”理念再深化、美丽乡村再出发，贯穿其中的底色则是——绿色。绿色发展，始终是新时代美丽乡村高质量发展不变的方向。汇桥村以响应乡村振兴工作绿色发展为要点，推进美丽乡村与低碳新能源融合，引入分布式光伏发电项目；创新汇桥传统手工豆腐，打造特色品牌IP；发展林下综合业态，开展露营休闲、研学课堂等系列活动。通过“乡村+”发展新模式，实现经济、生态和社会效益的有机统一，积极实践汇桥零碳美丽乡村的示范建设。

第一节　农村自然资源与自然资源资产

一、农村自然资源及其功能

本教材的农村资源是指农村自然资源，因为自然资源是农村唯一具有比较优势的资源。

（一）自然资源的内涵与特征

1. 自然资源的内涵

“自然”是指非人力而形成与生长，未被人类干预实质性改变，尽管人类干预仍然存在。“资源”即资料之源，资料是生产、生活的材料，材料是人类用于制造物品、器件、构件、机器或其他产品的物质。

关于自然资源的概念有多种定义，比较有代表性的定义为：《辞海》将自然资源定义为天然存在且具有利用价值的自然物（不包括人类加工制造的原材料），如土地、矿藏、水利、生物、气候、海洋等资源，是生产的原料来源和布局场所。2008 年出版的《环境科学大辞典》将自然资源定义为自然界中人类可以直接获得用于生产和生活的物质。著名经济学家于光远指出，自然资源是指自然界天然存在、未经人类加工的资源。联合国环境规划署（UNEP）将自然资源定义为，在一定时间和一定条件下，能产生经济效益，以提高人类当前和未来福利的自然因素和条件。自然条件是指自然环境要素。

狭义的自然资源只包括实物性资源，即在一定社会经济技术条件下，能够产生生态价值或经济价值，从而提高人类当前或可预见未来生存质量的天然物质和自然能量的总和，如土地、水体、动植物、矿产等有形自然资源，光资源、热资源等无形自然资源。广义的自然资源还包括舒适性资源，该概念由 Krutilla 在 1967 年 9 月发表的《自然资源保护再认识》一文中提出，是能够为人类提供舒适性服务，满足人类精神需求的自然环境资源，包括自然风景美学资源、地质历史变迁遗迹资源、生物进化史资源和野外娱乐资源等。Krutilla 认为，人类无法制造舒适性资源，“优美的地貌特征和舒适性价值这些自然资源，不可能像从这些资源中开采出来的矿物一样，由人类使用商品生产方式进行再生产，作为经济发展主要动力的技术进步，虽然可以降低生产成本或改进可再生产商品的效用，却不能改变自然环境这个大自然珍奇的赠物”。

2. 自然资源的特征

（1）数量的有限性。资源的数量与人类社会不断增长的需求相矛盾，因此必须强调资源的合理开发利用与保护。

（2）分布的不平衡性。资源分布存在数量或质量上的显著地域差异，且有其特殊分布规律。

（3）资源间的联系性。每个地区的自然资源要素彼此有生态上的联系，形成一个整体，因此必须注重综合研究与综合开发利用。

（4）价值的多样性。大部分资源都具有多种功能和用途，既是人类赖以生存的重要基础，又是社会生产的原料、燃料来源和生产布局的必要条件与场所。

（5）利用的发展性。人类对自然资源的利用范围和利用途径将进一步拓展或对自然资源的利用率不断提高，随着社会生产力水平的提高与科学技术进步，部分自然条件可转换为自然资源。例如，随着海水淡化技术的进步，在干旱地区，部分海水和咸湖水有可能成为淡水的来源。

（二）自然资源的分类

以下三种分类方法具有代表性。

1. 基本分类

基本分类，即在研究中被经常用到的分类，是其他分类的基础，将自然资源可划分为生物资源、农业资源、森林资源、国土资源、矿产资源、海洋资源、气象资源、能源资源、水资源等。

（1）生物资源。生物资源是指在当前的社会经济技术条件下人类可以利用与可能利用的生物，包括动植物资源和微生物资源等。植物资源是指在当前的社会经济技术条件下人类可以利用与可能利用的植物，既是人类所需食物的主要来源，还能为人类提供各种纤维素和药品、在人类生活、工业、农业和医药上具有广泛的用途，包括陆地、湖泊、海洋中的一般植物和一些珍稀濒危植物；动物资源是指在当前的社会经济技术条件下人类可以利用与可能利用的动物，既是人类所需的优良蛋白质的来源，还能为人类提供皮毛、畜力、纤维素和特种药品、在人类生活、工业、农业和医药上具有广泛的用途，包括陆地、湖泊、海洋中的一般动物和一些珍稀濒危动物；微生物资源是指在当前的社会经济技术条件下人类可以利用与可能利用的以菌类为主的微生物，所提供的物质，在人类生活和工业、农业、医药多个方面能发挥特殊的作用。

（2）农业资源。农业资源是农业自然资源和农业经济资源的总称。农业自然资源包含农业生产可以利用的自然环境要素，如土地资源、水资源、气候资源和生物资源等。农业经济资源是指直接或间接对农业生产发挥作用的社会经济因素和社会生产成果，如农业人口和劳动力的数量和质量、农业技术装备，包括交通运输、通信、文教和卫生等农业基础设施等。本教材的农业资源是指农业自然资源。

（3）森林资源。森林资源是林地及其所生长的森林有机体的总称。林地包括乔木林地、疏林地、灌木林地、林中空地、采伐迹地、火烧迹地、苗圃地和国家规划宜林地；森林有机体以林木资源为主，包括林下植物、野生动物、土壤微生物等资源。森林属于再生的自然资源，森林资源是地球上最重要的资源之一，是生物多样化的基础，它不仅能够为生产和生活提供多种宝贵的木材和原材料，能够为人类经济生活提供多种食品，更重要的是森林能够调节气候、保持水土、防止和减轻旱涝、风沙、冰雹等自然灾害；还有净化空气、消除噪声等功能；同时森林还是天然的动植物园，哺育着各种飞禽走兽和生长着多种珍贵林木和药材。

（4）国土资源。广义的国土资源是指一个主权国家管辖的含领土、领海、领空、大陆架及专属经济区在内的资源（自然资源、人力资源和其他社会经济资源）的总称；狭义的国土资源是指一个主权国家管辖范围内的自然资源。国土资源一般包含土地资源和矿产资源两个方面。土地资源是指在社会经济技术条件下可以被人类利用的土地，是一个由地形、气候、土壤、植被、岩石和水文等因素组成的自然综合体，也是人类过去和生产劳动的产物。因此，土地资源既具有自然属性，也具有社会属性，是“财富之母”。矿产资源是指经过地质成矿作用而形成的，埋藏于地下或出露于地表，并具有开发利用价值的矿物或有用元素的集合体。矿产资源属于非可再生资源，其储量是有限的。

（5）海洋资源。海洋资源是指海洋生物、海洋能源、海洋矿产及海洋化学资源等的总称。海洋生物资源以鱼虾为主，在环境保护和提供人类食物方面具有极其重要的作用；海洋能源包括海底石油、天然气、潮汐能、波浪能以及海流发电、海水温差发电等，远景发展尚包括海水中铀和重水的能源开发；海洋矿产资源包括海底的锰结核及海岸带的重砂矿中的钛、锆等；海洋化学资源包括从海水中提取淡水和各种化学元素（溴、镁、钾等）及盐等。

（6）气象资源。气候资源是指在社会经济技术条件下人类可以利用的太阳辐射所带来的光、热资源以及大气降水、空气流动（风力）等。气候资源对人类的生产和生活有很大影响，既具有可长期可用性，又具有强烈的地域差异性。

（7）能源资源。能源资源是指在社会经济技术条件下可为人类提供的大量能量的物质和自然过程，包括煤炭、石油、天然气、风、流水、海流、波浪、草木燃料及太阳辐射、电力等。能源资源，不仅是人类的生产和生活中不可缺少的物质，也是经济发展的物质基础，与可持续发展关系极其密切。

（8）水资源。水资源是指自然界中可以流态、固态、气态三态同时共存的一种资源，为在社会经济技术条件下可为人类利用和可能利用的一部分水源，如浅层地下水、湖泊水、土壤水、大气水和河川水等。河湖的分布、水量的大小，直接影响着各地人们的生产和生活。

2. 从数量变化的角度分类

自然资源可分为可再生性资源、不可再生性资源、更新性资源。

（1）可再生性资源。其也称为可循环利用资源、流动性自然资源，这种资源总是以一定的速率不断再生，同时又以一定的速率不断消失。狭义再生性资源是指恒定的流动性自然资源，它们在某一时点的资源总源总是保持不变，如空气、风力、太阳能等；广义再生性资源还包括变动的流动性自然资源，它们在某一时点的资源总量会由于人们的开发使用而发生变化，如森林资源和水体资源等。

（2）不可再生性资源。其也称耗竭性自然资源，它以一定量蕴藏在一定的地点，并且随着人们的使用渐减少，直至最后消耗殆尽。矿藏资源（矿产资源和矿物能源）就是一种典型的耗竭性自然资源。

（3）更新性资源。这类资源可生长，其更新速度受自身繁殖能力和自然环境条件的制约。如土壤资源、生物资源等。

3. 中国官方分类

自然资源部“三定”方案将自然资源划分为土地、矿产、森林、草地、湿地、水、海洋7大类。

（三）自然资源的功能

农村是以自然资源为主体的地域集合体，农村的功能充分体现了自然资源的功能。

1. 历史长河中的“筹粮筹饷”

在漫长的农业社会时代，农村自然资源是整个国家赖以生存的基础，具体体现为国家供给粮食和提供税银。

（1）针对农业生产者的“农业税”。农业税起源很早，中国过去称田赋，西方国家称地租税或土地税。农业税是国家对一切从事农业生产、有农业收入的单位和个人征收的一种税，俗称“公粮”。历史上，“皇粮国税”一直牵动着中国的兴衰。

（2）农村非农产业提供“税银”。农村手工业者、销售农产品者缴纳货币形态的税金，前者类似所得税，后者类似流转税。

2. 新中国工业化的“原料基地”

新中国成立后的几十年来，农业税一直是国家财力的重要支柱。据统计，从1949—2000年的52年间，农民向国家缴纳了7 000多亿公斤粮食，农业税始终是国家财力的关键支撑。通过价格“剪刀差”，一方面为工业化提供廉价原材料，为非农村人口提供食品，降低工业化成本；另一方面对外换取设备、技术与“友谊”，因为当时的中国除农产品外，几乎没有其他可交换的产品。

3. 粮食安全为主的“多功能性”

农村自然资源的多功能：（1）经济功能：提供农副产品，以价值形式表现出来的功能，是农村自然资源的基本功能；（2）社会功能：劳动就业和社会保障（健康、营养、环境），促进社会发展方面的功能；（3）政治功能：保持社会和政治稳定的作用——压舱石、稳定器；（4）生态功能：对生态环境的支撑和改善的作用；（5）文化功能：保护文化的多样性和提供教育、审美和休闲等的作用。

思考：

1. 农产品是不可替代品，总体是短缺的，为何不能高价销售？

农产品是国家的战略储备物资，不仅是人们生活的必需品，也是价格形成机制中的上游产品。因此，农产品价格上涨不仅直接损害人们的生活质量，而且容易引起其他产品的“搭车涨价”，甚至出现通货膨胀。因此，国家往往对农产品实现价格管制，对农业生产者实施各种补贴，以保障农产品价格基本稳定。

2. 农产品是典型的商品吗？

商品是为了交换而生产的物品，中国由于人均耕地少，除了国家商品粮基地外，小农户生产的农产品基本是自给，不是为了销售而生产。商品成本能可靠计量，但农产品成本核算一直存在诸多问题，根本原因是自然资源的价值难以核算。当商品成本大于收入时，生产者会放弃商品生产，但农业中的土地撂荒是不被允许的。

3. 农业真的能赚钱吗？

判断一个产业能否赚钱的三个标准：①是否是少数人生产，多数人消费？中国农村户籍人口为8.19亿人（农村常住人口4.65亿人），农村户籍人口就是农民，他们的根基在农村、在农业，显然农业不是少数人生产、多数人消费的产业。②是否有一定的进入门槛？垄断程度与利润率呈正相关，从事农业生产是没有门槛的。③产品生命周期有多长？产品生命周期与利润率呈反相关，农产品是生命周期最长的产品。

二、农村自然资源资产

（一）资产

要理解自然资源资产，首先必须厘清资产的概念。1907年会计学家Sprague（斯普雷格）在《账户的哲学》中最先讨论资产定义，学术界形成了以下几种资产的定义。资产的成本观：资产是尚未转化为费用的成本的集合。资产的未来经济利益观：资产是未来服务的现在价值，是特定主体由于过去交易和事项而取得或控制的可能的未来经济利益。资产的权利观：由于过去交易或事项的结果而使一个主体能够控制的未来经济利益的权利或其他权利。资产的经济资源观：资产是由于过去的交易或事项发生的结果而被一个主体控制的经济资源，从这些经济资源，主体将可能获得未来的经济利益。

我国会计准则的定义：资产是指企业过去的交易或者事项形成的、由企业拥有或者控制的、预期会给企业带来经济利益的资源。资产具有三大属性：产权清晰、可计量、可获利。

（二）自然资源资产

自然资源资产也称资源性资产或资源资产，其实质是“资产化”，把自然资源“当作一种资产”来运营管理，目的是通过对自然资源合理定价和有偿使用实现其有效配置。

1. 自然资源资产概念提出预示管理手段的变革

自然资源资产是自然资源的“资产化”，“化”是一个过程、一种手段。正如我国将一些非营利组织进行企业化管理一样，并不是说这些组织就是企业，而是通过像企业一样管理，让其资源得到更好的利用。自然资源的资产化是把自然资源“当作一种资产”来运营管理，目的是通过对自然资源合理定价和有偿使用来实现其有效配置。

2. 自然资源资产管理的核心是量化其价值

自然资源资产的特殊性决定了“自然资源资产首先要解决其定价问题”。“定价”一般理解为确定其价格，但严格来讲自然资源自从被开发利用就已经有了价格，要求重新制定价格就意味着原来的价格不合理。那么，判断价格是否合理的标准是什么？西方经济学主张供求决定价格，政治经济学主张价值决定价格。如果在成熟的市场经济国家，由于市场机制已经发挥作用几百年，市场竞争基本实现了有效性和公平性，采用供求均衡来决定价格具有一定可行性。而我国实行市场经济才 30 多年，行政手段配置资源还很常见，采用供求均衡来决定价格的条件极不成熟。况且在成熟的市场经济中，也是价值规律这只“无形的手”在发挥指挥作用。因此，自然资源资产“定价”从根本上是要确定其“价值”，让价值规律发挥作用。

3. 从价值管理视角理解自然资源资产概念

首先要承认自然资源资产概念是一个新生事物，它不同于传统的资产概念。其次要明白自然资源资产“家底不清”是自然资源资产管理的最大障碍。最后，在进行自然资源资产价值计量时，不能简单照搬一般资产的定价办法。

（三）自然资源资产与典型资产的区别

1. 属性不同

企业资产是一种典型的商品。商品首先是私人产品，能够利用市场机制来提供，具有消费上的排他性和竞争性；商品是为了出售而生产，只有当这些私人产品不是为自己消费，而是为他人的消费时，它们才成为商品；商品是人类劳动的成果，因凝结了人类劳动而具有价值。

自然资源资产不是一种典型的商品。当自然资源资产能够产品的部分，具有商品属性，即具有消费上的排他性和竞争性，是为了出售而开发利用的，在开发利用过程中凝结了人类劳动。但自然资源资产更多体现出非商品属性：第一，当它作为一个系统提供生态保障功能时，显然不具有消费上的排他性和竞争性，从而具有公共产品的属性。第二，自然资源资产本质上不是为了出售。虽然提倡自然资源资产有偿使用以实现合理利用和有效配置，但“合理利用”和“有效配置”是为了实现自然资源资产的动态稳定，甚至有所增长，绝不是能售尽售。第三，天然自然资源资产不是人类的劳动成果。

2. 替代性和稀缺性的程度不同

马克思“劳动与自然力是创造物质财富的两个源泉”，威廉·配弟“劳动是财富之父，土地是财富之母”，都说明了自然资源是财富的源泉。“源泉”是无法找到替代物的，否则就不会是“源泉”；企业资产是创造财富的工具，工具具有多样性和可替代性（如新材料、新工艺、新设备）。自然资源多数是自然力作用的结果，其形成周期漫长，相对于人类的需求而言具有递耗特点，且不可替代，人类若不对其进行有效管理和利用，终将有枯竭的一天，即“终极稀缺性”；企业资产虽然也具有稀缺性，但由于可替代性而大大降低了其稀缺程度。

3. 产权人获得资产的代价和方式不同

企业资产的产权获得是交易的结果，需要付出代价，会计学上称为“成本”；而自然资源多是自然力作用的结果，没有或很少凝聚人类的劳动，自然资源资产的产权人最初获得产权一般是一种政治的或社会的安排，不一定需要付出经济上的代价。企业资产的产权获得与转让一般以“交付”作为完成标志，且无论是国家、组织或个人作为产权人，其方式都一样；而自然资源资产的产权是以“登记”作为完成标志，且当产权所有者是国家时不需要登记（《中华人民共和国物权法》第九条规定“依法属于国家所有的自然资源，所有权可以不登记”）。

4. 产权人的权利不同

企业资产的产权人拥有完整的产权，所有权和用益物权都可以交易。我国《中华人民共和国物权法》第四十八条规定“森林、山岭、草原、荒地、滩涂等自然资源，属于国家所有，但法律规定属于集体所有的除外。”说明自然资源资源的国家所有是常态，集体所有是例外，而集体所有权实质上是一种虚置所有权，因为“集体”既不是政权集合体，也不是经济集合体。我国自然资源资产的所有权不能交易，只能集体所有权被征收为国家所有权。因此，只有国家拥有完整的自然资源资产的产权。

5. 资产价值的内容不同

获取经济价值是企业资产追求的目标，不能带来经济利益的资产对企业产权人是没有价值的；虽然强调企业的社会责任，但获利仍然是企业的主要职责，否则企业和非营利性组织就没有区别。而自然资源资产的价值要视具体情况而定：国家或政府是公权力组织，追求自然资源资产的生态价值或社会价值是其天职，只有当其认为不影响生态价值或社会价值发挥时才能让渡自然资源资产的使用权而获取经济利益；非公权力组织或个人追求经济价值是理所当然的，否则他们没有积极性，如果公权力部门认为非公权力组织或个人需要追求非经济价值，就应该用经济价值去换取生态价值或社会价值，如采用政府购买方式等。

6. 资产具体特性有差异

自然资源资产以地球上分布最广的森林资源为例进行比较。

（1）存续性差异。企业资产存续期非常有限；森林资源资产属于非耗竭性、可再生的资源性资产，人类对其的利用和消耗能够通过合理经营、科学采伐等措施得到补偿，可以实现永续性。

（2）增值性差异。森林资源资产主要依靠自然力繁殖、生产、生长、成熟，具有自然增值性；企业资产则没有自然增值的能力，其价值按可比价格计算则是逐渐递减的。

（3）投资回收期差异。如林木产品要经过很长时间的生长期后才能达到出售或可利用状态，而形成森林以发挥系统的生态功能则需要更长的时间，在缺水的地方甚至难以形成森林。所以，投入森林资产经营的资金，少则数年、多则数十年、甚至上百年才能回收。而企业资产的投资回收期则要短得多。

（4）功能性差异。森林资产分布广阔、种类繁多，决定了它功能的多样性。除了部分森林资产具有可以交换的商品属性外，大部分森林资产具有用价值难以度量的生态功能，这也决定了森林资产具有极强的效益外部性。而企业资产只具备商品性功能，是内部效益。

（5）复杂程度差异。森林资产的复杂性体现在管理与计量两个方面：森林资源是陆地上最大的生态系统，森林火灾、虫灾、盗伐等人为或自然的灾害很难控制，导致森林资产容易流失且安全保卫十分困难，增加了风险损失的可能性；森林资产相对于其他资产而言在计量上也更复杂，如它的自然转化功能带来的自然增值，它的生态产品的公共物品性、多样性都决定了森林资产综合效益价值的定量化必须依赖多学科（环境经济学、生态学、会计学）的组合与工具（胡玉可，2015）。

三、农村自然资源资产管理的政策

（一）三权分置思想

“三权”是指农村耕作地之上的所有权、承包权、经营权三种权利，或者农村宅基地之上的所有权、资格权、使用权三种权利；“分置”就是这三种权利由不同的民事主体享有。

为了解决坚持农村土地的公有制、保障农民的身份权与土地流转增值之间的矛盾，我国提出了“坚持集体所有权、稳定农民家庭承包权、搞活经营权”的三权分置思想。后来这一思想被推广到宅基地所有权、资格权、使用权的“三权分置”，落实宅基地集体所有权，保障宅基地农户资格权和农民房屋财产权，适度放活宅基地和农民房屋使用权。

1. 集体所有权

集体所有权是指一个集体内部所有成员共同拥有某项资产，每个人的权利都是平等和相同的，不经全体同意，个人无法决定财产的使用和转让。集体所有是公有制的重要组成部分，采取社区全体成员共同所有的形式。

（1）农村集体所有制的客体主要是土地。土地是农村社区居民的基本生存资料，是居民直接的衣食来源，因此，农村居民把土地看作生存的命根子，都有直接占有土地的强烈愿望。如果实行土地私有制和自由流转制度必然发生土地兼并，使多数人失去生存之本，引起社会动荡；实行社区集体成员共同占有社区土地，而不采取集体法人单独所有权，能够更直接地反映社区成员直接要求占有土地的愿望，密切社区成员与社区土地等财产的关系。

（2）共有所有权有利于农业生产的发展。农业生产过程是自然再生产和社会再生产过程的结合，既受自然规律制约，也受社会经济规律的制约。在动植物的生长发育过程中，农业生产者必须遵循自然规律，适时适度地精耕细作，精心饲养，严格管理，以达到预期生产目的；农业生产的组织形式更适合由家庭的分散经营，共有人以其共有资格分散经营集体的农业生产资料。

（3）农村集体所有权解决的主要是社会公平问题。农业生产受自然规律和社会规律的双重制约，是天生的弱质产业。如果将农业完全推入市场，农业经济就会陷入困境；如果实现私有制，个体农业很容易破产。农业集体所有制的建立主要是为了避免在自然风险和社会风险的双重作用下，个体农民破产和少数人兼并土地的两极分化现象的发生。至于实现集体所有权客体的增值经营所需要的效率价值则应在集体所有权的实现机制中考虑。

（4）成员共有权形式是发扬基层民主的需要。中国民主政治在广大农村的最基础层次就是以一定的社区为单位的村民自治，村民参与自治的方式就是民主，通过村民会议民主选举村内管理人员，民主决定涉及村民利益的问题。而村民的最大利益就是集体公有制，使所有人都不被排除在社区所有和民主以外。

（5）成员共有权形式是避免发生法人专横的需要。法人专横是指法人试图摆脱创立它的自然人制约的现象，自然人创设法人，旨在用其所长，为自己谋求利益。然而，法人一旦走上社会，也就会有自己的逻辑，而试图摆脱自然人的制约，与自然人平起平坐，甚至凭其财力，以势压人，反仆为主，形成法人专横。集体组织法人所有权名义上为集体所有权，实质上就演化为集体组织的干部所有权，由他们操纵法人所有权的一切，反过来损害作为真正所有者的成员的集体利益。

（6）农村社区集体所有权是确保农村社会长期稳定的需要。农村社会稳定的基础就是农民安居乐业，而农民安居乐业的基本条件就是农民拥有土地。集体管理组织为了集体成员共同利益对外发生的债务和所需的资金，集体有积累财产的就用集体财产偿付，如果集体财产不足偿付时则由集体成员承担补充性连带责任，并以公平分担原则由全体集体成员承担，这样既能满足对外债务的偿付需要维护交易安全，又能保全集体土地财产，维护集体成员的长远利益，维护社会稳定。

2. 土地承包权与宅基地资格权

土地承包权是指农村集体组织将集体所有的土地包给其成员自行耕种，承包者按照承包合同的规定，履行责任。我国农村基本经营制度实行以家庭承包经营为基础、统分结合的双层经营体制，是由我国国情和农业生产特点所决定的。土地承包权的初衷是维护广大农户权益，赋予农民对集体所有的土地进行占有、使用和收益的权利。但也附加了制约条件，土地承包人应当维持土地的农业用途，不得用于非农建设，禁止占用耕地建窑、建坟或者擅自在耕地上建房、挖砂、采石、采矿、取土等，禁止占用基本农田发展林果业和挖塘养鱼。

我国现行宅基地制度以“一户一宅”“无偿分配”“永久使用”为特点。由于宅基地是无偿分配的，基于“不占白不占”的心理，一旦符合分户和申请条件，农民都会积极分户并申请获得宅基地。为了保护农村耕地和保障农民房屋财产权，我国政策设计了宅基地农户资格权，即只有集体组织的成员才有资格申请获得农村宅基地。

设置土地承包权与宅基地资格权，不仅是保护农民利益、维护农村稳定的需要，而且是为盘活农村土地资源、放开土地经营权和适度放活宅基地使用权的需要。

3. 土地经营权与宅基地使用权

土地“三权分置”的模式，核心是在农民的土地承包经营权之上建立另外一个“经营权”，该权利将以农耕地作为客体，在农民集体的土地所有权、农民家庭或者个人的土地承包经营权之外，形成针对农村耕作地的第三个权利，是为了满足规模化土地耕作、引入科学种田、绿色农业的需要。该权利的享有者必须是现有农村土地承包经营权享有者之外的另一个民事主体，该主体没有资格限制。同时，“经营权”的内容仅限于农业性的耕作，即使是在土地上为建筑和建设的，这些建筑物也仅只能是为了农业耕作的需要。变相地把耕作地变为建设用地的行为，相关当事人要承担相应的法律责任。

随着城镇化的推进和乡村振兴战略的提出，大量农民进城打工甚至进城定居，农村常住人口大量减少，而宅基地退出缺乏有效的途径，导致大量宅基地常年闲置。盘活这些闲置的宅基地和农房，无论是对于提高土地利用效率、为乡村产业发展提供用地空间，还是对于增加农民土地财产性收入，均有积极意义。宅基地“三权分置”的初衷是要在“坚持农村土地集体所有”这一底线条件下，兼顾“既让农户保持其宅基地使用权取得的身份专属性、又让没有身份限制的社会主体得以利用宅基地”的目标，实现农民集体、农户、社会主体三方主体对宅基地权利的分享。既坚持宅基地使用权的成员福利保障功能和取得的成员身份限制的“封闭性”，又实现不具有成员身份的社会主体对闲置宅基地的利用的“开放性”，此种封闭性与开放性的平衡，是在坚持集体所有制下为宅基地资源配置引入市场机制的结果。

（二）三变改革

三变改革是指“资源变资产、资金变股金、农民变股东”的改革措施，通过盘活农村集体和农民个人的资产，促进农牧业增效、农牧民增收、提升基层治理能力。三变改革的意义在于盘活农村集体和农民个人的资产，发展壮大农村集体经济，增加农民收入，推动乡村振兴。它没有突破现有的制度框架，而是对现有资源进行整合，改变资源使用方式，但不改变农村土地的基本产权关系和用途属性。

资源变资产是将农村集体的土地和设施进行评估折价，变成可以入股的资产；资金变股金是将国家财政支农资金和村集体资金变成股金，这些资金主要用于设施建设、生态保护、产业扶贫等方面；农民变股东是将农民的农地经营权、宅基地使用权及其他资产资金评估折价入股，使农民也成为股东。

三变改革在多个地区取得了显著成效。例如，贵州省六盘水市的舍烹村通过三变改革，将区域内 11 万亩自然资源和 2 252 万元财政扶持资金转变为村集体和农民持有的股权，964 户农民变成股东，显著增强了集体经济的发展活力和实力。此外，甘肃省肃南县通过三变改革，整合扶贫资金，建立“保底收益 + 按股分红”的利益分配机制，有效激发了村集体和农牧民的积极性，形成了固定资产项目和经营性资产，增加了村集体和农牧民的收入。

（三）农村集体产权制度改革

农村集体产权既不是一种共有的、合作的私人产权，也不是一种纯粹的国家产权，而是介于两种“极端产权”形式之间，由国家控制但由集体来承受其控制结果的一种中国农村特有制度安排。

1. 历史演变

2010 年中央一号文件提出“鼓励有条件的地方开展农村集体产权制度改革试点”，中央全面深化改革领导小组陆续通过了有关农民股份合作和农村集体资产股份权能改革试点方案。2016 年 12 月 26 日，中共中央、国务院印发了《关于稳步推进农村集体产权制度改革的意见》。2018 年中央一号文件指出：深化农村集体产权制度改革是制度建设的关键环节，是“激活市场、激活要素、激活主体”的基础和保障。

2. 农村集体产权的内涵

农村集体产权存在于一个特定的范围内，一般是以农村社区为界。农村集体产权是一个权利束，所包含的权利关系可能会随着经济社会环境的变迁发生分解或转化；权利主体必须且只能是具有集体经济组织成员资格的人，客体是集体范围内的各种共有财产权利，以及集体资源配置中形成的人与人、人与物的关系；农村集体产权的产生与发展都需要一定的制度支撑，其中既包括国家强制的、正式的制度，也包括非正式的社会规则。

3. 农村集体产权改革的内容

一是切实加强农村集体资产管理。包括开展集体资产清产核资，落实集体资产所有权，加强农村集体资产财务管理。

二是稳步推进农村集体经营性资产产权制度改革。包括推进经营性资产股份合作制改革，确认农村集体经济组织成员身份，完善农民集体资产股份权能。

三是健全完善农村集体经济运行体制机制。包括强化农村集体经济组织功能作用，保障农村集体经济组织合法权利，探索发展集体经济的有效形式，加强农村产权流转管理服务平台建设，完善产权流转管理服务体制机制。

四是严格依法保护农村集体产权。包括推进农村集体产权保护法治化，完善农村产权纠纷调处机制等。

第二节　农村资源价值核算

要充分发挥农村资源的经济价值，资源价值的核算是基础与前提。

一、农村资源价值核算的历史与现状

（一）SEEA 核算的发展历程

SEEA（System of Integrated Environmental and Economic Accounting）即环境经济综合核算体系，是联合国致力于经济与环境协调发展的成果，先后有 4 个版本，对其关于森林资源内容进行简要的回顾，可以大致了解国际社会对自然资源核算认识的变迁过程。

1. SEEA－1993 版本

作为历年 SEEA 发展版本的首个版本，只是国民核算账户中处理环境核算的附属账户，将自然资产分为生物资产、土地资产、地下资产（矿产等）、水资源和空气资产等几类资产。SEEA－1993 版本提出了自然资源账户和环境流量账户。该版本指出，自然资源在国民核算体系中是具有市场价格的，被称为经济资产，通过自然资源账户核算；自然资源的非市场价值没有在国民经济核算体系中登记，需要通过环境流量账户核算。

2. SEEA－2000 版本

SEEA－2000 版本提供了具体的自然资源账户，如森林账户、地下资产账户、土壤退化账户、可再生水生资源账户、空中排放账户的编制原理。介绍了自然资源实物核算和货币核算的方法及采用逐步法的具体实施方法，实物核算提及了土地使用账户、自然资源账户和商品平衡状况大部分内容，资源账户显示期初存量与期末存量之间随时间发生的净变化，导致存量变化的因素有自然生长、自然损失和清除毛量。

3. SEEA－2003 版本

在具体资源账户中，SEEA－2003 版本依次讨论了矿产和能源资源、水资源、森林资源、水产资源及土地和生态资源。SEEA－2003 版本详细讨论了有林地和产自有林地或与之相关的产品账户的编制。具体包括林地实物账户、木材实物账户、林地和木材货币账户、林产品账户、森林管理和保护支出等方面。

4. SEEA－2012 版本

SEEA－2012 版本中有关资源的环境经济综合核算分为两部分进行了介绍。一部分是完整的实物资源账户，另一部分是土地资产账户。在资源账户中，首先阐述了定义和相关分类及边界，包括资源土地之间的关系。其次，给出了资源的实物型资产账户和价值型资产账户。最后，阐述了资源中碳的核算方式。在土地资产账户中，先阐述了核算范围并给出了实物型账户表，但价值型账户未单独列出来。此外，在编制实物型资产账户时，通常与编制资源资产账户同时展开。

（二）中国自然资源核算历程

中国自然资源核算工作与学术研究几乎是从零开始，在对外学习交流中不断发展壮大，党的十八届三中全会之后的自然资源资产负债表则将新时期资源核算研究推向了一个新的高潮。

1. 第一阶段（1949—1978 年）

新中国成立之后百业待兴，早日实现工业化和现代化是紧迫任务，自然资源是发展工业经济的物质基础，故而对各种资源进行核算、掌握相关数据资料就成为摸清自然资源的前提。但由于管理各类自然资源的国务院部委众多，各自拥有资源核算机构队伍，仅核算职权内的对应资源，部门间并没有建立统一的资源核算框架与报告制度，数据难以共享与汇总。

我国在 20 世纪 50 年代初期就建立了国家矿产储量平衡表制度，比联合国环境经济核算体系（以下简称“SEEA”）自然资源实物资产表要早近 40 年，1959 年全国地质资料局还印发了《中华人民共和国矿产储量平衡表编制规程》。这表明，我国和苏联是世界上在核算矿产资源量过程中较早建立实物账户和报表的国家。此外，我国的森林、田地、水利清查工作也早在 1950 年代就已经开始，只是当时并未在中央政府层面建立全种类资源核算统一框架体系。

2. 第二阶段（1979 年至今）

进入这一阶段后，各类资源核算公开文献呈现井喷态势。根据 1979—2019 年各研究主题文献数量划分，自然资源核算大体出现过三次研究浪潮，随着三大主题。第一次浪潮是宏观资源核算研究。资源环境学者和经济学家站在宏观国家层面将自然资源核算纳入国民经济核算体系（以下简称“SNA”）、弥补其缺陷作为研究出发点和目标，随后主要以介绍 SEEA 和绿色 GDP 理论、将其与我国具体实际相结合作为研究侧重点。第二次浪潮是微观资源会计研究。会计学者立足微观企业主体，运用会计学思维和视角对企业拥有或控制的自然资源进行会计核算，以便为投资者提供相关资源信息，同时也为环保事业作出一份贡献。第三次浪潮则是宏观自然资源资产负债表研究。研究的创新点体现在“资源负债”“资源权益”等概念的出现，并且尝试在统一核算框架下对综合的自然资源资产、负债、权益以及其他要素进行确认、计量、报告。

（三）资源资产无形价值核算

对资源资产无形价值核算主要集中在资源环境价值核算、生物多样性价值核算、旅游资源价值核算和碳汇价值核算四个方面。

1. 资源环境价值核算

20 世纪 70 年代左右，由欧盟统计办公室开发的国民经济核算的体系的欧洲账户系统（ESA）与联合国的 SNA 协调一致，引起了国际范围内对资源环境价值核算的关注。2004 年，联合国粮农组织（FAO）公开出版了较完善的森林资源环境经济核算手册（EEAF）。在国内，国家林业局 2001 年组织开展“中国可持续发展林业战略研究”；2004 年，国家林业局和国家统计局联合启动了“绿色国民经济框架下的中国森林核算研究”。

2. 生物多样性价值核算

我国生物多样性价值的会计核算主要分散在资源资产及生物资产会计领域，在研究资源实物资产会计核算的同时，资源资产的生态效益核算也逐渐引起了广泛的关注，但目前核算的理论与实践还处于进一步的探索之中。

3. 旅游资源价值核算

旅游热潮的兴起推动各国学者对旅游资源价值展开深入的研究和探索，旅游资源价值核算与环境资源价值的核算密切相关，后者是前者的前提和基础。在价值核算的方法上先后提出了政策性价值评估、生产费用法、市场价值法、机会成本法、旅行费用法和条件价值法，其中最具代表性的是旅行费用法（TCM）和条件价值法（CVM），并依据这些方法对旅游资源的单项活动价值和综合价值进行核算。

4. 碳汇价值核算

20 世纪 60 年代中后期，国际科联（ICUS）开展的国际生物学计划（IBP）拉开了全球碳汇研究的序幕。1972 年联合国教科文组织继续对该计划进行了研究并组织开展了人与生物圈计划（MAB）。联合国粮农组织（FAO）、联合国气候变化专门委员会（IPCC）和《联合国气候变化框架公约》（UNFCCC）也在有关研究的基础上开展了碳汇的经济计量研究工作。2000 年后，我国碳交易已从理论研究层面走入实质性的试点阶段。

（四）资源资产核算的几个会计学分支

关于资源资产核算有资源会计、环境会计、生态会计、绿色会计等几个会计学分支。

1. 资源会计

资源会计是指对资源的形成、开发、配置、运用、储存、保护、综合利用和再生等循环过程中资金的投资、生成、使用、消耗、收回、补偿和分配等进行价值核算，目的是实现对资源的高效利用，针对的是自然资源的资源价值或物质价值。广义资源会计包括自然资源会计、人力资源会计、信息资源会计等，狭义的资源会计仅是指自然资源会计。

20 世纪 50 年代初期，美国开始采用成效成本计算法（successfulefforts，SE）和完全成本计算法（fullcost，FC）对石油、天然气的开采过程进行核算。1970 年，由美国著名会计学教授西德尼·戴维森和罗曼·L. 韦尔主编的《现代会计手册》，第十七章——土地、第十八章——自然资源两章的内容主要是从递耗资产的角度涉及有关资源核算的实务问题，但对于其理论问题则较少涉及。国际会计准则委员会（IASC）于 1998 年 4 月增加了一个有关开采业项目的专题研究，确定的研究议题有开采前成本的确认、场地恢复成本的确认、存货的计量、收入确认和准备的提取等问题。1992 年，我国著名会计学家葛家澍教授介绍有关西方环境会计时涉及了资源核算的问题；1994 年，国际知名会计学家郭道扬教授提到了资源核算的会计问题；1997 年，中国人民大学的阎达五和耿建新教授等曾提出建立资源会计的构想。中南财经政法大学会计学院许家林对资源会计有系列研究，可惜去世未能继续深入研究。

2. 环境会计

核算污染排放及其治理的资金运动轨迹，以自然资源耗费的补偿为中心，反映人类的环境责任。Gray（1990）认为，环境会计的内涵是“一种关于人造资产和自然资产增减的会计，最为重要的是在两者之间转换的会计”，即环境会计主要是研究和披露人造资产、自然资产以及这些资产的类别的转换。

以 1971 年比蒙斯（F. A. Beams）撰写的《控制污染的社会成本转换研究》和 1973 年马林（J. T. Malin）的文章《污染的会计问题》为开端，揭开了环境会计研究的序幕。1990 年 Rob Gray 出版的《绿色会计：Pearce 之后的会计职业界》被公认为是环境会计研究的一个里程碑，标志着环境会计研究已成为全球学术界关注的核心议题。

3. 绿色会计

“绿色”是指人类与自然和谐共生，在社会发展的同时实现对自然环境最小化的影响，对人类行为的要求是“节能减排”，包括耗用自然资源最小化，向自然环境的排放最小化两个方面，但现有研究基本等同于环境会计，仅关注排放问题。

4. 生态会计

生态会计主要对自然资源生态价值进行核算，是一门专门研究资源的无形价值核算与利用的学科。但现有研究将其等同于环境会计或绿色会计。

二、资源资产价值来源与价值构成

资源资产不是典型的资产，因何而有价值？其价值包括哪些种类？

（一）资源资产的价值来源

1. 价值来源的客观论与主观论之争

价值是一个既宽泛又模糊的概念，虽然被广泛运用于社会各个领域，但却没有明确的内涵。最大的争议在于“价值究竟是客观的存在还是主观的感受？”

客观论认为价值是客体（物）自身凝聚的内在价值，是一种客观存在，评价价值的标准是客观的、唯一的。客观论的代表理论是“劳动价值论”，该理论认为人类劳动是价值的唯一来源，衡量价值的标准是凝聚在商品中的无差别的人类劳动。劳动价值论主张价值是客观的且唯一确定的，避免了价值的不可捉摸性。但劳动价值论也存在两个方面的不足：一是度量价值的标准“无差别的人类劳动”是一个抽象概念，难以量化，且“劳动”的价值与劳动者的生活成本有关，存在地域性与国别性差异，实际导致评价标准并不唯一；二是劳动价值论仅针对商品，已经有成熟的交易市场与交易价格，对商品价值的探讨属于理论溯源，对于自然资源资产这种既没有成熟的交易市场与交易价格，又主要依靠自然力生长而极少凝聚人类劳动的资产，其价值要么为零，要么被严重低估。劳动价值论长期成为我国自然资源及其产品价值确定的理论依据是有历史原因的：一是基于意识形态因素，马克思是我党的思想导师，其思想最有利于我党的政治需要，其劳动价值论自然成为定价的指导理论；二是客观上符合我国工业化的历史需要，中华人民共和国成立初期千疮百孔，除了农产品外没有其他任何渠道完成发展工业的资本积累，只能借助工农产品价格剪刀差，实现价值由农业向工业的转移，需要将农产品价值低估的理论作为指导。

主观论认为有用性是价值存在的原因，客体的有用性取决于主体（人类）的主观评价，是一种外显价值，由于不同主体的评价是不同的，所以价值的标准是多元的。主观论的代表理论是“效用价值论”，该理论认为凡是能够满足主体某种需要的客体都具有价值，价值量的大小取决于主体感受到的满足度（效用大小）。效用价值论主张价值是主观的、多元性和不确定性，只是由于众多的需求者与供给者的不同评价导致了市场的“均衡价格”。效用价值论不仅适用于商品，拓展了价值的应用领域，对自然资源资产价值度量有积极的借鉴意义。但其主张的主观评价性使价值量难以确定，不同的主体从同一客体获得的效用是不同的，不但缺乏说服力，而且容易陷入玄学范畴。

2. 资源资产价值来源于资源资产的功能

价值论主要从主体的需要和客体能否满足主体的需要以及如何满足主体需要的角度，考察和评价各种物质的、精神的现象及主体的行为对个人、阶级、社会的意义。某种事物或现象具备价值，就是该事物和现象成为人们的需要、兴趣的所追求的对象，是人的需要、兴趣、目的，并随着社会环境而改变。因而，价值是通过人的实践而实现的，客体对人有用才会具有价值。有用性是价值来源的基础，但这个有用性应该有客观的评价指标。

对客体的有用性可以从两个方面评价：一是主体角度，由需求者主观评价，导致“效用价值论”的诞生；二是从客体角度，客体满足主体需要的属性即为“功能”，客体满足主体需要的程度取决于客体的“功能输出量”的大小，可以称为“功能价值论”。功能价值论主张客体的价值来源于其有用性，但价值评价的标准是客体具备的功能量，是一个客观的标准。因此，资源资产价值来源于其满足人类需求的功能，资源资产价值量的大小由各项功能输出量的多少决定。

（二）资源资产的价值构成

资源资产满足人类需求的功能是多方面的，因此可以从不同的视角对资源资产的价值进行分类。

1. 二分法

（1）资源价值与环境价值。

资源价值是指资源资产供给人类物质原料所体现的经济价值，是人类最早认识的自然资源的价值。它是一种“消费性价值”，即要获得资源价值就需要开采、砍伐自然物，以获得物质原料。经过人类长期的对自然资源的征服，许多源自资源资产的物质产品已经形成了较为成熟的交易市场和交易价格，成为商品。环境价值是指自然物庇护人类生存环境而具有的非经济价值，属于“非消费性价值”，即要获得环境价值必须保存自然物，不能让其被开采或砍伐。环境价值是一种无形价值，不易于观察与评价，同时维护环境价值需要人类付出经济代价，而不是获得经济收益。因此，环境价值常常会被人们有意或无意地忽视，导致为了经济的发展而破坏环境的现象。

（2）有形价值与无形价值。

有形价值与无形价值之分在于价值的载体是否有可见的物质形态，资源资产的有形价值表现为资源产品的价值，无形价值表现为支撑人类生存环境、维持生态平衡方面的价值。人类对资源资产有形价值的利用已经几千年的历史，而对无形价值的认识时间不到一百年，目前仍处于不断深化认识阶段。

（3）商品价值与舒适价值。

环境与资产经济学奠基人 John V. Krutilla 与 Anthony C. Fisher 的合著《自然环境经济学：商品型和舒适型资产价值研究》中，将自然资产按功能分为商品性资产和舒适性资产，其中舒适性资产是指稀有生物物种、珍奇景观以及重要的生态系统（李金昌，2002）。在此之前，许多学者关于自然资产的研究主要聚焦于开发速率和规模，以实现资产的长时期最优配置，主要涉及“开采型资产”（如石油、煤炭、矿石等），但对于舒适性资产却缺乏必要的研究。Krutilla 认为出于科学研究、保护生物多样性等原因，保护舒适型资产，把对其使用或消耗严格限制在可再生的限度之内是十分必要的。

（4）环境价值与生态价值。

李金昌（1999）将环境价值分为资产价值和生态价值。前者是指有实物形态的物质性的资产商品价值，后者是指无形的、具有舒适性的生态服务价值。

2. 三分法

（1）经济价值、社会价值与生态价值。

经济价值是指资源资产促进经济发展的价值，为人类提供生存资料和生活资料，形成生活物品，提高人类生活水平。经济价值可以用货币收入直观表现。社会价值是指资源资产为维护社会稳定、促进社会和谐所具有的价值，如吸纳就业、提供稳定的居住场所等方面表现出的价值，通常人们所说的农业农村是社会稳定器、压舱石，就是指资源资产发挥的社会价值。生态价值是指资源资产维持生态平衡、实现人类与环境和谐共处所具有的价值，与环境价值有诸多重合。“环境”是人类中心论的产物，“生态”是生命体共生的产物，在论述人类生存条件时两者的内涵是一致的。

（2）供给价值、调节价值与文化价值。

自然资源拥有的功能分为供应、调节、文化三大类，这些功能所对应的价值分别称为供给价值、调节价值、文化价值。

供给价值是指自然资源提供食物、水、木材以及纤维等方面的有形产品的价值，这是人类最早认识与利用的自然资源的价值，也称资源价值，是一种有形商品价值。调节价值是指自然资源在调节气候、洪水、疾病等方面所具有的价值，体现为优化大气、土壤和水的质量、预防灾病、生物授粉等功能。文化价值是指自然资源在提供消遣、娱乐、美学享受以及精神收益等方面所具有的价值，包括为人类提供精神、消遣等方面的服务。

3. 四分法

（1）直接使用价值、间接使用价值、存在价值和选择价值。

20 世纪 80 年代末，英国环境经济学家 David W. Pearce 等提出了环境资产的总经济价值理论，该理论将环境资产的总经济价值分为使用价值（又称有用性价值）、非使用价值

（又称内在价值）和选择价值。其中使用价值又进一步分为直接使用价值（如木材、非林木产品等）和间接使用价值（如流域保护、固碳、净化空气等）。非使用价值是指环境资产的内在价值，与人们是否使用它无关，其最主要的表现形式为存在价值，是人们为确保森林资产的生态服务功能继续存在所意愿支付的价值。选择价值包括个人以及子孙后代将来的利用价值。所以，总经济价值（TEV）＝直接使用价值＋间接使用价值＋存在价值＋选择价值（David Pearce，1995）。

（2）供应价值、调节价值、文化价值和支持价值。

联合国千年评估项目将自然资源拥有的功能分为供应、调节、文化和支持四大类（Millennium Ecosystem Assessment，2005），这些功能所对应的价值分别称为供应价值、调节价值、文化价值和支持价值。

支持价值是指自然资源在土壤形成、光合作用以及养分循环等方面所具有的价值，体现为维持养分和水循环、生产生物量和氧气、提供栖息地等功能。除供应价值外的其他三类价值都是无形价值，常被称为生态价值或环境价值。

4. 五分法

将资源资产的价值分为直接使用价值、间接使用价值、存在价值、遗赠价值和选择价值。

世界自然保护联合会（IUCN）首席科学家 Jeffrey A. McNeely 等（1990）将生物资产的价值分为直接价值和间接价值，直接价值又分为消耗性利用价值、生产性利用价值；间接价值又分为非消耗性利用价值、选择价值和存在价值。此项分类研究奠定了森林资产与森林生态系统服务价值分类理论研究的基础。此后，经济合作与发展组织（OECD）的环境资产的经济价值分类、联合国环境规划署（UNEP）的生物多样性价值的划分，都以上述分类为基础且基本相同（OECD，1995；UNEP，1993）。

（三）资源资产的价值载体

价值载体是指价值所依附的产品或服务，通过这些产品或服务满足人类的需求而体现出价值。

（1）资源资产有形价值的载体。资源资产有形价值的载体早已经为人类所熟知，常被称为“资源性产品”，如矿产品、农产品、林产品、水产品等，与之对应的是工业品、服务。

（2）资源资产无形价值的载体。资源资产无形价值的载体往往是无形的，认识与把握比较抽象，人们常常用一些被熟知的概念作为载体，变抽象为具体。但至今并没有统一的称谓，出现过众多的名词，如“自然资本”（Costanza，1992）、“环境资本”（Vand，1998）、“生态资本”（Faucheux，1998）、“环境资产”（SEEA，2012）、“生态产品”（国务院，2010）等。

三、农村资源与生物资产、生态产品

生物资产核算是农村资源价值核算最完善的，已经出台了生物资产的会计准则；生态产品是农村资源领域新兴且热门的概念，并掀起了一股生态产品价值核算的热潮。

（一）生物资产的概念、种类与特征

1. 生物资产的概念、种类

生物资产是指有生命的（即活的）动物和植物，是农村资源的重要组成部分。

生物资产分为消耗性生物资产、生产性生物资产和公益性生物资产。

消耗性生物资产是指为出售而持有的、或在将来收获为农产品的生物资产，包括生长中的大田作物、蔬菜、用材林以及存栏待售的牲畜等。

生产性生物资产是指为产出农产品、提供劳务或出租等目的而持有的生物资产，包括经济林、薪炭林、产畜和役畜等。

公益性生物资产是指以防护、环境保护为主要目的的生物资产，包括防风固沙林、水土保持林和水源涵养林等。

2. 生物资产的特征

（1）转化性和自然增殖性。生物资产最基本的特征是具有生物转化性和自然增殖性。生物资产是有生命的动物或植物，有生命的动物和植物具有能够进行生物转化的能力。生物转化是指导致生物资产质量或数量发生变化的生长、蜕化、生产和繁殖的过程。在生物转化的过程中，生物自身的价值往往又会增加。这种生物转化能力、自然增殖的特性是其他通常意义上的资产（如存货、固定资产、无形资产等）所不具有的。

（2）阶段性和周期性。生物资产在生长的过程中，都会经历繁育、成长、成熟、蜕化、消亡这几个阶段。生物资产的生物学年、生命周期与会计年度可能不一致，对其进行会计期间假设时必须考虑生命周期的特点。

（3）多样性和双重资产特性。不同类型的生物资产生长、发育、繁殖规律和周期差异十分显著，如动物和植物具有完全不同的生长发育规律，畜禽通过养殖及自身生长由种苗变成成年畜禽，并可以不断进行繁殖成群；花苗通过培植由幼苗长成花卉等。生物资产具有流动资产和长期资产的双重特性，而且可以相互转化。

（4）未来经济利益不确定性。生物资产在存续期间具有较大的风险，如农作物受自然条件的制约，特别是自然灾害如洪水、瘟疫等对农作物的生长发育以及产出危害较大，动物的疾病发生等使生物资产的未来经济利益具有很大的不确定性。

（5）生物资产在存续期间需要连续不断地投入，才能维持生物资产活体的存在，如果中断投入，将影响生物资产的生存及其收获品的数量和质量，因此生物资产的后续支出数额通常比较大。

（二）生物资产的核算

为了规范与农业生产相关的生物资产的确认、计量和相关信息的披露，根据《企业会计准则——基本准则》，财政部制定了《企业会计准则第 5 号——生物资产》。收获后的农产品，适用《企业会计准则第 1 号——存货》；与生物资产相关的政府补助，适用《企业会计准则第 16 号——政府补助》。

1. 生物资产的初始计量

在会计处理上，生物资产应当按照成本进行初始计量。

外购生物资产的成本，包括购买价款、相关税费、运输费、保险费以及可直接归属于购买该资产的其他支出。

自行栽培、营造、繁殖或养殖的消耗性生物资产的成本，应当按照下列规定确定：自行栽培的大田作物和蔬菜的成本，包括在收获前耗用的种子、肥料、农药等材料费、人工费和应分摊的间接费用等必要支出；自行营造的林木类消耗性生物资产的成本，包括郁闭前发生的造林费、抚育费、营林设施费、良种试验费、设计费和应分摊的间接费用等必要支出；自行繁殖的育肥畜的成本，包括出售前发生的饲料费、人工费和应分摊的间接费用等必要支出；水产养殖的动物和植物的成本，包括在出售或入库前耗用的苗种、饲料、肥料等材料费、人工费和应分摊的间接费用等必要支出。

自行营造或繁殖的生产性生物资产的成本，应当按照下列规定确定：自行营造的林木类生产性生物资产的成本，包括达到预定生产经营目的前发生的造林费、抚育费、营林设施费、良种试验费、调查设计费和应分摊的间接费用等必要支出；自行繁殖的产畜和役畜的成本，包括达到预定生产经营目的（成龄）前发生的饲料费、人工费和应分摊的间接费用等必要支出。达到预定生产经营目的，是指生产性生物资产进入正常生产期，可以多年连续稳定产出农产品、提供劳务或出租。

自行营造的公益性生物资产的成本，应当按照郁闭前发生的造林费、抚育费、森林保护费、营林设施费、良种试验费、调查设计费和应分摊的间接费用等必要支出确定。

应计入生物资产成本的借款费用，按照借款费用准则规定处理。消耗性林木类生物资产发生的借款费用，应当在郁闭时停止资本化。投资者投入生物资产的成本，应当按照投资合同或协议约定的价值确定，但合同或协议约定价值不公允的除外。天然起源的生物资产的成本，应当按照名义金额确定。因择伐、间伐或抚育更新性质采伐而补植林木类生物资产发生的后续支出，应当计入林木类生物资产的成本。生物资产在郁闭或达到预定生产经营目的后发生的管护、饲养费用等后续支出，应当计入当期损益。

2. 生物资产的计税基础

在税务处理上，根据《实施条例》第六十二条的规定，生产性生物资产按照以下方法确定计税基础：外购的生产性生物资产，以购买价款和支付的相关税费为计税基础；通过捐赠、投资、非货币性资产交换、债务重组等方式取得的生产性生物资产，以该资产的公允价值和支付的相关税费为计税基础。

3. 生物资产的后续计量

在会计处理上，企业对达到预定生产经营目的的生产性生物资产，应当按期计提折旧，并根据用途分别计入相关资产的成本或当期损益。

企业应当根据生产性生物资产的性质、使用情况和有关经济利益的预期实现方式，合理确定其使用寿命、预计净残值和折旧方法。可选用的折旧方法包括年限平均法、工作量法、产量法等。生产性生物资产的使用寿命、预计净残值和折旧方法一经确定，不得随意变更。企业确定生产性生物资产的使用寿命，应当考虑下列因素：该资产的预计产出能力或实物产量；该资产的预计有形损耗，如产畜和役畜衰老、经济林老化等；该资产的预计无形损耗，如因新品种的出现而使现有的生产性生物资产的产出能力和产出农产品的质量等方面相对下降、市场需求的变化使生产性生物资产产出的农产品相对过时等。

企业至少应当于每年年度终了对生产性生物资产的使用寿命、预计净残值和折旧方法进行复核。使用寿命或预计净残值的预期数与原先估计数有差异的，或者有关经济利益预期实现方式有重大改变的，应当作为会计估计变更，按照相应会计准则处理，调整生产性生物资产的使用寿命或预计净残值或者改变折旧方法。

企业至少应当于每年年度终了对消耗性生物资产和生产性生物资产进行检查，有确凿证据表明由于遭受自然灾害、病虫害、动物疫病侵袭或市场需求变化等原因，消耗性生物资产的可变现净值或生产性生物资产的可收回金额低于其账面价值的，应当按照可变现净值或可收回金额低于账面价值的差额，计提生物资产跌价准备或减值准备，并计入当期损益。消耗性生物资产减值的影响因素已经消失的，减计金额应当予以恢复，并在原已计提的跌价准备金额内转回，转回的金额计入当期损益。生产性生物资产减值准备一经计提，不得转回。公益性生物资产不计提减值准备。有确凿证据表明生物资产的公允价值能够持续可靠取得的，应当对生物资产采用公允价值计量。采用公允价值计量的，应当同时满足下列条件：生物资产有活跃的交易市场；能够从交易市场上取得同类或类似生物资产的市场价格及其他相关信息，从而对生物资产的公允价值作出合理估计。

4. 生物资产的税前扣除

在税务处理上，根据《实施条例》第六十三条的规定，生产性生物资产按照直线法计算的折旧，准予扣除。企业应当自生产性生物资产投入使用月份的次月起计算折旧；停止使用的生产性生物资产，应当自停止使用月份的次月起停止计算折旧。企业应当根据生产性生物资产的性质和使用情况，合理确定生产性生物资产的预计净残值。生产性生物资产的预计净残值一经确定，不得变更。第六十四条的规定，生产性生物资产计算折旧的最低年限如下：

（1）林木类生产性生物资产，为 10 年。

（2）畜类生产性生物资产，为 3 年。企业按照会计准则确定的折旧与税法规定方法、年限不一致的，计提的生物资产跌价准备或减值准备，在计算应纳税所得额时不允许扣除，应根据税法规定进行纳税调整。

（三）自然资源与生态产品

农村自然资源资产的一个重要功能是建立生态屏障和提供生态产品，因此，需要了解农村资源自然与生态产品的关系。

1. 生态产品的概念

2010 年 12 月《全国主体功能区规划》首次提出生态产品概念，生态产品是中国特色概念，产品比服务更强调商品属性。广义的生态产品等于生态系统服务。狭义生态产品是指维系生态安全、保障生态调节功能、提供良好人居环境的自然要素，包括清新空气、清洁水源和宜人气候等，仅包括提供调节价值的生态产品。生态产品与农产品、工业品和服务产品并列，足见我国对生态产品的重视。

广义生态产品 = 广义自然资源 = 生态系统服务。

2. 自然资源功能与生态产品分类

自然资源拥有供应、调节、支持和文化四大功能（Millennium Ecosystem Assessment，2005），这些功能所对应的价值分别称为供应价值、调节价值、支持价值和文化价值。

（1）资源资产供给价值与私人生态产品。自然资源资产的供给价值是指资源提供食物、纤维、水等原材料物质产品的价值，资源资产供给价值所依附的供应物品是典型的私人产品，具有排他性与竞争性。供应物品是有形物，不能同时被两个人占有和使用，为了保证该物的独占性就需要付费排除他人占有或使用，具有排他性；供应物品数量有限，增加一个消费者，需要减少任何其他消费者对这种产品的消费，具有竞争性。

（2）资源资产调节价值与公共生态产品。资源资产的调节价值是指资源保障生态调节功能所具有的价值，这些生态调节功能的作用范围往往比较宽广，如维护大气、土壤和水质量、防灾防病、生物授粉等，具有纯公共产品的特征。调节价值具有系统性、整体性，不能进行分割，作用范围内的消费者不能排斥其他任何人享用，只能共享而具有非排他性；这类功能价值的容量较大，部分消费者的消费不影响其他消费者的消费，具有非竞争性。

(3) 资源资产支持价值与公共池塘生态产品。资源资产的支持价值是指资源维系生态安全功能所具有的价值，这些功能包括维持养分和水循环、产生生物量和氧气、形成和保持土壤、栖息地等。这些功能具有明显的区域性特征，往往形成区域性的小生态环境，如独特的植物养分环境、水环境、植被环境、氧气环境、土壤环境、生物栖息地等。其作用范围远没有调节价值作用的区域宽广，具有公共池塘资源的特点。由于存在“拥挤效应”和资源退化问题，消费的数量与质量必定与消费者的数量成反相关，因而具有竞争性；对该小区域环境中的居民，可以大家共同使用而具有非排他性，对区域外的居民，则由于地理环境原因难以使用而具有自然的排他性（非排他性不充分）。

(4) 资源资产文化价值与俱乐部生态产品。资源资产文化价值是指人们通过精神满足、认知发展、思考、消遣和美学体验而从资源资产获得的非物质收益，具有俱乐部产品性质，即具有排他性和非竞争性。这种排他性是人为设定的，只允许部分人付费使用该物品，付费包括较高的“门槛费”和较低的单次消费成本；在资源资产文化服务容量范围内，消费者的增加不会影响其他人同时享用该产品的数量和质量，具有非竞争性。开发利用资源资产文化价值需要很高的创建成本，需要较高门槛费回收投资；创建后每次消费的成本不高，可以让单次消费的支付较低。

四、农村资源价值核算内容

（一）农村资源价值计量

价值计量也称为价值评估，目的是将资源的价值进行货币化度量，为价值实现奠定基础。

1. 农村资源价值计量要解决的主要问题

明确计量目的、确定价值计量尺度和计量单位、选用价值计量方法（价值属性的选择）是资产价值计量需要解决的主要问题。

(1) 农村资源价值计量的目的。一是摸清现存“家底”，需要将所有自然资源的价值予以量化，量化的精度要求不是太高。二是形成经营“股本”，只需要把作为经营性资产的自然资源进行量化，由于股本具有一定的风险性，且收益具有未来性，投资作价结果可以稍高一些，溢价即为风险补偿价值。三是进行现金“交易”。虽然仅评价拟交易资产的价值，但由于是现金性交易，出售者风险已经转移，因此交易金额可以保守一些，折价即为购买者的风险补偿。

（2）农村资源价值的计量尺度。计量尺度是指将物进行量化时选择何种工具以及工具的标准值，在我国历史上出现了量化的“度量衡”尺度，货币并不是会计计量的唯一尺度。1976 年 FASB 指出“正式由财务会计计量和列入财务报表的信息，必须是可以用货币形式定量的。”由此，各国会计准则或会计制度都规定会计计量必须以货币为价值尺度，因此资产的价值尺度自然也是货币。

（3）农村资源价值的计量单位。当价值计量尺度选择货币后，计量单位就是解决用何种货币计量的问题。因为世界各国各地区存在不同的货币单位，如美元、欧元、人民币等。当然，有不少研究将计量尺度和计量单位等同，甚至有学者认为计量单位旨在解决以名义货币或是购买力货币计量的问题。

（4）农村资源价值的计量属性。计量属性是指被计量对象的特性或外在表现形式，即被计量对象予以数量化的特征或方面。在同一种价值尺度和价值单位下，相同对象采取不同的计量属性会导致不同的货币数量。FASB 在探讨财务会计概念结构的过程中提出了五种普遍认可的计量属性：历史成本、现行成本、现行市价、可实现净值、未来现金流入量现值。

2. 资源资产价值计量是一个世界难题

一是自然资源种类繁多，功能各异。二是自然资源的量处于不断地变化之中。三是除商品化的自然资源外，都没有成熟的市场价格可以参考。四是已经商品化的自然资源由于历史原因，价格普遍偏低。五是由于产权原因，很多自然资源都无法形成有效的市场交易机制。

3. 资源资产价值评价方法

资源资产价值评价方法主要有实际市场法、替代市场法、模拟市场法和功能价值法。

（1）实际市场法。对具有活跃市场的资源产品和服务，以其市场交易价格为基础评估资源资产的经济价值。该方法常常用来评价资源的直接使用价值，是目前应用较为广泛的评价方法。评估方法主要包括现行市价法、净现值法、逆算法等。

（2）替代市场法。对某些没有直接的市场交易和市场价格，但已知其替代品的市场价格的资源产品和服务，通过估算其等效替代品的花费而间接估计其经济价值。很多资源的环境服务都没有市场价格，需要找到某种有市场价格的替代物来间接衡量没有市场价格的环境服务的价值。此类评估方法较多，包括费用支出法、影子工程法、当量因子法、机会成本法、恢复和防护费用法、旅行费用法、预防性支出法和有效成本法等。

（3）模拟市场法。在既无直接市场，又无间接替代市场且无法获得其未来预期价值的情况下，人们只能主观地创造假想的市场来衡量自然资源质量及其变动的价值。假想市场法是环境经济评价的最后一道防线，凡是不能用其他方法评价的环境经济问题，都可以用这种方法来进行评价。评估方法主要有条件价值法、投标博弈法等，其中条件价值法是最具代表性、应用最广泛的一种方法。

（4）功能价值法。功能价值法就是将自然资源资产的功能进行细分，对每个功能进行价值评估，再汇总计算出总的价值。任何一种资源都可能同时具备几种功能或价值，所以需要按照实际情况，将各个部分的经济价值按不同方法分别计算再进行加总，构成资源的总价值。这种采用“分解后求和”的方法计算的资源价值，结果是否等于整体计算的资源价值，还值得讨论。

（二）农村资源价值确认

资源资产确认就是如何设置资源资产的会计科目，以便相应业务需要核算时能够找到对应的科目予以记录。关于资源资产的核算有一表法和两表法之说，一表法主要是对待典型资产一样统一以货币计量，形成一张会计报表，两表法主张资源资产的特殊性，其价值的多元化决定了很多价值目前无法有效进行货币计量，主张用统计账户核算资源资产的实物价值，用会计报表核算货币价值。本教材认同两表法。

1. 实物量统计核算账户设置

资产核算应包括总资产与净资产核算，核算净资产就需要核算负债，在会计核算中，资源资产所对应的负债是最难核算的，但在统计核算中却可以考虑。

（1）资源资产统计账户。需要设立立地资产统计账户、实物资产统计账户和生态资产统计账户。

（2）资源负债统计账户。需要设立立地负债统计账户、实物负债统计账户和生态负债统计账户。

（3）净资产统计账户。依据“资产－负债＝净资产”的会计等式，需要设立立地净资产统计账户、实物净资产统计账户和生态净资产统计账户。

2. 价值量会计核算科目设置

资源资产价值核算包括“现状”核算和“成果”核算两个方面：现状核算即核算某个静态时点的总资产和净资产，包括资产、负债和净资产三类账户；成果核算即某个期间，由于资源资产的运营所带来的经济利益，包括收入、成本费用和利润三类科目。

（三）农村资源价值的记录

即资源资产价值核算的账务处理，包括初始入账、价值变动、维护重建、损益等账务处理。

（四）农村资源价值的报告

1. 设定报表内容

按照“资产－负债＝净资产”的会计等式，反映出权利主体包含立地资产、实物资源资产和生态服务价值在内的资源资产存量，体现人为或自然因素造成的资源过度损耗，同时，也反映一定时间范围内资源建设和维护成果。因此，以上述资源资产统计账户（立地资产统计账户、实物资产统计账户、生态资产统计账户）、资源负债统计账户（立地负债统计账户、实物负债统计账户、生态负债统计账户）、资源净资产统计账户（立地净资产统计账户、实物净资产统计账户、生态净资产统计账户）的实物量统计数据为基础，以主管部门制定或认可的基准价值的价值量测算为依据，将其经济价值反映在对应报表账户中。

2. 报表构成与设计

为系统反映核算区域资源资产状况和政府资源管理责任的履行情况，需要设计主表和附表两个层次的报表。主表为资源资产负债表，反映特定时点资源资产、负债及净权益的实物量和价值量存量状态，属于静态报表，其基本平衡关系为“资源资产＝资源负债＋资源净权益”。附表为资源资产及权益变动表，反映的是一定期间（一般为1年）资源资产、资源负债及净权益的变动情况，属于动态报表，其基本平衡关系为“本期增加－本期减少＝本期净变动”。

资源资产负债表采用T形账户式的表式结构，报表项目按一级核算账户设置，根据对应核算账户的结存数额填列期初和期末两个时点各个报表项目的数量和价值；对于一些需要单独反映的重要信息，在项目下以补充项目的形式予以列示。资源资产及权益变动表基本表式结构为报告式，通过本期增加、本期减少、净变动栏目反映资源资产负债表报表项目期初到期末的变动过程。

第三节　农村资源价值实现

一、资源资产价值生态化实现

“价值实现”是指价值转变为货币收入的过程，价值的实现程度表现为价格，价格以价值为基础但受供求关系（稀缺性）影响；“生态化”就是根据现代生态学原理，运用符合生态规律的方法和手段，旨在促进生态系统健康、协调和可持续发展的过程；“价值生态化实现”是指在价值转化为货币收入的过程中，要同时实现资源高效利用、生态环境损害最小和废弃物多层次利用等目标。《生态文明体制改革总体方案》提出“保护自然就是增值自然价值和自然资本的过程，就是保护和发展生产力，就应得到合理回报和经济补偿”，实则是对资源资产价值生态化实现问题的阐述。资源资产价值生态化实现包括“产品生态化”和“生态产品化”两个方面。

（一）产品生态化

“产品生态化”是针对资源资产的供应价值而言的，类似于产业生态化，是对已经存在成熟市场和交易价格的产品（传统产品）进行生态化改造的过程。产品生态化首先要求产品应是健康安全的无公害、绿色或有机产品；其次要求在产品的生产（开采）、加工、储运、销售、消费等环节实现资源高效利用、无废弃物或少废弃物、废弃物变原料等要求，给自然生态留下休养生息的时间和空间；最后由于产品生态化会降低产量、提高品质和增加成本，需要提升单位销售价格才能弥补成本和获得必要的报酬，因此需要重新审定产品的价格体系。

（二）生态产品化

“生态产品化”是针对资源资产的无形价值而言的，类似于生态产业化，需要将这些无形价值赋予特定的产品之上，这些产品通常表现为权利或服务；培育出这些产品的需求者与供给者，形成交易市场与交易价格，需求者付费，供给者获得经济回报，从而实现这些价值。生态产品化伴随新产业、新业态的诞生，是一个创新的过程，需要不断地探索、总结与完善。

二、价值特性决定价值生态化实现的运行机制

价值实现的运行机制包括市场机制、政府机制和融合机制，不同的资源资产价值特性需要不同的运行机制。从排他性与竞争性视角可以将资源资产的四类价值归属于四类产品，每类产品有其独特的价值实现运行机制。

（一）资源资产供应价值生态化实现的运行机制

资源资产供应价值生态化实现依靠市场机制，但需要解决价值低估和非生态化利用问

题。第一，价值低估问题。人类将资源视为天然财富，只注重攫取有形资源产品价值，而忽视无形价值；在我国，受意识形态的影响，加之急需农业支持工业化，劳动价值论成了有形资源产品价值确定的理论基础，把资源立地价值、生物沉淀价值等非劳动价值排除在有形资源产品价值之外。同时，由于不存在养护成本消耗、资源税费极低、人工成本和利润也较低，致使有形资源产品价值严重低估，有形资源产品成了廉价物品。第二，非生态化利用问题。由于有形资源产品价值被低估，导致资源被粗放式利用，大量资源消失，生态环境受到破坏。资源资产供应价值要生态化实现首先必须重新评估有形资源产品的价值，不仅要把资源立地价值、生物沉淀价值和养护成本纳入其中，而且要根据稀缺性确定税率、利润率；其次要将资源高效利用、废弃物无害化或再利用所增加的支出计入价值。

由于存在“路径依赖性”，仅依靠市场的力量无法根本扭转早已扭曲的资源价格体系，需要政府力量的介入。具体而言，一是严控资源采伐，减少供应量而使均衡价格上升；二是对传统方式生产的有形资源产品课以重税，增加供给成本改变供给曲线以提升均衡价格；三是鼓励以生态化方式生产有形资源产品，包括提供品牌认证、税费优惠、资金支持、绿色通道、基础设施投资等支持措施。

（二）资源资产调节价值实现的运行机制

公共产品借助政府机制实现其价值。公共产品由于非排他性与非竞争性，外部经济性特征特别显著，导致消费主体（受益主体）不明确，无法进行有效的市场交易。政府从社会公共利益出发，充当消费者代表而成为付费者，向在生态保护中限制发展区域的生产者支付其劳动价值和机会成本，包括生态建设投资、财政补贴补助、财政转移支付等，由此形成政府购买路径。

（三）资源资产支持价值实现的运行机制

公共池塘资源的价值特性较为复杂，价值生态化实现的运行机制主要有以下三类：

1. 市场机制为主，拟制市场交易

将优质的生态产品当作一种权利或指标，可以进行转让或出售，类似于耕地指标的异地“占补平衡”，即在总体生态环境控制指标限额内，一些地区或单位无法在短期内达到控制指标的要求，而另一些地区或单位则能超额实现控制目标，这些不达标的地区或单位就可以购买超达标地区或单位的指标，从而实现生态环境总体达标。这种人为创造出需求者和付费者的交易就是拟制市场交易，如森林资源资产的碳排放权、雨水信用等。拟制市场交易需要政府搭建市场交易平台、制定市场交易规则。

2. 市场机制为主，溢价分享

一类是区域环境非常优良，但地理位置偏僻，基础设施、居住条件等落后，使区域内的居民数量非常有限，为了使更多的人成为该区域的居民，需要投资改善基础设施、居住条件，新进居民需要付费，从而形成投资溢价，如森林康养；另一类是通过生态修复，将环境资源转化为优质生态产品而产生溢价效益，使投资人获得经济收益，如成都府南河治理。政府需要适当的前期基础设施投入和出台收益分享规则，以激励私人资本的最终介入。

3. 融合机制，基金支持

保持或修复优越的环境使区域内的消费者受益，但相对于更大区域的生态环境的保持或修复需要的资金量巨大，可以多方参与、多元付费建立专用基金，如水基金、区域保护区计划。付费者所追求的是非经济的生态效益或社会效益，由于缺乏直接的经济回报，追求经济回报的私人资本一般不会介入。

（四）资源资产文化价值实现的运行机制

生态旅游是资源资产文化价值生态化实现的典型路径，类似俱乐部产品，借助政府机制获得特许权，借助市场机制制定交易规则。开发生态旅游前期资金投入巨大，对于单次消费的群体实行较高的门槛费，如收门票、较高的住宿餐饮娱乐价格；而对于多次消费的群体，则给予价格优惠。

三、特殊国情决定价值生态化实现的实践路径

价值特性决定了资源资产价值生态化实现的运行机制，全世界概莫能外，但我国自然资源实行公有制（国有或集体所有），政府对自然资源保护和经济发展的责任和能力都远远大于西方政府，拥有充足的财政、金融、市场和产业等政策工具，特殊的产权制度与政治制度决定了政府机制居于主导地位，由此形成了中国特色的资源资产价值生态化实现的实践路径。

（一）财政支持的资源资产价值生态化实现途径

财力充足、制度优势使我国政府能够便利使用财政资金支持资源资产价值生态化实现，财政资金不仅被用于纯公共产品性质的调节价值的实现，而且常常与其他政策工具配合使用，对其他三种价值的实现给予财政资金支持。典型的财政支持的资源资产价值生态化实现路径为政府购买和转移支付。

1. 政府购买

通常存在以下典型的路径：第一，政府购买生态资产。政府以置换、赎买等方式将重点生态功能区的集体资源调整为国有资源，使生存在重点生态功能区的农民因自身利益受损得到补偿，使农民获得经济利益。第二，政府购买生态服务。对于生态脆弱区或已经被破坏的生态系统，在不改变所有权的前提下，政府投资进行保护与建设，形成生态产品。第三，政府合同外包。将生态产品的生产任务形成合同，政府与社会私营企业签订相关合同，由私营企业生产生态产品，政府监督合同履行并向私营企业支付相关费用。

2. 转移支付

对于自然保护区、生态脆弱区、重点生态功能区等地区的农民通过保护生态环境或者生态修复而主动放弃以资源资产发展经济的权利，由政府通过转移支付进行生态补偿，使资源的保护者获得收入。

（二）金融支持的资源资产价值生态化实现途径

中国国有金融机构具有垄断性的地位，但金融机构是企业法人组织，有自己的运行规则和独立的利益，政府不能像支配财政资金一样支配金融资金，只能通过窗口指导、贴息、产权政策等手段引导金融机构为资源资产价值生态化实现提供资金支持。但金融资金是需要偿还的资金，只能解决资金的暂时短缺问题，不能提供形成利益的现金流。金融资金是“双刃剑”，如果资源资产价值在生态化实现过程中不能产生足够的现金流，金融资金的介入只能形成昙花一现的辉煌，甚至是饮鸩止渴；只有前期投入资金量大、后期能够产生持续稳定现金流的资源资产，才适合引入金融资金。

金融支持的典型路径有资源权抵押贷款、资源收益质押贷款和政府担保贷款。第一，资源权抵押贷款。集体资源权改革后，为了盘活“沉睡”的资源，使资源变为抵押变现的资产，2013 年 7 月 5 日，中国银监会、国家林业局出台了《中国银监会 国家林业局关于林权抵押贷款的实施意见》（银监发〔2013〕32 号），在我国开始了以森林、林木的所有权（或使用权）、林地的使用权，作为抵押物向金融机构借款。第二，资源收益质押贷款。收益质押贷款属于权利质押贷款的一种，我国《中华人民共和国担保法》未直接规定收益权质权，最高人民法院《关于适用〈担保法〉若干问题的解释》规定不动产收益权就是担保法规定的“其他权利”，资源收益质押贷款最常见的是“公益林补偿收益权质押贷款”。第三，政府担保贷款。根据《中华人民共和国民法典》规定机关法人不得为保证人，政府往往投资成立担保机构，由担保机构向申请银行贷款的农民提供信用担保，使农民容易获得金融资金支持或获得利率优惠。

（三）市场支持的资源资产价值生态化实现途径

政府通过制定法规、行政管控、扶持政策等方式培育交易主体、搭建交易平台、畅通交易渠道，促进公平的市场交易，使资源资产价值通过市场交易得以生态化实现。

市场交易对象不仅包括有形的物质产品，还包括生态产权与资源产权。生态产权交易是通过市场机制实现无形的生态产品价值的主要方式，如碳汇交易，可以通过市场激励生产和供给森林这种具有调节气候、固碳制氧、维持生物多样性等功能的生态产品。资源资产具有产权属性，可分为公共资产和私人资产，资源产权交易主要是针对私人资源资产，所有者可以通过租赁、转让、承包、拍卖、入股、托管等产权交易方式流转资源产权以获得经济效益。

（四）产业支持的资源资产价值生态化实现途径

政府出台优惠的产业政策，在基础设施、资金、人才、税收优惠等方面提供支撑，发展资源特色产品、生态产品，使传统资源产品生态化、生态产品化。以资源为基础生产生态产品，发展林下经济、中医药产业，这些产业的发展不仅保护了资源，也延长了产业链，还扩大了资源资产生态价值辐射效应。在资源丰富的地区，可以发展康养、生态旅游等生态产业，将自然界的绿水青山转化为产品优势，实现资源资产生态价值是生态产业化经营的应有之义。

四、资源禀赋决定价值生态化实现的具体路径

资源禀赋包括资源丰富度、产权特征、交通便利程度、地方经济发展水平、人口密度、政府扶持力度等各方面，具体实现路径并不是单一的路径，而是以某一路径为主、其他路径为辅的综合实现路径。本节以典型的案例阐述资源禀赋如何决定具体路径。

（一）典型案例简介

1. 福建武平县“不砍树也致富”

武平县将商品林转变为生态公益林，林农失去了砍树销售木材收入，但林权改革激励了林农种树而使森林覆盖率大幅增加，为森林资源资产价值生态化利用奠定了基础。林农收入来自三个方面：第一，发展林下经济生态化实现供应价值。在林下种植高附加值的经济作物，例如，花卉、中药材、养殖蜜蜂等。第二，生态公益林租赁实现调节价值。政府一次性支付20年租金，待伐林木通过租赁形式变身为“绿色不动产”。第三，生态森林旅

游实现文化价值。良好的生态环境、独特的客家文化、特色的林副产品形成了客家养生特色的生态旅游。

2. 福建南平市“森林生态银行”

政府搭建森林资源收储平台（福建省绿昌林业资源运营有限公司）作为“森林生态银行”的运营主体，“森林生态银行”是一个资源储蓄中心、融资中心，它将分散的资源集中，发挥资源规模效应和生态整体功能，形成一个连片的资源包，利用这个资源包进行三个方面的运作：一是输出资源发展生态产业；二是向金融机构获取资金；三是碳汇交易获得收入。

3. 广州市花都区公益林碳普惠项目

碳普惠制是广东省政府首创的公众低碳激励机制，依托碳普惠平台，量化市民和小微企业的低碳行为减碳量，给予其相应的碳币，碳币可在碳普惠平台上换取商业优惠、兑换公共服务，也可进行碳抵消或进入碳交易市场抵消控排企业碳排放配额。为推进公益林生态价值实现，广州碳排放权交易所启动了公益林碳普惠项目。政府将商品林转公益林并增加森林资源养护，引入第三方机构核算碳减排量，网上公开竞价进行碳排放权交易。公益林碳普惠项目开创了规模不大、较为分散的森林生态产品价值通过市场交易方式实现的先河，公益林主体除获得政府固定补偿金外，还能获得额外的碳汇交易收入。

4. 重庆市岚溪村的生态旅游

岚溪村位于大巴山腹地中心的深山区，自然资源十分丰富，森林覆盖率达 92.9% 以上，是特大火炉城市重庆的夏季避暑最佳去处。2017 年岚溪村在交通、通信等基础建设得以完善后，其生态产品的商业化价值凸显，生态氧吧和独特的巴山文化成为生态产品化的两张牌。农民成立股份经济合作社，引进社会资本，构建“经营主体 + 村集体经济组织 + 房东”的合股联营机制，三方共同管理民宿，共同获利，带来了产业增效、农民增收、生态增值、资产增值的“四增”效果。

（二）具体路径背后的资源禀赋分析

1. 武平县“政府 + 林农”产业实现路径的资源禀赋分析

（1）产权制度改革走在前列，政策资源优势明显。武平县号称“全国林改第一县”，是全国集体林权改革的试点样板，不仅林业产权清晰，而且受到社会广泛关注，有政府与社会各界的大力支持。政府可以通过支付租金的方式将商品林转化为公益林，也能够给予原公益林合理的生态补偿。

（2）森林资源丰富，有发展林下经济的传统。武平县森林面积大、森林覆盖率高，2001 年实施“把集体林权分到户”的林权改革试点，极大激发了林农种树积极性，使森林面积扩大、森林覆盖率更高。武平县原来就有林下养蜂、种植中药材的传统，只是规模小、附加值低，在生态环境得到进一步改善后，规模化、高附加值的林下经济得以迅速发展，2019 年林下经济经营面积达 145.8 万亩，实现林下经济产值 34.2 亿元。

（3）特色林副产品加客家文化，成就了客家养生特色森林旅游业。森林生态条件好，当地特色林业产品以及中药材资源丰富，独特的客家文化，能为游客提供特色的吃、住、娱乐等服务。2019 年全县生态森林旅游接待游客 245 万人次，实现森林旅游社会总产值 10.6 亿元。

由于武平县以集体林为主体，林农是森林资源资产价值生态化实现的主角，政府是导演，林产品生态化和文化价值产品化是剧情。

2. 南平市“政府 + 企业 + 林农”资源聚集实现路径的资源禀赋分析

（1）森林资源丰富，林权成分复杂。南平市是中国南方重点林区，全市林业用地面积 3259 万亩，占全市土地总面积的 83%。南平市不同于武平县，有国有林场和林木经营企业，同时也有大量分散的集体林。

（2）森林资源分散，规模效益难以发挥。复杂的林权使森林资源碎片化、分散化，难以发挥优势资源的规模效益，急需资源的整合利用。政府仿照银行存款模式集聚森林资源形成森林资源资产包，并利用专业评估机构对集中的森林资源进行整体价值评估，使资源转变成资产。2019 年实现林业总产值 45.72 亿元，出材量比分散经营提高了约 25%。

（3）资源变资金难，碳汇交易影响力小。分散的产权增加了林权质押融资的交易成本和交易风险，集中的产权不仅增强了抗风险能力，而且降低了融资交易成本，使资源更容易变为资金；2019 年通过“森林生态银行”已办理林权抵押贷款超过 2 亿元，抵押林地 8 万余亩。资源聚集使减碳量也集中成规模，便于评估与增加影响力；2019 年 7 月，顺昌县的首笔竹林碳汇成交额 124.2 万元。

南平市形成了以森工企业为主体、政府主导、林农参与的资源集聚发展模式。

3. 花都区“政府 + 市场 + 林农”碳普惠实现路径的资源禀赋分析

（1）创新示范效果显著，区域交通便利。广东素有改革试验区之称，广州也成为全国绿色金融改革创新试验区；花都区位于广州市的北部，是广州市第三林业大区，全区林业用地面积 35 683.8 公顷，其中生态公益林总面积 18 906 公顷，同时该区交通便利，便于参观、调研与宣传，花都区梯面林场理所当然被选为公益林碳普惠试点项目。

（2）政府财力雄厚，资金支持试点有保障。广东是经济发达地区，政府财力雄厚，具备充足的资金支持试点工作。

（3）地区经济发达，碳减排需求巨大。广州企业数量多、经济实力强，碳减排任务重，既有需要又有购买实力的碳交易需求方充足，只需要培育出碳交易的供给方，就能通过碳交易降低企业的减排成本，实现预期的碳排放目标。

4. 岚溪村“政府+合作社+林农”生态旅游实现路径的资源禀赋分析

（1）丰富的自然资源，独特的巴山文化。岚溪村所在的岚天乡自然资源十分丰富，森林面积15.7万亩；依托山峰起伏连绵、极高森林覆盖率、优美自然风景、生物多样性、生态氧吧等自然优势，以及淳朴的民风、深厚的文化底蕴，“生态+民俗文化”成为资源资本化的两张牌。

（2）低开发成本，政府基建投入。回归自然、体验民俗是生态旅游的两大特点，岚溪村的自然环境不需要投资改造，顺其自然便是美，唯一需要投资的是交通、通信等基础设施，精准扶贫、乡村振兴等国家战略的实施，政府大量投资贫困地区、偏远地方的基础设施建设，解决了岚溪村发展生态旅游的后顾之忧。

（3）背靠大都市，需求旺盛。重庆市是中西部唯一的直辖市，常住人口超过3 000万人，GDP超过2.5万亿元；重庆市是著名的火炉城市，夏季特别炎热，市民急需避暑之地。重庆至城口县有达陕高速和城万快速公路直达，城口县至岚溪村有33千米的二级公路相通，全程仅4小时车程。

五、可持续的资源资产价值生态化实现路径对策建议

（一）政府主导，定位准确

政府主导资源资产价值生态化实现是由中国的国情所决定的，中国政府不仅拥有巨大的资源，而且是路径选择合法性与合规性的裁判者。同时，中国政府不仅能够作为发起人和总牵头方提供资金和平台，而且是项目能否顺利运作的监督方和制度保障方。但政府与市场的边界一直是困扰我国经济发展的根本性问题，我国是广义政府，习惯大包大揽，容易形成投资过度或投资不足问题。因此，在资源资产价值生态化实现过程中，政府的主导功能应定位于以下四个方面。

1. 提供基础设施条件

不少资源富集地缺乏交通、通信等基础设施条件，严重制约了资源资产价值的实现，基础设施投资巨大，除政府外几乎没有机构有能力和意愿去投资。

2. 创造生态产品的需求者

设定环境规制标准，对不能达到标准的单位和个人要求购买减排指标，从而形成生态产品的需求者。

3. 制定交易规则

制定交易规则包括产权制度、市场交易制度、资源资产价值评估与核算制度、生态补偿制度等，保证生态产品提供者获得收入，这些收入不但能够弥补提供者的支出或损失，而且能够激励提供者提供更多更优质的生态产品。

4. 引导社会资金进入

主要提供优惠的产业发展支持政策，增强生态资本融资功能，引导金融资金、工商资金、其他社会资金进入森林资源资产价值生态化实现过程。

（二）多方参与，确保回报

激励多方参与资源资产价值生态化实现一直是我国追求的目标，但多方参与的前提是确保其投资回报。由于资源资产价值实现具有很大的不确定性，要减少投资风险、稳定投资回报需要满足以下三个条件。

1. 明晰的产权权属

探索资源资产价值生态化实现的前提和基础是资源丰富以及资源的产权问题。南平市、花都区、岚溪村、武平县这四个地区虽然在不同的省份但都拥有丰富的森林资源，森林面积较大、森林覆盖率高；不管是森林生态银行、碳普惠交易项目、生态旅游还是立体林业模式，都是在明晰林地产权权属的基础上促进林地的流转，使森林资源的规模效应得以进一步彰显。

2. 独特的竞争优势

满足下列条件之一就有独特的竞争优势：

（1）示范效应巨大，是政府树立的典型。武平县是习近平总书记亲手抓起、亲自主导的集体林权制度改革的发源地，被誉为“全国林改第一县”，习近平总书记对武平林改和群众来信多次作出重要指示；是福建省首个“中国天然氧吧”，获评国家园林县城、国家生态文明建设示范县、全国绿化模范县、全国森林旅游示范县、首批国家全域旅游示范区、首批国家森林康养基地。

（2）森林资源占比大，是当地经济的支撑资源。南平市是中国南方重点林区，全市林业用地面积占全市土地总面积的83%；有林地面积、活立木蓄积量分别占福建省的24%、33%；建瓯、武夷山、顺昌是“中国竹子之乡”，建瓯、建阳、政和是“中国锥栗之乡”，顺昌是全国唯一的“中国杉木之乡”；全市有省级以上自然保护区5个（面积108万亩），自然保护小区1 283个（面积127万亩）。

（3）离中心城市不远，交通便利。花都区水、陆、空交通方便，京广铁路、武广客运专线纵贯全境，京港澳高速、广清高速、机场高速、大广高速、广州西二环、肇花高速和花莞高速等共同构成花都境内南北和东西走向高速公路网；东部流溪河、西部的巴江河南汇珠江，船只直航港澳；位于花都区和白云区交界处的广州白云国际机场是国内三大空中交通枢纽之一；2017 年花都获批成为全国 5 个绿色金融改革创新试验区之一，也是华南地区唯一一个国家级绿色金融改革创新试验区，2019 年花都区入选国家城乡融合发展试验区。

（4）环境独特，文化底蕴深厚。岚溪村森林覆盖率达 92.9% 以上，是重庆市夏季避暑胜地；岚溪村属于著名的巴山文化，民风淳朴；2019 年被国家林业和草原局认定为国家森林乡村，2020 年被农业农村部公布为中国美丽休闲乡村。

3. 稳定的现金流量

要实现稳定的现金流，需要满足下列条件：

（1）资源丰富，有一定的产业基础。例如，福建武平县和南平市已经有相关的竹木产业，只是规模小、层次低、效益不高，只需要资源集聚、产业升级，就能较快形成现金流。

（2）政策支持，有稳定的财政资金补偿。生态文明成为国家战略后，出台了系列生态产业化和产业生态化的支持政策，加大了生态补偿力度，形成了比较稳定的财政补偿资金流。

（3）国家投资，便于私人投资尽快形成现金流。精准扶贫、乡村振兴使大量的政府资金投入乡村的基础设施建设，解决了森林资源富集地的交通、通信等瓶颈制约，使森林资源资产价值生态化实现减少了资金投入、缩短了产出周期、降低了投资风险。

（4）经济发达，为森林资源资产价值生态化实现提供了稳定的客户群。随着人们生活水平的提高，对生态产品的需求日益高涨，形成了比较稳定的消费群体。

（三）认识价值，市场运作

1. 价值特性决定了是否能够市场化运作

价值特性决定了是否存在明确的需求者和交易渠道构建的难易程度，凡是能够确定需求群体的价值均可通过市场化手段实现，可以创制生态产品、搭建交易平台、形成交易价格；政府补贴是最后的路径，仅适用于确实无法确定需求群体或确定需求群体的代价太高的情形。

供应价值虽然已经具有成熟的交易市场和交易价格，具有私人产品特征，但其实现路径并非生态化，要生态化实现供应价值必须解决价值估值太低问题，使增加的生态化措施成本和因限产损失的收入得以弥补；文化价值的实现具有创建成本高、单次使用成本低的俱乐部产品特征，可以通过收取较高“门槛费”（门票）人为设定排他性以回收较高的创建投资，以单次消费价格优惠弥补较高“门槛费”；支持价值具有地方公共产品的属性，可以通过拟制市场交易、溢价分享和基金支持等路径实现价值；调节价值具有纯公共产品特征，价值实现以政府资金和行政手段为主。

2. 市场化运作三大条件

一是要有足够的现实需求者。森林资源资产能够满足人们哪些方面的需求？具有这些需求的群体数量有多大？足够的现实需求者是从产品提供视角论述的，不仅要求产品能够满足消费者的现实需求，而且要求产品的消费者群体能够被清晰界定。

二是消费者有支付意愿。需求者是否愿意为获取该类需求而支付费用？消费者支付意愿指消费者对产品价值的肯定，愿意为了获取产品的功能价值而支付一定的费用。

三是消费者有支付能力。需求者愿意支付的费用能否保证项目能够持续经营下去？消费者支付能力指消费者在既定价格下是否有购买一定数量产品的财力。

本章小结

本章讲述了农村自然资源与自然资源资产、农村资源价值核算和农村资源价值实现等内容，包含以下要点：

1. 农村自然资源与自然资源资产。通过两个核心概念的相关知识学习，构建起自然资源与自然资源资产的基本轮廓，进而了解我国农村资源价值管理的相关政策。

2. 农村资源价值核算。首先介绍资源价值核算的历史与现状，接着阐述资源资产价值的来源与价值构成，紧跟核算方式成熟的生物资产和核算难点的生态产品，最后从计量、确认、记录和报告四个方面讲述农村自然资源价值的核算内容。

3. 农村资源价值实现。阐明农村资源价值实现的方式必须坚持生态化，从资源价值特殊性、特殊国情和资源禀赋等方面说明资源价值实现是有规律可循的，并由此提出了农村资源价值实现的对策建议。

思考讨论

1. 农村资源与乡村振兴、农业农村现代化有什么关系？

2. 当前关于农村资源的政策有哪些？政策的目标是什么？

3. 你能说出与教材不同的自然资源特征与分类吗？如果有，与教材所列特征与分类有什么样的关系？

4. 自然资源与农业的功能是什么样的关系？

5. 为什么要提出自然资源资产概念？类似的概念还有哪些？

6. 既然资源资产与企业资产有着较大的差别，企业资产管理的理念与方法哪些可以应用到资源资产管理、哪些不适合？

7. 三权分置思想在实践中有哪些应用？存在哪些困境？

8. 你能举例说明三变改革吗？并简要说明其运作的机理。

9. 据你的了解，农村集体产权改革有哪些举措？其利弊得失有哪些？

10. 为什么说资源价值核算是一个世界性难题？我国为此做了哪些努力？

11. 你能谈谈资源资产核算的几个会计学分支之间的关系吗？

12. 你觉得为什么自然资源具有价值？

13. 你最认同哪种资源价值分类？为什么？

14. 你对生物资产会计准则了解多少？

15. 你对生态产品了解多少？

16. 资源资产价值评估的方法是否具有可行性？各自的适用条件是什么？

17. 你所知道的农村资源价值实现指什么？有哪些经典的案例？

18. 你能提出一些行之有效的农村资源价值实现策略吗？

相关链接

1. Costanza R, Arge, Groot R D, et al. The value of the world's ecosystem services and natural capital [J]. Nature, 1997, 387 (15): 253 – 260.

2. Daily G C. Nature's services: societal dependence on natural ecosystems natures services societal dependence on natural ecosystems [M]. Washington D. C: Island Press, 1997: 2 – 20.

3. Krutilla J V. Conservation reconsidered [J]. American Economic Review, 1967, 57 (4): 777 – 786.

4. 白福臣，高鹏，郑沃林. 生态资源赋能乡村共富——数字经济的促进作用 [J]. 中国农业大学学报，2023，28 (06): 263 – 275.

5. 崔莉，厉新建，程哲. 自然资源资本化实现机制研究——以南平市“生态银行”为例 [J]. 管理世界，2019，35 (09): 95 – 100.

6. 杜焱强，王继应，孙雪峰. “生态颜值”何以持续转化为“农民财富”？[J]. 中国人口·资源与环境，2022，32 (10): 150 – 159.

7. 冯晓龙，刘明月，张崇尚，等. 深度贫困地区经济发展与生态环境治理如何协调——来自社区生态服务型经济的实践证据 [J]. 农业经济问题，2019 (12): 4 – 14.

8. 郭贯成，崔久富，李学增．全民所有自然资源资产“三权分置”产权体系研究——基于委托代理理论的视角［J］．自然资源学报，2021，36（10）：2684－2693.

9. 郭韦杉，李国平．欠发达地区实现共同富裕的主抓手：生态产品价值实现机制［J］．上海经济研究，2022（02）：76－84.

10. 国家发展和改革委员会，国家统计局．生态产品总值核算规范［M］．北京：人民出版社，2022：2.

11. 葛宣冲．欠发达地区乡村生态资源价值化的发展路径探究［J］．现代经济探讨，2022（11）：116－122.

12. 胡蝶，汪建航，蔡云楠，等．自然资源资产价值实现路径研究——以“水生态银行”为例［J］．中国国土资源经济，2023（03）：1－14.

13. 黄斌斌，郑华，肖燚，等．重点生态功能区生态资产保护成效及驱动力研究［J］．中国环境管理，2019，11（03）：14－23.

14. 贾晋，刘嘉琪．唤醒沉睡资源：乡村生态资源价值实现机制——基于川西林盘跨案例研究［J］．农业经济问题，2022，6（11）：131－144.

15. 李双成，郑度，杨勤业．环境与生态系统资本价值评估的若干问题［J］．环境科学，2001（06）：103－107.

16. 李佐军．文旅农康融合发展是实现生态产品价值的主要途径［N］．中国环境报，2021－09－14（02）.

17. 冒佩华，徐骥．农地制度、土地经营权流转与农民收入增长［J］．管理世界，2015（05）：63－74.

18. 欧阳志云，林亦晴，宋昌素．生态系统生产总值（GEP）核算研究——以浙江省丽水市为例［J］．环境与可持续发展，2020，45（06）：80－85.

19. 刊评．“欸乃一声山水绿”——谈自然资源资产属性和生态产品价值实现机制［J］．中国国土资源经济，2019，32（08）：1.

20. 宋猛，刘伯恩．自然资本价值循环实现：逻辑起点、运行机理与策略选择［J］．广西社会科学，2021（07）：59－65.

21. 王宾．共同富裕视角下乡村生态产品价值实现：基本逻辑与路径选择［J］．中国农村经济，2022（06）：129－143.

22. 王一超，赵桂慎，彭澎，等．基于能值与生命周期评价耦合模型的农业系统生态效率评估——以北京市郊区为例［J］．农业环境科学学报，2018，37（06）：1311－1320.

23. 韦辉．农村生态旅游经济与健康产业的融合发展［J］．山西财经大学学报，2023，45（S2）：47－49.

24. 吴丰昌，张林波．生态产品："两山"理论的物质载体和实践抓手［J］．环境科学研究，2019（04）：13－24.

25. 谢高地，鲁春霞，成升魁．全球生态系统服务价值评估研究进展［J］．资源科学，2001（06）：5－9.

26. 徐慧，刘希，刘嗣明．推动绿色发展，促进人与自然和谐共生——习近平生态文明思想的形成发展及在二十大的创新［J］．宁夏社会科学，2022（06）：5－19.

27. 徐元明，徐志明，蒋金泉．深化农村产权制度改革 赋予农民更多财产权利［J］．现代经济探讨，2015（09）：52－56.

28. 薛达元．自然保护区生物多样性经济价值类型及其评估方法［J］．农村生态环境，1999（02）：55－60.

29. 于贵瑞，杨萌．自然生态价值、生态资产管理及价值实现的生态经济学基础研究——科学概念、基础理论及实现途径［J］．应用生态学报，2022，33（05）：1153－1165.

30. 钟鹏宇，岳文泽．中国自然资源资产储备制度构建［J］．自然资源学报，2023，38（07）：1667－1681.

31. 中共中央办公厅，国务院办公厅．关于建立健全生态产品价值实现机制的意见［EB/OL］．(2021－04－27)［2024－08－28］．https://www.gov.cn/zhengce/2021－04/26/content_5602763.htm.

32. 朱竑，陈晓亮，尹铎．从"绿水青山"到"金山银山"：欠发达地区乡村生态产品价值实现的阶段、路径与制度研究［J］．管理世界，2023，39（08）：74－91.

第九章　农村财务审计

课程思政

1. 了解农村财务审计的产生和发展，认识到农村财务审计对农村经济高质量发展的重要性，激发学生对农村财务审计领域的学习热情。

2. 熟悉农村财务审计人员的工作要求，培养严格依法、正直坦诚、客观公正等职业道德，增强学生审计工作的责任感。

3. 了解农村财务审计新技术，培养学生“三农”情怀，提升其对农村发展、农民生活和农业进步的重视程度。

学习目标

1. 了解农村财务审计的政策文件。熟悉农村财务及农村财务审计的相关政策文件，理解政策法规对推动农村集体经济发展的重要影响，促进农村财务审计工作的贯彻落实。

2. 熟悉农村财务审计的概念内涵。深入理解农村财务审计的概念和相关重要内容，了解农村投融资机制循环审计的系统架构，熟悉农村资金审计的内容，掌握农村资源资产离任审计的核心知识体系。

3. 掌握农村财务审计的程序方法。了解审计机构和人员在审计准备阶段、实施阶段、报告阶段分别应开展哪些工作。掌握农村财务审计方法中的顺查法、逆查法、详查法和抽查法，并明确以上方法适用于何种审计情形。

内容简介

1. 农村财务审计概述。介绍了农村财务审计的概念内涵、产生发展、审计机构、审计程序方法以及工作要求。

2. 农村投融资循环审计。介绍了投融资循环业务活动和相关审计的内涵，包括投资活动审计、融资活动审计和投融资效益审计。

3. 农村资金审计。介绍了货币资金审计，结算业务审计和银行借款审计的概念，以及审计工作底稿的分类和其他注意事项。

4. 农村资源资产离任审计。介绍了农村资源资产离任审计的概念内涵、审计内容以及其特殊的审计程序与方法。

导入案例

精准发力纠治“三资”突出问题，助力推进乡村振兴发展

为进一步加强农村集体“三资”规范管理，全面解决村集体经济行为不规范问题，杜绝群众身边不正之风和腐败问题。审计机关对某镇党委书记经济责任履行情况进行了审计，重点延伸了社区“三资”管理使用情况，发现某镇A社区利用虚假工程套取财政资金报销费用，涉及金额11.44万元。

某镇A社区与张某在2021年7月28日签订美丽乡村建设项目合同，该项目费用共计9.84万元。经调查了解，财政所于2022年2月25日转给张某费用9.84万元，张某收到款后，于2022年2月转给A社区报账员张某。

某镇A社区与朱某在2022年2月9日签订美丽乡村建设项目合同，该项目费用共计1.60万元。经调查了解，财政所于2022年4月11日转给朱某费用1.60万元，朱某收到款后，于2022年4月转给A社区报账员张某。

经询问A社区报账员张某收到11.44万元的用途，张某提供了11.63万元（其中包含11.44万元的支出）支出明细表及转账截图，表中显示以下用途：①还以前年度旧账6.35万元；②办公及项目支出3.91万元；③发工资、福利及吃饭支出1.36万元。以上3项支出账面不显示，未见四议两公开、未见发放明细、发票。

审计机关针对上述问题出具了审计取证单，A社区涉及人员在取证单上签署了情况属实的意见。针对上述问题，审计机关将该线索移交至市纪委，对A社区支部书记进行责任追究。

该案例对理顺农村基层组织职能关系，强化农村集体“三资”监督管理，促进农村集体经济发展，杜绝群众身边不正之风和腐败问题，起到了审计监督作用，为进一步推动农村经济又快又好发展奠定坚实的基础。

资料来源：《“以案释法”典型案例十一：精准发力纠治“三资”突出问题，助力推进乡村振兴发展》https：//mp.weixin.qq.com/s/lBpvjINhCv8yfXSxIeTFFQ。

第一节　农村财务审计概述

一、农村财务审计的概念内涵

（一）概念

农村财务审计是指农村财务审计机构以及审计人员，依据国家法律法规、国务院文件和地方性法规、规章制度的规定，通过查账、询问、评价等方法检查农村集体会计资料和其他相关资料，监督其财政收支、财务收支以及审查有关经济活动的真实性、合法性、效益性的专门性活动。其目的是揭示并纠正农村财务管理中存在的问题，维护农村集体财经法纪，优化农村财务管理和经营过程，并提高经济、社会、生态效益，促进农村社会稳定和经济健康发展。

（二）职能

审计最基本的职能是经济监督。随着审计不断发展完善，就由经济监督职能派生出经济评价和经济鉴证职能，而农村财务审计同样具备这三种职能。通过本节学习，了解农村财务审计职能，对于指导审计工作实践，完成审计任务具有重要意义。

1. 经济监督职能

农村财务审计最基本的职能是经济监督。即农村财务审计机构和人员依据相关规定，对农村集体财务活动等进行全面的监督检查，判断其是否真实、合法、有效，是否有违反财经法纪的现象，以防止农村集体财务错弊，制止各种经济违法犯罪行为的发生。

2. 经济评价职能

经济评价是指在经济监督的基础上，对农村集体财务状况、经营成果、经济效益等方面进行评价，作出客观、全面的结论，提出改进措施和建议，帮助和促进农村集体经济组织等被审计单位改善经营管理，履行经济责任，提高经济效益。

3. 经济鉴证职能

经济鉴证是指对农村集体经济组织及相关单位的会计报表和其他经济资料实施的审查

验证过程，旨在确认财务状况与经营成果的真实、公允、合法、合规，同时出具书面证明。这有助于揭示和纠正农村集体财务活动中存在的虚假财务报告、违法违规操作等问题。

（三）特点

农村财务审计在审计范围、目标、内容等诸多方面与其他审计有显著差别，因此具有以下特点：

1. 点多

点多是指农村财务审计涉及检查的资金来源广泛，除了农业补贴、扶贫资金、农村基础设施建设补贴等政府补贴，还有村民集资、企业投资和集体经济收益等多种来源。

2. 面广

面广是指农村财务审计涉及检查的部门众多。农村财务审计人员应对包括林业、农业、水利、气象等在内的众多部门进行审计。

3. 政策性强

政策性强是指农村财务审计人员开展工作时，除了必须遵循法律法规，还要根据乡村振兴战略等国家战略或其他相关政策确定审计重点。审计人员进行农村财务审计工作，可以确保各项政策措施得到贯彻落实。

二、农村财务审计的范围和内容

农村财务审计范围和内容主要如下：

（1）民主决策、民主管理、民主监督制度的制定和执行情况；

（2）本村（社区）财务收支及收益分配、管理使用情况；

（3）本村（社区）债权债务情况；

（4）政府拨付和接受社会捐赠的资金、物资管理使用情况；

（5）本村（社区）生产经营和基本建设项目以及公益事业建设项目的筹资筹劳、发包管理情况；

（6）本村（社区）集体资金管理使用以及集体资产、资源的承包、租赁、担保、出让情况，征地补偿费及其他资产、资源的转让和经营收益（利润）的使用、分配情况；

（7）以前年度村级财务审计查出问题的整改情况。

其中，重点审计领域包括：（1）民主决策、民主管理、民主监督制度的制定和执行情况；（2）各级政府及其部门拨付至村（社区）的资金管理使用情况，尤其是村（社区）

城乡社区发展治理专项保障资金和涉农项目资金的管理使用情况以及与有关单位的资金往来情况；（3）村（社区）集体资金管理使用以及村（社区）集体资产、资源的承包、租赁、担保、出让情况，征地补偿费及其他资产、资源的转让和经营收益（利润）的使用、分配情况。

具体而言，农村财务审计的事项范围一般包括对资产资源管理、经济合同管理、债权债务管控、工程项目管理和集体经济的审计。本章后续内容则从农村集体资金资源资产使用和管理的视角入手，着重介绍农村投融资循环审计、农村资金审计和资源资产离任审计：

第一，投融资循环审计。农村集体的投融资循环审计是农村集体财务审计的重要组成部分，其主要目的是确保投融资活动的合规性、有效性和安全性。投融资循环审计的主要内容有投资活动审计、融资活动审计和投融资效益审计。通过农村集体投融资循环的审计，可以揭示投融资活动中的问题和风险，为农村经济的可持续发展提供有力保障。

第二，农村资金审计。为了保障农村集体资金安全完整，确保资金用于农村经济发展的关键领域和项目，推动农村经济的可持续发展，有必要加强农村资金的审计。农村资金审计的内容主要包括对货币资金、结算业务和银行借款的审计。通过农村资金审计，可以识别和评估农村集体资金管理中的财务风险，提出风险防控措施，帮助集体经济组织有效防范和化解财务风险，保障资金的安全和稳定。

第三，资源资产离任审计。为了加强对农村领导干部的监督，确保他们在任期内对农村资源资产的管理和使用符合法律法规和政策要求，应当进行农村资源资产离任审计。资源资产离任审计的内容主要包括对资源环境相关决策、资源环境约束性指标完成情况和自然资源开发利用情况的审计。通过审计，可以发现和纠正离任干部在任期内对集体资源资产的不当管理、违规处置等行为，防止资源资产被侵占、挪用或浪费，确保集体资源资产的安全。

三、农村财务审计机构和人员

（一）农村财务审计机构的设立

目前，我国农村财务审计机构主要有：

（1）中华人民共和国审计署农业农村审计司、各省审计厅农业农村审计处、以及市、县审计局农业农村审计科室。其中，由审计署农业农村审计司负责组织审计农业农村、乡村振兴以及其他相关公共资金和建设项目等。审计厅农业农村审计处负责统筹调配审计资源，统一组织全省审计机关对农业农村、扶贫开发等民生领域的重大事项开展审计。市、县审计局农业农村审计科室负责对农业农村相关资金、项目进行审计监督，还会根据需要对乡镇及村级组织进行延伸审计；

（2）乡镇经管站和市、县农业农村局。其中，乡镇经管站主要负责处理农村经济和管理方面的事务，也承担着一定的农村审计职能，如指导村级财务管理、负责合作经济组织财务审计、对财务混乱或有重大投资、建设项目和重要收入来源的村进行不定期的重点审计和专项审计，以及对村主要干部岗位变动或离任进行离任审计。市、县农业农村局则负责监督涉农政策落实、管理农业专项资金、审计农业建设项目、监管农村集体“三资”以及开展内部审计防控廉政风险；

（3）外聘会计师事务所。市、县农业主管部门或乡镇人民政府，根据审计工作的需要，可以通过购买服务的方式，委托有资质的会计师事务所承担农村财务审计工作。审计内容是对农村财务状况、经济活动等进行全面审计，确保农村财务管理和经济活动的合法合规性。

（二）农村财务审计机构的权责

1. 农村财务审计机构的职责

农村财务审计机构主要有以下职责：第一，直接对农村集体经济组织等被审计单位的财务收支的真实、合法、效益依法进行审计监督并作出审计结论。第二，组织、指导村民自治组织和农村集体经济组织进行年度审计，主要负责人任期经济责任审计以及其他专项审计。第三，负责对农村审计人员进行培训、考核。农村审计人员持证上岗，农村审计证管理办法由各省根据有关规定制定。

2. 农村财务审计机构的权限

农村财务审计机构在审计监督的过程中拥有以下权限：第一，检查权限。农村财务审计机构有权要求农村集体经济组织等被审计单位向其提交财务收支计划、财务报表及其他相关文件资料；有权查阅上述单位的会计记录，包括但不限于会计凭证、账簿和报表；审计机构还有权对审计事项涉及的单位和个人进行调查，并获取证据材料。第二，行政处理权限。农村财务审计机构对农村集体经济组织等被审计单位正在进行违反规定的财务收支行为有权予以制止；对被审计单位违反国家和地方规定的财政收支、财务收支行为，有权在法定权限内作出处理和处罚决定；对违法违纪的财务收支或侵占、挪用、私分集体资产的行为，在法定职权范围内，可责令或提请有关单位、组织，依照法律、法规的规定，责令农村集体经济组织等被审计单位或有关人员限期缴纳应上缴收入、退还违法所得并赔偿损失。第三，建议纠正违法规定权。针对农村集体经济组织等被审计单位在财务收支过程中执行的规定与法律法规存在冲突的情况，审计机构应提出相应的纠正建议。若被审计单位不予纠正，审计机构可以向上级机关或组织报告，以进一步处理。第四，通报公布权。农村财务审计机构可以将审计结果通报给相关政府部门、乡镇人民代表大会、村民委员会等组织或向全体村民公布审计结果，以发挥民主监督的作用。

（三）农村财务审计人员的职业要求

1. 独立性

在执行审计业务时，农村审计人员须时刻保持审计独立性，遇到可能损害审计独立性的情况，及时向审计机关报告，并根据具体情况实施应对措施。农村财务审计机构成立审计组时，应评估小组成员可能损害审计独立性的情形，采取措施避免损害审计独立性。

2. 职业能力

农村财务审计对审计人员的职业能力要求较高，审计人员需具备以下职业能力：

（1）调查研究能力。审计人员要善于与农村被审计单位沟通，深入群众，听取多方意见，进而调查研究，发现问题；

（2）审计取证能力。审计人员应具备从大量会计及其他经济资料中发现问题、获取充分可靠证据的能力，并在此基础上作出审计结论；

（3）分析判断能力。农村审计人员应深入剖析农村集体经济组织等被审计单位的实际情况与问题，通过细致入微的分析，精准把握问题本质，从而作出客观全面的评价，提出切实可行的意见和建议。

3. 职业道德

农村审计人员应根据中国特色社会主义精神文明建设的要求和审计工作的需要，来确定职业道德。主要包括以下内容：

（1）实事求是，客观公正。在开展农村财务审计工作时，审计人员必须以“第三方”的视角看待问题，尊重事实真相。凭借充分适当的审计证据支撑审计结论，并实事求是地对审计结果进行评价，妥善处理当中的问题。如果存在利益关联，应主动回避，确保审计工作的公正性。最终的审计结论必须客观公正，杜绝任何偏袒或偏见；

（2）依法办事，坚持原则。农村财务审计人员应始终将国家、集体和人民的利益放在首位，严格遵循法定的审计职责、权限和程序开展审计监督工作。在工作中要坚守原则，捍卫真理，如实反映审计中发现的问题，坚决抵制和反对一切不正之风；

（3）忠于职守，廉洁奉公。农村财务审计人员应具备强烈的事业心，热爱本职工作，始终保持认真负责的态度，作风踏实、任劳任怨，坚守岗位职责。在工作中，要自觉遵守审计纪律，做到廉洁奉公；

（4）遵纪守法，保守秘密。审计工作要求审计人员自身必须严格遵守法律法规，杜绝任何违反法纪的行为。在审计过程中，审计人员必须严格保密，不得泄露任何与审计相关的信息。在农村财务审计过程中获取的资料和记录，未经许可不得对外提供，也不得用于其他目的；

（5）钻研业务，保障质量。农村财务审计人员应不断刻苦钻研业务技术，提升处理审计事务的专业能力，注重工作方法、工作作风和工作态度。还应保持严谨、周密的工作作风，善于思考和分析农村财务审计中存在的问题。

（四）农村财务审计人员的权责

1. 农村财务审计人员的职责

农村财务审计人员执行审计业务时，应当根据审计机构的安排开展工作。在整个审计过程中认真贯彻执行党和国家的有关方针、政策、规定、制度，合理运用职业判断，保持职业谨慎，对农村集体可能存在的问题保持高度警觉，审慎评价所获取审计证据的适当性、充分性，从而作出恰当的审计评价、并出具客观公正的审计结论。

2. 农村财务审计人员的权限

（1）农村财务审计人员有权检查被审计单位的凭证、账簿、报表、决算、资金、财产和有关文件、资料；

（2）农村财务审计人员有权要求被审计单位的负责人和有关人员介绍情况和参加有关会议。有权向相关单位和人员开展调查，解决审计业务中发现的问题、并索取证明材料；

（3）农村财务审计人员在进行审计工作时，遇有阻挠、拒绝和破坏审计工作等情况，有权提出追究有关人员责任的建议；必要时，经领导批准，可采取封存账册和资料等临时措施；

（4）审计工作结束时，农村财务审计人员应对审计事项作出客观准确的评价，出具审计报告书。

四、农村财务审计的程序和方法

（一）农村财务审计程序

1. 准备阶段

（1）组建审计组。在执行农村财务审计工作前，农村财务审计机构应组建专门的审计小组。审计小组包括一位审计组组长及若干成员。组长组织审计人员讨论审计方案，明确审计任务，学习有关法律、法规、政策，掌握审计依据，并做好人员分工。

（2）编制审计实施方案。审计组应当根据同级人民政府和上级业务主管部门的要求，调查了解农村集体相关情况，结合本地实际，确定审计工作的重点，编制农村财务审计实施方案。或按照审计机构已下达的审计工作方案编制审计实施方案，包括审计目标、审计范围、审计内容和重点、审计措施和审计工作要求。

（3）下达审计通知书。确定审计事项后，农村财务审计机构应按法律法规的要求，将审计通知书送达农村集体经济组织等被审计单位。其内容包括被审计单位名称、审计范围和依据、审计起始时间、审计组组长和成员名单，以及被审计单位配合农村财务审计工作的要求。

2. 实施阶段

（1）资料审查。农村财务审计人员对农村集体提供的凭证、账表等财务资料进行详细审查，包括账目核对、凭证检查、报表分析等。例如，检查凭证是否符合《中华人民共和国会计法》和《村集体经济组织会计制度》（财会〔2023〕14号）的要求，是否有经办人、审核人、批准人签字，凭证所附的合同、协议等附件是否齐全。

（2）实地核查。对农村集体的现金进行现场盘点，清点现金的实际数量，并与账面记录进行核对，确保现金账实相符。盘点过程中要遵守相关的现金管理规定，防止现金丢失或被挪用。对农村集体的固定资产、存货等实物资产进行现场清查，检查实物资产的数量、质量、使用状况等是否与账面记录一致。

（3）询问调查。与农村集体的会计人员、出纳人员等财务人员进行谈话，了解财务活动的具体情况。与农村集体的村干部进行谈话，了解他们对集体经济发展的规划和目标，以及在财务管理方面的职责和工作情况。询问他们在重大经济决策、资产处置等方面的情况，评估他们的经济责任。了解村民对农村集体财务活动、经济活动的知情权和参与权的落实情况。

（4）数据汇总与分析。将资料审查和实地核查获取的数据进行整理，对实物资产的清查数据进行汇总。运用数据分析方法，对整理后的数据进行深入分析，识别出农村集体财务管理中存在的问题，同时分析问题产生的原因，为提出审计意见和建议提供依据。

（5）整理审计记录。审计人员要真实、完整地记录实施审计的过程，包括审计的各个环节、各个步骤以及在审计过程中发现的问题和疑点。在审计记录的基础上得出审计结论，对农村集体的财务状况、经济活动和财务管理情况进行评价。还要记录与审计项目有关的重要事项，如审计中发现的重大问题、需要进一步调查的事项、与农村集体经济组织等被审计单位沟通协调的情况等。

3. 报告阶段

（1）农村财务审计人员完成审计业务后，向审计机构提出审计报告。重大审计事项的审计报告，应当分别报送同级人民政府、上级审计机构和有关主管部门。在报送审计报告之前，应当征询农村集体经济组织等被审计单位的意见；

（2）农村财务审计机构审定审计报告，作出审计结论和决定，并要求农村集体经济组织等被审计单位和有关单位执行，同时向农民群众公示相关结果；

（3）农村集体经济组织等被审计单位对审计结论和决定如有异议，可在收到审计结论和决定之日起 15 日内，向上级审计机构申请复审。上级审计机构在收到复审申请之日起 30 日内，作出复审结论和决定。特殊情况下，可适当延长作出复审结论和决定的期限。复审期间，不停止原审计结论和决定的执行；

（4）农村财务审计机构应当检查对农村集体经济组织等被审计单位作出的审计结论和决定的执行情况；

（5）农村财务审计机构应对执行的审计业务建立审计档案，并加强档案管理。

（二）农村财务审计方法

我国常用的审计方法有顺查法、逆查法、详查法和抽样法，这四种审计方法同样适用于农村财务审计。

1. 顺查法

顺查法是指在农村财务审计人员进行审计业务时，按照会计资料形成的顺序，从起点至终点逐一取证的审计方法。先核对原始凭证和记账凭证，再将记账凭证与明细账、日记账和总账核对，最后将总账、明细账和会计报表进行核对，并进行报表分析。运用顺查法的优点在于可以细致全面地进行审计，有效避免疏漏。其缺点在于工作量大且耗时费力，审计效率低下、审计成本较高。

2. 逆查法

逆查法与顺查法相反，即从财务报表开始，确定该项审计业务的重点，逆向追溯至相应的账簿和原始凭证，以实现高效审计，避免对报表每一项内容的冗余检查。运用逆查法的优点在于耗时少、节约人力、审计效率较高且成本低。其缺点在于需要农村财务审计人员具备较强的职业判断。

3. 详查法

详查法是指农村财务审计人员对某一时期内农村集体经济组织等被审计单位的所有会计资料进行全面且细致的审核，包括原始凭证、账簿记录以及财务报表。运用详查法的优点在于审计人员能较为容易地发现农村财务存在的潜在问题，从而降低审计风险。其缺点是工作量大，审计成本较高。

4. 抽样法

抽样法是指农村财务审计人员从农村集体经济组织等被审计单位一定时期内的会计资料包括凭证、账簿和报表，按照一定的方法抽出其中一部分进行审查，从而推断总体的错误和舞弊情况。若样本中未发现明显错弊、则可不再审查未抽取的部分。反之，应扩大抽样范围或改用详查法。运用抽样法的优点是工作量少，审计成本低。其缺点是局限性大，若样本选取不当，可能使审计人员作出错误结论。

第二节 农村投融资循环审计

农村投融资循环审计对农村经济高质量发展具有重要意义。在融资方面，农村投融资循环审计可确保资金的来源正当，防止资金的挪用与浪费，维护农民利益；在投资方面，农村投融资循环审计可审查投资项目的可行性与效益性，避免盲目投资，促进农村资源合理配置。农村投融资循环审计有助于提升农村经济活力与可持续发展能力，推动农村产业升级与基础设施建设，助力农村经济稳步前行，为乡村振兴战略的实施筑牢经济保障基石。

一、农村投融资循环审计

（一）农村投融资循环业务活动分析

1. 农村投融资机制

作为我国投融资体系不可或缺的一环，农村投融资机制是指政府对农村领域投资与融资行为的引导、规范、政策支持以及市场运作规则的整合。该机制内容主要涉及农村投融资运行机制及管理规范，具体涵盖了农村投融资主体的界定及运作模式、农村资金筹措渠道、投融资项目的执行方式、项目决策流程、建设项目执行与管理以及宏观经济调控机制等关键领域。

在该机制中，投融资主体是关键环节，其设立以各主体在农村经济社会中的地位、职能与责任为依据，同时结合其对农业、农民和农村的影响程度来确定。农村投融资主体具体包括农村合作组织（农村集体经济组织、农民专业合作社）、农村企业、农户等。各类主体通过多元化的方式参与农村投融资活动，形成资金筹集、资源整合和项目实施的多元化格局。

2. 农村投融资循环

农村投融资循环是指在农村经济发展过程中，从资金的筹集、投入、使用、回收再到再投入的连续过程。农村投融资循环的起始点是资金的筹集，农村集体经济组织通过筹集资金，将其投放到农村经济活动的各个领域，推动农村经济的持续发展。随着经济活动的开展，农村地区产生的收入与利润会形成资金回流，部分资金将被用于再投资，从而形成新的投融资循环。

农村投融资循环的关键在于资金的筹集与投放行为。就农村集体经济组织的资金筹集活动而言，其根本目的在于满足农村地区生产生活及基础设施等投资活动的需要，为投资项目提供必要的资金支持。因此，筹集的资金量必须依据项目的实际投资需求来确定，即在合理利用现有自有资金的基础上，通过审慎的投资决策，确定所需资金的最低额度。在农村投融资循环过程中，农村集体经济组织还在遵循国家宏观调控政策的前提下，通过资金投入，完善基础设施建设，优化生产经营条件，开展契合实际需要的生产经营活动。农村集体经济组织进行有效的投资，不仅能够推动农村经济的健康发展，更能为后续持续的投融资循环奠定坚实基础，助力农村经济实现良性循环与稳健提升。

（二）农村投融资循环业务特性

1. 筹资涉及的主要业务活动

筹资活动是指为了满足日常运营、扩大生产规模、开展对外投资以及优化资本结构等战略目标，通过选择合适的资金筹集途径与方法，以获取所需资金的一种系统性财务行为。它是与资产运营、收支管理及收益分配并列的一项重要财务活动，并且农村集体经济组织有着明确的规范。

（1）借款方式筹资：农村集体经济组织原则上禁止为开展公益事业目的而承担债务责任。然而，若举债参与营利性活动，应纳入村级重大事务决策范畴之内，并遵照“四议两公开”程序予以实施，同时需向乡镇党委、政府或农业农村部门申请审核或进行备案手续。在农村集体经济组织直接与社会资本合作开展经营活动时，应确保双方在合同内明确规定权利、责任界限以及收益分配机制。农村集体经济组织应按照本金与合同规定的利率定期计算利息费用，并将其纳入其他支出范畴进行会计处理。针对农村集体经济组织向银行及其他金融或非金融机构、个人等获取的资金，其借款活动应严格区分为短期借款（1年以内）与长期借款（1年以上）两大类别进行单独核算；

（2）补助及捐赠方式筹资：依据相关政策规定，农村集体经济组织接收来自各级政府的资金或资产时，必须遵循特定的程序，且资金和资产使用管理应接受监督与合规审查。对于通过接收捐赠而获取的资金或其他形式的资产，应及时入账，并强化相应的资产管理措施；

（3）“一事一议”方式筹资：针对农村集体“一事一议”资金的运用管理，应严格遵循专款专用的原则，实施独立核算机制，实现全过程的监督与管理。同时建立健全信息公开制度，确保资金使用的透明度，从而保障资金的合理分配与高效利用，提升整体效益。

2. 投资涉及的主要业务活动

对外投资是指农村集体经济组织旨在获取预期收益或实现资产价值增长，而向目标单位注入资金、资产或转让使用权等经济活动。

（1）货币资金方式投资：涉及以现金、银行存款或其他形式的货币资金进行投资活动时，应依据实际支付金额和相关税费进行初始计量；

（2）非货币资金方式投资：采用实物资产（包括生物资产）、无形资产等非货币性资产形式投资于联合社或其他单位的，应依据评估验证或合同协议约定的价值，结合相应的税费进行计价。在此基础上，重新确认价值与其账面价值之间的差额，将其计入资本公积；

（3）投资收益：在被投资单位宣布分配现金股利、利润或利息时，应将所取得的相应收益计入投资收益科目；

（4）收回投资：按照实际收到的价款与投资的账面价值之间的差额，将其计入投资收益科目；

（5）评估要求：评估确认合同协议中所设定的价值时，必须确保其真实性与合理性，不得高估或低估资产价值，以确保资产价值的准确性和公平性。

（三）农村投融资审计的内涵

农村投融资审计的主体主要由各级农业农村部门、审计机关以及会计师事务所等构成。这些主体负责农村集体及有关经济组织的财务工作，并组织实施审计活动，确保审计工作的有效执行与监督，以维护农村经济秩序与资产安全。

农村投融资审计的客体主要是农村集体及有关经济组织，具体涵盖村民委员会、村民小组等农村集体经济载体，以及其他类型的农村集体经济组织。这些组织作为农村投融资活动的核心参与者，其资金的筹集与使用、投融资项目的实施等情况均为审计监督的重点内容。

农村投融资审计的关键在于资金政策的落实情况、社会资本与农民自筹资金在涉农项目中的投放使用情况，以及筹集资金使用的安全性和使用绩效。开展农村投融资审计，不仅能够确保相关政策的有效执行，还能通过审计监督推动农村集体投融资规范，提升资金使用绩效，形成良性的资金运作机制，进而促进农村经济的可持续发展。

二、农村融资活动审计

（一）资金筹集审计的内涵

农村资金筹集审计是指审计机关对农村集体经济组织资金筹集活动进行审查与评估的过程。其主要内容包括：审查资金来源是否恰当、范围是否规范，业务处理是否及时正确、是否符合有关规定，资金使用是否合理高效，并对资金使用的合规性、合法性和有效性进行评估。审计不仅要检查资金是否按照规定程序筹集，更要重点关注资金是否专款专用，是否存在闲置、浪费或不当使用情况。同时，审计还需评估资金流动的透明度，排查是否存在违规或滥用资金的风险，以确保资金筹集与使用的规范性和效率，助力农村经济的可持续发展。

（二）资金筹集审计的内容

资金筹集审计的主要内容是审查农村集体经济组织的资金来源是否恰当，且是否符合相关政策和章程的规定。具体的审计内容包括：

（1）审查资金来源是否符合规定范围，确认资金的性质是否清晰，是否符合相关法律法规和政策要求；

（2）审查筹集资金是否坚持自愿的原则，有无强行截留或平调村组集体资金的现象，是否影响资金所有者的正常使用，确保资金所有者的合法权益不受影响；

（3）审查筹集资金的手续是否完备，筹资方和出资方是否签订合法有效的书面合同，合同的内容是否完备，印章是否齐全，资金占用费标准、使用期限、违约责任等是否明确，是否符合法律、政策规定；同时，还需要审查资金的账务处理是否正确；

（4）审查按照筹资方案收集的资金是否全面入账，有无被侵占挪用的行为；

（5）审查欠转贷资金的处理情况，审查欠转贷的资金承借方是否落实，双方认定的借款数是否一致，账务处理是否符合规定；同时，审查还本付息的期限、方式、资金占用费标准、违约责任等条款是否明确具体，便于执行；

（6）审查资金账务处理是否及时、准确，重点检查凭证手续是否齐全，对应关系是否清晰，金额计算是否准确，确保资金的账务处理符合法定要求。

三、农村投资活动审计

（一）对外投资审计的内涵

农村对外投资的审计是指对投资的立项、签约、投出和收回等投资活动及其会计核算的真实性、合理性、合法性和有效性所进行的审查评价。其具体内容包括：审查投资决策过程是否规范，合同签订是否合法有效，资金使用是否符合投资计划和政策规定，投资的会计处理是否准确，同时还需评估投资的实际回报和资金回收情况，确保投资活动符合集体经济组织的整体利益，推动经济效益的最大化。

（二）对外投资审计的内容

农村集体经济组织开展对外投资活动，其主要目的在于获取较为可观的投资报酬。会计制度通常根据投资回收期的长短对投资进行基本分类，因此本节重点将长期与短期投资作为核心内容。在开展对外投资活动时，应首先进行可行性研究，明确投资项目、投资规模及投资方式等关键要素，在此基础上，签订投资协议或合同，实施资金投放，并在资金运行过程中加强监控，确保投资活动的合法性与合规性。

1. 短期投资的审计

短期投资审计旨在评估那些易于变现且持有期限不超过一年的有价证券等投资项目的真实性、业务及核算的合规性、合理性以及有效性所进行的审查和评价。

（1）对外投资业务合规性的审查：通过审查有关投资文件或短期投资原始凭证，查看其是否有批准手续，防止有关人员利用短期投资侵占投资收益或利息；

（2）投资项目可行性的审查：查阅确立投资项目的相关文件资料，综合评估投资项目开展的可行性；

（3）投资资产账实核对的审查：对投资资产进行实地盘点，将盘点结果与账目记录进行对比，确认账实是否相符，确保投资资产的安全与完整；

（4）资金来源合规性的审查：审查相关账户，确认短期投资资金是否合法合规，是否存在挤占生产经营资金或挪用其他非投资资金的情况；

（5）有价证券交易记录的审查：检查有价证券买卖专户记录，核实实物保管人员是否私自买卖证券以牟取私利，或在会计期间内多次买卖仅将最后一次差价收入计入投资收益，而其他收益被挪作他用或私分；

（6）投资入账时间合规性的审查：依据投资取得的相关结算凭证，确认入账时间是否符合规定，查看是否存在提前或推后增加短期投资的现象，是否以付款时间作为记账时间；

（7）投资收益核算合规性的审查：审查投资的有价证券收益核算是否符合账务处理规定，是否存在将出售收益与购进时已含股利或利息混淆的情况。同时，特别关注是否存在投资收益未入账，转入“小金库”或被私分的违纪行为；

（8）投资收益率的审查：计算投资收益率（投资收益额除以短期投资额），并与银行存款利率对比。若收益率高于银行存款利率，通常表明投资效益较好；反之，则需进一步审查是否存在舞弊行为；

（9）投资收回的审查：检查投资收益明细账是否存在借方余额，判断短期投资额是否全部收回；对照短期投资明细账中的收回记录与投资计划，确认收回时间是否一致，避免因未按计划收回而影响资金流动性。此外，通过检查资金短缺情况，判断是否与短期投资未及时收回有关，以验证短期投资的有效性。

2. 长期投资的审计

长期投资是指那些投资者并不计划短期内变现，预期持有期限超过一年的有价证券以及其他投资，此类投资旨在获取较长期的资本增值或稳定的收益。

（1）股票投资的审计。

一是股票投资形成及核算的审查：主要审查长期投资是否在事前开展投资效益的可行性论证，判断投资决策是否科学合理；核实投资是否经过必要的审批程序，关注是否存在盲目投资导致损失的情况；审查所购入股票是否全部及时入账，防止经办人员利用单位资金私自买卖股票谋取私利；同时，审查购入股票账务处理的合规性与准确性。

二是股票投资收益及核算的审查：股票投资根据持股比例采用不同的核算方法，若按成本法核算，此时投资收益的计算不受被投资单位经营状况影响，且长期投资账面价值在未收回前保持不变；若按权益法核算，投资单位的账面价值会随被投资单位净资产变化而调整。此外，审计人员需重点关注成本法下股利入账的及时性和准确性，防止出现股利未及时入账或少计、多计的情况。

三是股票投资收回的审查：股票投资收回是指通过出售股票实现投资本金和收益的回收。审查重点包括实际收到的出售价格是否准确，以及是否存在因市价波动导致的收益或亏损。对于采用权益法核算的单位，还需审查是否先将股权账户冲平，差额部分再相应增加或冲减投资收益。

（2）债券投资的审计。

一是购入债券及账务处理的审查：审查购入债券是否按实际支付的价款计入“长期投资——债券投资”账户。若实际支付价款中包含债券利息，需进一步审查是否按规定将应计利息部分计入“长期投资——应计利息”账户。同时，对应计利息的账务处理是否真实、正确、合规进行审查，并根据不同情况进行分类审查。对于按面值购入的债券，应审查应计的当期利息是否按规定计入“投资收益”，是否存在多计、少计或未计收益的情况。对溢价或折价购入的债券，审查其溢价和折价部分计算是否正确以及其摊销处理是否合规、正确［见式（9-1）］。

$$每期债券折价或溢价摊销额=\frac{\sum 债券折价或溢价}{债券期限} \tag{9-1}$$

二是债券投资收益及账务处理的审查：目前我国债券利息的支付有多种形式，无论何种形式及年末是否收到利息，当年应计利息收入均计入当期收益。审查时，主要审查当期应计利息收入或实际收到利息是否按规定及时入账；是否存在隐瞒收入、收入未入账，或被转移至“小金库”中，以及个人挪用公款等违纪行为。

三是债券收回及账务处理的审查：审查到期债券投资是否及时收回，账务处理是否正确。对于将到期债券的利息，审查是否正确计入投资收益科目；对于提前收回的债券，审查是否存在已收回仍然提取利息收入、虚增投资收益的情况，相反，对已提前收回债券应计未计的利息收入不入账的情况，审查是否存在虚减投资收益的不正常现象。

四、农村投融资效益审计

（一）资金融资效益审计

1. 资金融资效益审计的内涵

农村资金融资效益审计是指针对农村集体经济组织在融资过程中，对资金筹集、分配、使用及管理过程中经济性、效率性和效果性进行全面评价与监管的行为。其核心目标是保障融资活动能够推动农村经济的健康发展，提高资金使用效率，降低融资成本，并确保资金使用实现最佳经济效益，进而促进农村经济的可持续发展。

2. 资金融资经济效益审计

资金融资经济效益审计是指主要对融资直接经济效益进行审计，直接经济效益是指农村集体经济组织在开展融资活动中，资金管理状况的改善程度，资金的有效利用效果以及资金所有者权益的增减程度。构建的审查其直接经济效益的指标体系，主要包括：

（1）欠转贷回收率，是指农村集体经济组织年内回收欠转贷款与年初欠转贷资金总额的百分比，反映集体积累资金管理改善的程度［见式（9-2）］。

$$欠转贷回收率=\frac{年内欠转贷回收额}{年初欠转贷总额}\times 100\% \tag{9-2}$$

（2）新积累折股率，是指当年新积累折股到户数额与当年新积累总额的百分比反映农村集体组织成员的权益程度［见式（9－3）］。

$$新积累折股率=\frac{当年新积累折股数额}{当年新积累总额}\times100\% \quad (9-3)$$

（3）融通资金增长率，是指当年新增加的融通资金与上年末融通资金总额的百分比，反映农村集体经济组织融资能力增加幅度［见式（9－4）］。

$$融通资金增长率=\frac{本年末融通资金总数}{上年末融通资金总额-1}\times100\% \quad (9-4)$$

（4）资金利用率，是指年平均资金投放余额与年平均可融通资金平均余额的百分比，反映农村集体经济组织资金有效利用程度［见式（9－5）、式（9－6）、式（9－7）］。

$$资金利用率=\frac{年平均资金投放余额}{年平均可融通资金平均余额} \quad (9-5)$$

$$年平均资金投放余额=\frac{1}{2}上年决算时资金投放余额+第三个月末资金投放余额+第六个月末资金投放余额+第九个月末资金投放余额+\frac{1}{2}本年决算时资金投放余额 \quad (9-6)$$

$$年平均资金可融通余额=\frac{1}{2}(上年决算时可融通资金金额+本年决算时可融通资金金额) \quad (9-7)$$

（5）资金的周转率，是指融通的资金在一定的时间内（一般指一年）的周转次数［见式（9－8）］。

$$资金周转率=\frac{期内资金累计投放额}{期内可融通资金总额}\times100\% \quad (9-8)$$

（6）资金回收率，是指投放资金按期回收总额与已到期应回收总额的百分比［见式（9－9）］。

$$资金回收率=\frac{按期回收额(年累收额)}{已到期应收额(年累收额)}\times100\% \quad (9-9)$$

（7）资金盈利率，是指资金投放（含欠转贷）所获得的利息收入与资金投放平均余额（含欠转贷）的比率［见式（9－10）］。

$$资金盈利率=\frac{(年)利息收入}{资金投放平均余额}\times100\% \quad (9-10)$$

（二）对外投资效益审计

1. 对外投资效益审计的内涵

对外投资效益审计是指对农村集体经济组织对外投资的必要性、合理性与效益性进行的检查、分析与评价。其主要内容包括：一是对投资前可行性研究的评估，确保投资决策依据充分；二是审查投资执行过程中资金使用的合理性和有效性，明确资金使用目标，避免浪费；三是对投资完成后的效益进行评估，通过与预期回报的对比，查找管理中的薄弱环节，并提出改进建议，以促进投资效益的提升。

2. 对外投资的效益审计

（1）对外投资经济效益的审查。

其一，投资项目交付使用率，是指交付使用的资产与同期投资总额的比率［见式（9－11）］。

$$\text{投资项目交付使用率} = \frac{\text{交付使用的资产}}{\text{本期投资总额}} \times 100\% \tag{9-11}$$

其二，固定资产交付使用率，是指交付使用的固定资产同投资总额的比率。

其三，投资回收期，是指从项目启动到投产后，通过逐年累计的净利润达到投资总额所需的时间。如果投资回收期超过项目的经济寿命期，则表明该投资方案缺乏直接的经济效益，不可行［见式（9－12）］。

$$\text{投资回收期(年)} = \frac{\text{总投资额}}{\text{年毛利润}} \tag{9-12}$$

其四，投资回收额，是指投资后一定时期内投资收入的总和。若经预测在项目经济寿命期内的投资回收额小于总投资额，则说明投资方案不可行［见式（9－13）］。

$$\text{投资回收额} = \text{每年收入总和} \times \text{项目可使用年限} \tag{9-13}$$

其五，获利指数，是反映投资获利能力的重要指标，计算公式为投资项目获利额与投资总额的比值。该指数越高，表明投资效益越好；反之，指数越低，则意味着获利能力较弱，投资效益也相对较差。

（2）对外投资社会效益的审查。

对外投资社会效益的审查主要围绕投资项目对社会发展的促进作用、生产生活条件的改善以及农村集体经济组织经济发展的推动作用等方面展开。具体内容包括：

一是审查对社会环境的影响：审查项目对特定区域内农村集体经济组织基础设施及社会服务能力的综合影响，着重分析评估项目在建设和运营阶段是否对既存基础设施（如道路、供电、给排水、服务网点等）产生增加或挤占情况，并评估其带来的影响。

二是审查对农村区域发展的影响：包括对项目所在地村民收入的影响，审查收入是否实现了分配公平，是否存在加剧贫富分化现象，并据此提出促进收入公平分配的策略建议。同时，评估项目实施后对村民生活质量及生活水平的综合影响，着重探讨其对居住条件的改善、消费能力的提升、消费模式的演变以及人均预期寿命的变化，并分析这些变化背后的机制与原因。

三是审查对项目所在地科教文卫事业发展的影响：主要分析项目的建设和运营期间对该区域科技进步、技术设备更新、高新技术产业的研发与投产情况的影响，如存在负面影响，审计人员是否提出相应的缓解措施和建议。

（3）对外投资生态效益的审查。

对外投资生态效益审计是指审计机构或人员对农村集体的对外投资项目在生态环境方面所产生的效益进行系统审查、评估和监督的过程。它以可持续发展理念为指导，主要衡量投资项目在生态保护、资源利用、污染防控等生态环境要素方面对投资所在地产生的积极或消极影响。其审计的主要内容包括：

一是审查环境保护项目投入资金的效益：侧重于评估投资项目是否遵循国家环境保护战略，以及项目建设实施能否有效遏制环境污染问题。

二是评价投资建设项目环境管理和环境保护项目的效益：通过审计调查的方式，验证环境政策的执行情况是否充分，投资活动在污水处理、固体废物处理、放射源管理等方面的环境保护措施是否符合特定行业标准，以及是否能有效促进生态环境的改善。

三是评价环境保护工作的社会效益：从可持续发展和控制人口增长角度，审查农村生态环境改善、资源利用是否与农村人口的增长相适应。

第三节　农村资金审计

资金审计对于农村具有重要意义。它能够保障农村集体货币资金的安全性，评估资金的使用效率和效果，发现资金使用中的浪费和不合理现象，促使农村集体合理安排资金使用，提高资金使用效益。其资金审计结果可以作为农村集体经济组织等改进财务管理、完善内部控制制度的重要依据，推动农村集体建立健全规范的财务管理制度和流程，提高管理水平。本节的学习对了解如何通过审计农村资金，实现壮大农村集体经济实力、保障农村社会民生福祉、助力农村生态环境保护具有重要作用。

一、货币资金审计

（一）货币资金审计的概念内涵

农村货币资金审计是指对农村货币资金的管理、使用和安全性进行的审计监督活动，主要目的是确保货币资金的安全、完整和合规使用，防止侵占、挪用等违法行为的发生，从而维护农村集体的合法权益和促进农村经济的健康发展。

（二）货币资金审计的内容

1. 货币资金内部控制审计

货币资金流动性强，收支业务频繁，涉及的会计账户较多，较容易发生错误、舞弊和违反法规等行为，因此建立健全货币资金内部控制制度极为重要。农村财务审计人员在进行货币资金的具体审计之前，应首先对内部控制制度进行调查评价，并对内部控制设计和运行的有效性进行审计。

货币资金内部控制审计的要点包括：

（1）检查农村集体经济组织等被审计单位是否建立了货币资金内部控制制度，相关制度是否完善；

（2）检查农村集体经济组织等被审计单位是否对不相容职务进行分离设置、是否设立了农村货币资金业务的授权审批制度，检查职责分工、权限范围和授权审批程序是否明确规范，机构设置和人员配备是否科学合理；

（3）检查农村集体收到的货币资金是否均已完整登记入账，以防私设“小金库”等不当行为发生；

（4）检查农村集体的货币资金取得和使用是否符合国家财经法纪要求，相关手续是否齐备，是否具备合理、合法的凭证；

（5）对农村集体经济组织等被审计单位的货币资金内部控制进行评价。

2. 库存现金审计

库存现金流动性强，容易发生坐收坐支、“白条”抵库等违规违法行为，因此必须加强农村集体经济组织等单位的库存现金审计工作。

（1）现金存量审计。

为证实库存现金是否存在，要对库存现金实施监盘程序，要点包括：

①审计人员在清点之前，必须确定检查小组的成员，名单中除了审计人员外，还应包

括现金出纳员和农村集体经济组织等被审计单位的报账员；

②出纳工作时间内会发生频繁的现金收付业务，不便清点现金，因此应在出纳业务结束后进行，或规定停止收付一定时间，专门从事清点工作。具体清点时间由审计人员掌握，最好实施突击性的检查，不事先通知，以防挪款弥补；

③清点工作必须同步进行。库存现金、备用金、互助储金、代管现金等，必须在同一时间清点，以防止临时抵补凑数，弥补漏洞。但食堂现金、各营业收款处，分散在不同地点而不便同步进行者，可以另行清点；

④清点时，掌管现金的人员必须在场，如有漏缺，必须交掌管人员复点。清点的凭证必须由掌管人员签名盖章；

⑤除查点现金外，对银箱中所有其他物件都要进行检查，如已付款尚未入账的凭证。对于未按照规定审批手续报经批准的借款条，称为“白条”；

⑥现金清点完毕后，必须将检查结果记入库存现金查点表，作为审计工作记录之一；

⑦如果现金出纳员因公出差或因病不能到场，应加封存放现金的箱柜，以防凑补堵平漏洞。

（2）现金收付凭证审计。

农村集体中收款和付款凭证数量较大，在收付款的过程中，出现舞弊问题也多，所以对现金收付凭证，应当重点审计。

①收款凭证审计。

收款凭证审计要点包括：

其一，检查所有收据存根是否完整收集，特别关注未被使用的收据，确保其妥善保管，无缺失页面，确保收据印数、号码相符；

其二，检查已使用的收据存根中，号码是否连续，是否存在缺页现象；

其三，检查已作废的收据是否标记“作废”，是否黏附在存根上；

其四，如发现收现金而不给收据的情况，应进一步调查了解有无其他此类收款现象；

其五，检查有无账上的收据号码是存根上所没有的情况，如遇此现象，则表明收据存根没有完整收齐，应进一步查明原因；

其六，检查收据的抬头、日期、摘要、金额等是否存在涂改痕迹，复写字迹是否一致，以防正本和存根不相符。

②付款凭证审计。

付款凭证审计要点包括：

其一，支出凭证的真实性。例如，购买实物的支出凭证与验收单等凭证相核对，内容、金额是否一致，日期是否接近，有无重复支付情况；

其二，支出凭证的合法性。开支的项目、范围、标准，是否违反有关规定和财经法纪，是否与计划、经济合同所规定的内容相吻合，有无单位公章和有关人员签章；

其三，支出凭证的合理性。该项支出是否适当，是否农村集体所需，有无浪费，列入科目是否正确，计价是否合理。上述现金收支凭证如果发现不正常情况，都要记录疑点，以便进一步追踪检查。

（3）收付款业务审计。

①收款业务审计。

收款业务审计要点包括：

其一，检查有无违反现金管理规定和结算纪律，利用各种手段侵占资金等现象；

其二，检查已出售的产品、物资的收入是否全部入账，有无隐匿收入、不入账、私设“小金库”以及将罚款收入窃为己有、中饱私囊等现象；

其三，检查凭证有无涂改迹象，仔细检查正反两面，检查有无以大改小的现象；

其四，检查有无销毁收款单据存根侵占资金的问题。由于目前一些农村集体经济组织的管理制度不够健全，有些财务人员常常以此手段侵占、挪用公款，审计中应认真追查此类事件。

②付款业务审计。

付款业务审计要点包括：

其一，检查在现金的支付中有无多付或错付，少付或漏付以及重复支付等情况；

其二，检查是否遵守银行结算纪律和现金管理规定，有无应转账却支付现金的现象；

其三，检查是否按审批程序支付现金，有无出纳员私自挪用、占用和乱支乱花等现象；

其四，检查是否有未按费用定额或开支计划超范围和标准开支的现象。有无乱批乱支，请客送礼、挥霍浪费等情况；

其五，检查有无伪造、涂改凭证的现象。特别要注意检查有无伪造工资单、差旅费或零星购置凭证等进行报销的违法行为；

其六，检查有无巧立名目、虚报费用开支或假借名义、乱摊滥派费用等现象；

其七，检查有无为外单位或个人套取现金，支持非法活动，从中收取贿赂等问题。

（4）现金日记账审计。

审计现金日记账时，首先要将现金收支凭证与现金日记账相核对。核对时，原则上应逐笔进行，但在内部控制制度比较严格的单位，可采取现金收支凭证分别相加后，再与现金日记账相核对的办法。其次，要复核余额与合计数。因为有时即使登记现金日记账的数字与凭证相符，但故意结错余额，并在有关账目中也故意少计一个数字，也还可以保持账目平衡。最后，要注意每天现金结余额是否超过银行核定的限额，有无出现红字以及当天收到现金未予及时入账等情况。如有，则做进一步审计。

（5）现金账务处理审计。

现金账务处理是从编制记账凭证开始到登完账簿为止的整个过程。在审计时，应审计记账凭证同现金日记账上的金额和内容是否相符，现金日记账和总账中现金科目收付存金额是否一致，现金收付凭证中的对方科目是否正确地记录在对方科目的明细账上。此外，如果要审计账簿记录是否有舞弊行为，则可通过抽查两个月的账目或每个月中的一部分账目，即从抽查账簿加总计算开始，直到追查到原始凭证为止。

（6）现金财经法纪审计。

①现金使用范围审计。

国务院发布的《现金管理暂行条例》第五条对现金使用范围作了明确规定。农村财务审计人员应将农村集体经济组织等被审计单位发生的现金业务与《现金管理暂行条例》的规定进行对照，检查其现金支付是否用于村民薪酬、其他个人支出或向个人收购农副产品和其他物资等条例规定的范围，视其有无违反现金使用范围的情况。

②库存现金限额审计。

根据《现金管理暂行条例》的规定，开户银行应当根据实际需要，核定开户单位3—5天的日常零星开支所需的库存现金限额。边远地区和交通不便地区的开户单位的库存现金限额，可以多于5天，但不得超过15天的日常零星开支。因此，农村财务审计人员应对农村集体经济组织等被审计单位持有的库存现金限额进行审计。将被审计单位库存现金日记账的每日结存额与经银行核定的库存现金限额数进行比较，视其有无超过限额的情况。

3. 银行存款审计

银行存款是指农村集体经济组织等存入银行、信用社或其他金融机构的货币资金。在银行存款账户资金往往都是大额存入、大额支取，因流动额度大，如果出现差错或违纪问题，其程度往往比较严重。因此，应注重农村集体银行存款的审计。

（1）银行存款日记账审计。

审计银行存款日记账时不仅要检查账面记录，还要与银行配合，才能全面、彻底地查实银行存款收付过程中有无弊错。银行存款日记账必须与银行的分户账相等。为了证实两者是否相等，必须要求农村集体和银行之间建立经常性的核对制度。一般每月终了，银行将对账单寄给单位，单位应及时进行核对。实际工作中，由于两者之间存在着未达账项，银行存款日记账的月末余额与银行对账单的月末余额往往并不相符，审计时应对银行存款余额调节表进行全面复核。

(2) 银行存款实有数审计。

银行存款实有数是指农村集体在银行里存放的货币数额。审计时要检查银行存款日记账的结存数和银行的对账单的结存数以确定货币数额是否正确。由于存在未达账项，两者的结存数可能是不符的，这就需要对两者的结存数进行调节，即编制“银行存款余额调节表”。两者结存数经调节后，如果相符，则调节后的结存数就是银行存款的实有数。

(3) 银行存款收付凭证审计。

银行存款收付凭证的审计，是指对于通过银行进行结算的业务，审计其银行结算凭证和证明经济业务内容的原始凭证。例如，将其他单位交来的支票存入银行，编制记账凭证和登记日记账时，一方面要附有支票的送存凭证，另一方面要有证明该项业务内容的凭证，两者缺一不可，这是审计银行存款收付凭证的主要特征。银行存款收付凭证审计的其他要点，基本与审计现金收付凭证相同，不再重述。

(4) 银行存款收付业务审计。

银行存款收付业务的审计重点是审计其公允性和合法性。具体要点包括：

其一，检查银行存款收付款业务和记账是否准确无误；

其二，核实确认收付业务有关的原始凭证合法性、真实性，以及相关手续是否完备齐全；

其三，审计银行存款支付与收入业务的合法性；

其四，抽查一定期间的银行存款日记账与总账核对，查明计算、加总是否正确，账账是否相符。

(5) 银行存款财经法纪审计。

除上述审计之外，还应审计农村集体在银行存款方面是否存在违反财经法纪的行为。例如，审计农村集体经济组织等单位是否利用转账支票擅自购买禁购商品，违反控制社会集团购买力的规定。检查有无出借、出租支票，从中收取好处费的情况。检查有无为外单位套取现金而收受好处费的情况。检查有无违反规定，私设“小金库”、搞账外存款的情况。检查有无不法人员利用银行存款采取一收一付相同金额的手法，侵占银行存款的情况。检查有无从银行取款不记账，以后做损失处理的情况。

4. 其他货币资金审计

其他货币资金是指村集体经济组织等被审计单位库存现金、银行存款以外的货币资金，包括但不限于外埠存款、银行汇票存款、银行本票存款以及在途货币资金。审计要点包括：

(1) 验证外埠存款、银行汇票存款、银行本票存款等各项明细账在期末的合计金额与总账记录是否一致；

（2）对外埠存款、银行汇票存款及银行本票存款的期末余额进行函证，并获取其他货币资金的对账单，再与账面记录进行比照。若发现两者之间存在差异，则需继续调查其原因；

（3）对于非记账本位币的其他货币资金，需检查其折算汇率的准确性；

（4）选取一部分原始凭证进行抽样检验，确保其经济内容完整且具备相应的授权手续；

（5）检查其他货币资金的披露是否恰当等。

（三）货币资金审计工作底稿

在农村财务审计中，货币资金的审计工作底稿主要包括以下内容：

（1）综合类审计工作底稿。这类底稿主要记录审计人员对货币资金审计的整体规划、组织、协调、控制和总结情况，可能包括审计计划、审计总结等；

（2）业务类审计工作底稿。这类底稿是审计人员在审计实施阶段执行审计程序时所编制和取得的具体工作底稿，包括但不限于现金盘点表、银行对账单核对记录、银行存款余额调节表、其他货币资金审计程序记录等；

（3）备查类审计工作底稿。这类底稿主要记录与货币资金审计相关的重要法律文件、会议记录、经济合同等备查资料；

（4）其他注意事项。在编制货币资金审计工作底稿时，还需注意确保底稿的完整性和准确性、规范底稿的编制和保存，以及加强底稿的复核和审核。

二、结算业务审计

（一）结算业务审计的概念内涵

农村结算业务是农村集体经济组织等因发生供、产、销等业务未能及时办理结算而产生的债权和债务关系，主要包括应收款和应付款。农村结算业务审计即农村审计机构和人员对农村集体经济组织等单位在经济活动中所涉及的结算业务进行审查和评价的经济监督活动。其目的是监督农村集体遵守结算纪律，促进其合理地利用资金，查证债权、债务的真实性和偿还能力，防止和纠正结算业务中的弊错，维护国家和农村财产。

（二）结算业务审计的内容

1. 结算业务内部控制审计

结算业务内部控制审计，主要审计以下内控制度和执行情况：

（1）是否严格遵守现金管理制度和执行结算纪律；

（2）是否在会计岗位责任制中制订定期对应收、应付款进行检查、清理制度，并严格贯彻执行；

（3）是否建立应收、应付款的管理报告制度，控制商业信用；

（4）是否建立结算业务内部稽核制度，加强结算业务管理；

（5）是否有严禁利用应收、应付款账户弄虚作假，隐匿收益、调节利润和成本等制度；

（6）是否做到严格控制与农村集体经营无关的应收、应付款的业务发生；

（7）是否建立坏账损失的审批制度。

2. 应收款审计

应收款是指农村集体经济组织等销售产品、材料和供应劳务以及代为垫支的包装费、运杂费、应向购货和接受劳务单位收取的款项。审计要点包括：

（1）查明应收款的真实性和实有数额。对应收款各明细账逐户进行分析，从发生时间、客户名称、客户生产经营范围等方面分析有无可疑之处，查证实有数额；

（2）查证应收款的合法性。注意应收款的形成是否符合结算制度和会计制度，是否按期结算和收回。检查有无超限额使用现金结算，有无擅自赊销或违反销售合同的应收款。如发现，应查明原因并确定责任归属；

（3）注意分期收款的应收款有无到期未收回的情况和原因，可结合分期付款销售合同，逐笔核查回收情况；

（4）注意长期拖欠的应收款，是否及时组织催款。检查有无无法收回，作为呆账的可能性。对长期没有业务往来的应收款，检查其有无存在纠葛或弊端；

（5）注意查明销售退回、折让和退补价款，对应收款的冲销，注意其发生数额是否正确；

（6）审计应收款明细账往来结算业务是否真实、合法。检查借贷方计算是否正确，原始凭证、记账凭证与明细账是否相符，各明细账余额之和与总账是否相符，有无错账、漏账等问题；

（7）运用账龄分析方法，查证应收款实有状况确定催收重点，防止呆账坏账损失。

3. 应付款审计

应付款是指农村集体为采购材料、物资和受劳务供应而发生的营业债务。审计要点包括：

（1）检查每笔应付款发生的原因，有无盲目采购造成拖欠货款或故意拖欠货款、违反结算纪律和合同规定的情况；

（2）检查应付款各明细账户贷方的记录是否正确，有无将不属于农村集体购进业务或与购进业务无关的账项计入或转入应付款的情况。检查有无虚列应付款或利用应付款账户进行不法活动，任意增减或隐匿购销业务，进而转移利润、偷税漏税的情况；

（3）检查应付款各明细账户的借方记录是否正确，偿还应付款的真实程度如何，应付款明细账户中有无出现借方余额的情况，如有则查明原因；

（4）检查有无不入账的应付款，分析不入账的原因及性质；

（5）检查进货退回、折让、退步价格等情况，查看其账簿记录是否完整、真实、及时；

（6）检查有无长期挂账的应付款，有无其他异常款项，分析其原因。

（三）结算业务审计工作底稿

在农村财务审计中，结算业务审计工作底稿主要包括以下内容：

（1）审计计划与工作安排底稿。包括审计目标、审计范围、审计方法和审计时间表；

（2）审计程序与证据底稿。包括询问记录、检查记录、观察记录、重新计算与核对记录等；

（3）审计发现与结论底稿。包括审计过程中发现的问题或异常情况，基于审计证据和分析，对结算业务作出总体评价，并提出具体的改进建议或措施；

（4）其他相关文件与资料底稿。包括结算业务相关法规与制度、会议纪要、审计工作底稿索引等；

（5）审计质量控制记录底稿。包括复核记录和审计项目组内部讨论记录。

三、银行借款审计

（一）银行借款审计的概念内涵

农村集体银行借款是指农村集体向银行、农村信用社或其他金融机构借入的具有指定用途并且需要定期还本付息的资金，分为流动资金借款、专用借款、基建借款三大类。银行借款的审计是对上述三类借款的申请、发放、使用和归还等环节所进行的审计。

（二）银行借款审计的内容

1. 银行借款内部控制审计

在农村集体财务审计中，针对银行借款的内部控制制度和执行情况审计的要点包括：

（1）检查农村集体经济组织等被审计单位是否建立了完善的银行借款审批流程，该流程是否遵循了相关法律法规和内部规章制度；

（2）核实借款资金是否用于规定的用途，有无挪用情况；

（3）检查农村集体经济组织等被审计单位是否制订了合理的还款计划，并按时偿还借款本金和利息；

（4）检查农村集体经济组织等被审计单位是否实现了借款业务相关岗位的职责分离，如借款申请、审批、发放、归还等环节是否由不同的人员或部门负责，以防止内部舞弊；

（5）检查农村集体经济组织等被审计单位是否建立了完善的借款信息记录和报告制度，包括借款合同的保管、借款资金的入账和支出记录、还款情况的跟踪等，以确保信息的准确性和完整性。

2. 流动资金借款审计

农村集体流动资金借款的审计包括生产周转借款、临时借款、结算借款和经批准的其他借款的审计，审计要点包括：

（1）检查流动资金借款手续是否完备，计划是否真实、正确、合理、可靠。审计农村集体是否严格履行了借款手续，在每个手续中提供的资料，提出的计划和申请是否完整、真实、可靠，有无不实之处；

（2）检查借款是否符合规定的范围。根据借款申请书检查其借款原因是否确实出于本单位生产的需要，是否符合规定的范围，有无将流动资金借款用于购建固定资产、发放工资和弥补亏损的问题；

（3）检查借款是否按照指定的用途专款专用，有无不按指定用途进行使用或转贷给其他方借以牟利的问题；

（4）检查借款的数额是否合理，效益如何。有无借入过多，浪费资金或不去借用造成周转困难的问题；

（5）检查借款是否按计划归还并按规定付息，有无逾期未清偿的借款和加罚的利息，原因是什么。

3. 专用借款审计

对农村集体各项专用借款的审计，审计要点包括：

（1）检查各种专用借款手续是否完备，借款计划和申请的编报、填写内容是否真实完整；

（2）检查借款是否必要、合理，借款项目是否认真进行过可行性研究，项目投产后是否能发挥预期的经济效益；

（3）检查借款是否用于指定的项目。有无不经批准随意更改项目或用于生产周转，违反专款专用原则的问题；

（4）检查借款的归还是否及时，是否按期还本付息；

（5）检查还款的资金来源是否符合规定。现行财务管理制度规定，除技术改造借款应首先用各种专用基金偿还外，其他专用借款应用该项目新增的利润归还，不足部分再用专用基金归还；

（6）检查各种专用借款的借入、使用和归还本息的会计处理是否符合现行制度的要求。

4. 基建借款审计

对农村集体基建借款的审计，审计要点包括：

（1）检查基建借款项目的报批程序是否完备，建设项目是否符合基建程序，有无充分技术经济论证和可行性研究报告。检查有无弄虚作假扩大基建投资规模的问题，有无盲目建设造成投资无效益的问题；

（2）检查基建借款是否用于批准的建设项目，有无违反专款专用的原则，随意改变建设项目的问题；

（3）检查借款是否在借款合同规定的期限内清偿并支付利息；

（4）检查还款的资金来源是否符合规定，偿还的顺序是否合理。按照现行制度规定。借款偿还的合理顺序是：首先偿还流动资产借款，其次偿还固定资产借款，最后偿还其他支出借款；

（5）检查基建借款的借入、使用和偿还的会计处理是否正确，是否符合现行会计制度的规定，有关数据是否吻合，归还借款是否经过财税部门核准等。

（三）银行借款审计工作底稿

在农村集体财务审计中，针对银行借款的审计工作底稿主要包括以下几类内容：

（1）审计计划与工作安排底稿。包括审计目标、审计范围、审计方法和审计时间表；

（2）审计程序与证据底稿。包括询问记录、检查记录、观察记录、重新计算与核对记录等；

（3）审计发现与结论底稿。包括审计过程中发现的问题或异常情况，基于审计证据和分析，对银行借款业务作出总体评价，并提出具体的改进建议或措施；

（4）其他相关文件与资料底稿。包括结算业务相关法规与制度、会议纪要、审计工作底稿索引等；

（5）审计质量控制记录底稿。包括复核记录和审计项目组内部讨论记录。

第四节　农村资源资产离任审计

党的二十届三中全会通过的《中共中央关于进一步全面深化改革推进中国式现代化的决定》指出，“健全自然资源资产产权制度和管理制度体系，完善全民所有自然资源资产所有权委托代理机制，建立生态环境保护、自然资源保护利用和资产保值增值等责任考核监督制度”。农村资源资产离任审计正是对这一重要部署的具体落实，实施农村资源资产离任审计的意义十分重大。

农村资源资产离任审计是贯彻落实习近平新时代中国特色社会主义思想和党的二十届三中全会精神的重要举措，是实现乡村全面振兴、推进农村民主管理建设、维护农村集体经济利益的重要手段，对农村现代化建设具有重要意义。其目标可以分为三个层次：根本目标是确保资源资产的合理利用，为农村长远发展奠定基础；现实目标是加强资源资产管理，提高利用效率，并解决管理中存在的问题；直接目标则是对农村干部在任期内资源资产管理的情况进行评价。实施农村资源资产离任审计有利于维护农村干部的合法权益，通过分清责任、实事求是评价干部功过，为干部奖惩提供依据；有利于维护农村集体经济组织成员的利益，使成员能够了解并判断所选管理者的称职程度，从而保障自身权益；有利于防止集体资产流失，确保集体资产的保值增值；农村资源资产离任审计是推动全面从严治党、加强干部监督管理的重要途径。

一、农村资源资产离任审计概念内涵

（一）相关概念

1. 农村资源资产的概念

农村资源资产是指农村范围内所拥有的具有经济价值的各种资源的总称。这些资源能

够为农村经济发展、农民增收等诸多方面带来利益，包括以山、水、林、田、湖、草为代表的生态资源。

2. 农村资源资产离任审计的概念

随着我国对农村发展的重视以及对资源环境保护意识的不断提高，农村资源资产的管理成为了一个重要问题。为了加强对农村干部的监督，确保其在任期内对农村资源资产的管理和使用符合法律法规和政策要求，农村资源资产离任审计应运而生。

农村资源资产离任审计是指由审计机构接受有关部门的委托，按照国家相关法律法规的要求，针对在农村集体经济组织任职的农村干部，在其任职、调离，退休或免去职务以后，对其任职期间管理及使用农村各类资源资产情况进行的全面审查与评价的活动。

（二）农村资源资产离任审计特点

1. 审计对象的人格化

农村资源资产离任审计作为一种法定的、常规执行的审计制度，它将“对人”和“对事”的检查评价有效结合在一起，从健全权力制约和监督机制的高度，对农村干部应负的责任进行问责问效，突出对农村干部个人履职责任行为进行的检查评价。

2. 审计流程的连贯性

农村资源资产离任审计实行“三审贯通”的审计模式，即任职期初审计、任职期中审计以及离任审计相互衔接、协同推进。在农村资源资产审计工作中，任职期初审计旨在全面摸清农村各类资源资产的初始状况，为后续审计监督提供基础数据和参照标准；任职期中审计则着眼于对任期内资源资产的动态管理和使用情况进行持续性监督，及时发现问题并督促整改；而离任审计则是对农村干部在整个任期内农村资源资产责任履行情况的全面审查和评价。通过这“三审贯通”的审计模式，能够构建起一个完整、系统的农村资源资产审计监督体系，确保农村资源资产的安全及有效利用，切实保障农村集体和村民的合法权益。

3. 审计范围的全面性

审计范围的全面性体现在两个方面：

一是从横截面分析角度出发，农村干部在农村资源资产离任时所涉及的经济责任涵盖其在任职期间对农村各类资源资产管理及使用所应承担的全面责任。

二是从纵向过程的角度出发，农村干部在其任职周期内，自就职起直至离任，各阶段均需履行相应职责并承担责任。在农村干部任职的全过程中，涉及农村资源资产的全部管理责任，均属于农村资源资产离任审计检查与评价的范畴。

4. 审计方法的多样性

在农村资源资产离任审计中，除了运用传统审计方法外，为了更准确地获取资源资产的相关数据，往往还要用到现代技术手段。例如，利用遥感技术（RS）、地理信息系统（GIS）来监测土地利用变化、森林覆盖情况，通过全球定位系统（GPS）对资源的地理位置进行精准定位，辅助实地勘察等。

5. 审计结果的重要性

审计结果需作为被审计农村干部考核评价、职务任免及奖惩的重要参考依据。农村集体及相关经济组织应建立审计整改责任机制，针对审计查出的违纪违法问题、体制机制障碍及制度性漏洞，在规定期限内完成整改并报送整改结果。有关部门须履行监督管理职责，对拒不整改或整改不力的集体组织，依法追究相关人员责任。同时，审计结果依法向社会公布，但涉及国家秘密或个人隐私的内容除外，村民可通过政府门户网站等渠道查询非涉密审计结果，保障自身知情权与参与权。

（三）农村资源资产离任审计对象

1. 组织对象

本节农村资源资产离任审计的组织对象主要是指农村集体及相关经济组织。根据《中华人民共和国农村集体经济组织法》中第二条规定“本法所称农村集体经济组织是指以土地集体所有为基础，依法代表成员集体行使所有权，实行家庭承包经营为基础、统分结合双层经营体制的区域性经济组织，包括乡镇级农村集体经济组织、村级农村集体经济组织、组级农村集体经济组织。”

2. 人员对象

农村资源资产离任审计的人员对象是指在任职期满、升任、调离、退休或免职时被审计的农村集体及相关经济组织的主要农村干部。

二、农村资源资产离任审计内容

（一）按照农村资源资产管理责任划分

1. 资产真实完整情况审计

资产真实完整情况审计是对农村干部在任职初期、任期内以及离任时，所属农村集体及相关经济组织管理的资源资产的真实性、安全性与完整性进行的审计。其审查内容包括：任职初期至离任期间，各项资产的数量变动情况、增减原因，以及是否实现资产保值增值。

2. 内部控制审计

内部控制审计是指农村集体组织为达成预定控制目标，通过建立制度、执行策略及实施规程，对内部运作各项活动蕴含风险进行识别、评估并有效管理的过程。其审查内容包括：审查是否建立完善的内部控制相关制度，执行策略是否到位；检查对内部活动风险的识别是否全面、准确，风险评估是否科学合理；核查各项内部活动是否符合法律法规、政策规定以及组织内部的规章制度；审查集体资产在管理、使用过程中是否安全，有无流失、浪费等情况；查看是否建立有效的防范机制预防内部人员舞弊和腐败行为的发生，保证组织运作廉洁性。

3. 农村资源资产责任目标完成情况审计

农村资源资产责任目标完成情况审计是以农村资源资产责任目标（任期各年度计划目标）为标准，审核关键责任指标完成情况的审计工作。其审查内容包括：计算与补充农村集体及相关经济组织未自行提供的指标，复核农村集体及相关经济组织已算指标，对比分析同类指标，深入挖掘管理层面问题，明确被审计农村干部在相关问题中应担责任。

4. 实现资源资产的保值和增值审计

实现资源资产的保值和增值审计是针对农村干部所承担的资源资产保值增值责任开展的审查工作。其审查内容主要包括：审查资源资产是否账实相符、是否真实存在；审查资源资产管理是否具备安全性、使用是否具备有效性；审查是否存在因管理不善导致的资源资产流失问题。

5. 制定重大经济决策的审计

重大经济决策审计是针对农村干部在重大投资、产权转让、资产处置等重大经济决策方面开展的审计工作。其审查内容主要分为两方面：一方面是审查决策程序的合理性，重点关注重大经济决策是否经过可行性论证、民主评议，有无授权批准文件、可行性研究报告和协议，以及协议中是否存在损害本集体组织利益的条款；另一方面是审查决策结果的科学性，着重关注是否具备严格预算体系以有效管理开支，资金使用是否真实合理，有无资源不当损耗或浪费现象，能否保证会计计量的完整性和准确性，是否存在应计未计或不应计却计入总金额的情况。

6. 个人廉洁自律情况审计

个人廉洁自律情况审计是针对农村干部廉洁自律状况开展的审计工作。其审查内容主要包括：评估农村干部是否严格遵循廉洁自律准则，忠实履行职务责任，排查利用职权或影响力牟取非法收益的行为；检验其是否遵循组织人事规章制度，是否严格按照干部选拔任用正规程序操作，排查在干部选拔过程中为自己牟取不当利益的行为；审查农村干部在集体资产的管理和使用上是否合规，排查以权谋私、侵占公共财产的行为。

（二）按照农村资源资产类型划分

农村资源资产离任审计对于推动农村地区的可持续发展具有重要意义，不同类型的资源资产在审计时确实存在较大差异，本节涉及的资源资产主要包括森林资源、土地资源、矿产资源以及水资源。

1. 森林资源

农村森林资源资产离任审计是指审计机构对农村干部在其任期内所负责的森林资源资产相关信息进行监督、核查、验证及评估，确保其真实性、合规性和效益性，进而评价农村干部对森林资源的管理、开发等情况，并提出审计意见与建议的过程。

针对森林资源，审计重点涵盖以下几个方面：

（1）农村干部在任期内对森林资源增长与减少目标责任的实际履行情况，具体涉及森林面积、蓄积量、覆盖率、造林成效、森林蓄积总量及其增长情况、生长率、消耗量、综合出材率以及资源利用率等关键指标；

（2）森林资源资产管理制度的构建完善程度、执行情况及成效评估；

（3）森林资源扩大再生产过程中经营、利用、消耗等环节的审计。包括森林采伐限额的监督检查和审计、造林项目内容及产出的监督检查和审计、森林经营方案编制和执行情况的审计、林地管理情况的审计和森林资源保护措施的审计等；

（4）农村干部任职期间森林资源管理取得的主要成效与森林资源资产管理不当中被审计农村干部的责任。

2. 土地资源

农村土地资源资产离任审计是指审计机构对农村干部在其任期内所负责的土地资源资产相关信息进行监督、核查、验证及评估，确保其真实性、合规性和效益性，进而评价农村干部对土地资源的管理、开发等情况，并提出审计意见与建议的过程。

针对土地资源，审计重点涵盖以下几个方面：

（1）在审查耕地保护时，其工作核心在于核实约束性指标的执行状况、目标责任制的达成情况，以及这些指标和目标达成数据的真实性和可信度；

（2）在审查耕地保护时，其工作应着重检查是否存在违规减免或返还土地出让收入、利用职权谋取个人利益、非法占有或骗取征地拆迁补偿款等不当行为。

3. 矿产资源

农村矿产资源资产离任审计是指审计机构对农村干部在其任期内所负责的矿产资源资产相关信息进行监督、核查、验证及评估，确保其真实性、合规性和效益性，进而评价农村干部对矿产资源的管理、开发等情况，并提出审计意见与建议的过程。

针对矿产资源，审计重点涵盖以下几个方面：

（1）矿产资源的现有储备量及其开发利用的状况；

（2）矿产资源开发利用过程中是否存在破坏性开采、低效利用问题，主要通过检查相关矿产开发的政府批文、矿产品开发利用方案、生产设计方案、采购设备清单、回采率计算方法等内容，查看设备的先进化程度、生产工艺水平等内容，其是否符合资源有序高效利用等要求；

（3）区域内大中型矿山环境监测体系建设情况等矿产资源开发利用管理；

（4）在矿产资源开发活动、矿业权交易以及矿产资源专项资金的收支流程中，是否存在违反法律法规的行为。

4. 水资源

农村水资源资产离任审计是指审计机构对农村干部在其任期内所负责的水资源资产相关信息进行监督、核查、验证及评估，确保其真实性、合规性和效益性，进而评价农村干部对水资源的管理、开发等情况，并提出审计意见与建议的过程。

针对水资源，审计重点涵盖以下几个方面：

（1）水资源资产的来源渠道、具体数量以及水质状况；

（2）水资源管理保护目标责任的落实情况，涵盖各项管理任务的完成情况，尤其聚焦于用水总量控制、用水效率提升及水功能区纳污限制这“三条红线”目标和强制性指标的达成状况；

（3）评估农村干部任期内是否遭遇重大水环境污染事件，并明确事故责任的归属。

三、农村资源资产离任审计特殊程序和方法

（一）农村资源资产离任审计特殊程序

通常而言，审计流程涵盖审前筹备、审计执行及审计报告编制等多个环节。农村资源资产离任审计在审前筹备与报告编制上可遵循常规审计流程，但鉴于资源资产的独特性，以下着重阐述其审计执行的具体步骤：

（1）收集并核对农村资源资产的财务账簿、报告以及相关文档资料，全面掌握集体组织的资源资产状况，确保审计工作的精确性；

（2）基于农村资源资产离任审计的目标以及相关政策法规的指引，对账簿与文件资料实施深入的分析性复核。细致甄别资源资产在核算、管理、开发与利用等环节中可能出现

的潜在问题，从而明确审计工作的重点与方向，确保审计活动能够精准定位并有效揭露相关问题；

（3）为深入洞察农村资源资产实况，审计团队积极走访资源资产周边居民，设计详尽的问卷，覆盖土地使用、生态环境变化等维度，逐户发放并耐心解答疑问。同时，开展面对面访谈，倾听居民关于资源开发影响的叙述，详细记录，确保获取第一手资料；

（4）基于国家与相关部门的政策指引以及遵循受托责任的基本原则来验证审计证据，发现农村领导者在资源资产的核算、管理、开发以及利用过程中存在的各种问题；

（5）基于审计证据，与被审计农村干部进行沟通，达成共识后形成审计结论；

（6）结合农村资源资产管理政策导向与离任审计目标，依据审计结论，撰写审计报告。

（二）农村资源资产离任审计特殊方法

在农村资源资产离任审计中，传统审计方法是基础且不可或缺的组成部分，下面将梳理一些在资源资产离任审计中特殊的审计方法。首先，介绍一些传统的审计方法：

1. 实地调查法

审计团队派成员到达资源资产的实际位置，实施实地勘查，包括现场观察、摄影及录影，以直接获取审计所需的数据。此外，通过选取代表性样本进行测试，进一步强化证据的可靠性。为全面评估农村领导干部的职责履行状况，向长期居住在该区域的村民分发问卷，收集他们的意见。最终，整合现场调查所获信息，确保所有收集到的证据均具有高度的真实性与可信度。

（1）准备阶段：审计人员依据审计目标，确定调查的重点资源资产，如特定区域的森林、河流或矿山等，并收集该地区的相关资料，包括地理信息、以往的资源勘查报告和环境监测数据。准备专业的检测工具，如水质检测仪器、土壤采样设备等，以及摄影摄像器材用于记录现场情况。同时，设计详细的村民调查问卷，内容涵盖资源环境现状感知、农村干部在资源保护和开发举措等方面的问题；

（2）现场勘查阶段：抵达目的地后，审计人员对资源资产进行全面观察，记录其外观、范围和周边环境等特征，并对关键部位拍照、录像。按照科学的抽样方法选取样本，如在森林中设置样方，在河流中采集水样，对样本进行专业检测，获取准确的资源数据；

（3）村民调查阶段：在周边村民区，随机选取一定数量的长期村民发放问卷，确保问卷填写的真实性和有效性。回收问卷后，整理分析村民反馈的信息，与现场勘查结果相互印证，综合评估农村干部履职情况和资源环境生态状况，确保审计证据真实可靠，为后续审计工作提供有力支撑。

2. 访谈法

审计人员通过面对面的交谈与被访谈对象进行互动，深入探讨并收集有关农村集体及相关经济组织内部规章制度执行状况的相关信息。与外部相关人员进行交流，包括自然资源所在地的当地村民及该领域内的专业学者，以全面评估资源资产的开发、利用及保护状态，并据此收集详尽的审计证据。

（1）审计人员首先明确访谈目的，围绕农村资源资产离任审计确定重点问题，如资源开发项目的决策过程。制定详细的访谈提纲，针对不同访谈对象设计个性化问题，对于集体组织内部人员，侧重制度遵循；对于周边村民，聚焦日常可见的资源利用及环境变化；对于专家，着眼专业的技术分析与行业见解。同时，确定合适的访谈人选，包括具有代表性的组织成员、周边社区活跃村民以及业内权威专家等；

（2）与被访谈人员预约时间，营造轻松、开放的交流氛围，以温和、专业的态度开场，确保对方放松并愿意畅所欲言。按照访谈提纲有序提问，灵活追问细节，鼓励被访谈者充分表达观点，认真倾听并做好记录，不仅捕捉言语信息，还留意其表情、语气等非语言线索，以深入了解背后的潜在信息；

（3）访谈结束后，迅速整理记录，将零散的信息分类归纳，提取关键要点，与其他审计证据相互印证，如与实地勘察数据、文件资料审查结果比对，验证其真实性与可靠性，为形成完整准确的审计结论奠定基础，从而全面掌握资源资产的实际状况及存在的问题。

（三）与传统审计手段相融合的现代技术

在农村资源资产离任审计中，鉴于当前农村经济与资源管理日益复杂，传统审计方法迫切需要注入新的内涵。尤其是在对各类资源资产进行计量分析时，应因地制宜地采用多元化的审计方法，巧妙地将现代技术与传统审计手段相融合，从而为资源资产离任审计赋予全新的价值。下面详细介绍几种现代技术：

1. 全球定位系统

全球定位系统（GPS）是一种基于卫星的无线电导航定位系统，具备全天候、全球覆盖及实时提供三维位置、三维速度等精确信息的能力，为广泛领域提供了精准的定位服务。审计人员可以利用 GPS 技术对可疑地块进行现场测量，准确确定土地面积和地类，从而有效监督土地资源的合规使用情况（见图 9－1）。此外，GPS 技术还可以与地理信息系统相结合，通过空间叠加分析，找出资源资产发展变化的趋势及存在问题，为审计提供精确的数据支持。这种技术的应用不仅提高了审计效率和准确性，还有助于发现潜在的违法违规行为，确保农村资源资产的合规管理和有效利用。

图 9－1　使用 GPS 定位仪进行现场测量

2. 地理信息系统

地理信息系统（GIS）是一种基于数据库的计算机技术体系，旨在通过软硬件平台，实现对地理空间数据的集成管理、操作处理、分析以及可视化输出功能。地理信息系统具有强大的数据管理和分析功能，可以整合各种地理空间数据，如土地利用数据、森林资源数据等。在农村资源资产审计中，它可以帮助审计人员直观地了解资源资产的分布情况，进行空间分析和数据叠加，从而发现潜在的问题和违规行为。利用 GIS 等地理信息空间技术，实现了疑点线索精准化定位、多样化取证、数字化记录、一键化分析和可视化展示。图 9－2 展示的是 GIS 的一个应用界面。

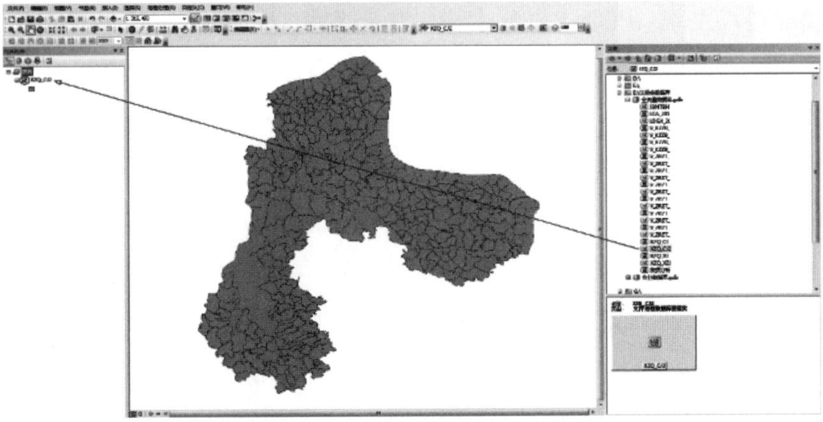

图 9－2　GIS 应用界面（示意）

3. 遥感技术

遥感技术是 20 世纪 60 年代兴起的一种探测技术，是根据电磁波的理论，利用多种传感仪器对远程目标所发射及反射的电磁波信号进行采集、分析与图像重构，进而实现对地表各类景象的探测与辨识的集成技术，通过遥感技术，可查询到高分一号、高分二号、资源三号等国产高分辨率遥感影像（见图9－3）。在农村资源资产离任审计过程中，可以利用遥感影像作为核心数据来源，精确捕捉并分析农村干部在其任职期间内资源资产的客观时空分布特征。通过实施多时相连续监测技术，能够系统地收集并解析资源资产的动态变化信息，从而全面揭示资源资产在空间和时间维度上的实际分布状况及其演变过程。

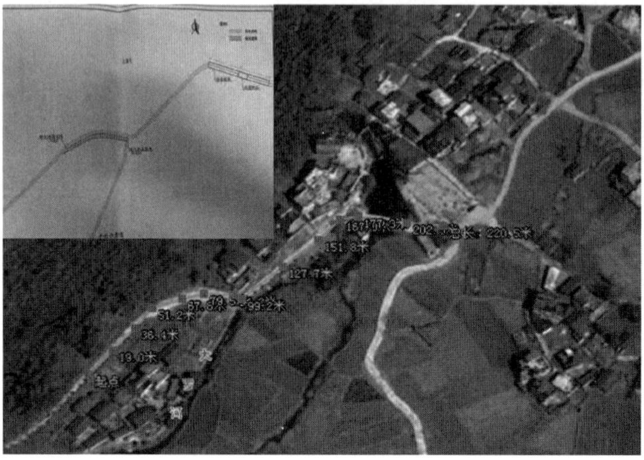

图9－3　遥感影像

4. 卫星地图

卫星地图在农村审计工作中发挥着至关重要的辅助作用。借助现代卫星技术，卫星地图能够生成极为清晰且覆盖范围广泛的地理图像，其高分辨率的特性使农村地区各类资源资产的细节都能得以呈现（见图9－4）。审计人员利用这一优势，能够迅速地对农村的土地、林地、水域等资源资产的整体分布状况形成全面认知。在实际操作中，审计人员仔细比对不同时间拍摄的卫星地图，这些对比发现的土地利用变化和森林砍伐等问题，指引审计人员锁定重点区域深入调查，有力地推动了审计工作的高效开展。

图9－4　通过卫星地图观察到的农村地区

本章小结

本章讲述了农村财务审计概述、农村投融资循环审计、农村资金审计和农村资源资产离任审计。包含以下要点：

1. 农村财务审计概述。了解农村财务审计的基本概念内涵，学习农村财务审计的发展历程，明晰相关审计机构和审计人员的职责与权限，从而构建农村财务审计的学习框架。

2. 农村投融资循环审计。聚焦于农村投融资循环，系统阐述了农村投融资活动相关概念与审计实务，并对农村投融资活动的效益审计进行了详细介绍。

3. 农村资金审计。聚焦于货币资金审计、结算业务审计和银行借款审计，详细阐述了相关内部控制审计要点和实质性程序审计要点，并对审计工作底稿的分类进行了详细介绍。

4. 农村资源资产离任审计。对农村资源资产离任审计的概念内涵和内容进行了详细说明，重点阐述了农村资源资产离任审计的特殊审计程序和方法。

思考讨论

1. 农村财务审计方法中的顺查法、逆查法、详查法和抽查法的优缺点以及适用情况是什么？

2. 在当前乡村振兴战略背景下，农村财务审计应如何合理分配资源，聚焦审计重点，以更好地服务于农村经济社会发展？

3. 农村投融资循环审计中各环节审计的内容有哪些？

4. 在新时代中国特色会计倡导综合考量经济、社会和环境效益的背景下，除运用财务指标外，审计中还能通过哪些方式全面衡量农村投融资项目的综合效益？

5. 农村资金审计中，库存现金审计的主要内容有哪些？

6. 针对农村集体银行借款的审计，该如何评估借款资金的使用效益和还款能力，为农村集体经济组织的融资决策提供参考？

7. 农村资源资产离任审计的特点和审计对象是什么？

8. 随着国家“双碳”战略在农村地区的逐步落地，农村资源资产离任审计怎样将碳排放核算、生态系统碳汇功能评估等纳入审计范畴？

相关链接

1. 张丙来，杨爱梅，王长会．农村经济管理工作指南［M］．北京：中国农业科学技术出版社，2006：165.

2. 周友兴．农村集体经济审计实务［M］．北京：中国农业科学技术出版社，2018(01)：66－68.

3. 王林．农村审计学［M］．长春：吉林大学出版社，1994：15，18－19，191－201.

4. 广东省财政厅编著．农村审计［M］．广州：华南理工大学出版社，2009：12，17－18，102－113，200－202.

5. 何效钟．农村审计［M］．北京：中国农业科技出版社，1988：20－23，99－103.

6. 雷功，彭世先．农民顾问［M］．太原：山西科学技术出版社，1993：258－259.

7. 王俊韡，王朝霞．乡村振兴投融资机制及跟踪审计研究［M］．北京：科学出版社，2021：11－20.

8. 张文棋．福建农村经济发展研究［M］．北京：中国农业出版社，2004：274－291.

9. 刘明辉，史德刚．审计［M］．沈阳：东北财经大学出版社，2017：308－329.

10. 陈国镛．农村经济审计［M］．沈阳：辽宁人民出版社，1995：78－80，85，112－116，138－150，152－153.

11. 范小建，张毓琮．农村合作经济审计［M］．北京：法律出版社，1992：104－116，134－140.

12. 王学龙．经济效益审计（第3版）［M］．沈阳：东北财经大学出版社，2021：2－18.

13. 李建峰，李晓钏，赵剑锋．工程项目审计［M］．北京：机械工业出版社，2021：119－136.

14. 黄影秋．环境会计理论与制度构建［M］．长春：吉林科学技术出版社，2021：191－197.

15. 陈继昌．农村审计学概论［M］．北京：北京农业大学出版社，1988：117－119，143－145.

16. 刘大贤，佘鑫林．实用农村审计［M］．北京：北京经济学院出版社，1991：44－47，49－52.

17. 许树恩，周军．农村经济审计学［M］．北京：北京农业大学出版社，1991：87－88，97.

18. 辽宁省农业经济学校主编．农村审计学［M］．北京：农业出版社，1993：80－88.

19. 赖瑞华．农业财务会计实用手册［M］．北京：科学技术文献出版社，1991：1184－1185.

20. 耿建新，吕晓敏，刘尚睿．基于资源环境承载能力的资源资产离任审计研究——以我国林木资源为例［J］．会计之友，2019（24）：104－112.

21. 杨晓和，冯丽丽，荣欢．领导干部土地资源资产离任审计研究［J］．审计研究，2017（06）：22－27.

22. 张喜太，侯金平．农村经济活动的审计与监督［M］．北京：中国社会出版社，2010：154－157.

23. 李凤才．农村审计实务［M］．北京：中国农业出版社，2001：85－87.

24. 杜敏，周丽旋，彭晓春．自然资源资产核算与领导干部自然资源资产离任审计研究［M］．北京：化学工业出版社，2016：169－182.

25. 崔海红，黄良杰．自然资源资产核算逻辑及其离任审计程序设计［J］．财会月刊，2023，44（10）：97－102.

26. 周一虹．兰州财经大学丝绸之路经济研究文库 领导干部自然资源资产离任审计研究［M］．北京：中国财政经济出版社，2021：83－89.

27. 梁曼莉，王铭．地理信息技术在自然资源资产离任审计中的应用［J］．现代审计与经济，2018（02）：35－37.

28. 参见：《中华人民共和国审计法实施条例》（国务院令〔2010〕571 号）：https：//www. gov. cn/gongbao/content/2010/content_1539386. htm.

29. 参见：《中华人民共和国国家审计准则》（审计署令〔2010〕8 号）：https：//www. audit. gov. cn/n11/n10165075/n10165124/c10176144/content. html.

30. 参见：黄知才编：《破解“三变”改革难题，盘活乡村资源资产》：https：//mp. weixin. qq. com/s/EGRvbPzW9536DRVJPihSSg.

31. 参见：张广学编：《浅议地理信息技术（ArcGIS）在自然资源资产离任审计中的应用》：https：//sjt. hubei. gov. cn/sjzx/sjwh/zhlt/202101/t20210118_3260231. shtml.

32. 参见：审计署编：《直击审计一线 | 当审计遇上“黑科技”》：https：//mp. weixin. qq. com/s/EZLh8G3bS38DjnDe7FMzWw.

33. 参见：江苏省内部审计协会编：《地理信息系统在内部审计的非现场审计应用研究——以某市电网配网相关费用审计为例》：https：//mp. weixin. qq. com/s/ZBRaV3JTw8CdPWEZYf8VTQ.

34. 参见：中央审计委员会办公室、审计署《“十四五”国家审计工作发展规划》：https：//www. audit. gov. cn/n4/n19/c10024954/content. html.

35. 参见：《农业农村部办公厅关于做好农业农村重大项目谋划储备深化融资对接服务的通知》（农办计财〔2024〕20号）：https：//www. gov. cn/zhengce/zhengceku/202408/content_6969488. htm#：~：text.

36. 参见：财政部《国务院关于财政农业农村资金分配和使用情况的报告》：http：//www. mof. gov. cn/zhengwuxinxi/caizhengxinwen/202012/t20201228_3637312. htm.

37. 参见：《审计署关于在乡村振兴战略实施中加强审计监督的意见》（审农发〔2018〕27号）：https：//www. audit. gov. cn/n6/n36/n10084122/c10090468/content. html.

38. 参见：审计局编：《GPS定位助力生态修复建设》，2022年10月20日，见https：//www. cqcs. gov. cn/zwxx_164/bmjz/202210/t20221020_11206313. html.

39. 参见：《中共中央关于进一步全面深化改革 推进中国式现代化的决定》（2024年7月18日中国共产党第二十届中央委员会第三次全体会议通过）：https：//www. news. cn/politics/20240721/cec09ea2bde840dfb99331c48ab5523a/c. html.

第三部分　前沿拓展篇

第十章　农村财务管理发展前沿

课程思政

1. 让学生了解乡村振兴背景下农村财务管理的前沿热点，理解农村财务管理是乡村全面振兴的经济基础，认识到研究农村财务管理发展前沿的目的是保护农村资产和保护农民权益。

2. 深入了解我国现阶段农村财务管理出现的问题，以及熟悉农村财务管理过程中的规范性文件和政策，牢记党和国家对农村资产和农民利益的坚决保护和不容损害的底线原则。

3. 了解我国在农村财务管理进程中通过政策引导和资金支持取得的阶段性成果，进一步掌握国家农村经济工作的发展动态，增强政策理解力和执行力。

学习目标

1. 了解农村财务信息化和“三资”智能监管的基本概念、发展历程和趋势。掌握农村财务信息化所需的基本技术和工具；熟悉农村“三资”智能监管系统的构建与应用。

2. 理解农村财务舞弊的类型与特点，掌握农村财务舞弊的防治策略与方法。学习如何建立和完善农村财务内部控制体系；培养农村财务舞弊防治的意识和能力。

3. 理解农村盈利模式的基本构成与要素，掌握盈利模式的基本概念、类型和特点，分析盈利模式的基本构成要素；探索乡村产业的盈利模式与价值创造路径；学习如何根据乡村产业的特点和资源禀赋，设计合理的盈利模式。

4. 理解供应链金融的基本原理与运作模式，掌握供应链金融的基本概念、发展历程和趋势。理解数据入表的基本原理与要求；掌握数据入表的基本概念、原则和方法；学习如何将农业企业的数据资产纳入财务报表进行管理和披露；掌握农业企业数据资产财务处理的方法与技巧。

内容简介

1. 农村财务信息化与农村“三资”智能监管。阐述农村财务信息化的概念、发展历程及意义，奠定农村财务管理发展前沿的理论基础。在农村财务信息化的基础上引入农村“三资”概念，讲述“三资”智能监管的必要性和重要性以及常用技术。

2. 农村财务舞弊与防治。阐述农村财务管理进程中常见的舞弊行为，基于这些舞弊行为讲解农村财务管理过程中如何防治舞弊，并进一步明确财务管理的职责和权限，确保财务运作的规范性和透明度。

3. 盈利模式与乡村产业价值创造。讲解农村盈利模式的特点、类型和新型盈利模式，厘清农村盈利模式的种类和前沿热门领域。在价值创造的基础上引入乡村产业价值创造，以乡村产业发展是乡村经济发展的关键价值为出发点，介绍新质生产力和互联网生态下的乡村产业价值如何创造。

4. 供应链金融与农业融资获取。讲述供应链金融的概念、特点及四种主导模式，明晰四种模式不同的功能及特点，并在此基础上并进一步梳理供应链金融的发展困境，其中以农业融资获取作为核心内容。

5. 数据入表与农业企业数据资产财务处理。首先明确数据资产的概念、特点及分类，在明确数据资产的基础上讲解数据入表的国家政策和会计准则。最后讲解农业企业数据资产的会计计量方法和数据资产的列报与披露。

导入案例

数字赋能规范“三资”监管

二十届中央纪委二次全会强调，积极开展乡村振兴领域不正之风和腐败问题专项整治，加强对重点项目、重大资金、重要环节的监督检查，看住国家资产、集体财产，维护农民合法权益。在实践中，福建省莆田市荔城区纪委监委聚焦乡村振兴资金使用、村级工程项目建设、村级资产资源处置等重点事项，依托基层小微权力监督平台、智慧监督平台，推进纪检监察工作与现代化信息技术融合，实现农村集体“三资”运行全流程网上透明监管。

规范制度引领。紧盯乡村振兴项目资金使用、村级工程项目建设、村级资产资源处置重点环节，明确重点监督事项，编制小微权力监督清单，配套制作农村集体“三资”运行流程图，以“三资”管理和审批流程为切入点，推动打造全流程网上监管系统。同时，推动印发农村集体“三资”全流程网上监管工作方案，进一步夯实资金、资产、资源数据基础，加大力度对农村集体“三资”进行全面清理、动态管理及网上监管，不断提升管理质量和水平。

全流程网上监管。推动各镇街、村居充分运用“三资”全流程网上监管系统，对重点事项流程录入、审核情况进行全过程监管，确保履责过程可查询、可追溯，压紧压实村居主体责任及部门监管责任。纪检监察机关立足监督的再监督，通过实时查看项目运行全过程、责任部门监管全流程，重点督促解决线下监管滞后、源头防范不及时等问题。针对农村集体“三资”公开不够透明、载体较为单一的问题，该区开发微信小程序，把群众关心、关注的资金使用、项目推进、资产资源处置等全流程审核内容“搬到”线上，让群众实时了解村务动态、提出质询，推动村务监督从“有形覆盖”向“有效覆盖”转变。

精准闭环监督。积极探索大数据监督渠道，依托数据整合抓取、建模分析等手段，建立荔城区“下沉监督”平台，紧盯农村集体“三资”全流程运行中易发多发问题，通过设置比对规则实现数据碰撞，推动对疑似资金滞留、超期发包、优亲厚友等问题信息及时预警。针对碰撞产生的预警信息，镇街纪（工）委开展分析研判和线上监督，结合日常监督和查办案件情况，在推动问题整改的同时，严肃查处领导干部主体责任弱化、履职不力等问题。平台运行以来，共碰撞产生预警信息284条，发现问题62个，处理18人，其中给予党纪政务处分5人。

资料来源：中央纪委国家监委网站，福建省莆田市荔城区纪委监委课题组 https://www.ccdi.gov.cn/yaowenn/202312/t20231214_314369.html.

第一节　财务信息化与农村“三资”智能监管

一、财务信息化

（一）财务信息化的内涵

1. 财务信息化的定义

财务信息化是通过现代信息技术实现财务数据的自动化或半自动化收集、整理、加工、存储、分析和传输等，从而提高财务管理的效率和质量，帮助经济责任主体更好地进行决策制定、战略规划、风险防范与财务监督。

2. 财务信息化的标志

信息化能够大大提升财务管理能力，在财务管理中的运用非常广泛，涉及财务管理的各个层面，主要包括以下几个方面：

（1）财务管理的数字化。

传统的财务管理依赖手工操作的纸质记录，而信息化的财务管理将所有数据转化为电子数字形式，如电子账簿、电子报表、电子发票等，以实现财务数据的自动化录入、存储、检索和分析，从而减少人工干预和错误，提高财务数据的准确性和完整性。

（2）财务流程的自动化。

利用软件系统和自动化工具，如 ERP（企业资源计划系统）和 RPA（Robotic Process Automation，机器人流程自动化）技术等，对财务流程进行自动化或半自动化处理，尤其是财务工作中的重复性、标准化任务都可通过自动化系统完成，减少手工操作频率，从而极大地提升工作效率并降低人工失误，如自动进行财务核算、自动生成财务报表、自动处理发票、自动纳税申报等。

（3）财务决策的实时化。

财务信息化可以通过大数据、云计算、移动互联网等技术实现财务数据的实时更新，确保决策层能随时获得精准、最新的数据以作出高效及时的决策。

（4）财务分析的智能化。

在财务信息化的过程中，通过数据挖掘、人工智能、机器学习等对财务数据进行智能分析，并提供更加精准且可视化的财务预测、风险评估和决策支持。能够预测未来财务状况、识别潜在的风险和机会，从而为企业的战略决策提供有力依据。

（5）财务服务的共享化。

财务信息化推动了财务共享服务的建设，管理人员可以花更少的时间更集中地管理多个子公司或部门的财务资源，实现财务数据和流程的集中化、标准化和自动化处理。共享服务中心的设立减少了冗余的财务人员配置，提升了财务管理效率，节省了成本。

（6）财务行为的合规化。

财务信息化使经济主体的所有数据、报表、交易等都能在系统中得到记录和追溯，实现随时随地稽核，从而增强财务透明度。同时，通过自动化系统的内置规则，可以确保每项财务操作都符合法律要求。这意味着信息化能够帮助经济主体更好地遵守相关法律法规。

（7）财务数据的安全化。

随着信息化水平的提升，财务数据的存储、传输和处理变得更加安全。信息系统通常会有严格的数据安全和权限管理机制，如数据加密、访问控制等，防止财务信息被非法获取或篡改，从而确保数据的安全和保密。

（二）财务信息化的发展历程

全球范围内，财务信息化的演变经历了多个阶段，从最初的会计电算化到现在的财务智能化，当前正处于较为成熟的阶段，但随着信息技术的不断进步，未来可能还会进入新的发展阶段。

1. 初始阶段：会计电算化（1980—2000 年）

会计电算化是财务信息化的基础，也是早期发展阶段。其主要标志是电子计算机及现代信息技术代替手工做账，能够对财务管理所需的基础会计数据进行半自动化处理。这个阶段是在计算机的诞生和逐渐普及下完成的。早在 1954 年，美国通用电气公司就开始尝试用计算机进行工资计算。到了 20 世纪 60 年代，国外基于 DOS 平台的企业管理软件发展迅速，国内外于 80 年代开始尝试用计算机辅助会计工作，这标志着财务信息化在技术层面成为可能。

计算机化的会计系统逐步取代人工记账，大大提高了财务人员处理工作的效率，将他们从烦琐的会计基础核算中解放出来，使财务管理活动可以通过自动收集、处理、存储、传输和分析数据实现初步信息化。早期的财务软件核心应用为账务处理、报表生成、预算编制等，一般为单机版且需要安装客户端，国外如美国的 Oracle E - Business Suite、QuickBooks、Peachtree，德国的 SAP On - Premise 等，国内主要是金蝶和用友的单机系列软件。

2. 发展阶段：集成化与标准化（2000—2010 年）

进入 21 世纪后，财务软件开始不再满足于单纯的会计核算，跨部门、跨功能的集成化财务软件成为常态，使企业可以实现“业财结合”和数据共享。其实早在 20 世纪 90 年代，基于“需求—计划—采购—生产—销售—财务核算”的企业 ERP 就开始崭露头角，但受限于网络技术的局限，跨地区、跨部门的全流程自动化难以实现。进入 21 世纪后，随着计算机软硬件的升级换代以及互联网的普及，财务管理工作逐步整合到 ERP 系统中，财务信息化不再仅是会计核算，开始推动业务流程的重组与优化。

企业可以通过集中式、标准化的财务管理系统，进一步提升财务管理效率。另外，在电子发票、电子支付等技术的加持下，财务信息化得到进一步发展。这个阶段的代表性技术为 ERP 系统的普及，如电子支付系统、供应链系统、人资管理系统、生产系统、税务系统等与财务系统的整合，上一个阶段提到的国内外财务软件开发者都纷纷推出了自己的 ERP 集成系统，如 SAP、Oracle、金蝶和用友等。

3. 成熟阶段：数据分析与智能化（2010—2022 年）

财务信息化进入数据分析和智能化阶段，企业开始使用大数据、智能系统、移动互联网与云计算来分析和优化财务决策。随着 AI（人工智能）、ML（机器学习）和大数据等技术的进步，2010 年之后，财务和会计工作发生了根本性变革，财务职能从单纯的账务处理和报表生成转型为决策支持，财务大数据、FSSC（财务共享服务中心）成为战略决策的关键依据。国内金蝶推出了首个 SaaS（Software as a Service，软件即服务）云财务产品。2016 年，基于 RPA 的财务自动化解决方案开始起步，多家领先的财务软件公司，如 UiPath、Automation Anywhere 和 Blue Prism 等推出了专业的 RPA 工具，专门设计和搭建企业财务自动化。2017 年，国际“四大”会计师事务所开始大规模部署 RPA 技术来进行财务处理和审计工作，如 EY（安永）、Deloitte（德勤）等纷纷推出财务机器人，成为财务转型的标志性事件。

精细化的信息技术产品运用和普及推动了财务信息化进程，如移动互联网、云计算、电子发票、移动支付、数据挖掘、数字签名、电子档案、区块链、数字货币、智能合约等。这些技术重塑了财务工作，使财务流程自动化（会计自动化—财税自动化—业财一体化）得以实现。与过去相比，财务软件可以定制智能化会计流程，实现不间断工作，从而替代重复性财务工作，大数据可以精准、实时掌握企业财务数据，实现全过程自动化、信息化管理，显著提高企业预测和风险管理水平。

（三）财务信息化的前沿问题与发展趋势

过去的信息化技术更偏重对数据资源的处理，无论是早期单机版电算化会计软件、中期集成式 ERP，还是后期的财务共享中心、会计机器人等，虽都能满足对财务数据的部分或全流程信息化处理，但在文字信息的搜集和处理上都收效甚微。这意味着大量财务沟通与交流工作、企业资源的质量质效信息等难以实现完全信息化，还是依靠人工处理为主。未来，随着信息技术的持续进步，财务信息化的边界有望打破，财务人员将逐步从传统的会计记账员、报账员转型为“数据分析师”，提供更多的业务分析和战略支持。

尤其是 2022 年具备强大自然语言处理能力的 ChatGPT 诞生以来，基于深度神经网络、擅长语言理解和推理能力的 LLM（large language model，大型自然语言处理模型，简称 LM 大模型）发展迅猛，为财务信息化提供了前所未有的创新机会。可以预见，直到今天以及未来很长时间，大模型对财务信息化的影响还会加速和加深，主要表现在以下几方面：首先，借助其强大的自然语言理解能力，用户可以通过自然语言与财务系统的直接对话，自动生成财务报表、账单、财务凭证等文档，减少人工干预，提高效率；同时，基于大数据分析和机器的自我学习技术，大模型能够理解和帮助财务人员在对话中对复杂的财务问题进行解释和分析，并提供有价值的建议；另外，还可通过与供应链各环节进行实时对话自动检索相关信息并回答，自动追踪账单、发票状态，优化供应链中的财务流程，确保资金流动的高效性和安全性。

当前国内外先进的财务软件开发厂商都在积极整合 LM 技术，让其与财务信息化平台进行深度集成，成为一个智能助手，帮助财务工作者实现跨平台的财务管理和自动化操作。金蝶开发的云·苍穹 GPT 大模型综合平衡了企业算力成本、训练成本、模型能力、应用价值等要素，设置了百亿级参数，经过专业训练和精调，拥有丰富的财务专业知识。用友的 YonGPT 融合了多领域知识经验，内含财务、人力大模型等。Oracle 的 ERP Cloud 则集成了财务管理、供应链管理、销售管理等 AI 工具。除此之外，通过机器人过程自动化实现财务数据处理和财务报告的智能化将成为趋势，区块链技术去中心化账本也将推动跨境支付和供应链金融的革命，特别是对于跨境电商、金融机构和供应链企业来说，区块链能有效减少交易成本并提高交易的安全性。

全球范围内，财务信息化的发展正逐步从传统的数字化、自动化向更加智能化、战略化方向发展。今后，随着大语言模型、大数据、区块链等技术的普及，财务信息化的广度、深度和边界将得到重塑。

二、农村财务信息化

（一）农村财务信息化的特殊意义

1. 中国农村财务信息化的特殊性

我国农村财务信息化与西方国家以及公司财务相比，虽在效率提升、数据优化、透明度增强、风险控制等方面存在一定相似性，但在目标、功能、技术应用等方面存在显著差异。这意味着我国农村财务信息化有其特殊性，不能仅采用现有对公司财务的研究框架来展开，或直接复制西方财务信息化模式。

（1）中国农村财务信息化与西方比较。

基于经济体制、农村管理结构、技术水平等的差异，中国农村财务信息化发展一般由政府主导，政策推动是其主要动力，信息化主要服务于村集体“三资”管理，更强调集体资产管理的透明化和规范化，同时也是中国乡村振兴战略的重要组成部分，带有强大的社会治理功能。而西方国家农村财务信息化的核心动力一般来自市场需求、私营企业和农场主，高度市场化的农业结构推动农场主主动投资财务信息化工具以提升效率和盈利水平，政府支持较少，更接近于我国公司财务的层面。

(2) 农村财务信息化与公司财务比较。

与公司财务管理相比，农村财务信息化在以下几方面存在特殊性：

一是服务对象和范围方面，农村财务信息化主要服务于乡镇、村庄、农村集体经济组织或新型农业经营主体，涉及资金、资产、资源的管理，范围相对较小，且与农村的特定环境和政策密切相关。而企业财务信息化涉及的财务管理活动更为广泛，包括成本控制、资金流管理、财务报告等，且与企业的商业目标和市场环境紧密相联。

二是技术应用和复杂程度方面，农村财务和“三资”监管可能由于资源和技术限制应用相对简单，更侧重于基础的信息化管理，如电子记账、数据汇总等。企业财务信息化技术应用更为复杂和先进，包括大数据分析、云计算、人工智能以及大模型集成等，以支持更复杂的财务管理需求。

三是基础设施和资源利用方面，农村面临更薄弱的基础设施和有限的资金投入，从而限制了信息化和智能化的发展。而企业通常拥有更完善的基础设施和更多的资源投入，以及市场化配置能够支持更高级的信息化建设。

四是人才和技能要求方面，农村缺乏专业的财务和信息技术人才，需要通过培训提升现有人员的技能，导致最先进技术在农村财务信息化的应用受到限制。而企业通常有更多具备专业技能的财务人员和 IT 人员甚至复合型人才，能够更好地支持财务信息化的需求。

(3) 中国农村财务信息化的主要特征。

中国农村财务信息化具有以下特征：

一是管理主体多样性，农村财务管理的主体包括村委会、农村集体经济组织、农民专业合作社等，这些组织在农村财务信息化进程中承担着不同的职责和角色，信息化技术与其需求密切相关。农村财务管理模式也存在多样性，包括村账村管、村账乡管、会计委派制等，不同地区的管理模式不同，使信息化流程难以统一。

二是非营利性，与公司财务相比，农村财务管理主要是为了保障农民的合法权益，促进农村经济的稳定发展，而非追求利润最大化，因此信息化所需资金的市场化配置较差，一般依赖政府投入。

三是民主性和透明性，更加强调财务信息的公开和透明度，保障农民的知情权和参与权，促进基层民主。

四是季节性和地域性，农村财务管理的内容受农业生产季节性和地域性影响较大，如农业收入的季节性波动和不同地区的资源禀赋差异，且涉及大量的小额收支、农户补贴、土地流转收益等，管理内容复杂且琐碎。这给信息化技术在成本预测、存货监管等方面提出了特殊要求。

2. 信息化对农村财务管理的意义

农村财务信息化与企业财务信息化一样，能够提高经济主体的经营效能、增强财务透明度、优化资源配置以及促进经济发展，但由于在财务管理的目标、对象、内容等方面表现不同，其信息化的特殊意义还表现在有利于正确处理协调个人、集体与国家之间的经济利益，以及促进村民民主监督与合规性。农村财务信息化的意义具体可以总结如下：

（1）有利于提高农村经营能效。

通过信息化手段，农村财务管理能够实现日常财务和会计工作的自动化，简化流程，降低人工失误或干预，确保农村“三资”数据及经营主体的成本费用利润等数据及时更新，帮助农村集体经济组织更好地了解财务状况。另外，信息化系统还可实现财务数据的快速共享和集成，通过精准预算和优化支出结构等，合理配置农村资源，如土地、劳动力、资金，提高整体利用效率，及时调整经营策略，优化资源配置。

（2）有利于提高财务合规性和透明度。

财务公开是农村财务管理中的重要一环。信息化使农村财务信息能够通过互联网、多媒体平台等实时公开，农民可以随时查看村集体的财务状况，增强对集体事务的信任度和参与度。信息化系统建立可追溯的财务数据记录和审计跟踪机制，能够加强内部控制和风险防范，直击农村财务管理中的薄弱环节，确保财务信息的真实性、准确性和公开性。

（3）有利于农村经济持续发展。

规范和透明的财务管理能够增强农村经济的可信度，吸引村民入股投资，甚至外部资金和企业的投资，壮大农业经营主体实力，为农村经济发展注入新的活力。同时，为乡村振兴战略的实施提供财务保障，确保各类资金的合理使用和效益最大化。

（4）有利于协调各方利益。

信息化对财务合规性和透明度的助力有利于规范农村财务制度，建立各方之间的信任关系。农民能够更及时、更清晰地看到村集体的财务状况和收益分配情况，从而增强对村集体和基层组织的信任。同时，有利于农民在集体收益分配中的合法权益得到保障，如土地流转收益、集体企业分红等，使财务分配过程更加透明、公正。

（5）有利于村民民主监督。

信息化为村民提供了更便捷的监督渠道。例如，通过在线投票、意见征集等方式，充分尊重和体现农民群众的意愿。村民可以通过网络平台参与和监督集体财务，甚至更便捷地参与财务决策，提高基层治理的透明度和公信力。

（二）中国农村财务信息化发展情况

1. 政策支持

受限于农村地理位置较偏远、基础设施建设相对薄弱、技术人才欠缺等条件，我国农村财务信息化建设起步较晚，基本在2010年之后才开始起步。2012年农业农村部印发的《全国农村经营管理信息化发展规划（2013—2020年）》、2019年中共中央办公厅和国务院印发的《数字乡村发展战略纲要》、2021年农业农村部发布的《关于推进农村经营管理信息化建设的意见》以及同年财政部和农业农村部共同发布的《农村集体经济组织财务制度》都提到要逐步实现农村财务管理信息化，确保财务信息的真实性、完整性和可比性。

2. 农村基层信息化利用情况

尽管起步晚，但我国农村财务信息化进程正在迅速提升中。2018年农业农村部组织研发建设全国农村集体资产监督管理平台，并于2021年上线试运行，平台涵盖全国农村承包地、集体土地、集体资产清查、集体成员管理、财务会计核算等相关内容，地方平台数据可与全国农村集体资产监督管理平台实现对接，为农村财务管理提供了信息化支持。近年来，各地都在利用有限的资源和资金稳步开展农村财务信息化建设。由农业农村部推介的20个全国农村财务管理规范化建设典型案例中（见表10-1）关于信息化建设的事例可见，目前我国农村基层对于财务信息化利用的情况主要集中在以下几个方面：

（1）自动化账务处理。

通过智能财务平台实现村账日常收支记录、凭证制作、账务处理、报表生成、预算编制等操作的自动化，减少手工操作的错误、提高效率。通过大数据分析技术实现乡村财务数据自动收集、整理、分析和反馈。

（2）财务公开和数字化监督。

通过数字化、网络化等手段规范财务和会计流程，村账和集体资产等信息做到数据实时可查，避免传统公开方式（如公开栏张贴）受天气、地理位置等因素影响导致村民不能及时查看，实现智能财务监督、审计和民主理财，规范财务管理工作，确保财务信息的真实性、准确性和公开性。

（3）提高基层财务管理效率。

从传统的手工记账向电子化、智能化管理转变，利用电子设备进行记账，减少纸质账本的使用，提高记账的速度和准确性。建立财务数据共享平台，实现不同部门和层级之间的信息交流与协作，提高工作效率。

表 10－1　全国农村财务管理规范化建设典型案例—信息化节选

地区	具体做法	成效
山西省阳城县董封乡	财务智能监管平台对村级财务收支、资产资源进行实时监管	提高财务管理水平和透明度，增强群众信任
辽宁省朝阳市双塔区孟克村	财务信息的电子化管理和存储，分类存储和管理，方便查询和监督	减少人为错误和财务舞弊
江苏省南京市	建立村级资产大数据平台，实现资产信息的实时监控和分析	提高管理效率，增强了资产的保值增值能力
江苏省太仓市	引入专业审计机构通过信息化手段对集体财富的收支、管理和使用等情况进行审计监督	提高集体财富管理的规范性和安全性
浙江省永嘉县	建立云监管平台，对集体“三资”进行实时监控和管理	提高“三资”管理的效率和透明度
浙江省绍兴市柯桥区	建立村级集体资金网上审批支付平台	提高了集体收支的透明度和效率
江西省南昌市青山湖区	构建“五统一审四监督”财务管理系统，打造村财监管的“闭环”	提高了村财管理的规范性和透明度
山东省临沂市费县	建立报账员管理系统，建立电子档案，进行动态管理	提高报账员的专业素质和管理水平
四川省成都市双流区	给集体资产发数字“身份证”，实现资产信息的数字化管理和监督	提高资产管理的效率和透明度，促进资产的保值增值
甘肃省酒泉市敦煌市	构筑审计“防火墙”，对财务进行实时审计和监督	提高了农村财务审计的效率和质量

但总的来说，目前我国农村财务管理的信息化发展比较滞后，大多数地方还停留在发展的初级阶段，即会计电算化代替手工做账阶段，信息化功能也仅限于会计的基础核算，信息数字化、流程自动化、分析决策智能化等功能涉及较少，最新技术如大智移云、大语言模型的嵌入几乎还是空白。这与农村资金投入不足、地理位置偏远、信息技术设施不够完善以及从业人员技能水平欠缺等因素有关。另外，有些公司财务的管理功能在农村财务中用不到，也就没有开发的必要，如财税自动化、数据挖掘预测利润等复杂功能在农村财务的应用场景微乎其微。

三、农村“三资”智能监管

（一）智能监管的重要性和必要性

农村“三资”智能监管是指利用现代信息技术，对农村集体的资金、资产、资源进行监管的一种新模式，是农村财务信息化管理的核心内容。开展农村“三资”监管是整治乡村振兴领域不正之风的重要手段，而智能监管的优势在于能对农村基层管理履责过程进行全流程查询、追溯、控制和监督，解决传统“三资”管理中存在的痛点和难点，如权责不清、次序混乱、监管不到位等情况，更能防范和减少乡村基层腐败、维护农民切身利益以及提升乡村治理和现代化水平。另外，将智能技术嵌入农业生产可以提高“三资”管理效率，有利于集体资产保值增值和促进农村集体经济发展壮大。

（二）“三资”智能监管的要点

要实现“三资”监管的智能化，一般可以从以下几个方面着手：一是信息化平台建设，建立农村集体“三资”监管平台，平台需要具备数据整合和统计功能，能够实现“链上可见”，即所有相关信息都能在平台上查询到，从而实现“三资”全流程监管；二是预警系统建设，通过设置预警模型，对资金流向、利润分配等异常情况进行实时监控和预警；三是开发移动办公与信息共享功能，实现田间地头业务审核审批流程化、网络化，提高工作效率；四是开发村银互动平台，与银行系统对接，实现农村集体资金的在线支付和规范核算；五是大数据应用功能，利用大数据分析工具，对农村集体“三资”进行多维指标模型自动综合分析，及时发现集体资产保值增值的潜力。

（三）“三资”智能监管的常用技术

1. 物联网技术

物联网技术可以进行实时监测、数据采集和动态跟踪与管理。为了监测农业设备的安全性与运行状态，可以在关键部件上安装传感器和发射器。例如，利用土壤湿度、温度、光照等环境、气象监测传感器对农村资源的环境条件进行监测，为资源的合理利用和管理提供数据支持。又如，通过全球定位系统（GPS）、无线通信等技术，可以对农村集体资产进行实时定位和跟踪，防止资产的丢失或非法转移。同时，可以对资源的使用情况进行实时监控，如土地的耕种情况、水资源的使用情况等，确保资源的合理利用。

2. 大数据云计算分析技术

建立大数据云平台，对收集到的大量“三资”数据进行分析和挖掘，集中存储和处理，提高数据处理的效率和安全性的同时，发现潜在的问题和风险，为决策提供科学依据。例如，通过对资金流动数据的分析，可以发现资金使用中的异常波动，及时采取措施进行处理，防范财务风险。将复杂的数据以图表、地图等形式直观展示，帮助管理者更好地理解和掌握“三资”状况，如广州市黄埔区的“三资云”平台通过“云图”实现集体资产经营的可视化管理。同时，还允许多个用户或组织共享同一套基础设施，实现资源的高效利用和隔离，这有助于不同农村集体经济组织在同一个平台上进行“三资”管理。

3. 区块链技术

区块链技术的优势是数据不可篡改、全程留痕和数据加密存储。所有数据一旦上链，就会被永久保存且不会被伪造和篡改，使农村“三资”数据的安全性得到极大提升。该技术能够记录农村“三资”管理的每一个环节和操作，形成完整的数据链条，使每一笔资金的流向、每一件资产的使用情况都可以被清晰地追踪和查询，增强了信息的透明度。同时，使用加密算法对数据进行加密存储，只有拥有相应密钥的管理员才能访问和查看数据内容，从而保障了数据的隐私性。

4. 地理信息系统（GIS）

用于资产和资源的空间化管理，提供资产、资源的空间位置和范围的直观展示。可以将清产核资后的不动产资源以“一物一码”的方式统一纳入监管系统，形成“一村一图”，使集体资产信息可视化一览无余。同时，GIS 系统结合 GPS 技术，可以对农村集体资产或资源进行精准定位，工作人员在后台通过可视化操作系统可以快速查看和获取该资产或资源的详细情况，一旦其位置、面积等发生变化，系统会自动更新相关数据或发出警报，实现对集体资产的实时监测和更新。

5. 无人机和卫星遥感技术

通过卫星获取大范围的土地利用、植被覆盖、水体分布等信息。例如，卫星遥感可以监测农田的种植面积、作物长势、灾情等，为资源管理和决策提供宏观数据支持。利用无人机搭载传感器和相机，对特定区域进行高精度的环境监测。无人机可以灵活地对农田、养殖场等进行近距离监测，获取更详细的环境数据，如作物生长状况、病虫害情况等。

第二节 农村财务舞弊与防治

一、财务舞弊

财务舞弊是指企业或个人通过故意歪曲财务信息，有目的、有预谋、有针对性地进行财务造假和欺骗，以获取不当或非法利益的行为。它通常是由公司管理层或相关员工通过操纵会计记录或财务报告来获取非法利益。财务舞弊不仅违反了相关的法律规定，还可能对投资者、债权人以及社会公众造成误导。

（一）财务舞弊的特征

（1）故意性：财务舞弊是有意为之的行为，与会计错误不同，舞弊者具有明确的欺骗意图。

（2）预谋性：舞弊行为通常是经过精心策划的，涉及复杂的手段和步骤。

（3）隐蔽性：为了避免被发现，舞弊者通常采取隐蔽手段，掩盖其行为。

（4）多样性：财务舞弊的形式多种多样，包括伪造会计凭证、操纵利润、虚增收入、隐瞒负债、夸大资产等。

（二）财务舞弊的危害

1. 对企业的危害

（1）财务状况恶化：舞弊行为可能掩盖企业的真实财务状况，使管理层无法及时发现并解决问题，资源或资金被挪用或滥用后，企业的正常运营将受到影响，导致财务状况进一步恶化。

（2）企业声誉受损：财务舞弊被揭发后，企业的公众形象和信誉将遭到严重打击。同时，声誉下降会导致客户流失、市场信任度降低，甚至引发企业破产。

（3）增加法律和合规风险：企业可能因舞弊行为面临法律诉讼、巨额罚款或监管机构的处罚，且企业管理当局或舞弊相关人员可能面临刑事责任。

（4）失去融资能力：舞弊行为暴露后，金融机构和投资者可能会拒绝提供资金支持，导致企业融资困难。

2. 对投资者和股东的危害

舞弊导致企业财务报表失真，投资者和股东基于虚假信息作出错误投资决策。一旦舞弊曝光，股价通常会大幅下跌，投资者将面临巨额损失。美国的安然事件被认为是迄今为止影响最大的财务造假案例之一。在舞弊曝光之前，安然的股价曾达到每股 90.75 美元，造假曝光后迅速下跌至每股不到 1 美元。

3. 对经济和社会的信用危害

（1）扰乱市场秩序：财务舞弊使市场信息失真，扰乱资本市场的公平和效率。投资者可能因对市场的整体信心下降而减少投资，从而影响市场的稳定性。

（2）资源配置不当：财务舞弊企业可能吸引不应获得的投资和资源，导致资源分配的失衡。资本流向虚假高估的项目，而真正有价值的项目被忽略。

（3）增加社会成本：舞弊案件的调查、审计和诉讼需要耗费大量资源。政府和监管机构为加强监管可能需要增加支出，这些成本最终可能转嫁到纳税人身上。

二、农村财务舞弊的常见类型与动机

（一）农村财务舞弊常见类型

尽管农村财务舞弊与企业财务舞弊都涉及不当获取资源、操纵财务数据等行为，但农村财务舞弊更多表现为小范围内的集体资源操控、家族利益获取，而企业财务舞弊通常与资本市场的压力、股东回报和高层管理激励密切相关。农村财务舞弊往往表现为集体资源的直接贪污挪用，而企业财务舞弊尤其是上市公司财务报告的舞弊，往往通过虚增收入和利润来吸引投资，在已披露的农村财务舞弊案例中，村干部贪污侵占集体资金的情况较为常见，而虚增收入的案件较少。

1. 虚报冒领

（1）特征：通过虚构项目、虚增支出、冒领补贴等方式，侵占集体资金。

（2）典型表现：虚报土地整理、基础设施建设等工程费用；虚构农资补贴、灾后补助等政策性资金的发放记录。

（3）典型案例：齐齐哈尔市富拉尔基区长青乡新联村村委会虚报冒领机动地补贴款案。案件显示，2004—2021 年，新联村村委会通过虚报村机动地土地性质、种植作物等方式，套取玉米生产者补贴款、耕地地力保护补贴款等共计 12.79 万元，后用于村集体支出。

2. 挪用资金

（1）特征：未经集体同意，擅自挪用集体资金，用于非集体项目或个人用途。

（2）典型表现：将集体资金用于私人借贷、投资高风险项目；挪用专项资金（如扶贫资金）用于其他用途。

（3）典型案例：集体资金成村民委员会主任私人提款机案。浙江省仙居县各镇下属村级党组织开展巡察期间发现，虎坦村原村委会主任张某某多次从村支书张某某处支取现金用于支付村水电费、杂工工资以及其他日常开支，支付后剩下的钱留在身边与自己的钱混用。经查，2017—2019 年，虎坦村有 25.63 万元的集体资金被村民委员会主任张某某个人挪用，其中以出具借条方式挪用 6.63 万元，以现金支票形式支取挪用 19 万元。

3. 隐匿篡改资产记录

（1）特征：通过隐匿或篡改资产记录，将集体资产占为私有。

（2）典型表现：隐瞒土地流转收入、资源开发收益；低价转让集体资产给利益相关者，形成利益输送。

（3）典型案例：辽阳市辽阳县首山镇孔姓台社区原党支部书记曹某侵占集体资金上亿案。2024年辽宁省查处6起农村集体“三资”管理突出问题，其中辽阳市辽阳县首山镇孔姓台社区原党支部书记曹某通过隐匿或篡改资产记录等侵占集体资金数额上亿，影响巨大。2024年5月，曹某被开除党籍，涉嫌犯罪问题被移送检察机关依法审查起诉。

4. 隐匿收入

（1）特征：不如实记录或上报集体收入，将部分收入据为己有。

（2）典型表现：集体土地租金、承包款等不入账；农村合作社或集体企业的营业收入被部分截留。

（3）典型案例：江苏省淮安市涟水县黄营镇大飞村原党总支书记孙某、村会计卢某违规账外使用村集体资金案。涟水县纪委监委在调查一起信访件时发现，因黄营镇农村工作局监管缺位，该镇大飞村原党总支书记孙某、村会计卢某将村集体的征地款90余万元放“三资”账外使用，隐匿不报长达5年，引发群众信访。

5. 账目造假

（1）特征：篡改或伪造会计账簿和凭证，以掩盖资金去向。

（2）典型表现：重复报销、虚构票据；虚假记账、隐藏开支细节等。

（3）典型案例：村出纳36次“花式造假”取款凭证案。2020年，福建省明溪县雪峰镇召开的端午节前警示教育大会上，披露了一起村出纳36次“花式造假”案。案件表明，2011—2018年，福建省明溪县雪峰镇城西村出纳冯某通过伪造借条、虚列名目、伪造征地补偿款发放名册和他人签名等会计凭证造假手段，再通过PS软件伪造村民委员会主任签字放款的方式，侵占、挪用村集体及村民小组资金36次，总计高达300多万元用于炒股。最终，冯某受到开除党籍处分，并被明溪县人民法院判处有期徒刑两年。

6. 利益输送

（1）特征：通过资金安排或合同签订，将利益输送给特定个人或团体。

（2）典型表现：以虚假的集体项目为名，将资金转移给家属或亲友控制的公司；为特定人群提供不当福利或资金支持。

（3）典型案例：长治市襄垣县西营镇人民政府原四级主任科员张某某侵占集体资金、优亲厚友等案件。山西省纪委监委2024年8月通报了6起农村集体“三资”管理突出问题典型案例，其中，2013—2014年，襄垣县北底乡小堡底村村委会主任张某某通过虚增工程款的方式，套取村集体资金102万余元据为己有；未经集体研究，个人决定将水利工程项目承包给其亲属施工建设。2024年4月，张某某被开除党籍、开除公职，涉嫌犯罪问题被移送检察机关依法审查起诉。

7. 虚增收入

（1）特征：虚构交易或虚增收入，以满足上级考核或获取银行贷款。

（2）典型表现：通过与其他方（包括关联方和非关联方）签订虚假购销合同，虚构存货虚增交易；在项目尚未完成的情况下，虚增项目的完工进度，从而提前确认收入。

（3）典型案例：桂平市麻垌镇某村村干部伪造合同虚增村集体收入案。桂平市麻垌镇纪委到麻垌镇某村开展农村集体“三资”管理专项监督时发现，该村原支书蒋某和其妻伪造合同虚构事实，虚增收入 8 万元。经查发现，2020 年该村集体经济收入目标为 20 万元，但因受疫情影响，村集体经济投资的茶树菇滞销，一些土地租金、分红迟迟未能到账。眼看年底将至，村集体经济账户的收入流水仅为 12 万元，为了完成目标任务，村委采取了将 8 万元村集体资金流出再流入的方式，以此来实现账目上收入流水的增加。

（二）农村财务舞弊的动机

农村财务舞弊的动机可以从多个角度进行分析，涉及个人、集体、地方政府等多个层面。农村集体经济的特殊性和农村治理结构的特点使农村财务舞弊的动机比企业财务舞弊更加复杂和多元。

1. 个人利益驱动

（1）村干部的个人财富积累。

农村集体经济和农村“三资”往往由村干部主要管理，他们在地方拥有较大的决策权。由于村干部在村务管理中的重要地位和权力，部分村干部可能会滥用职权，通过舞弊手段挪用集体资金，达到个人或家庭的财富积累。例如，前述案例中的村干部通过低价将集体土地或其他资源转让给自己或亲属，获取不正当利益，或通过虚报工程费用或虚增支出来挪用资金，用于个人消费或私人投资。

（2）家庭成员的利益需求。

农村地区的集体经济和资源管理往往与村干部的家庭成员紧密相关。基于我国户籍制度，其家人在本地也拥有土地、股份，也是社员。这更有利于部分村干部通过职务便利，把集体资源转移给家庭成员，满足其家庭的利益需求。例如，在土地流转中伪造记录，获取不当经济利益。另外，某些贫困村的扶贫、补贴资金可能被村干部用来“优待”自己或亲属。

（3）个人荣誉和面子需求。

在一些地方，村干部或集体经济组织的领导人可能会因个人荣誉或面子需要，通过虚报成绩、捏造业绩来提高自己在上级或村民中的声望。他们通过“做大”财务数字来显示自己更有能力或更受上级肯定。例如，虚报或夸大集体经济收入，掩盖真实的经济困境，显示自己管理有方。部分地方干部为了迎合上级对乡村经济的考核压力，可能通过舞弊手段“美化”财务数据。

（4）与外部利益团体的合谋。

在一些农村集体资金的项目中，村干部与外部的承包商、供应商、贷款人等建立利益共同体。为了让项目能够顺利实施并获取回报，双方可能会通过舞弊手段转移资金。例如，在曝光的很多案例中，村集体资金被用来建设基础设施，但资金却被村干部与施工方共同截留。村干部可能会通过“虚增工程款”来分赃。

2. 集体利益驱动

（1）集体经济发展的资金需求。

某些集体经济组织（如农村合作社、村集体企业）在资金短缺的情况下，可能会采取财务舞弊的手段来弥补资金缺口，保证集体经济项目的顺利运行。例如，为了让集体经济能够顺利运营，部分村集体或组织可能会通过虚报支出或转移资金，来弥补资金缺口。

（2）集体经济项目的虚报。

为了增加集体项目的资助或吸引外部投资，村集体可能会夸大项目的规模或收入预期，从而使项目看起来更具吸引力，以便获得更多的资金支持。例如，在农村基础设施建设项目中，虚报项目成本和收入，获取更多的财政资金。部分集体经济单位可能会通过虚构农业、环保等相关项目，编造虚假的支出，获取政府补贴或外部资金。

3. 地方政府压力

（1）地方政府考核压力。

我国农村集体经济的发展往往与地方政府的政绩考核挂钩，尤其是在经济发展、扶贫和环境改善等方面。为了完成上级政府的目标，部分地方干部可能会采用舞弊手段，制造虚假的业绩报告。为了让上级政府看起来更加满意，地方政府干部可能会通过虚增项目进度、虚报资金使用等手段来展示工作成果。为了获取更多的上级资金支持，地方政府可能会通过虚假项目报告或伪造项目支出来制造财政需求。

（2）迎合上级政策要求。

部分地方政府可能面临上级政府对农村经济发展的压力，尤其是在精准扶贫、基础设施建设等方面。为了满足上级的政策要求，地方干部可能通过虚报业绩或财务数据来达到上级的要求，从而获得更多的支持或资源。例如，虚报扶贫资金的使用情况，以确保村镇能够继续获得更多的政府资金支持。

4. 农村财务管理的漏洞

（1）集体资产管理松散。

许多农村集体经济组织的管理体系较为松散，且财务管理不够规范，导致集体资产容易受到管理者滥用或挪用。由于集体资金监管机制不完善，部分村干部或相关负责人容易利用职务之便挪用资金或隐瞒真实的财务状况。许多村庄的财务记录不清晰，缺乏独立审计和透明的决策程序，尤其是在较为偏远的地区，监督部门资源不足，使财务舞弊行为更容易发生。

（2）财务透明度低。

由于部分村集体财务管理的透明度较低，除了部分村干部等，村民和外部监督力量无法及时了解资金的流向，加之很多村民没有监督意识或怕引祸上身。这种信息不对称使村干部或负责集体资金管理的人员能够轻松掩盖舞弊行为。

中国农村财务舞弊的动机具有多层次的复杂性，既有个体的私利驱动，也有集体经济发展的需求；既有政治和社会文化因素，也有管理和监督体系的漏洞。村干部、集体经济组织负责人、地方政府等多方利益主体在农村财务舞弊中扮演着重要角色。因此，需要加强农村财务管理制度、提高透明度、强化审计和监督机制。

三、农村财务舞弊的防治

农村财务舞弊是一个涉及多个利益层面和管理体制的复杂问题，防治农村财务舞弊，不仅需要从管理和制度上加强，也需要从社会文化和法律制度上进行全面建设。

（一）完善农村财务管理制度

1. 建立健全财务管理规范

农村集体经济组织和地方基层政府应建立规范的财务管理制度，制定标准化程序，明确资金使用、审批和报账流程，如支出审批、合同管理、资金使用的具体要求等，确保财务透明、规范，减少舞弊的空间。同时，规范内外部审计制度，尤其是对于公共资金的支出、扶贫资金、专项资金等项目开展第三方独立审计，审计结果公开，确保制度有力执行。

2. 提升财务公开的范围和质量

通过提高财务透明度，使所有村民和相关利益方能够清楚了解资金的流向，避免个别人员通过隐瞒、虚报等手段滥用资金。可以按照《中华人民共和国政府信息公开条例》定期公示财务数据，如向村民公示财务收支情况、重大资金使用情况和集体经济经营决策事项等，特别是利用信息化手段建立财务信息公开系统，如将预算执行系统、资金收支系统、村务公开系统进行整合等，提升财务公开的范围和质量，接受群众监督。

（二）健全内外部监督机制

1. 强化内部监督

村级财务管理可以通过内部监督机制进行有效控制，村务监督委员会、村民大会、党风廉政建设等都可发挥重要作用，必要时设立专职或兼职财务监督人员，对集体资金使用情况进行审查和监督，确保资金使用符合规定。同时，增加村民参与度，村民可通过参加定期的村务会议、网上投诉意见系统、审计公示等方式，参与对财务管理的监督，确保财务操作的透明度和公正性。

2. 外部独立审计

定期引入第三方独立审计机构进行财务审计，防止村干部或相关人员通过内部操控遮掩不当行为。可以聘请有资质的独立审计机构对村集体的财务状况进行审计，发现问题及时纠正。对于大额资金、重要项目，尤其是公共资金使用情况，要进行专项审计，确保项目资金的真实性和合规性。

（三）加强法律法规的约束力

1. 严格执行和完善农村财务相关的法律法规和制度

严格执行《中华人民共和国会计法》《中华人民共和国农村集体经济组织法》《农村集体经济组织财务制度》《农村集体经济组织会计制度》《村集体经济组织财务公开暂行规定》等农村财务相关的法律法规，组织农村财务从业人员对以上法规进行培训，确保从业者知法懂法，相关规定不被误解，在对村民和职业经理人等进行培训的课程中增加农村财务规范、会计规范的培训，提高村民和相关从业者的认知能力。进一步完善对农村基层违法行为的审查制度，确保对农村财务舞弊行为的有效惩治，形成强大的法律震慑力。

2. 强化监管力度

加强政府部门对农村集体经济的监督，尤其是在资金使用、项目审批等环节，形成对舞弊行为的高压监管。政府职能部门应通过财政、审计、年终考核等手段对农村集体资金和项目进行不定期检查，畅通农村基层举报机制，及时发现潜在问题，加强基层政权的治理结构建设，确保其在财务管理和监督中的职能得到有效发挥。

（四）推动信息化和数字化管理

1. 信息化财务监管系统

推动农村财务管理的信息化建设，建立统一的电子财务管理平台，实现资金使用的实时监控和记录。信息化手段可以有效减少人为干预、提高财务数据的透明度，如电算化平台、ERP 平台可通过村务公开或集体经济管理系统，在线录入和更新资金收支信息，方便管理人员实时查看和监督，而采用电子支付系统可避免现金交易及相关的资金流失，所有收支数据都可记录在案并实现精准查找和定位。

2. 区块链技术应用

前文已介绍区块链技术具有去中心化、不可篡改的特点，能有效防止农村财务数据的篡改、隐瞒和虚报，增强资金流动的透明性和安全性。可在村集体资金的使用和项目资金分配中引入区块链技术，确保每一笔资金的流向都可以追溯和公开，减少舞弊的空间。

(五) 提高村民的财务监督意识和参与度

1. 提高村民财务素养

通过多种方式传授基础的理财和管理知识，一方面通过宣传教育提高村干部和农村居民的财务素养，让他们能够看懂基础的财务公开数据，另一方面加强对农村基层财务从业者的继续教育，帮助他们接触和了解最新法律法规和最新信息化技术，使他们认识到村集体经济财务管理的重要性，增强自我保护意识，避免因信息不对称而成为舞弊的受害者或“帮凶”。

对基础的农村财务知识有一定了解，通过培训和宣传提高村民的财务监督意识，使他们认识到村集体财务管理的重要性，增强自我保护意识，避免因信息不对称而成为舞弊的受害者。同时，定期为村干部、财务人员和村民开展财务管理知识培训，提升大家对财务管理和审计工作的基本理解。还可通过村内宣传栏、广播等方式加强廉政文化建设，教育村民树立反腐倡廉的价值观和法律意识。

2. 鼓励村民参与财务监督

加强村民在集体经济中的参与感，使他们能通过审议和监督财务收支事项、参与集体经济经营管理等增强主人翁意识。除了上面所述的普及财务知识、宣传法律法规，还可大力宣扬先进事例和批判舞弊案例树立正反典型，让村民认识到财务监督的重要性。另外，有必要对财务数据进行详细解释，用通俗易懂的语言向村民说明各项收支的具体用途，让其更好地理解财务信息。同时，为村民提供便捷的反馈渠道，如意见箱、电话、网络平台等，让村民能够及时提出对财务管理的疑问、建议和意见。成立财务监督小组或邀请村民代表参与财务监督工作，让他们参与到财务决策、审计等环节中，增强村民的参与感和责任感，对于村民提出的问题和建议及时给予回应和处理，让村民感受到自己的意见被重视和采纳，进一步增强其参与监督的积极性。

（六）强化农村基层领导干部廉政建设

1. 加强村干部的廉政教育

农村地区的村干部是财务管理的重要责任主体，近年来利用农村财务进行舞弊的“小官巨贪”和“雁过拔毛”现象屡禁不止，加强对村干部的廉政教育，提升他们的法律和道德意识，帮助他们树立正确的权力观、利益观非常重要。农村基层也应加强廉政考评，定期组织考核村干部的廉洁自律能力和财务管理能力。此外，开展警示教育，通过组织观看警示教育片、开展廉政专题讲座等，提醒村干部严守法律底线的重要性。

2. 建立干部廉政档案

将村干部的廉政记录纳入日常管理，定期对干部进行廉政评估，对于存在不良行为的干部要及时予以处理。廉政档案的建立应覆盖农村基层所有干部，包括村“两委”班子成员、妇女主任、村会计等监察对象，应记录基层干部的廉政年度考核情况、组织处理和党纪政务处分情况、信访问题调查处理情况，确保“应建尽建、一人一档”，全面掌握干部的廉洁情况。廉政档案要用于农村基层干部选拔任用、表彰奖励、评优选先、案件查处和责任追究等方面，为纪检监察机关日常分析研判和处置问题线索提供参考。

第三节　盈利模式与乡村产业价值创造

一、农村盈利模式的定义

斯莱沃斯基（1998）在《发现利润区》中，提出盈利模式主要关注客户选择、价值获取、战略控制和业务范围四维度的定位问题，成功的盈利模式就是引导和保障企业能够持续地赚取超额利润并及时更新的机制。在此基础上，本文认为农村盈利模式是指在农村地区，通过特定的经营方式和策略，实现经济效益最大化的方式或方法。

二、农村盈利模式的特点

农村盈利模式的特点是以农民为主体，紧密依托农业资源，在资源禀赋条件良好的前提下能实现盈利模式多样，同时与市场需求紧密相连，注重可持续发展，实现经济效益和社会效益的双重提升。具体来说，农村盈利模式主要有以下特点：

（1）以农民为主体。农民是农村的主体，他们直接从事农业生产，是整个农村经济体系的基础。因此，农村盈利模式需以农民为主体，强调农民在经济发展中的主体地位和作用。

（2）依托农业资源。农村盈利模式的核心在于依托丰富的农业资源产出与农相关的产品，这些资源既包括土地、水、阳光等自然资源，也包括道路、水利、文化等区位资源。这些资源既是农村经济发展的基础，也是实现盈利的关键。

（3）多样性。农村盈利模式涵盖了从传统的农业种植、养殖到现代的农业加工、乡村旅游、农村电商等多个领域。这种多样性使农村地区可以根据自身的资源禀赋、产业基础和市场需求，选择最适合的盈利模式进行发展。

（4）与市场需求紧密相关。盈利是市场角逐的核心目的，因此农村盈利模式需要与市场需求紧密相关，需密切关注市场动态和消费者需求的变化，以保障自身盈利模式的可行性。

（5）注重可持续发展。农业农村作为自然资源禀赋区，农村盈利模式注重强调在保护生态环境和自然资源的前提下实现经济效益。

三、农村盈利模式类型

农村盈利模式类型多样，每种模式都有其独特的定义和特点。从商业模式“八要素”分析框架的角度出发来区分农村盈利模式，主要是基于该分析框架包括的价值创造四大环节和八种要素构成（见图 10－1）。分别是：价值创造基础（资源能力、价值主张和利益相关方）、价值创造逻辑（互补性组合）、价值创造锁定（交易结构、盈利模式和收支方式）和价值创造实现（企业价值）。

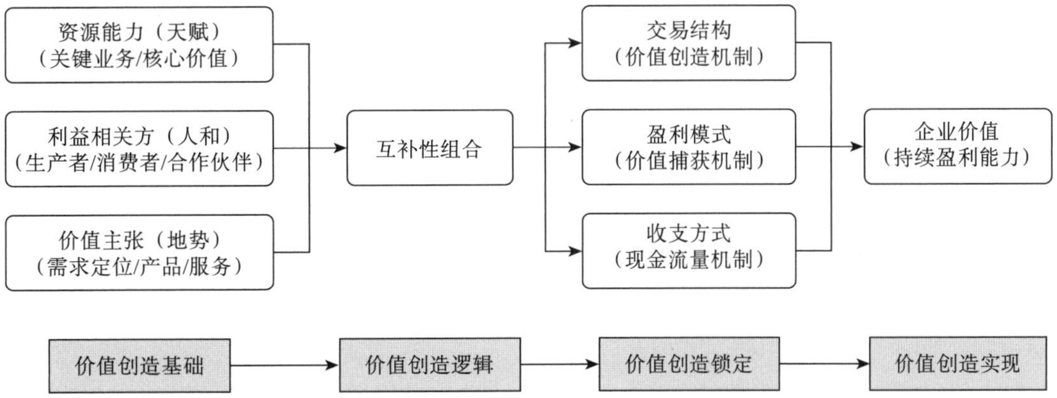

图 10－1 商业模式“八要素”分析框架

该框架主要从四个方面进行模式分析：一是基石要素即价值创造的基础，包括资源能力、利益相关方和价值主张这些企业本身价值创造过程中拥有的基础约束性条件。二是设计维度即价值创造逻辑，企业通过资源能力（经营内容基础）、价值主张（盈利模式导向）和利益相关方（经营主体架构）三种要素的互补性组合创新进行商业模式设计。三是保障机制即价值创造锁定，通过交易结构、盈利模式以及收支方式对商业模式进行“价值创造锁定”与维护，确保商业模式的稳定性和价值创造的持续性。四是传导路径即价值创造实现，企业把创造出来的价值通过产品或服务等价值载体传递给消费者，在满足消费者需求的同时，实现企业及利益相关方合作共赢的目的。“八要素”分析框架通过价值创造基础、价值创造逻辑、价值创造锁定和价值创造实现四大环节，展示了商业模式创造价值的全过程。其中，价值创造逻辑，即资源能力、价值主张、利益相关方三者的互补性组合，是区分不同商业模式类型的关键。基于此，本节以资源能力为基础的经营内容、利益相关方为核心的经营主体和价值主张为方向的新型盈利模式来区分农村盈利模式。

（一）按经营内容分类

（1）传统农业生产盈利模式。该模式是农民通过农业劳动获得农产品，将农产品直接销售给消费者或中间商，通过买卖之间的差价来获取利润，属于传统农业生产模式。这种盈利模式依赖于农产品的产量、质量和市场需求，是农业最基础、最直接的盈利方式。

（2）农产品加工盈利模式。为了进一步提高农产品的可盈利途径，农民或农业企业等相关农业主体会对农产品进行深加工，以达到扩展产品用途和增加产品附加值的作用，从而提高农产品的售价和利润。这种盈利模式的关键在于加工技术的掌握和市场需求的精准把握。

（3）农业观光旅游盈利模式。该模式是依托农村地区丰富的田园风光和独特的农业文化，将农村旅游资源进行经济价值转换的一种方法。这种盈利模式不仅为农民带来了额外的旅游收入，还促进了城乡之间的交流和互动。

（4）农业电商平台盈利模式。该模式的关键是依靠信息技术打破了地域限制，为农产品和农业附属产品打开销路。农业电商平台盈利模式的关键在于平台的运营和推广，以及农产品的品质和售后服务。

（5）农业订单生产盈利模式。为了降低市场风险，确保销售渠道的稳定，农业企业与下游企业签订订单，按照订单要求生产农产品。这种盈利模式能够确保农产品的销售渠道和售价的稳定，从而降低市场风险。同时，农业企业还能够根据市场需求调整生产计划和产品结构，提高市场竞争力。

（6）农业废弃物资源化盈利模式。该模式通过废弃物资源化利用，将秸秆、家禽粪便等废弃物转化为肥料、饲料或生物质能源等有价值的资源。这种盈利模式不仅解决了农业废弃物的处理问题，还实现了资源的循环利用，为农民带来了额外的利润。

（7）农业科技创新盈利模式。农业科技创新是推动农业发展的重要动力。该模式通过引进或研发先进的农业技术，使农民或农业企业能够提高农产品的产量和质量，降低生产成本，提升农产品的市场竞争力。这种盈利模式的关键在于技术的创新和推广，以及农民或农业企业对技术的掌握和应用。

（8）农业品牌化盈利模式。随着市场竞争的不断加剧，打造具有特色的农产品品牌已成为农民或农业企业获取更高利润的重要途径。通过品牌建设，提升农产品的知名度和美誉度，从而提高销售价格，获取品牌溢价利润。这种盈利模式的关键在于品牌的塑造和推广，以及农产品品质的保障和提升。

（9）农业社会化服务盈利模式。为了满足农民在生产过程中的需求，农业社会化服务应运而生。这种盈利模式通过提供农业技术咨询、农机租赁、农产品检测等社会化服务，帮助农民解决生产中的难题，提高生产效率。同时，农业社会化服务还能够为农民提供市场信息、销售渠道等方面的支持，帮助他们更好地适应市场需求。

（10）农业产业链整合盈利模式。农业产业链整合盈利模式是通过整合上下游产业链资源，实现农产品的全产业链经营。这种盈利模式能够提高产业链的协同效率，降低交易成本，从而获取产业链整合带来的利润。同时，农业产业链整合还能够促进农业产业的升级和转型，推动农业可持续发展（见图 10－2）。

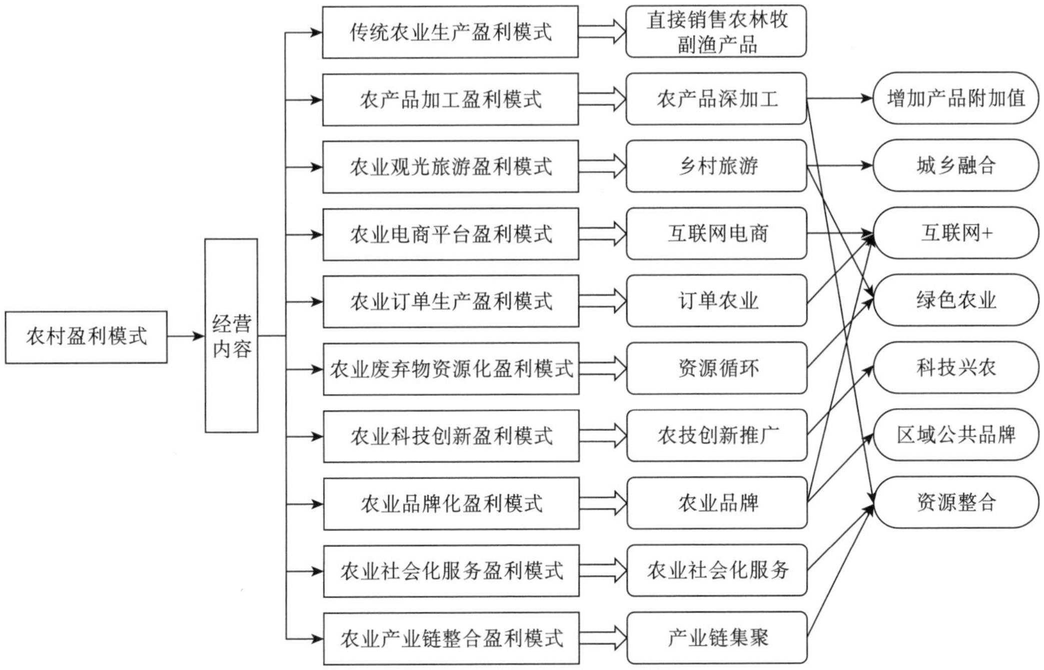

图 10－2　农村盈利模式按经营内容分类

（二）按经营主体分类

1. 农民专业合作社盈利模式

农民专业合作社作为农民自愿联合、民主管理的经济组织，其盈利模式具有多样性和创新性。除了规模经济、服务收入和品牌溢价等基本模式外，还可以进一步拓展为：

（1）农业金融服务。部分合作社设立内部资金互助社或提供小额贷款服务，满足社员在农业生产中的资金需求，获取利息收入。

（2）电商平台运营。合作社建立自己的电商平台或利用第三方平台，销售农产品，打破地域限制，扩大销售渠道。

（3）农旅融合。结合乡村旅游，开发农事体验、采摘园、民宿等项目，吸引游客，增加合作社收入。

2. 家庭农场盈利模式

家庭农场是指以家庭成员为主要劳动力，从事农业规模化、集约化、商品化生产经营，并以农业收入为家庭主要收入来源的新型农业经营主体。其盈利模式同样具有多样性和创新性。除了传统农业生产销售外，家庭农场盈利模式还有以下模式：

（1）农产品加工。对自家农产品进行深加工，如制作果酱、果汁、腌制食品等，提高农产品的附加值，从而增加利润。

（2）定制化农业。根据消费者需求，提供定制化农产品，如有机蔬菜、特色水果等，满足个性化消费需求。

（3）农业教育与培训。利用家庭农场的资源，开展农业教育、亲子活动、农事体验等，吸引城市居民前来学习、体验，获取教育培训收入。

3. 农业社会化服务组织盈利模式

农业社会化服务组织通过为农业生产提供全方位、专业化的服务，实现盈利。除了技术服务收入、农产品质量检测收入和农业金融保险收入外，还可以探索以下模式：

（1）农业大数据服务。利用大数据、物联网等技术，为农民提供精准农业服务，如病虫害预警、智能灌溉等，收取服务费。

（2）农业电商平台服务。为农民提供农产品电商平台的接入、运营指导等服务，帮助农民实现线上销售，获取佣金或服务费。

（3）农业废弃物资源化服务。提供农业废弃物处理、资源化利用等服务，如秸秆还田、畜禽粪便发酵等，既解决了环境问题，又创造了经济效益。

4. 村集体盈利模式

村集体作为农村地区的基层经济组织，其盈利模式主要包括：

（1）土地经营：通过流转土地给农业企业或个人，收取土地流转费用；或者利用土地发展种植业、养殖业等，直接获取农产品销售收入。

（2）资产运营：利用村集体所有的资产，如厂房、店面、设备等，进行租赁或经营，获取租金或经营收入。

（3）资源资产开发：通过开发预留地、实施土地增减挂、旱改水工程等方式，获取土地整治复耕的补偿效益。

5. 农业企业盈利模式

农业企业作为农业产业链中的重要环节，其盈利模式更加多元化和复杂化。除了产业链整合、品牌建设、农产品加工与销售和技术创新外，还可以探索以下模式：

（1）农业供应链管理。通过优化供应链管理，降低物流成本，提高库存周转率，获取供应链利润。

（2）农业跨境电商。利用跨境电商平台，将农产品出口到国际市场，获取外汇收入。

（3）农业金融投资。投资农业相关项目，如农业科技、农业基础设施等，获取投资收益（见图 10－3）。

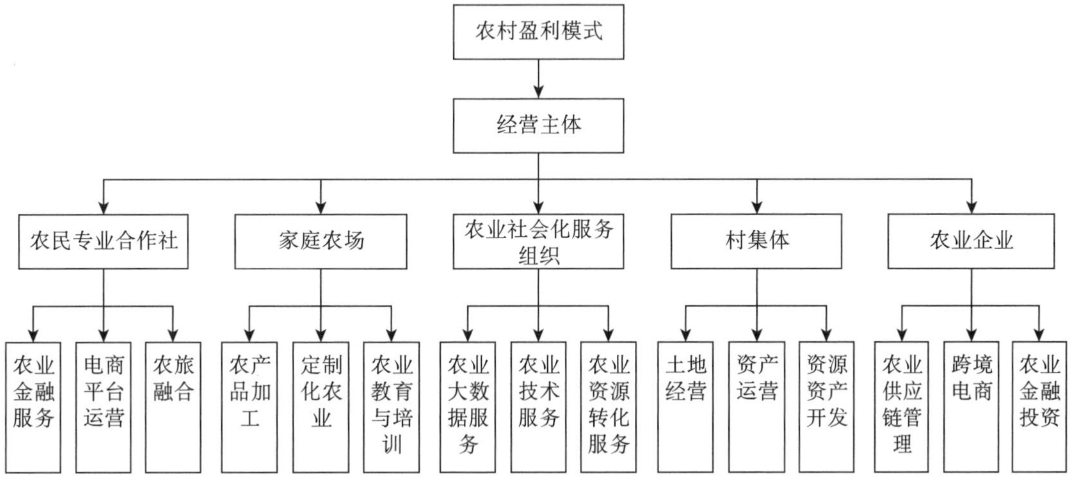

图 10－3　农村盈利模式按经营主体分类

（三）新型盈利模式

1. 循环农业盈利模式

2021 年 10 月，国务院在《2030 年前碳达峰行动方案》中提出要大力发展循环经济，全面提高资源利用效率。循环农业是我国加快农业现代化和低碳经济发展的一条可行道路，其发展应和新农村建设相结合，以标准化生产为基础，以产业化经营作为手段，以种养结合、能源平衡为重点，构建现代农业循环经济的长效发展机制。除畜禽粪便、秸秆等资源综合利用型盈利模式、种养结合的立体复合循环型盈利模式和生态补偿与政策扶持型盈利模式外，在基于循环农业的基础上，现阶段也逐渐发展出了新型循环农业盈利模式：

（1）循环农业与数字技术的融合型盈利模式。该模式是利用物联网、大数据、人工智能等现代信息技术，构建智能农业管理系统，实时监测土壤湿度、养分含量、作物生长状况等，精准施肥、灌溉，减少资源浪费，提高生产效率。同时，通过数据分析，预测农产品市场需求，优化种植结构，降低市场风险，提高盈利能力。并建立农产品溯源体系，让消费者了解农产品的生产全过程，增强消费者信任。

（2）循环农业与社区支持农业（CSA）结合型盈利模式。该模式通过直接销售与会员制度，建立社区支持农业（CSA）模式，一是直接连接农户与消费者，减少中间环节，提高农产品销售价格。二是实行会员制度，会员定期支付一定费用，获得农场提供的农产品，增强消费者忠诚度，稳定销售渠道。

（3）循环农业与乡村旅游结合型盈利模式。该模式结合循环农业，发展田园综合体，包括民宿、餐饮、农产品加工、手工艺品制作等多元化业务，形成完整的产业链条。通过提供全方位、多层次的乡村旅游服务，吸引游客，增加收入。

（4）循环农业与绿色金融结合型盈利模式。该模式通过争取绿色信贷、绿色债券、绿色基金等绿色金融政策支持，为循环农业项目提供资金支持，降低融资成本。提高循环农业的可持续性，吸引更多社会资本投入。该模式还可参与碳交易市场和开发碳汇项目，将循环农业项目中的碳减排量转化为碳资产，进行交易，获取额外收入（见图 10－4）。

2. “互联网＋”盈利模式

“互联网＋”盈利模式是指将互联网技术与农村经济活动相结合，通过创新的方式实现盈利的一种商业模式。它充分利用了互联网在信息传递、资源共享、交易便捷等方面的优势，为农村经济的发展注入了新的活力。具有信息化、高效性、多元化和可持续性的特点。在互联网技术不断发展的基础上，现阶段也逐渐发展出了新型“互联网＋”盈利模式：

（1）“互联网＋农超对接”盈利模式。“互联网＋农超对接”的盈利模式是通过规模化与结构优化带来的成本降低和新零售带来的收益扩大来进行盈利的。一是互联网平台通过广阔的市场面集中生产者，形成规模集聚效应，从而降低运营成本。二是互联网提供对接服务减少中间渠道与运作成本。三是成本降低和流通速度加快促使农产品优质低价，扩大了市场需求。这种盈利模式较为典型的案例是以盒马鲜生网络平台为核心的农产品供应链和“互联网＋农超对接”模式。

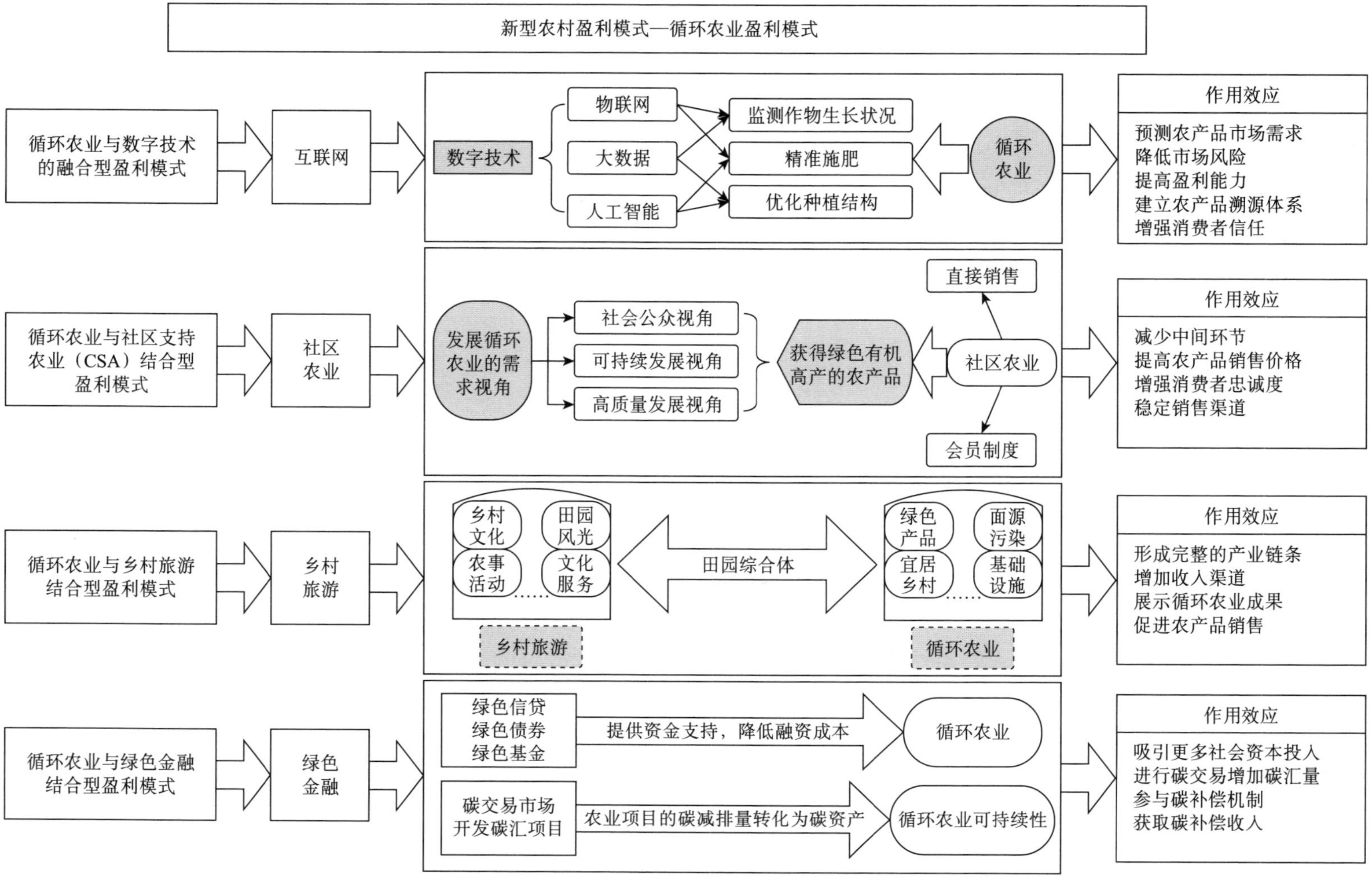

图 10－4　新型盈利模式—循环农业盈利模式框架

（2）“互联网+可视农业”盈利模式。“互联网+可视农业”是一种将互联网技术与农业生产相结合的新型农业盈利模式，它通过互联网、物联网、云计算以及雷达技术和现代视频技术等可视化手段，让消费者能够直观地看到农产品的生长过程，从而增强消费者对农产品的信任度和购买意愿。具有可视化、透明化和互动化的特点。通过充分利用可视化特性和互联网平台的优势，平台可以在农产品销售、广告与合作、增值服务、数据分析与预测以及农业旅游与体验等方面实现盈利。

四、乡村产业价值创造的定义

要理解乡村产业价值创造就要厘清“价值创造”，Adam Smith 在《国富论》中提出价值创造是企业通过生产经营活动来满足客户的需求，从而增加利益相关者财富。基于此论断，本书认为乡村产业价值创造是指通过一系列的生产、加工、销售和服务等活动，将乡村资源转化为具有经济价值的产品或服务，从而实现乡村产业的增值和农民收入的增加。这一过程不仅涉及物质财富的创造，还包括精神财富的创造，如乡村文化的传承和创新。其中，乡村资源转化是乡村产业价值创造的基础，技术创新是提升乡村产业价值的重要手段。市场拓展是乡村产业价值实现的关键环节。

五、乡村产业价值创造的特点

价值创造作为乡村产业在资源编排与利益联结机制联合下的动态化结果，取决于乡村产业发展模式的选择。乡村产业价值创造的特点也遵循其动态化结果，一是从机会驱动视角来看，即通过市场需求感知与政策信息整合，形成新业态、新能力发展理念，也就是所谓的机会识别，在此基础上使乡村产业价值创造具有灵敏性（快速响应市场或政策变化）和多元融合（多领域协同创新）的核心特征。二是从资源基础视角来看，即资源动态性，是指土地、农产品、劳动力等资源以动态多形态存在，逐步向能力转化（如技术应用、产业升级）。这一动态化结果覆盖农业生产、流通销售、新兴业态全链条，使乡村产业价值创造具有地区性（依托本土资源禀赋）与创新驱动性（技术或模式突破）特征。

六、乡村产业价值创造的实现方式

（一）价值叠加

在乡村产业价值创造中，从相关产品的研发起始，历经生产、流通直至消费等各个链条环节，不同的经营主体与要素参与其中并贡献价值。每向前推进一个环节或在该环节上增加一次生产活动，都会促使最终产品的价值量相应提升。这些环节中累积的价值共同构成了最终产品的整体价值。

（二）价值转化

乡村产业致力于将过去被视为无价值或低价值的“隐性资产”转化为显性价值，从而实现整个价值链的价值提升和最大化利用。例如，乡村中普遍存在的生态资源、文化底蕴和社会影响力等，在以往常常被忽视。然而，随着消费者消费能力的增强和价值观的转变，这些隐性资产的价值挖掘潜力日益显著，其增值空间也在不断扩大。

七、新质生产力下的乡村产业价值创造

（一）新质生产力的定义与特征

2023 年 9 月习近平总书记在黑龙江考察调研期间首次提到新质生产力这一词汇，习近平总书记明确指出“概括地说，新质生产力是创新起主导作用，摆脱传统经济增长方式、生产力发展路径，具有高科技、高效能、高质量特征，符合新发展理念的先进生产力质态。”它代表了生产力现代化的最新成果，是科技创新交叉融合突破所产生的根本性成果。

（二）新质生产力赋能乡村产业价值创造的内在机理

1. 新质生产力驱动下的乡村产业结构转型与优化

（1）新质生产力通过引入现代信息技术、生物技术和新材料技术等高科技手段，促进了传统农业向现代农业的转变。在此背景下，农作物品质得以提高，农业管理的精确度显著提升。农业生产成本减少，农产品的产出量和市场竞争力大幅上涨。

（2）新质生产力通过发展新业态、新模式，拓宽了乡村产业的发展空间。以乡村旅游为例，自然风光和民俗文化在结合 AR 技术和全息影像后，吸引了大量游客前来观光体验，带动了周边餐饮、住宿等相关行业的发展。这些新业态和新模式不仅拓宽了农民的收入渠道，而且优化了乡村经济结构，推动了乡村产业的多样化发展。

2. 新质生产力引领下的乡村产业资源动态配置机制

（1）新质生产力能够促进乡村自然资源的合理利用。新质生产力通过引入智能灌溉系统等生态友好型技术，使自然资源得到了更加有效的利用。这些技术不仅显著提升了资源的使用效率，而且降低了对环境的负面影响，为农业生产的可持续发展奠定了坚实基础。

此外，新质生产力还推动了循环经济模式的应用，如生物质能源的开发与利用，进一步实现了资源的最大化利用，为乡村产业开辟了新的经济增长途径。

（2）新质生产力能够促进乡村旅游资源的开发与保护。一方面，新质生产力通过构建智慧旅游平台，不仅为游客提供便捷的信息服务，同时也为乡村旅游资源的开发与保护提供了技术支持；另一方面，新质生产力通过数字化技术，如三维扫描、虚拟现实等，实现了文化遗产的数字化保护与传承。

（3）新质生产力提升了乡村土地资源的利用效率和经济效益。在加强高科技技术的应用下，乡村每单位土地的产出比得到优化，大大地提高了乡村土地利用率，减少了土地资源的无端浪费。与此同时，现代精准农业技术的实时监控能力对土地的保护与修复起着重要作用，促进乡村土地资源的绿色可持续发展。

（4）新质生产力促进乡村人力资源的优化配置。随着智能化的普及，使用智能化先进设备、以数字化、智能化产业为劳动对象的新型劳动者逐渐成为主流。因此，熟悉现代科技手段、掌握新技能成为新型劳动者的必备素质。此外，新质生产力还借助网络平台对数字资源进行有效配置，增强了农民的网络思维，进而提升了他们的创新能力。

3. 新质生产力助推乡村产业价值创造协同发展

（1）新质生产力通过促进第一、第二、第三产业的深度融合，实现了乡村产业体系内部各环节之间的协同发展。在新质生产力的推动下，乡村产业开始广泛采用物联网、大数据、人工智能等先进技术，实施数字农业、智慧农业。使乡村产业不再局限于传统的种植业、养殖业，而是开始与加工业、服务业、旅游业等深度融合。

（2）新质生产力通过建立产业联盟和合作平台，打破了乡村各区域之间的资源壁垒，促进了不同产业主体间的资源共享和技术交流。组建由种植户、加工企业、物流公司组成的供应链联盟，形成合作互助型的新质生产力，实现信息共享和技术合作，提高整个供应链的运作效率（见图 10 – 5）。

八、互联网生态的乡村产业价值创造

（一）互联网生态的定义与特征

互联网生态是以互联网技术为核心，以用户价值为导向，通过跨界纵向产业链整合和横向用户关系圈扩展，打破工业化时代下产业边界和颠覆传统商业生态模式，实现链圈式价值重构的生态体系。互联网生态以互联网技术为基础和核心；强调以用户为中心；以产业链整合为核心内容。具有开放性、创新性、协同性和用户导向的特点。

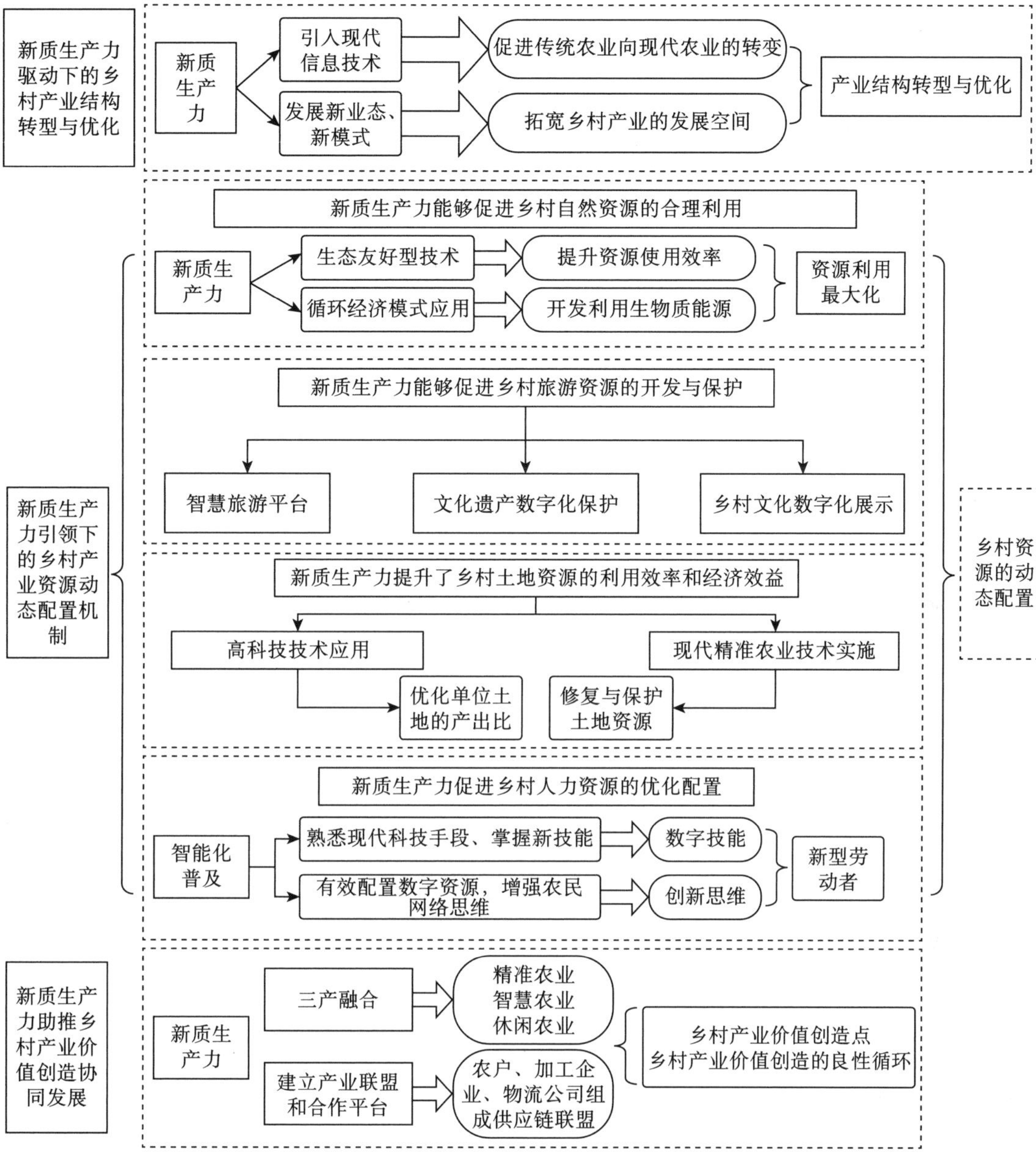

图 10－5　新质生产力赋能乡村产业价值创造的内在机理框架

（二）基于互联网生态乡村产业价值创造的内涵

互联网生态凭借其开放性、创新性、协同性以及强烈的用户中心导向，融入乡村产业的每一个环节。借助互联网平台的力量，乡村产业成功跨越地域界限，与更为广阔的市场建立起紧密联系，这不仅极大地拓宽了销售渠道，还显著提升了产品的知名度及市场占有率。此外，互联网平台所搭载的大数据、云计算等先进技术，为乡村产业带来了精确的市场洞察与预测能力，助力企业依据科学数据制定生产规划及营销策略，实现更加精准高效的运营决策。具体来说，基于互联网生态进行的乡村产业价值创造有以下几个方面：

（1）以数字经济为重要表现形式的赋能作用。数字经济是互联网生态的重要表现形式。数字经济通过互联网和大数据技术，改革传统农产品的销售模式，扩展销售渠道，利用数字平台和电商平台解决销售问题，推动农业产业的全面振兴。此外，数据本身作为数字经济中的核心生产要素，促进了乡村产业模式的创新和转型。通过整合数据资源和乡村自身条件，乡村产业发展逐渐从依赖传统资源和劳动力转向依靠技术和数据驱动，催生如农业新零售、乡村旅游等新业态，这些新模式不仅拓宽了传统农业的功能，还极大提升了新兴乡村产业价值创造的可能性。

（2）以互联网金融为重要手段的助推作用。乡村产业价值创造离不开金融支撑。随着互联网生态的不断演进，互联网金融所提供的定制化金融服务已成为乡村产业价值创造的重要支柱。尤其是数字普惠金融的融入，为乡村产业的优化升级注入了新动力。它通过资本融通、技术渗透和劳动力配置等渠道，引领乡村产业向多元化、集群化及科技化方向迈进，有力推动了乡村产业的繁荣。

（3）以人工智能为重要工具的引领作用。人工智能是互联网生态发展到一定阶段的产物。人工智能技术的引入可以逐步实现乡村产业生产、经营、管理全流程的智能化。乡村产业智能化的发展将衍生出生产托管、数字医疗等新业态。同时，人工智能可以推动乡村产业结构的优化升级。通过数据分析和预测，人工智能可以帮助价值创造主体优化生产计划，避免盲目产业发展，减少资源浪费。

第四节　供应链金融与农村融资获取

一、供应链金融概述

（一）农业供应链

1. 农业供应链的概念

农业供应链是指由农业生产资料供应商、农产品种植者、养殖者、加工者、物流等各环节利益相关方构成的组织形式或网络结构。

2. 农业供应链的金融需求

第一，农业抗风险能力弱，需要稳健资金流加以保障。农业最显著的特征是弱质性，表现为面临自然环境与市场双重风险、抗风险能力弱、投资回报率低等方面，农业的弱质性突出了资金流保障的重要性。

第二，中国农业企业实力弱，需要稳健的资金流支撑其发展。2023 年中国农业总产值规模超过 15 万亿元，产业规模大，但国内农业企业基本呈现“小散乱弱”状态，需要稳健的资金流支撑其发展壮大。

第三，中国农业供应链存在资金错配问题，需要供应链金融加以协调。中国农业供应链为典型的微笑曲线，中间环节附加值低、两端附加值较高，导致金融贷款倾向于流向两端。而处于中间环节的农产品生产阶段投入最多、风险最大，却往往缺乏资金支持。

（二）农业供应链金融

供应链金融（Supply Chain Finance）是以核心企业为辐射，以资金流、信息流、商流、物流“四流”为依托，有效衔接供应链网络中各企业，为供应链各企业提供整体金融解决方案的一种金融模式。

二、农业供应链金融四种模式

（一）农业园区主导型

1. 农业园区主导型供应链金融的概念

农业园区主导型供应链金融是指以农业园区建设为基础，农业产业集群为对象，利用园区内供应商、生产商、销售商、服务中介以及专业协会间纵向一体化的合作关系，满足供应链资金循环需求的一种金融模式。

2. 农业园区主导型供应链金融的融资流程

农业园区主导型供应链金融的融资流程分为两部分：

（1）园区建设融资。银行与政府合作，参与园区基础设施建设融资，完善园区金融设施配置。银行通过产业调查与评价，建立项目库，加强对园区的参与和监督，明确产业链分布。

（2）“企业 + 企业”融资。银保担合作，整合园区各类企业，定制反担保协议，预设化解方案，对关联企业开展金融服务。举例来说，上游企业可以利用未到期的应收账款向金融机构寻求融资。银行将上游企业视为借款人，将下游企业视为担保人，同时利用担保公司或者物流企业作为第二还款来源降低信贷风险，通过提出反担保措施（如订单协议抵押）或者控制上下游企业之间的物流，有效降低融资企业的信用风险。

农业园区主导型供应链金融融资流程如图 10－6 所示。

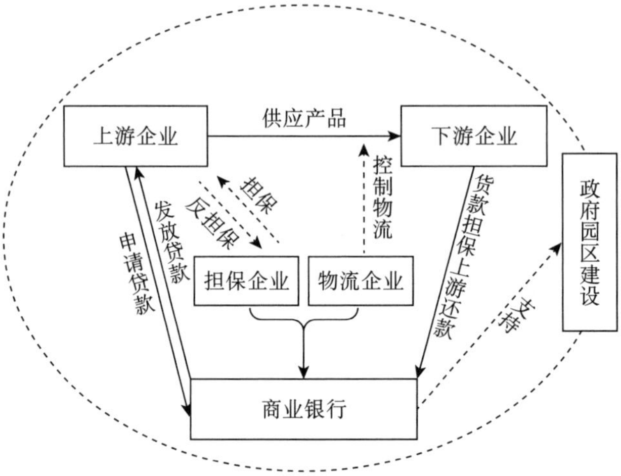

图 10－6　农业园区主导型供应链金融融资流程

3. 农业园区主导型供应链金融的特点

农业园区主导型供应链金融属于需求引导型模式，即由农业产业集群的需求引出融资服务的创新，对应产业化成熟阶段。该模式有以下优点：

第一，该模式有利于实现规模经济。从产业集群角度来看，由于农业园区通常会吸引众多相关企业集聚，形成产业集群。这些企业涵盖了农业生产的各个环节，便于金融机构进行集中管理和风险控制，也有利于实现规模经济。

第二，该模式有利于风险监管。农业园区作为主导方，能够对园区内的企业进行有效的监管，确保企业的生产经营活动正常进行。而金融机构可以借助园区的管理力量，加强对企业资金使用的监督，实现物流、资金流的全封闭运行。但是，该模式需要建立有效的园区管理机制，以确保企业之间的协同合作。

专栏 10－1　典型案例介绍

开平市国家现代农业示范区“政银保”贷款

“政银保”贷款项目是开平市以建立国家现代农业示范区及省级现代农业产业园为契机建立的农业贷款体系，该体系以现代农业政策为导向、现代农业经营主体为对象、银行贷款投入为基础、保险公司（担保公司）担保为保障，旨在扶持符合开平市乡村振兴建设方向的项目。

以前农业贷款存在“两高”的情况，一是贷款门槛高，需要担保和抵押（农民承包的土地、用于养殖的栏舍是无法进行抵押的）；二是贷款成本高，有抵押的农业贷款利率一般比基准利率上浮达30%以上。此外，贷款人还需向担保公司支付约贷款额的2%—3%作为担保费，其成本达到了10%以上。而开平市试点的农业“政银保”贷款免抵押。企业有几种贷款方案可供选择，如果企业选择政府、合作保险公司（或合作担保公司）、合作银行共同承担贷款风险责任的贷款方案，则贷款利率按不高于年化贷款利率5.5%（含5.5%）执行，按不高于贷款额2%收取年保险费（或按贷款额1%收取年担保费），经开平市人民政府批准列入市乡村振兴或示范区重点项目的农业企业贷款最高额度为人民币1 000万元，这降低了贷款门槛与融资成本，有利于解决市区范围内有信用、前景好的现代农业经营主体融资难问题。

（二）政府基地主导型

1. 政府基地主导型供应链金融的概念

政府基地主导型供应链金融是政府基于地方发展战略，投资建立农业生产基地，鼓励农户规模化生产，引导龙头企业入驻基地，衍生发展成产业链，并与金融机构合作，对产业链条进行融资的一种金融模式。政府牵头引导信贷资金投入符合地方特色农业发展战略的农业产业上，鼓励地方优势和特色农业科研，并通过担保或补贴等形式给予一定支持。

2. 政府基地主导型供应链金融的融资流程

政府的投融资平台进行产业基地建设，通过政银保担合作，对订单农业农户进行统一授信，促进农户和企业融资。

政府基地主导型供应链金融的融资流程分为三部分：（1）政府主导初期投资。以产业基地为中心，通过政府投资形成产业链，并引导金融机构和社会资本介入，拓展不同的融资渠道。（2）市场带动金融资本。政府与银行联合，以生产基地为载体进行担保融资，设置产业发展金和风险金，提高市场抵御风险能力。（3）补贴带动农户融资。鼓励大户采用新品种，进行标准化连片经营，政府通过补贴给予支持，并依托“合作社+农户”模式鼓励农户向银行融资。（4）强化供应链体系风险防控。将信贷资金始终贯穿产业链各环节，形成政银保担一体化的融资渠道。

3. 政府基地主导型供应链金融的特点

政府基地主导型供应链金融属于供给引导型模式，即由政府和金融机构提供投资平台，促进产业链形成，对应农业产业化发展阶段。该模式优点在于政府的政策支持和风险补偿机制增强了金融机构的信心。但是，该模式需要有效的监督，确保政策资金的合理使用。且该模式可能导致企业过度依赖政府政策，影响自身市场竞争力的提高。

专栏 10 －2　典型案例介绍

五里明模式

五里明镇是以玉米为主要农作物的产粮大镇。2008 年以来，五里明镇发展规模化生产，探索出具有当地特色的“1 +8”模式。镇里成立1 家胜利农业公司，该公司下设8 个专业合作社。胜利农业公司监督8 个合作社各项事务；8 个合作社自主经营、自负盈亏，并独立核算。

在五里明镇农业集约化经营背景下，龙江银行开发了信贷新产品和新模式，主要分为两个部分：(1) 多主体合作。2009 年，龙江银行设计了新型信贷产品，将农户、玉米种植合作社、镇政府、龙江银行、科研机构（东北农业大学等）及中粮集团生化能源（肇东）有限公司等多个主体纳入产品的设计当中。(2) 引入信托。2010 年，龙江银行引入中粮信托有限责任公司。由于土地流转权的法律属性存在争议，金融机构难以将其作为抵押物。信托设立后，土地流转权作为具有独立的法律地位的信托财产，即使委托人出现破产、债务纠纷等情况，也不会被纳入清算财产范围，保障了金融机构对被抵押担保的土地流转权的利益。

（三）核心农业企业主导型

1. 核心农业企业主导型供应链金融的概念

核心企业作为农业供应链生态圈的中心，可以从物流、信息流、商流、资金流等环节切入。核心企业通过供应链金融科技平台，引入区块链、大数据、人工智能、物联网等前沿技术，对供应链上企业进行风控审核和管理，并发布多个供应链金融创新产品。

银行在开展融资过程中，通过确保核心企业与农户之间建立了稳定的合作关系，将农民合作社或者村集体作为中介，确保订单执行的可靠性。此外，银行通过与核心企业的合作关系，熟悉核心企业的经营状况，以核心企业征信水平为依据，核准企业的担保额度和对农户提供信贷额度。

2. 核心农业企业主导型供应链金融的融资流程

核心农业企业主导型供应链金融的融资流程分为三部分：（1）农户向银行申请贷款，银行、核心企业以及担保公司一起核定农户信用和贷款额度。（2）担保公司对农户提供保险，并与核心企业签订回购协议规避市场风险，或者与农户签订反担保协议来规避风险。银行将贷款划拨到企业账户后，由企业集中向农户发放贷款或者购买农资，以控制贷款的使用方向。（3）农产品收购后，企业优先偿还银行贷款，然后结算农户的货款。

核心农业企业主导型供应链融资流程如图 10－7 所示。

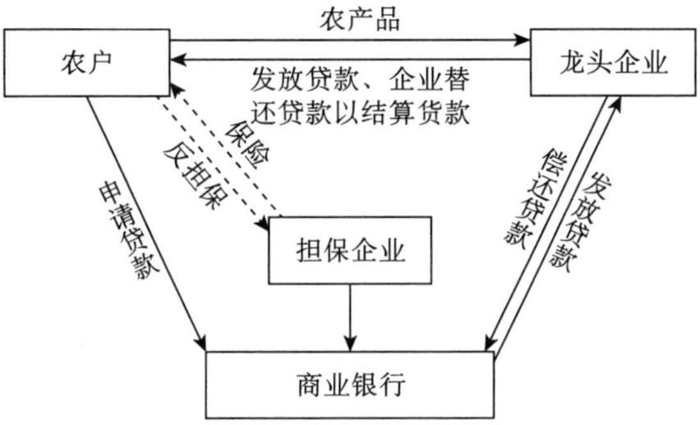

图 10－7　核心农业企业主导型供应链融资流程

3. 核心农业企业主导型供应链金融的特点

核心农业企业主导型供应链金融属于一种简单的产业链融资模式，只发生在企业、合作社与农户之间，对应农业产业化初级阶段。

核心农业企业主导的供应链金融模式有以下优点：

第一，核心农业企业主导的供应链金融模式能促进供应链协同。核心农业企业主导型供应链金融上下游协同紧密、信息共享。核心企业与供应商和分销商之间建立长期稳定的合作关系，通过订单农业、合同养殖等方式，确保原材料的稳定供应和产品的销售渠道，降低市场风险，且核心企业可以通过建立信息平台，实现供应链各环节的信息共享和透明化管理。

第二，核心农业企业主导的供应链金融模式能促进资源整合。核心企业能够整合产业链上的各种资源，包括资金、技术、信息等，优化资源配置，提高整个产业链的效率和竞争力。例如，核心农业企业作为核心，凭借自身的信用和实力，为上下游企业提供信用背书，增强金融机构的信任，从而获得更优惠的融资条件。

专栏 10 -3 典型案例介绍

新希望养猪模式

新希望集团的商品猪较多数都是以委托代养模式来完成的，即企业提供给农户仔猪，拥有仔猪及肥猪的所有权，在农户育肥完成后对肥猪进行回收。在育肥的过程中，公司为代养户提供技术指导，包括养殖技术、疫病防控、饲料配方等，并通过技术员定期检查和监督，确保养殖过程符合公司标准，通过养殖、饲料、屠宰等产业资源的匹配，最终实现从养殖端到消费端的产业闭合，这一模式实现了产业链的安全、健康、可控、可追溯。

银行对供应链上的核心企业——新希望集团的各种信息很熟悉。而作为核心企业的新希望集团与农户或合作社之间经常有供货关系、订单关系，彼此关系密切，信息不对称问题较轻。银行可通过新希望集团获得农户的信息，这种模式极大地解决了银行远离农户，对农户的种植养殖各种信息一无所知的问题。

从“资产”安全角度来说，由于农户与新希望签署的是委托代养协议，农产品产权在新希望名下，农户无权私自处置农产品，保障了“资产”安全。从还款角度来说，新希望回购产品后定向支付给金融机构，实现了资金流的闭环交易，有利于银行及时收回贷款。此外，该模式实现了利益共享与风险共担，公司通过委托代养模式，降低固定资产投入，实现轻资产运营，能够快速扩大养殖规模；农户则获得稳定的代养收入，规避了市场风险。

（四）银行主导型

1. 银行主导型供应链金融的概念

银行主导型供应链金融包括传统银行融资和互联网金融两类。

在传统银行融资模式中，企业寻求融资的方式主要有以下四种：（1）存货融资。企业以其存货为抵押或者质押，并以该存货及其产生的销售收入为第一还款来源，主要操作方式为普通仓单质押融资。（2）应收账款融资。上游企业与下游企业签订销售合同，形成应收账款。企业将应收账款转让给银行，银行为其提供融资服务。（3）订单融资。银行根据农产品购销双方签署的订单合同，以订单项下的预期销货款作为还款来源，向供应商提供短期融资。（4）预付款融资。企业交纳保证金和手续费，向银行申请融资。银行提供授信，用于企业支付货款。

而互联网金融是一种借助数据产生、数据收集、数据挖掘以及搜索引擎等互联网技术、移动通信技术实现资金融通、支付和信息中介等业务的新兴金融模式，结合了传统银行间接融资与资本市场直接融资。

2. 银行主导型供应链金融的融资流程

传统银行融资主要分为存货融资、应收账款融资、订单融资、预付款融资四类。以应收账款为例，其融资流程如下：（1）上游供应商（融资企业）与下游核心企业签订销售合同，形成应收账款。（2）供应商将应收账款收益权转让给银行，核心企业确认应收账款并承诺付款。（3）银行根据应收账款金额向供应商发放融资款。（4）应收账款到期后，核心企业向银行支付账款，银行扣除融资款项后，将余款支付给供应商。其具体融资流程如图 10－8 所示。

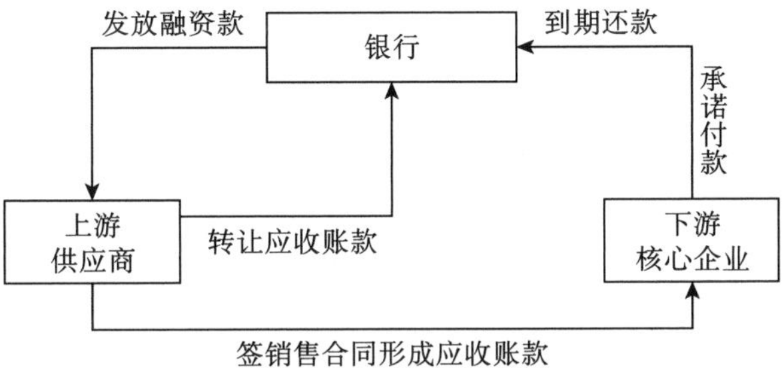

图 10－8　以应收账款融资为代表的银行主导型供应链融资流程

而在互联网金融中，其融资流程如下：（1）互联网平台（如电商平台）通过积累的用户交易信息，建模分析农户、经销商等借款人的消费习惯、资金流水和信用评级。（2）根据分析结果，平台为借款人提供相应的融资服务，降低风险，资金实现专款专用。（3）电商平台还可能引入担保机构或保险公司，进一步保障资金安全。其融资流程如图 10－9 所示。

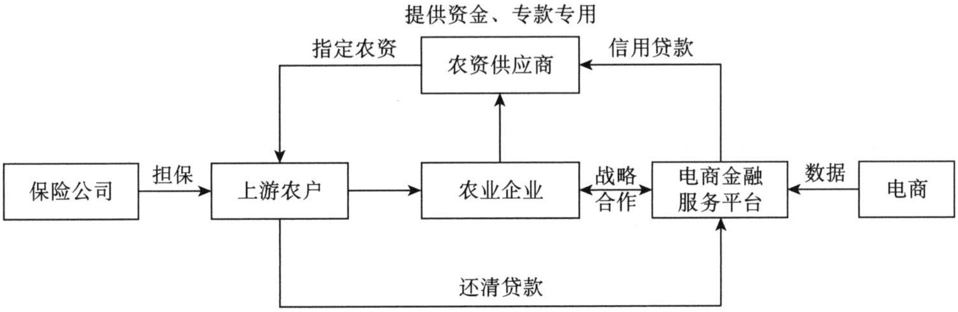

图 10－9　以互联网金融为代表的银行主导型供应链融资流程

3. 银行主导型供应链金融的特点

银行主导型供应链金融利用资金流串联起各产业链环节，发挥金融科技（大数据信息）风险防控优势，实现产业链融资体系的融合。该模式优点如下：

第一，银行主导型供应链金融能充分利用银行的专业优势。银行作为专业的金融机构，能够提供全面的金融服务，满足农业供应链中不同环节企业的多样化金融需求。

第二，银行主导型供应链金融能促进金融科技的运用。银行可以积极运用金融科技手段，如大数据、区块链、人工智能等，提升农业供应链金融服务的效率和精准度。

第三，银行可以联结涉农核心企业构建自己的数据库，并且以此为依据建立标准化的风控体系。银行对农资和农产品生产经营主体信用档案全覆盖，还可将其纳入国家农产品质量安全县和农产品质量安全延伸绩效考核指标中。但是，在银行主导型供应链金融下，银行仍需要获取准确的企业信息，信息不对称问题仍可能影响风险评估。

专栏 10－4　典型案例介绍

阿里巴巴旺农贷

旺农贷是由阿里巴巴集团蚂蚁金服旗下网商银行推出的一款贷款产品。新型农业经营主体凭借在淘宝或天猫平台上的交易信息向网商银行申请借款。网商银行会分析累积的交易记录，并结合同属阿里生态圈的芝麻信用评分，采用数据化预授信模式，综合评估新型农业经营主体还贷能力，并作出是否放贷的决定。

旺农贷一般适用于电商平台线上运营较顺利的，且具有一定知名度的新型农业经营主体。在传统金融模式下，由于商业银行对新型农业经营主体资信情况掌握不全面，容易导致慎贷或惜贷。而网商银行借助大数据技术，有效改善了借贷双方信息不对称问题，为新型农业经营主体贷款提供了方便。

三、农业供应链金融的发展困境

（一）农业供应链金融风险高

第一，农业抵质押物少。土地承包经营权抵押贷款已开展试点，但逾期后处置变现难度大。且农业固定资产较少。农民个人财产、集体资产难以入市交易。

第二，信用风险高。农民征信记录少，多数未持有信用卡。且多数涉农经营主体财务账簿不规范，非结构化信息多，难以整合分析。

第三，农业供应链传导风险高。农业主要面临两方面的风险。一方面，自然风险多发、导致减产。另一方面，市场风险较大，体现在价格短期波动以及行业周期性波动。农业供应链金融的风险定价尚不成熟，无法有效管理风险。

（二）农业供应链金融收益低

第一，运营成本高。农村居住分散、服务网点规模小，导致客户、信贷人员服务成本高。同时，农村信息化程度偏低、很多环节需要人工操作，进一步提高了成本。

第二，隐性成本高。部分农户为获得贷款、存在不少请客送礼现象，增加了贷款的隐性成本。此外，贷款审批流程较长，容易错过农忙时节，影响农业生产效率。

第三，“三农”贷款产品在风险定价方面存在不足。且逾期催收、不良贷款资产处置难度大。

（三）农业供应链金融资源错配

第一，需求抑制。农民对借贷存在认知偏差，认为借贷行为有失体面。抵押担保物缺乏，加上申请过程烦琐等原因，使农民不想借贷。且多数农民属于风险厌恶型，倾向于保守经营。

第二，信贷供给不足。资本市场对农业产业的关注度仍远未达到满足其需求的程度，融资难、融资贵的问题依然突出。

第三，在资源配置效率低，因供应链交易成本高、信息不透明等问题，许多金融机构对农业供应链金融缺乏深入的理解和投入，导致农业供应链金融资源配置效率低。

（四）科技创新水平低

目前，我国农业供应链金融的科技创新水平不够高。第一，技术应用深度与广度不足。农业产业链环节众多，数据分散且复杂，从生产、加工到销售等各环节的数据难以有效整合和深度挖掘。

第二，金融科技平台建设尚不完善。现有的农业供应链金融科技平台功能较为单一，主要集中在融资服务领域，难以提供一站式综合金融服务，进而影响了农业供应链的整体效率和协同性。

（五）相关机制不健全

与农业供应链金融相关的政策、法律还需要进一步健全。第一，政策协同性有待加强。一些地方财政补贴政策与金融支持政策未能有效衔接，导致政策执行效果打折扣。

第二，产权保护机制不健全。农业供应链金融涉及大量的产权交易和抵押物处置，但我国农村产权交易体系还不够完善，产权保护机制存在漏洞。例如，农村土地承包经营权、宅基地使用权等产权的流转和抵押还面临诸多法律障碍。

四、农业供应链金融的发展前景

（一）金融科技应用于各个环节

金融科技在农业供应链金融的应用日益广泛和深入。在生产环节，通过视频技术、声呐技术等手段，金融机构可以对农业供应链中的生物资产实现资产的可视化管理。在风控环节，数字信用体系通过大数据分析和区块链技术，实时监测农业供应链中企业间的交易情况，金融机构可及时发现潜在风险点，如异常资金流向等。

（二）通过资产证券化等方式获得低成本资金

为了获得低成本资金，农业供应链金融可以通过资产证券化等方式，以应收账款为基础资产设计相关产品，并将其分发对接机构资金，从而有效缓解供给端的资金压力。例如，供应商通过转让核心企业应付账款，供应商可盘活资金，解决融资难题。

（三）大数据和云计算帮助提升风险管理水平

大数据和云计算技术在风险管理方面发挥着重要作用，从客户尽调、贷中审查到贷后管理，通过对相关数据的采集、整合和分析，实现动态管理。例如，借助大数据和云计算技术，金融机构可以对农业供应链中的各个主体进行全面的信用评估。这不仅包括传统的财务数据，还包括生产技术、管理能力、市场口碑等非财务信息，从而更准确地评估企业的信用风险。

（四）产业链 + 金融 + 互联网融合越来越深

产业链 + 金融 + 互联网的融合越来越深入，为金融提供了更丰富的应用场景，同时也帮助提升产业链的整体价值，促进了商流、信息流、资金流和物流的合一，形成了风控闭环。例如，金融机构通过大数据技术对海量数据进行挖掘和分析，提供精准的金融服务。而互联网和移动互联网将成为整体产业和商业体系的基础设施，在提高信息处理效率、精准获客等方面发挥重要作用。

第五节　数据入表与农业企业数据资产财务处理

一、数据入表的相关概述

数据是数字经济的关键要素。近年来，中国产业数字化程度显著提高，数据资源对于企业特别是相关数据企业的价值创造日益发挥着重要作用。2023 年 8 月 21 日，财政部对外发布《企业数据资源相关会计处理暂行规定》，明确数据资源的确认范围和会计处理适用准则等。至此，数据可以作为会计上的资产计入会计报表。数据入表有利于显化数据资源价值，激活数据市场供需主体的积极性，增强数据流通意愿，为农业企业对数据进行深度开发利用提供动力。

（一）数据资产的概念及其特点

1. 数据资产的概念

数据资产是指特定主体合法拥有或控制的、能够进行货币计量并能带来直接或间接经济利益的数据资源。在农业领域，数据资产可以来源于企业自身的数据采集系统（如通过传感器收集的气象、土壤湿度等数据），也可以通过购买、合作等方式从外部获取。

2. 数据资产的特点

（1）非实体和无消耗性。

相比于传统有形资产，数据资产具有非实体性和无消耗性。通常来说，传统有形资产（如机器、原材料）会随着使用次数增加而产生消耗，寿命降低。数据资产价值并不会因为正常的使用频率增加而磨损或消耗，可以在存续期间被无限次利用。

（2）可共享性。

数据资产可以被多个主体同时使用，且不同主体对同一数据的利用可能产生不同的价值。这一特性使数据资产成为企业挖掘数据价值的关键。

（3）多次衍生性。

同一数据可以通过多层次、多维度地加工，衍生出不同的数据价值。例如，原始客户数据可以通过轻度汇总形成基础数据，进一步加工后可用于客户画像分析或风险评估。

（4）零成本复制性。

数据资产的成本主要集中在前期获取和开发阶段，而后续的复制成本几乎为零。这一特性使数据资产能够被广泛共享和使用，但也可能导致相同数据资产在不同场景下的成本差异。

（二）数据资产的分类

1. 原始类数据资产

原始类数据资产是通过外部获取或内部采集的明细数据，为后续数据加工提供基础信息。根据来源不同，可分为以下两类：

（1）外部获取类数据资产：通过购买、交换或爬取等方式从外部获取的数据，虽不能直接用于生产经营，但可作为内部数据的补充。

（2）内部采集类数据资产：通过企业生产经营过程自动或人工采集的数据，如客户交易信息、设备采集的环境数据等。

2. 过程类数据资产

过程类数据资产是对原始类数据进行清洗、汇总后的中间数据，具有普遍适用性，能够减少后续加工的重复工作。这类数据通常通过数据仓库、大数据平台等工具生成。

3. 应用类数据资产

应用类数据资产是基于原始类和过程类数据进一步加工得到的数据产品，可直接用于业务支持。根据用途不同，可分为以下两类：

（1）收益提升类数据资产：直接赋能业务收益的数据资产，如模型、数据产品等。

（2）统计支持类数据资产：用于经营分析、监管报送等的数据资产，如报表数据、趋势分析数据等。

二、农业数据资产的相关概念

（一）农业数据资产的概念及其分类

1. 农业数据资产的概念

农业数据资产是指拥有权或控制权明确，预期能为农业及其相关领域提供服务或为之带来经济利益的历史的数据资源。随着数字技术的快速发展和其在农业领域的广泛应用，农业农村领域积累了大量的数据资源，潜在的数据价值也日益凸显。数据作为新的生产要素，涉农数据价值释放是必然趋势，为实现农业高质量发展、建设农业强国带来新机遇、提供新动能。

2. 农业数据资产的分类

农业企业数据资产的范围通常涵盖了从土地耕种、作物生长、气象条件到市场供需等多个环节，包括农业自然资源、农业生产数据、农业经营数据和农业服务数据等数据资源。

（1）农业自然资源数据。

这类数据聚焦于农业生产所依赖的自然条件与环境。农业自然条件与环境对农业生产的影响比较显著，农业生产条件不同，生产出的产品品种、质量、数量等就会不同。农业生产也会受到季节性和周期性影响，动植物的生长发育都有一定的规律性，受到自然资源与环境的影响。具体来说，农业自然资源数据分为土地资源数据，包括土地利用数据、土壤环境数据等；气象数据，包括海拔、经纬度、光照时长、降水、温度、空气湿度、风向、风速等；水资源数据，包括地下水、地表水、其他水源等数据；农牧资源与生态环境数据，如草势长势预测等数据。

（2）农业生产数据。

依据产业类别进一步细分，农业生产数据具体分为种植业生产数据，包括农作物的种植面积、灌溉信息、灾害与防治数据等数据；养殖业生产数据，包括饲养信息数据、养殖环境数据、动物健康与疫病等数据；林业生产数据，包括林木分布情况、动植物的多样性、林业灾害和防治等数据；渔业生产数据，包括渔船管理及捕捞设备数据、水产养殖环境数据以及捕捞环境等数据。

（3）农业经营数据。

农业经营数据具体分为物流运输数据，包括运输路线、运输方式、物流配送信息、仓储环境（包括温度、湿度、空气含氧度、光照等）等数据；流通交易数据，包括农产品生产成本、价格、收益、市场行情、需求、交易量、库存、农产品进出口贸易数据、农产品品质质量监测、农产品相关资讯等；电子商务数据，包括客户基础信息数据、用户操作日志数据、商品信息数据、交易记录数据、资金流动数据等。

（4）农业服务数据。

农村生产生活和现代信息技术的结合产生了农业生产服务数据，涉农主体可以通过信息服务解决生产过程中的问题，还可以通过金融服务处理融资困难的问题。农业服务数据具体分为金融服务数据，包括涉农信用评价、涉农生产经营贷款、农业保险、涉农补贴等数据；技术服务数据，如病虫害防治技术、品种研发、生物安全、育苗技术以及农业领域的专利信息等数据。

（二）农业企业数据资产入表的基础

1. 国家政策

为了规范和促进农业企业数据资产的有效管理和利用，我国政府已出台了一系列政策措施，旨在加强数据资产的规范化管理，推动数据资源的开放共享，以及促进数据驱动的农业创新发展。表10－2梳理了一些相关政策文件，这些政策确立了农业农村数据资产管理的基本原则，为农业企业数据资产入表建立了基础依据。在国家强力推动下，各地、各部门积极探索数据资产化工作，全国数据资产登记服务平台、数据交易所、数据资产登记评估中心等加快布局，以数据资产交易、入表、融资贷款、数据知识产权等形式的价值化路径及案例逐步成熟，为农业产业数据资产价值化提供了示范和保障。

表10－2　　农业企业数据资产入表的相关政策文件（部分）

发布时间	政策名称	重点内容	发布单位
2022年8月	《数字乡村标准体系建设指南》	明确指出需从数据资源、数据治理、数据服务等方面建设完善农业农村数据标准	中央网信办、农业农村部、工业和信息化部以及国家市场监督管理总局
2022年12月	《中共中央 国务院关于构建数据基础制度更好发挥数据要素作用的意见》（即“数据二十条”）	提出了从数据产权、流通交易、收益分配、安全治理等方面构建数据基础制度的20条政策举措	中共中央和国务院
2023年4月	《2023年数字乡村发展工作要点》	将“加强标准化建设”列为工作重点之一，重点推动《农业农村数据分类分级指南》等标准制定	中央网信办、农业农村部、国家发展改革委、工业和信息化部、国家乡村振兴局
2023年9月	《数据资产评估指导意见》	明确了数据资产的定义，并对评估对象、操作要求、评估方法和披露要求进行了详细规定	中国资产评估协会
2024年1月	《关于加强数据资产管理的指导意见》	明确了什么构成数据资产以及其具体范围，指导如何分类数据资产以及评估其价值	财政部
2024年9月	《农业农村数据资产管理规范》	规定了农业农村数据资产管理的基本原则、流程、内容和保障等内容	农业农村部

2. 会计准则

为了规范企业数据资源的会计处理，强化会计信息披露，财政部发布了《企业数据资源相关会计处理暂行规定》，该规定于2024年1月1日起施行。企业会计准则是会计领域的一项基础制度安排，也是以专门规定规范企业数据资源相关会计处理发挥会计基础作用的重要一步。

数据资产入表是指将符合标准的数据资源确认为资产负债表中的“资产”，从而能够将相关数据资源形成数据资产的过程更加合理地反映在财务报表中。具体来说，《企业数据资源相关会计处理暂行规定》要求：

（1）企业使用的数据资源，符合《企业会计准则第6号——无形资产》（财会〔2006〕3号）规定的定义和确认条件的，应当确认为无形资产。

（2）企业日常活动中持有、最终目的用于出售的数据资源，符合《企业会计准则第1号——存货》（财会〔2006〕3号）规定的定义和确认条件的，应当确认为存货；企业出售未确认为资产的数据资源，应当按照收入准则等规定确认相关收入。

基于与国际会计核算接轨、稳健推进等考量，对于数据资源的会计处理适用现行企业会计准则，并没有改变现行准则下的会计确认计量方法与要求。其本质上是对现行准则的重申和细化，即在“存货”“无形资产”“开发支出”三个科目下新增“数据资源”项目，对数据资产入表的会计账目处理方式及列示规则进行明确。

三、农业企业数据资产的财务处理

农业企业数据资产入表要求在农业数据资产形成过程中，根据《企业会计准则》等相关法规、准则，将符合资产确认条件的数据资源纳入财务报表，并与其他资产、负债和权益项目进行恰当的分类和计量。

依据行业特点和资产特点，判断该数据资产属于无形资产还是存货：确定无形资产初始计量基础，制定摊销政策，关注减值迹象并计提减值准备；基于成本原则进行存货初始计量，考虑采用先进先出法、加权平均法等计价方法，考虑适时计提存货跌价准备。

（一）农业企业数据资产的会计确认

根据《企业数据资源相关会计处理暂行规定》，农业企业的数据资产能够分为三类，即数据资源存货、数据资源无形资产和符合资产定义不能确认为资产的数据资源，前两类分别按《存货准则》《无形资产准则》进行确认，第三类数据资源按《收入准则》确认相关收入。

1. 数据资源无形资产的确认条件

（1）数据资源符合资产的定义。

（2）满足无形资产的三个基本特征：可辨认性、无实物形态和非货币性。可辨认性强调，数据资源必须能从企业中分离或划分出来，并能单独或与相关合同、资产或负债一起，用于出售、转移、授予许可、租赁或交换。此外，如果数据资源源自合同性权利或其他法定权利，并且这些权利可以从企业或其他权利和义务中转移或分离，那么这些数据资源也具有可辨认性。无实物形态强调，数据资源作为电子信息，显然不具有实物形态，符合无形资产的这一特征。非货币性强调，数据资源不是以固定或可确定的货币金额收取的资产。

（3）数据资源相关经济利益流入的可能性较大，这通常取决于数据资源的质量、市场需求以及农业企业的利用能力等因素。

（4）数据资源相关成本能够可靠计量。为了将数据资源确认为无形资产，农业企业需要能够可靠计量其取得和开发成本。这包括数据在收集、清洗、整理、存储等过程中的费用。

（5）数据资源权属的明确性。农业企业需要确保对数据资源拥有合法的所有权或使用权并且不存在权属纠纷或法律限制。

（6）持有用途为自用或对外转让使用权或对外提供服务。

2. 数据资源存货的确认条件

（1）数据资源符合资产的定义。数据资源存货是指农业企业日常活动中持有、最终目的用于出售的数据资源。

（2）满足存货的特征：日常持有、以备出售、属于流动资产、具有原材料、半成品、数据产品等多种存储形式。

（3）数据资产满足有关的经济利益很可能流入企业。

（4）该存货的成本能够可靠计量。

（5）数据资源权属的明确性。农业企业需要确保对数据资源拥有合法的所有权或使用权并且不存在权属纠纷或法律限制。

（6）持有最终用途为对外销售，出售时转让了数据资源的所有权。

（二）农业企业数据资产的会计计量

1. 数据资源无形资产计量

当农业企业将数据资源确认为无形资产时，具体的会计处理包括初始计量和后续计量。

（1）初始计量。

对于通过外购方式取得并确认为数据资源无形资产，其成本应包括购买价款、相关税费，以及为使该项无形资产达到预定用途所发生的所有数据加工费用（如数据脱敏、清洗、标注、整合、分析等），还应包括数据权属鉴证、质量评估、登记结算、安全管理等费用。如果外购的数据服务费用不符合无形资产的定义和确认条件，则应根据具体用途计入当期损益。

对于企业内部研发的数据资源项目，应区分研究阶段和开发阶段的支出。开发阶段的支出在满足资本化条件及其他条件时可以确认为无形资产。

（2）后续计量。

初始确认后首先应该基于数据资源相关的业务模式、权利限制、更新频率、数据时效性、产品或技术迭代以及同类竞品等因素，估计数据资源无形资产的使用寿命，判断数据资源无形资产是使用寿命有限或不确定的无形资产类型。对于使用寿命有限的数据资源无形资产，应该在持有期间对其进行摊销，摊销金额应计入当期损益或相关资产成本；对于使用寿命不确定的数据资源无形资产，会计期末应该进行减值测试。此外，数据资源无形资产的后续计量还包括其处置的会计处理。

2. 数据资源存货计量

当农业企业将数据资源确认为存货时，具体的会计处理包括初始计量和后续计量。

（1）初始计量。

通过外购方式取得并确认为数据资源存货的，其采购成本应包括购买价款、相关税费、保险费，以及数据权属鉴证、质量评估、登记结算、安全管理等费用。如果是通过数据加工取得并确认为数据资源存货的，其成本应包括采购成本、数据加工成本（如采集、脱敏、清洗等）以及使存货达到目前场所和状态所发生的其他支出。

（2）后续计量。

会计期末应对数据资源存货进行减值测试，确认是否计提存货跌价准备。当企业出售数据资源存货时，应按照存货准则将其成本结转为当期损益，并同时按照收入准则等规定确认相关收入。后续计量包括数据资源存货的处置。

3. 农业企业数据资产会计实务

（1）数据资源无形资产的会计处理。

假设一家农业企业农心科技购买“草原污染源监测”的数据资源计入无形资产，发生直接成本 1 万元（不考虑增值税，下同），进行会计处理如下：

借：无形资产——污染源监测数据　　10 000

　　贷：银行存款　　10 000

农心科技内部研发了“牛用饲料检测数据”用于优化牛用饲料配方，在达到资本化时点前所发生的相关成本有技术工人工资 7 000 元，技术设备折旧 1 000 元，材料耗用 2 000 元，进行会计处理如下：

借：研发支出——费用化支出　　10 000

　　贷：应付职工薪酬　　7 000

　　　　累计折旧　　1 000

　　　　原材料　　2 000

期末将该费用化支出转入“管理费用”，进行会计处理如下：

借：管理费用　　10 000

　　贷：研发支出——费用化支出　　10 000

若以上内部研发支出是满足资本化条件后至达到预定可使用状态之间发生的，则进行会计处理如下：

借：研发支出——资本化支出　　10 000

　　贷：应付职工薪酬　　7 000

　　　　累计折旧　　1 000

　　　　原材料　　2 000

在达到预定可使用状态时，结转数据资源无形资产的成本，进行会计处理如下：

借：无形资产——牛用饲料监测数据集　　10 000

　　贷：研发支出——资本化支出　　10 000

上述牛用饲料监测数据集的使用期限为 5 年，一年的摊销费用为 2 000 元，按照无形资产准则进行摊销的会计处理如下：

借：管理费用　　2 000

　　贷：累计摊销——牛用饲料监测数据集　　2 000

每期期末对上述数据资产进行减值测试，经测试和评估，该数据集的价值低于账面价值 5 000 元，农心科技对其计提减值准备，具体会计处理如下：

借：资产减值损失　　5 000

　　贷：无形资产价值准备——牛用饲料监测数据集　　5 000

由于数据资源无形资产具有较高的时效性，经评估，上述数据集不能再为农心科技创造价值，需要进行终止确认，具体会计处理如下：

借：无形资产价值准备——牛用饲料监测数据集　　5 000

　　累计摊销——牛用饲料监测数据集　　2 000

　　营业外支出　　3 000

贷：无形资产——牛用饲料监测数据集　　10 000

（2）数据资源存货的会计处理。

假设一家农业企业阳光农场外购番茄产业标准化高质量生产的“专家生长曲线”数据集，确认为存货，发生直接成本 1 万元（不考虑相关税费），进行会计处理如下：

借：数据资源产品　　10 000

　　贷：银行存款　　10 000

阳光农场内部研发了“玻璃温室番茄生产数据集”资产准备用于出售，发生的直接归属于该数据资源存货的成本费用主要有技术员工工资 5 000 元，技术设备折旧 1 000 元，材料损耗 2 000 元，其他银行存款支出 2 000 元，进行会计处理如下：

借：数据资源成本——番茄生产数据　　10 000

　　贷：应付职工薪酬　　5 000

　　　　累计折旧　　1 000

　　　　原材料　　2 000

　　　　银行存款　　2 000

当“玻璃温室番茄生产数据集”满足资产确认条件，验收合格时，进行会计处理如下：

借：数据资源产品——番茄生产数据　　10 000

　　贷：数据资源成本——番茄生产数据　　10 000

假设本期出售上述数据集，售价为 2 万元，销项税额为 2 600 元，收到款项，会计处理如下：

借：银行存款　　22 600

　　贷：其他业务收入　　20 000

　　　　应交税费——应交增值税（销项税额）　　2 600

借：其他业务成本　　10 000

　　贷：数据资源产品——番茄生产数据　　10 000

期末计量该数据集的可变现净值为 8 000 元，则计提跌价准备 2 000 元，会计处理如下：

借：资产减值损失　　2 000

　　贷：存货跌价准备——数据资源产品　　2 000

（三）农业企业数据资产的列报与披露

按照《企业数据资源相关会计处理暂行规定》，农业企业应当在资产负债表列报数据资源存货、数据资源无形资产以及资产型数据资源提供服务、或转移使用权所取得的合同资产等内容；应在利润表中列报数据资源存货、数据资源无形资产以及资产型数据资源所产生的收入、成本及损益等。同时，现金流量表和所有者权益变动表对以上内容进行列报，并强制性披露以下内容。

1. 关于农业企业数据资源存货的信息披露

农业企业应在资产负债表中列报数据资源存货，并根据存货的来源（如外购存货、自行加工存货等）进行分类披露。具体披露内容包括：

（1）数据资源存货的类别及其详细信息。

（2）确定发出数据资源存货成本的方法。

（3）数据资源存货可变现净值的确定依据。

（4）存货跌价准备的计提方法、当期计提金额及转回金额。

（5）对企业财务报表具有重要影响的单项数据资源存货的内容、账面价值和可变现净值。

同时，农业企业应在利润表中列报数据资源存货所产生的收入、成本及损益。

2. 关于农业企业数据资源无形资产披露

农业企业应在资产负债表中列报数据资源无形资产，并根据无形资产的来源（如外购无形资产、自行开发无形资产等）进行分类披露。具体披露内容包括：

（1）数据资源无形资产的类别及其详细信息。

（2）使用寿命有限的数据资源无形资产的使用寿命估计情况及摊销方法。

（3）使用寿命不确定的数据资源无形资产的账面价值及判断依据。

（4）对数据资源无形资产摊销期、摊销方法或残值的变更内容、原因及其对当期和未来期间的影响。

（5）对企业财务报表具有重要影响的单项数据资源无形资产的内容、账面价值和剩余摊销期限。

（6）所有权或使用权受到限制的数据资源无形资产，以及用于担保的数据资源无形资产的账面价值、当期摊销额等。

（7）数据资源相关产品或服务的运营应用、作价出资、流通交易、服务计费方式等情况。

（8）计入当期损益和确认为无形资产的数据资源研究开发支出金额。

（9）与数据资源无形资产减值有关的信息。

同时，农业企业应在利润表中列报数据资源无形资产所产生的收入、成本及损益。

除强制性披露内容外，农业企业可自愿披露以下信息：

（1）数据资源的应用场景或业务模式，以及对企业创造价值的影响方式。

（2）与数据资源应用场景相关的宏观经济和行业领域前景。

（3）用于形成数据资源的原始数据的类型、规模、来源、权属、质量等。

（4）对数据资源的加工维护、安全保护情况，以及相关人才、关键技术的持有和投入情况。

（5）数据资源的应用情况。

（6）重大交易事项中涉及的数据资源对该交易事项的影响及风险分析。

（7）数据资源相关权利的失效情况及失效事由，以及对企业的影响及风险分析。

（8）数据资源转让、许可或应用所涉及的地域限制、领域限制及法律法规限制等权利限制。

本章小结

在农村财务管理发展前沿领域，一系列创新与变革正产生着深刻影响。信息化与智能化的融合，特别是农村财务信息化平台和“三资”（资金、资产、资源）智能监管系统的应用，不仅极大地提升了财务管理的效率与透明度，还为农村集体资产的保值增值提供了强有力的技术支持。与此同时，面对农村财务舞弊的严峻挑战，加强制度建设、监督力度与人员培训成为防治舞弊、确保财务安全的关键举措。在盈利模式探索方面，乡村产业的价值创造日益受到重视，通过结合当地资源与市场需求，发展特色农业、乡村旅游等多元化产业，不仅为农村经济注入了新的活力，也为农民增收开辟了新渠道。供应链金融的创新应用，更是为农业企业提供了更为便捷、灵活的融资渠道，有效缓解了农业融资难、融资贵的问题，促进了农业产业链的整合与升级。此外，随着数字化转型的深入，数据资产已成为农业企业不可忽视的重要财务资源。数据入表与农业企业数据资产的财务处理，不仅要求企业具备高效的数据管理与分析能力，还强调了对数据资产价值的准确评估与合理利用，为企业的战略决策提供了有力支撑。

思考讨论

1. 信息化对农村财务管理的影响体现在哪些方面？你认为实现财务信息化和“三资”智能监管会让农村财务工作者失业吗？

2. 农村财务舞弊的主要手段有哪些？实现信息化对防治农村财务舞弊有哪些好处？

3. 假设你是一名农村财务管理人员，请设计一个简化的农村“三资”信息管理系统框架，并说明其各模块的功能。

4. 分组讨论如何结合当地资源发展特色农业或乡村旅游，设计一种创新的盈利模式。

5. 以小组为单位选取一个农业供应链金融的成功案例，分析其融资模式、风险控制及经济效益。

相关链接

1. 福建省莆田市荔城区纪委监委课题组．中央纪委国家监委网站：数字赋能规范“三资”监管［EB/OL］．（2023－12－14）［2024－12－30］．https：//www. ccdi. gov. cn/yaowenn/202312/t20231214_314369. html.

2. 中华人民共和国农业农村部办公厅．关于推介全国农村财务管理规范化建设典型案例的通知［EB/OL］．（2021－09－25）．https：//www. moa. gov. cn/nybgb/2021/202101/202109/t20210925_6378055. htm.

3. 袁宇．海南日报．万宁大力推进“机器管‘三资’”试点［EB/OL］．（2024－12－31）．https：//www. hainan. gov. cn/hainan/hnxstq/202412/e7654a1063b54353a57efa322ac82bce. shtml.

4. 杨秀芹，陈明刚．我们是如何发现村级财务错弊的［J］．农村财务会计，2017（06）：3.

5. 黑龙江省纪委监委．中央纪委国家监委网站．黑龙江通报 8 起套取骗取惠民惠农财政补贴资金典型案例［EB/OL］．（2023－06－01）［2025－01－05］．https：//www. ccdi. gov. cn/yaowenn/202306/t20230601_267418. html.

6. 浙江省纪委监委．中央纪委国家监委网站．集体资金成村主任私人提款机［EB/OL］．（2022－05－26）［2025－01－05］．https：//www. ccdi. gov. cn/yaowenn/202205/t20220513_192464. htm.

7. 江苏省纪委监委．中央纪委国家监委网站．江苏淮安：严查履职不力问题 规范农村集体“三资”管理［EB/OL］．（2024－12－31）［2025－01－05］．https：//www. ccdi. gov. cn/gzdtn/dfzf/202412/t20241206_ 392573. html.

8. 山西省纪委监委．中央纪委国家监委网站．山西通报 6 起农村集体“三资”管理突出问题典型案例［EB/OL］．（2024－08－02）［2025－01－05］．https：//www. ccdi. gov. cn/yaowenn/202408/t20240802_365935_m. html.

9. 桂平市纪委监委．贵港市纪检监察网．虚增的村集体经济收入［EB/OL］．（2023－07－20）［2025－01－05］．https：//www. ccdi. gov. cn/yaowenn/202408/t20240802_365935_m.

html.

10. 新华网．社区书记涉案资金过亿！警惕“蝇贪蚁腐”新动向［EB/OL］．（2024-12-31）．http：//www. hb. xinhuanet. com/20241230/80cf0f98d63a4c75aa5b52452f89b208/c. html.

11. 农业农村部农村合作经济指导司．中国农村网．四川省成都市双流区：给集体资产发数字“身份证”［EB/OL］．http：//journal. crnews. net/nccwhj/2021n/2021nd11q/qgnccwglgfhjsdxal/945866_20220315044624. html.

12. 李鸿磊．基于价值创造视角的商业模式分类研究——以三个典型企业的分类应用为例［J］．管理评论，2018，30（04）：257-272.

13. 亚德里安·J. 斯莱沃斯基、大卫·J. 莫里森、劳伦斯·H. 艾伯茨、保罗·G. 克利福德著，凌晓东译．发现利润区［M］．北京：中信出版社，2003.

14. 戴天婧，张茹，汤谷良．财务战略驱动企业盈利模式——美国苹果公司轻资产模式案例研究［J］．会计研究，2012（11）：23-32.

15. 谢玉梅，关新．家庭农场发展研究综述［J］．安徽农业科学，2015，43（27）：328-334.

16. 王磊．新零售驱动的“互联网+”农超对接模式探讨［J］．商业经济研究，2021（04）：125-128.

17. Smith A. 国富论［M］．中国台湾：先觉出版公司，2000.

18. 肖铭堃，贾一凡，耿献辉．循环农业的经营模式与绩效研究——基于江苏省太仓市东林村的案例调查［J］．现代管理科学，2024（04）：106-116.

19. 刘刚，张泠然，殷建瓴等．价值主张、价值创造、价值共享与农业产业生态系统的动态演进——基于德青源的案例研究［J］．中国农村经济，2020（07）：24-39.

20. 张燕，潘亚楠．不同乡村产业发展模式的价值创造机理：资源编排理论的视角［J］．首都经济贸易大学学报，2024，26（03）：72-85.

21. 桑业明，孙盈．新质生产力赋能乡村产业振兴的内在机理、现实瓶颈与实现路径探析［J］．改革与开放，2024（14）：1-7.

22. 刘金硕，余鸿举，占煜等．数字普惠金融助力乡村产业振兴的机理、现状与前景［J］．金融理论与实践，2023（12）：82-91.

23. 高莉，李倩．人工智能在乡村产业振兴中的应用及展望——以渭南市为例［J］．建筑经济，2022，43（S1）：33-37.

24. 第一观察丨习近平总书记首次提到“新质生产力”［EB/OL］．（2023-09-10）．http：//www. news. cn/politics/leaders/2023-09/10/c_1129855743. htm.

25. 郭晓鸣，廖祖君，张鸣鸣．现代农业循环经济发展的基本态势及对策建议［J］．农业经济问题，2011，35（12）：10－14.

26. 参见：中华人民共和国中央人民政府官网，《国务院关于印发2030年前碳达峰行动方案的通知》：https：//www. gov. cn/gongbao/content/2021/content_5649731. htm.

27. 参见：《关于规范发展供应链金融 支持供应链产业链稳定循环和优化升级的意见》：https：//www. gov. cn/zhengce/zhengceku/2020－09/22/content_5546142. htm.

28. 参见：中央纪委国家监委微信公众号，2020年7月10日，“村出纳为捞钱炒股，36次‘花式造假’”.

29. 参见：《2023年金融机构贷款投向统计报告》：http：//www. pbc. gov. cn/goutongjiaoliu/113456/113469/5221508/index. html.

30. 参见：《中华人民共和国2023年国民经济和社会发展统计公报》：https：//www. stats. gov. cn/sj/zxfb/202402/t20240228_1947915. html.

31. 参见：《关于加快农业保险高质量发展的指导意见》：https：//www. gov. cn/xinwen/2019－10/12/content_ 5438771. htm.

32. 参见：《关于金融支持新型农业经营主体发展的意见》：https：//www. gov. cn/zhengce/zhengceku/2021－05/25/content_ 5611723. htm.

33. 参见：《关于做好2022年金融支持全面推进乡村振兴重点工作的意见》：http：//www. pbc. gov. cn/xindaishichangsi/5443861/5443863/4519524/index. html.

34. 参见：《关于金融支持全面推进乡村振兴 加快建设农业强国的指导意见》：https：//www. gov. cn/zhengce/zhengceku/202306/content_6886854. htm.

35. 参见：国家金融监督管理总局《农村中小银行坚守支农支小助力乡村振兴》：https://www. nfra. gov. cn/cn/view/pages/ItemDetail. html?docId＝1130769&itemId＝915&gen－eraltype＝0.

36. 刘西川，程恩江．中国农业产业链融资模式——典型案例与理论含义［J］．财贸经济，2013（08）：47－57.

37. 杨颜如，冯丽，赵连静．农业数据资产的分类目录研究［J］．农业展望，2023，19（11）：67－73.

38. 李桂萍，毛斐凡，刘薇．农业企业数据资源入表的路径分析［J］．当代农村财经，2024（08）：28－34.